CB018580

Planejamento no Brasil II

Coleção Debates
Dirigida por J. Guinsburg

Equipe de realização – Revisão: Priscila Ursula dos Santos, Raquel F. Abranches e Luiz Henrique Soares; Produção: Ricardo W. Neves, Sergio Kon e Raquel F. Abranches.

anita kon (org.)
PLANEJAMENTO NO BRASIL II

SEGUNDA EDIÇÃO REVISTA E ATUALIZADA

 PERSPECTIVA

Dados Internacionais de Catalogação na Publicação (CIP)
(Câmara Brasileira do Livro, SP, Brasil)

Planejamento no Brasil II / Anita Kon, (org.). – São Paulo:
Perspectiva, 2010. – (Debates ; 277 / dirigida por J. Guinsburg)

2ª ed. revista e atualizada
Bibliografia.
ISBN 978-85-273-0198-5

1. Brasil – Condições econômicas 2. Brasil – Política
econômica 3. Planejamento governamental – Brasil I. Kon,
Anita. II. Guinsburg, J. III. Série.

08-03041   CDD-338.981

Índices para catálogo sistemático:

1. Brasil : Planos econômicos   338.981

1. edição, 1999
2. edição revista e atualizada, 2010

Direitos reservados à

EDITORA PERSPECTIVA S.A.

Av. Brigadeiro Luís Antônio, 3025
01401-000 São Paulo SP Brasil
Telefax: (11) 3885-8388
www.editoraperspectiva.com.br

2010

SUMÁRIO

Apresentação – *Anita Kon* 9

Introdução: A Experiência Brasileira de Planejamento Público Federal
  – *Anita Kon* 15

"Metas e Bases" e I Plano Nacional de Desenvolvimento – I PND
  (1970-1974) – *Amaury Patrick Gremaud e Julio Manuel Pires* 43

II Plano Nacional de Desenvolvimento – II PND (1975-1979)
  – *Amaury Patrick Gremaud e Julio Manuel Pires* 71

O Plano Cruzado – *Anita Kon* 111

Os Planos Bresser (1987) e Verão (1989): A Persistência na Busca
  da Estabilização – *Nelson Carvalheiro* 133

Plano Brasil Novo – *Antônio Carlos de Moraes* 181

Plano Real: Entre a Estabilização Duradoura e a Vulnerabilidade
  Externa – *Antônio Corrêa de Lacerda* 211

O Planejamento Governamental Federal no Período 1996-2002
  – *Anita Kon* 243

O Plano Brasil de Todos: PPA 2004-2007 – *Anita Kon*.............287

O Planejamento Regional no Nordeste: Notas para uma Avaliação –
Leonardo Guimarães Neto.............341

Planejamento e Políticas Públicas na Amazônia: As Experiências da
Sudam e Suframa – *Sylvio Mário Puga Ferreira*.............387

Sobre os Autores.............427

APRESENTAÇÃO

Este livro examina a experiência brasileira de planejamento econômico, na esfera federal da administração pública. No âmbito da economia nacional enfoca o período que se inicia nos anos de 1970, analisando as propostas dos diferentes planos e os resultados de sua implementação. Do ponto de vista regional, examina as experiências mais relevantes das regiões do Nordeste e da Amazônia. Todas as análises empreendidas têm como linha condutora, além da exposição detalhada dos objetivos e metas dos planos, a avaliação dos impactos, sobre o planejamento, da condução da política econômica, na busca da correção dos desajustes causados por fatores endógenos ou exógenos aos planos, sejam originados por condições internas ou externas ao país.

Os textos tratam da análise crítica dos planos macroeconômicos nacionais implementados desde a década de 1970, em continuidade à análise detalhada do período anterior apresentada no livro *Planejamento no Brasil i*, organizado

9

por Betty Mindlin[1]. Os dois últimos trabalhos analisam as experiências mais relevantes de planejamento regional representadas pelas ações da Sudene (Superintendência de Desenvolvimento do Nordeste) e na região amazônica, da Sudam (Superintendência do Desenvolvimento da Amazônia) e da Suframa (Superintendência da Zona Franca de Manaus).

Os professores Amaury Patrick Gremaud e Julio Manuel Pires, experientes em avaliações das políticas públicas brasileiras, iniciam suas análises na década de 1970, mais especificamente em 1971, quando é submetido ao Congresso Nacional o I Plano Nacional de Desenvolvimento Econômico (I PND) para o período 1972-1974. Procuram mostrar como as estratégias e prioridades definidas do plano tinham como objetivo primordial manter o alto nível global do PIB (Produto Interno Bruto), a continuação do combate à inflação, o equilíbrio da balança de pagamentos e a melhor repartição de renda.

Os mesmos analistas são autores do segundo capítulo, onde é examinado o II PND, elaborado para o período 1975-1979. O plano previa um programa de investimentos condizentes com uma taxa média de crescimento de 10%, visando a substituição de importações como estratégia. Tendo como diretriz primordial o crescimento econômico acelerado e contínuo, e como retórica reafirmar o país como potência emergente, o plano estabelecia, como objetivos adicionais, a continuação da política antiinflacionária pelo método gradualista, a manutenção do equilíbrio no balanço de pagamentos e a realização de uma política de melhoria na distribuição pessoal e regional da renda. Os autores examinam ainda as propostas do III PND, para os anos de 1980-1985, que não chegaram a ser implementadas efetivamente.

O Plano Cruzado, em suas duas fases – Cruzado 1 (fevereiro de 1986) e Cruzado 2 (novembro de 1986) –, é avaliado pela autora, que mostra que o plano foi delineado a partir do diagnóstico de que a inflação era mormente causada por com-

---

1. B. Mindlin (org.), *Planejamento no Brasil I,* São Paulo: Perspectiva, 1970.

ponentes inerciais. Entre as principais medidas salientam-se a instituição de um novo padrão monetário (o Cruzado), o congelamento total de preços e tarifas de bens e serviços e fixidez cambial. Foi ainda restabelecido o valor real dos salários, concedido um abono salarial de 8% e o seguro-desemprego. O Plano Cruzado 2 foi decretado em novembro de 1986, com o objetivo de conter a demanda com medidas de desaceleração do crescimento e significativa elevação da carga tributária indireta, visando evitar maior fuga de divisas, concomitantemente ao reajuste de alguns preços em taxas muito acentuadas e à liberação da taxa de juros.

O texto do professor Nelson Carvalheiro, experiente analista da Consultoria de Estudos e Pesquisas Econômicas do Banco Central do Brasil, faz uma avaliação do Plano Bresser e do Plano Verão. O autor expõe que o Plano Bresser, decretado em junho de 1987, consistia em um plano de estabilização de emergência, em que foi mantido o congelamento de preços, objetivando o controle da demanda agregada através da compressão salarial e do ajuste fiscal. Posteriormente, o Plano Verão, instituído em janeiro de 1988, baseou-se principalmente na busca da redução do déficit fiscal, tentando evitar a hiperinflação e possibilitar a renegociação da dívida externa.

O professor Antonio Carlos de Moraes, com larga experiência na assessoria de instituições públicas, faz uma análise detalhada do denominado Plano Brasil Novo (Planos Collor I e II). O Plano Collor I, anunciado em março de 1990, combinava uma reforma monetária profunda (que recriava o Cruzeiro), prefixação da correção de preços e salários, câmbio flutuante, tributação ampla e pesada sobre aplicações financeiras, enxugamento drástico do dinheiro em circulação no país, fechamento de empresas e órgãos públicos e demissão de funcionários. O autor descreve ainda as medidas propostas pelo Plano Collor II, instituído em janeiro de 1991, que objetivava refrear a corrida da inflação.

O Plano Real é avaliado pelo professor Antônio Corrêa de Lacerda que, enquanto presidente do Conselho Federal de Economia (cofecon) e vice-presidente da Sociedade Brasileira de Estudos de Empresas Transnacionais e Globalização (sobeet), reúne experiência relevante nas análises macroeconômicas das políticas públicas. O autor mostra as premissas do Programa de Estabilização Econômica, apresentado em dezembro de 1993, a ser implementado em três tempos. A análise do Plano Real cobre o período até o final de 1998. A partir de então grandes transformações ocorreram na condução da política econômica pelo governo, desde que em 13 de janeiro de 1999 o governo ampliou a banda cambial em que vinha operando, resultando numa desvalorização da moeda em 8%, e em 15 de janeiro permitiu a livre flutuação do Real, o que acarretou uma veloz e elevada desvalorização da moeda frente ao Dólar.

As consequências da nova situação repercutiram sobre o processo de planejamento da economia brasileira no período de 1996 a 2002, aqui analisado pela organizadora deste volume, que correspondeu a uma conjuntura em que a recente implementação do Plano Real havia conseguido bons resultados com relação à sua proposição de eliminar a elevação descontrolada de preços, que ameaçava transformar-se em uma hiperinflação. Nesse período foram elaborados e implementados dois Planos Plurianuais (ppa), abrangendo os períodos de 1996-1999 e 2000-2003. O texto analisa as propostas de Diretrizes e Metas, as medidas de implementação e os resultados dos ppas, apresentando as mudanças nas políticas públicas cambiais fiscais e tributárias do período. É constatado um melhor ajustamento consolidado das finanças públicas do país, particularmente pela criação e implementação da Lei de Responsabilidade Fiscal, que conduziu à renegociação das dívidas estaduais para com o governo federal.

O Plano Plurianual de 2004 -2007, que recebeu a denominação de "Plano Brasil para Todos", começou a ser desenhado no início do ano de 2003, pelos novos gestores federais. O texto deste volume apresenta as diretrizes e objetivos propostos, seguidos da definição de prioridades do Plano, que mostram a opção pela continuidade de políticas macroeconômicas iniciadas na gestão anterior. São analisados os principais resultados da dimensão econômica, que revelaram que esta continuidade de medidas macroeconômicas levou à consecução de uma situação de relativa estabilidade monetária e financeira. A avaliação final mostra lenta reativação econômica devido a deficiências na infraestrutura que manteve desigualdades persistentes da economia e bloqueios à aceleração produtiva, com resultados aquém das metas estabelecidas para investimentos e produção. Em virtude destes resultados, o governo lançou, no início de 2007, o Programa de Aceleração do Crescimento (PAC), que é apresentado e avaliado na parte final do capítulo.

O livro apresenta também as experiências mais significativas do planejamento regional brasileiro, implementadas pela Sudene, Sudam e Suframa. As demais experiências de planejamento regional no país, timidamente implementadas pelo Ministério do Interior a partir da década de 1970, através de instituições como a Sudeco (Superintendência do Desenvolvimento da Região Centro-Oeste) e a SUDESUL (Superintendência do Desenvolvimento da Região Sul), nada mais foram do que indicadores de diretrizes e objetivos que se integravam e se apoiavam nos grandes programas nacionais e não apresentaram resultados que se destacassem no contexto de planejamento federal.

O professor Leonardo Guimarães Neto, consultor do Instituto Interamericano de Cooperação para a Agricultura/Organização dos Estados Americanos (IICA/OEA), do Programa das Nações Unidas para Desenvolvimento/ Organização das Nações Unidas (PNUD/ONU), da Fundap/ IESP e do Centro Josué de Castro de Estudos e Pesquisa, foi economista da Sudene e da Fundaj e reúne vasto conhecimento na análise das questões de planejamento regional da região Nordeste. Desenvolve neste trabalho a avaliação da experiência de planejamento daquela região. Procura demonstrar como esta experiência influenciou, no decorrer de algumas décadas, não só o destino econômico da região, como uma importância política e administrativa em todo país, em razão das discussões que provocou, do movimento político ao qual esteve associada e do surgimento, em praticamente todas as regiões brasileiras, de formas de planejamento regional pensadas e criadas a partir da experiência da Sudene.

O texto seguinte, elaborado pelo professor Sylvio Mário Puga Ferreira, natural e estudioso da região amazônica, enfoca as experiências diferenciadas da Sudam e da Suframa. O autor examina as várias fases históricas do planejamento na região, desde a primeira iniciativa de planejamento público na Amazônia efetivada pela SPVEA (Superintendência do Plano de Valorização Econômica da Amazônia), a partir de 1953, até o período mais recente da década de 1990.

As análises desenvolvidas neste livro, de uma maneira geral, apresentam os principais objetivos, diretrizes e metas dos planos, tentando verificar as implicações das políticas econômicas conjunturais implementadas, os erros de diagnóstico, as falhas no prognóstico e no controle da implementação, bem como os desvios verificados na direção das previsões.

Anita Kon

INTRODUÇÃO: A EXPERIÊNCIA BRASILEIRA DE PLANEJAMENTO PÚBLICO FEDERAL

No Brasil, as tentativas iniciais de organizar a economia através de planejamento datam da década de 1940, resumidas no Relatório Simonsen (1944-1945), nos diagnósticos da Missão Cooke (1942-1943), da Missão Abbink (1948), da Comissão Mista Brasil-EUA (1951-1953) e no Plano Salte (1946)[1]. Porém não consistiram em práticas efetivas de coordenação global, restringindo-se a medidas setoriais ou de racionalização do processo orçamentário, como no último caso. A primeira experiência que considerasse o processo global e contínuo de planejamento, e que foi efetivamente aplicada no país, data de 1956, com o Plano de Metas do governo Kubitschek.

---

1. A esse respeito, ver C. Lafer, *The Planning Process and the Political System in Brazil. A Study of Kubitschek's Target Plan – 1956-1961*, Cornell University, 1970. (Tese de Doutoramento)

Antecedendo esta experiência, o período posterior à Segunda Guerra Mundial apresentou uma situação de desgaste e forte recessão econômica dos países mais desenvolvidos, tradicionais produtores de bens de capital e demais produtos industrializados. Essa situação obrigou o Brasil (cujo processo de industrialização até então se desenrolava lentamente, configurando uma forte dependência de importações de bens de capital e de matérias-primas) a voltar-se com maior intensidade para a produção nacional de produtos industriais, em atendimento à demanda interna de bens de consumo, até então também suprida pela importação. Iniciou-se nesse período um processo efetivo de substituição de importações, baseado em uma diversificação industrial até então incipiente[2]. Nessa ocasião, o modelo primário-exportador já levara o país a um processo de urbanização, que se fez acompanhar do desenvolvimento de uma infraestrutura de serviços em atendimento a uma industrialização "tradicional" de alimentos, bebidas, vestuário, mobiliário etc.

A década de 1950 caracterizou-se por uma queda mais acentuada das exportações do café a partir de 1954, aumentando o esforço para a reorientação da atividade econômica voltada para a indústria. O período 1956-1961 foi assinalado pela introdução de um processo de planejamento efetivo das políticas econômicas governamentais a serem empreendidas, traduzidas no Plano de Metas. Foi prevista, para o apoio administrativo ao plano, a utilização de órgãos governamentais de controle já existentes, como o BNDE (Banco Nacional de Desenvolvimento Econômico), criado em 1952, a Cacex (Carteira de Comércio Exterior do Banco do Brasil), em 1953, a Sumoc (Superintendência da Moeda e do Crédito), em 1945, bem como a criação de novas instituições, como por exemplo os Grupos Executivos, responsáveis pela concessão de incentivos ao setor privado e estabelecimento de metas industriais, e o Conselho de Política Aduaneira.

---

2. Ver, a esse respeito, M. C. Tavares, *Da Substituição das Importações ao Capitalismo Financeiro*, Rio de Janeiro: Zahar, 1974.

A articulação entre o capital privado e nacional, e entre o capital estrangeiro e o Estado, visualizada no plano, desempenhou papel importante no processo de industrialização que se acelerou acentuadamente no período. Este processo caracterizou-se como uma fase de intensa substituição de importações, pois estava prevista a destinação de 43,9% dos recursos de implementação do plano para a importação de bens e serviços. Esta fase distinguiu-se ainda pelo aumento da participação do governo nos investimentos[3], possibilitado pela entrada de capital estrangeiro privado e oficial para o financiamento do desenvolvimento de setores selecionados.

O plano, identificando setores, metas e objetivos a serem impulsionados, procurava eliminar "pontos de estrangulamento" que eram barreiras ao desenvolvimento, dando ênfase a atividades produtivas selecionadas. Para o setor de energia era planejado 43,4% do total do investimento, a ser aplicado na elevação da capacidade de geração de energia elétrica, produção de carvão mineral, e produção e refinação de petróleo. O setor de transportes abrangeria 29,6% do total dos investimentos planejados, com vistas no reaparelhamento de ferrovias, dos serviços portuários e dragagens da marinha mercante e do transporte aeroviário. No setor de alimentação seriam alocados 3,2% do investimento planejado, através do crescimento da capacidade estática da rede de armazenamento e de frigoríficos, da ampliação de matadouros industriais e da mecanização da agricultura, bem como do aumento da produção de fertilizantes. A indústria de base absorveria 20,4% do total de investimentos, particularmente na siderurgia, produção de alumínio, metais não-ferrosos, cimento, álcalis, celulose e papel, borracha, exportação de minérios de ferro, indústria automobilística, de construção naval, mecânica e de material elétrico pesado. Finalmente o setor educação, contemplado com 3,4% dos investimentos,

3. Essa participação era de 35,1% do total da Formação de Capital Fixo do Brasil em 1950, atingindo 58,5% em 1960, conforme N. H. Leff, *Política e Desenvolvimento no Brasil*, São Paulo: Perspectiva, 1979.

visava a formação de pessoal técnico especializado, orientado para as metas de desenvolvimento do país. Estes investimentos tiveram repercussões consideráveis no crescimento global da economia, através de seus efeitos multiplicadores. Saliente-se o fato de que contribuíram para esse desenvolvimento as taxas extremamente rápidas com que cresceu a demanda agregada, em virtude do aumento da renda real, por um lado, e do excesso de demanda refletido na inflação, que naquela década situou-se entre 10% e 20% ao ano. Além disso, a elasticidade das condições de oferta interna permitiu que parte desse aumento da demanda se transformasse em aumento do produto real.

As políticas econômicas do plano visavam a proteção do mercado interno, através de uma tarifa aduaneira altamente protecionista, e da política cambial, que controlava o mercado de câmbio e as taxas de câmbio diferenciadas, segundo um sistema de prioridades. Como visto, o desenvolvimento industrial foi fomentado nesse período pela ação do BNDE, que se concentrou em indústrias de base (siderurgia) e em infraestrutura (transportes e energia). Por outro lado, foi consideravelmente ampliada nessa época a participação direta do Estado nos investimentos em indústrias de base, que foram em grande parte financiados pelas políticas monetária e fiscal expansionistas.

De um modo geral, os resultados da implementação do plano podem ser visualizados não só através dos investimentos maciços no setor industrial de ponta, como também pela transferência do excedente gerado nesse setor para outras atividades terciárias de apoio, particularmente por meio de dispêndio do Estado ou do fornecimento de serviços complementares de infraestrutura, embora esses investimentos de longa maturação comecem a se refletir com maior intensidade na década seguinte. Esta estrutura, que formou a base de apoio ao crescimento industrial dos últimos anos da década seguinte, já no final dos anos de 1950 havia incorporado parte da indústria de bens de consumo duráveis, de bens de capital e da indústria pesada, bem como de indústrias em substituição a importações de insumos básicos, máquinas e equipamentos, eletrodomésticos e automóveis. A difusão e cristalização do desenvolvimento industrial só veio a ocorrer nos finais da década de 1960. Esta década apresentou-se conturbada do ponto de vista econômico, com transformações institucionais relevantes. Até o ano de 1961, o processo de substituições de importações no país propiciou taxas médias de crescimento anual do produto, em torno de 6,8%. A partir de 1962 já se anunciava um período de estagnação, apresentando um crescimento menor em torno de 5%, e no período posterior, até 1964, este aumento cai para 3,4% ao ano. De fato, o processo de substituição das importações vinha se esgotando e a economia entrou numa fase de relativa estagnação, em vista de distorções no processo de desenvolvimento da etapa anterior[4], que ocorreram devido ao processo inflacionário crescente que acompanhou o esforço de industrialização, ao sentido desta industrialização (voltado para técnicas intensivas de capital e baixos índices de absorção de mão de obra), ao aumento vertiginoso do setor público na economia e à relativa estagnação do setor agrícola no país, do ponto de vista da produtividade.

Em 1963 foi publicado o Plano Trienal de Desenvolvimento Econômico e Social do Governo, abrangendo objetivos para o período 1963-1965, visando recuperar o ritmo de crescimento econômico observado no período anterior. Entre estes objetivos salientavam-se a consecução de uma taxa anual de crescimento da renda nacional de 7% ao ano, a redução progressiva da inflação, a distribuição da renda, a intensificação da ação governamental nos campos educacional, de pesquisa científica, tecnológica e de saúde pública, o levantamento dos recursos naturais, o refinanciamento da dívida externa e a unidade de comando do governo dentro de sua esfera de ação. A estratégia do plano baseava-se na

---

4. Conforme C. Martone, Análise do Plano de Ação Econômica do Governo (PAEG), em B. Mindlin (org.), *Planejamento no Brasil I*, São Paulo: Perspectiva, 1970.

elevação da carga fiscal, redução do dispêndio público, captação de recursos do setor privado no mercado de capitais, mobilização de recursos monetários, com restrição do capital estrangeiro e uma série de reformas de base, como por exemplo a reforma agrária. O Plano Trienal, portanto, explicitava a intenção de conciliar objetivos de crescimento, repartição e estabilidade, que, no entanto, mostraram-se conflitantes. As medidas postas em prática não impediram o fracasso da implementação do plano[5], observado pelo recrudescimento da taxa de inflação para 75%, queda da taxa de crescimento do PIB (Produto Interno Bruto) do país para 1,6%, aumento do déficit de caixa do Tesouro acima do programado e queda da taxa de investimentos.

Em 1964 foi instituído o Programa de Ação Econômica do Governo (PAEG) para o período de 1964-1966, com o objetivo primordial de combate ao processo inflacionário como prioridade, além dos objetivos de acelerar o ritmo de desenvolvimento econômico do país, atenuar os desníveis econômicos setoriais e regionais, assegurar uma política de investimentos que aumentasse as oportunidades de emprego produtivo e corrigir a tendência a déficits do balanço de pagamentos. Interpretando a inflação como de demanda e visando seu decréscimo, o governo deveria reduzir seu déficit de caixa aumentando a carga tributária e atuando sobre a correção salarial, de modo a evitar a elevação da massa de renda à disposição dos assalariados acima do limite imposto pela capacidade de produção da economia[6]. Por outro lado, o crédito à produção e consumo do setor privado seria contido e orientado no sentido de manter a liquidez real do sistema produtivo, mas ao mesmo tempo evitar a expansão não desejada nos meios de pagamento.

Neste período, foram efetuadas reformas institucionais e tributárias relevantes, e ainda relativas ao mercado de capitais, ampliando o sistema de financiamento da economia.

---

5. Ver, a esse respeito, R. B. M. Macedo, Plano Trienal em B. Mindlin, op. cit., p. 61.

6. Conforme C. Martone, op. cit., p. 81.

A reforma geral no Sistema Monetário-Creditício realizada em 1964 e a Reforma Financeira em 1965, estabelecidas com o intuito de modernização financeira, criaram novos instrumentos de mobilização financeira e instituições especializadas no provimento de vários tipos de crédito, ou seja:

a) as Financeiras, para o financiamento do consumo de bens duráveis;
b) os Bancos Comerciais, para o fornecimento do capital de giro das empresas;
c) os Bancos de Investimentos, para o fornecimento de recursos a longo prazo;
d) o Mercado de Ações, criando fundos de investimentos com deduções do Imposto de Renda;
e) o Banco Nacional da Habitação (BNH) com o fim de operar como agente financeiro, com recursos dos trabalhadores.

Essas reformas propiciaram, nos anos seguintes, um desenvolvimento muito rápido do sistema financeiro brasileiro, pois se em 1964 os ativos monetários (papel-moeda e depósitos à vista) em poder do público correspondiam a 88% dos haveres financeiros, em 1978 situavam-se em 31%[7]. Apesar desses resultados, as medidas levadas a efeito não se fizeram sentir de imediato, pois os objetivos e metas propostos pelo plano não foram alcançados.

Em 1967 foi publicado o Programa Estratégico de Desenvolvimento para o período 1968-1970, apresentando como objetivos básicos o fortalecimento da empresa privada, visando a aceleração do desenvolvimento econômico, concomitantemente à estabilização gradativa do comportamento dos preços, consolidação da infraestrutura pelo governo, expansão das oportunidades de emprego, fortalecimento e ampliação do mercado interno. Como condições

7. Ver a esse respeito M. C. Tavares, O Sistema Financeiro e o Ciclo de Expansão Recente, *Desenvolvimento Capitalista no Brasil*, n. 2, São Paulo: Brasiliense, 1983; C. Lessa, *Quinze Anos de Política Econômica*, São Paulo: Brasiliense, 1981.

para a consecução destes objetivos estavam a manutenção do controle do balanço de pagamentos, a realização de reformas econômicas e sociais, a fim de modernizar as estruturas institucionais e impedir o agravamento das disparidades regionais e setoriais existentes. As condições para a retomada do crescimento eram favoráveis devido a fatores como a capacidade ociosa das empresas, a demanda global que se encontrava reprimida, a disponibilidade de mão de obra desempregada e a possibilidade de serem estimulados os investimentos públicos e privados no sentido de modernização, apoiados pela reorganização do sistema financeiro. Como consequência das medidas de estímulo do programa, observou-se, a partir de 1968, a queda da taxa de inflação e o aumento da taxa de crescimento do produto.

Em 1971 é submetido ao Congresso Nacional o i Plano Nacional de Desenvolvimento Econômico para o período 1972-1974. As estratégias e prioridades definidas tinham como objetivo primordial manter alto nível global do PIB, a continuação do combate à inflação, o equilíbrio da balança de pagamentos e a melhor repartição da renda. Seriam implantados instrumentos no sentido de permitir a modernização da empresa nacional, do sistema financeiro e do mercado de capitais. A par disto, seriam criados programas específicos, como a Política de Tecnologia Nacional visando o avanço tecnológico, o Programa Petroquímico, o Programa de Construção Naval, o Programa Básico de Energia Elétrica, a implantação de Corredores de Transportes, o Programa de Comunicações e o de Mineração.

O padrão de desenvolvimento econômico escolhido foi coerente com a visão de integração nacional, definido no Programa de Integração Nacional, ou seja, com a disseminação dos resultados do progresso econômico a partir de centros de crescimento regional e de seus efeitos multiplicadores, baseando-se nas vantagens comparativas do país. Por outro lado, este padrão, fundamentado na modernização da tecnologia, tornou a economia dependente de recursos externos, apoiada em crescente endividamento público e privado. O Estado subsidiou a formação de capital na indústria, através de isenções ou reduções da tarifa aduaneira e dos impostos IPI (Imposto sobre Produtos Industrializados) e ICM (Imposto sobre Circulação de Mercadorias), que incidiam sobre a importação de máquinas e equipamentos destinados à indústria, de acordo com projetos aprovados pelo Conselho de Desenvolvimento Industrial (CDI) ou outros órgãos regionais de desenvolvimento. Além disto, foram instituídos subsídios embutidos nos financiamentos de longo prazo para investimentos industriais pelo BNDE, que consistiam em correção monetária inferior às taxas de inflação observadas. Paralelamente, a instituição de incentivos fiscais, administrados por órgãos regionais de desenvolvimento, pretendia impulsionar os investimentos em regiões menos desenvolvidas, particularmente no Nordeste, transformando a agricultura da região semiárida e assegurando um processo de industrialização autossustentado, e na Amazônia, ampliando a fronteira agrícola.

Essas políticas permitiram que a retomada do crescimento econômico, verificada a partir de 1968, continuasse a aceleração até 1973, quando se observaram taxas médias anuais do produto de 13%, entre 1971-1973. As reformas tributárias e financeiras anteriormente verificadas permitiram a eliminação do déficit de caixa do Tesouro Nacional e um financiamento dos investimentos sem efeitos inflacionários. Além do mais, foram criadas novas instituições para a formação compulsória de poupança, como o Programa de Integração Social / Programa de Formação do Patrimônio do Servidor Público (PIS/PASEP), o Fundo de Garantia por Tempo de Serviço (FGTS) e novos instrumentos de captação de recursos ao público, como as Letras de Câmbio, as Obrigações Reajustáveis do Tesouro Nacional (ORTN), as Cadernetas de Poupança, os Certificados de Depósito Bancário (CDB) etc. Esses novos dispositivos possibilitaram a folga de recursos financeiros em apoio aos investimentos maciços em infraestrutura e em capital fixo.

Observou-se uma rápida difusão do mercado para produtos industrializados, que resultou da expansão da demanda interna e também da diversificação das exportações. A política governamental expansionista, em apoio à expansão do mercado interno, manifestou-se pelos investimentos em infraestrutura econômica e social, em transportes, comunicações, energia, urbanização e saneamento básico, e ainda por meio de investimentos diretos de empresas estatais em indústrias de base, particularmente de mineração, exploração de petróleo, fertilizantes, química, petroquímica e siderúrgica e em indústrias de armamentos e aeronáutica. Por outro lado, o Sistema Financeiro da Habitação (SFH), criado anteriormente em meados dos anos de 1960, constituído do Banco Nacional da Habitação, neste período se serviu dos instrumentos de captação e empréstimos criados para impulsionar a indústria de Construção Civil e as indústrias fornecedoras de insumos a este setor.

A partir desses instrumentos de política econômica, observou-se uma expansão na demanda de consumo, como resultado da elevação do nível de emprego e do aumento da massa salarial, e das facilidades de financiamento pelo crédito direto ao consumidor. O crescimento industrial do período 1968-1973, portanto, manifestou-se como o auge do ciclo de expansão, liderado pelas indústrias de bens de consumo duráveis (eletrodomésticos e automobilística).

Também no período, as exportações de produtos manufaturados foram estimuladas particularmente pela desvalorização cambial anterior (agosto de 1968) e por um sistema de minidesvalorizações cambiais ao ritmo da inflação, ao lado da criação de um sistema de incentivos e subsídios fiscais e financeiros à exportação. Foi incentivada também a criação de *trading companies* e programas especiais de produção para exportação pela Befiex (Comissão para Concessão de Benefícios Fiscais a Programas Especiais de Exportação), criada em 1972. Esses incentivos foram favorecidos pelo dinamismo do comércio internacional, que se verificava até meados dos anos de 1970.

O aumento dos preços internacionais do petróleo, em fins de 1973, teve como consequências uma crise internacional e reajustes nas economias mundiais, gerando uma série de condicionantes novos à política econômica que vinha sendo implantada no país. O II PND, elaborado nessa conjuntura para o período 1975-1979, previa um programa de investimentos condizentes com uma taxa média de crescimento de 10%, visando a substituição de importações como estratégia. Tendo como diretriz primordial o crescimento econômico acelerado e contínuo, e como retórica reafirmar o país como potência emergente, o plano estabelecia, como objetivos adicionais, a continuação da política antiinflacionária pelo método gradualista, a manutenção do equilíbrio no balanço de pagamentos e a realização de uma política de melhoria na distribuição pessoal e regional da renda. Foram formuladas estratégias para o desenvolvimento industrial e agropecuário, para a integração nacional e internacional e para o desenvolvimento social.

A crise econômica internacional surgida com o "choque do petróleo" não alterou os objetivos de desenvolvimento acelerado do plano. Em consonância a estes objetivos, o Brasil recorreu ao endividamento externo, reagindo à nova situação mundial. Para isto contribuiu a adoção de políticas contracionistas em países desenvolvidos, o que favoreceu o estado de liquidez no mercado financeiro internacional e possibilitou a continuação do crescimento do produto a taxas elevadas no país. Essa conjuntura foi apoiada ainda por uma política de preços internos do petróleo, que gerou aumentos pouco expressivos deste insumo, o que retardou a queda da atividade econômica no país, em relação à dos outros países. Por outro lado, o segundo choque do petróleo, em 1979, representado por um aumento de 37,9% nos preços do produto em relação ao ano anterior e de 73,1% no ano de 1980, foi acompanhado ainda por políticas de ajustes, de modo a permitir que os repasses internos dos preços fossem inferiores aos externos, apresentando-se abaixo da inflação americana, com declínio do preço real do barril.

Esta política permitiu a persistência das taxas ascendentes da utilização desse insumo na indústria e em grande parte dos transportes.

A incongruência da implementação do plano original, sem as reformulações necessárias para enfrentar as pressões exógenas surgidas com a nova situação mundial, não apenas comprometeu as metas definidas, como também ocasionou o agravamento das contas externas e das tensões inflacionárias. A adoção de uma política de *stop and go*, ao longo do período do plano, manifestando-se por anos de expansão e recrudescimento da inflação (1976-1978) e anos de contenção do crescimento (1975 e 1977), não impediu a aceleração da inflação, o aumento do déficit público, do déficit em transações correntes na balança comercial e do endividamento externo bruto, que de US$ 21 bilhões em 1975 elevou-se para US$ 49,9 bilhões em 1979.

Além disso, o ano de 1980 caracterizou-se pela expansão da demanda agregada, ocasionada pela promulgação da Lei Salarial de setembro de 1979 que fixou reajustes semestrais de salários baseados no INPC e o prêmio de produtividade aos assalariados, situado em 7% em média, em 1980[8]. A continuada taxa de crescimento do produto, que no período se situou em média em 9,4% no país, deveu-se em parte à continuidade das exportações, que não refletiram o desaquecimento da demanda internacional após 1974, chegando mesmo a apresentar crescimento. Isto se verificou em consequência das medidas econômicas que compuseram uma "mini-reforma cambial", as quais estimularam as exportações, bem como a intensificação das desvalorizações cambiais e da maxidesvalorização no final de 1979, de maneira a alterar a paridade do poder de compra do Cruzeiro. Ainda em 1980, a prefixação cambial resultou em vantagens nos preços das matérias-primas importadas, contribuindo para a taxa de crescimento dessas importações.

---

8. Ver B. M. Macedo, *Política Salarial e Inflação: A Experiência Brasileira Recente*, São Paulo: IPE/USP, 1981.

As altas taxas de crescimento do PIB, no período do II PND, refletiram, por um lado, no atendimento de grandes obras públicas que continuaram a impulsionar a atividade industrial e financeira, tais como a da Usina Hidroelétrica de Itaipu, da Ferrovia do Aço, do Metrô em São Paulo, da Usina Nuclear de Angra dos Reis e outras. Além disso, a partir de 1974 foram ampliadas as linhas de crédito através de empresas subsidiárias do BNDE, representadas pelos órgãos de Financiamento da Indústria de Base (Fibase), Investimentos Brasileiros S.A. (Embramec) e Agência Especial de Financiamentos Industriais (Finame). Paralelamente, foram adotadas medidas de restrições às importações de máquinas e equipamentos, favorecendo as indústrias nacionais de bens de capital. A implementação acima mencionada dos projetos de obras governamentais foi responsável pela demanda de parte da produção das outras indústrias de base, produtoras de bens intermediários, como, principalmente, as de minerais não-metálicos, metalúrgica, química e madeira.

Para o comportamento dos preços, que revelaram uma aceleração em seu crescimento a partir de 1974, acentuada em 1979, contribuíram vários fatores, que podem ser resumidos como:

a) encarecimento das matérias-primas devido ao aumento no preço dos derivados do petróleo;

b) crescimento das exportações, que afetou os preços internos;

c) elevação da taxa de juros médios pagos interna e externamente;

d) aumento paralelo da demanda interna em 1980, decorrente da política salarial;

e) maxidesvalorização verificada no final de 1979, visando corrigir desníveis cambiais;

f) crescimento dos custos de produção em 1980, em virtude da política salarial, cujo crescimento dos salários foi repassado aos preços de bens e serviços.

A alta acelerada de preços externos e internos já acentuada em 1979, a evolução da taxa externa de juros em 1980 para níveis inusitados, onerando ainda mais o pagamento da dívida externa do país, bem como a manutenção da queda da atividade econômica no âmbito internacional associada à restrição do crédito externo, já delineavam (desde o final dos anos de 1970) a tendência para a restrição do ritmo de produção global. Para isto concorreram a diminuição da demanda interna, em consequência de políticas salariais sucessivas que reduziram consideravelmente o poder de compra da população, e outras políticas governamentais de ajustes, que passaram a ser postas em prática a partir de 1980.

O III Plano Nacional de Desenvolvimento, formulado para o período 1980-1985, tinha seus objetivos substancialmente alterados em relação aos planos anteriores, visando o reequilíbrio das contas cambiais e do balanço de pagamentos, bem como ao controle da taxa de inflação; porém as medidas efetivas não foram colocadas em prática. Sucedeu-se então um rápido processo de contenção da atividade econômica, que decorreu da elevação drástica da taxa de juros doméstica e da tentativa de controle do déficit do setor público com a desaceleração dos investimentos, que tinha como objetivo conter a aceleração da inflação e diminuir o déficit das contas externas do país. Paralelamente a isto, a queda da produção industrial, acompanhada de uma redução das importações, contribuiu para a obtenção de um superávit da balança comercial do país em 1981. No entanto, já no ano seguinte a recessão verificada nos países importadores de produtos brasileiros provocou a retração destes mercados e consequente desaceleração das exportações. Este fato neutralizou as medidas contracionistas internas, que visavam reduzir as necessidades de empréstimos externos[9].

O desequilíbrio da balança de pagamentos do país resultou, no período 1982-1983, em uma situação em que

---

9. Ver a esse respeito D. D. Carneiro, O Terceiro Choque: É Possível Evitar-se a Recessão?, em P. Arida (org.), *Dívida Externa, Recessão e Ajuste Estrutural*, Rio de Janeiro: Paz e Terra, 1982.

mais de 80% das receitas cambiais em transações correntes eram destinadas ao serviço da dívida externa. Além disso, a partir de 1982 observou-se uma retração do sistema financeiro privado internacional com relação à renegociação das dívidas externas de 25 países, entre os quais o Brasil, o que conduziu o país a um estado de iliquidez. As medidas macroeconômicas que visavam reduzir o nível da demanda no mercado interno, com o intuito de gerar excedentes de exportação, incluíam uma política cambial agressiva e a manutenção de incentivos e subsídios no sentido de favorecer a produção para exportação, enquanto as atividades voltadas para o mercado interno tiveram seus preços controlados pelo CIP (Conselho Interministerial de Preços). As importações, por sua vez, tiveram um controle mais rígido, particularmente por meio de barreiras não-tarifárias, e a isto se associaram uma política monetária rígida e restrições ao crédito, como desestímulo ao investimento privado.

De um modo global, a economia brasileira apresentou uma evolução positiva em alguns ramos dinâmicos da indústria, do setor financeiro e de comunicações em 1982, o que evitou uma queda mais acentuada do produto nacional. Para isso colaborou, ainda, a política salarial reformulada, que naquele ano contribuiu para sustentar o nível do consumo agregado, alimentado pelo crescimento dos empréstimos financeiros. No entanto, grande parte do aumento da demanda interna, em valores nominais, foi diluída pela inflação explosiva. O ano de 1983 observou sucessivas revisões da política salarial, que redundaram em média na perda do poder de compra do assalariado de cerca de 20%. Ao lado disto, o aumento da taxa de desemprego levou a uma maior queda da demanda agregada. Por outro lado, o nível de poupança interna reduziu-se, diminuindo os recursos para financiamento do setor privado, mantendo elevadas as taxas de juros. Com relação à balança comercial, as exportações ainda superaram as importações, que foram consideravelmente reduzidas no ano, diante da contenção da demanda pelas indústrias. Os setores mais afetados da indústria foram os de bens de capital, com a queda drástica das encomendas e o aumento da capacidade ociosa, e o da Construção Civil, com a diminuição do poder aquisitivo da população, por um lado, e dos investimentos públicos, por outro.

No tocante à inflação, sua aceleração deveu-se em parte aos "choques de oferta" devido às enchentes do Sul, secas no Nordeste, maxidesvalorização e elevação corretiva de preços administrados com a retirada de subsídios diretos. A par disto, a política monetária permitia a expansão da moeda no sentido de ajustar a liquidez do sistema ao aumento dos preços. No mercado financeiro várias medidas foram tomadas com o intuito de reduzir o volume de recursos do sistema financeiro, provocando retração na oferta de crédito.

Após três anos consecutivos de recessão, de 1981 a 1983, em que se expandiu o atraso tecnológico brasileiro em relação aos países industrializados, esperava-se em 1984 o aprofundamento da queda da atividade, porém a economia brasileira retomou um novo ciclo de crescimento, a partir da ocupação dos fatores de produção que se encontravam ociosos, verificando-se naquele ano um crescimento da ordem de 4,5% do PIB. Esta retomada das atividades continuou em 1985 com maior intensidade, permitindo o pagamento integral dos juros da dívida externa e a maior taxa de crescimento histórico do país. Para isto contribuíram a queda dos preços do petróleo, a diminuição das taxas de juros internacionais, que concomitante à melhoria do nível de emprego interno, do aumento do déficit público e da remonetização acelerada da moeda, permitiram a intensificação do nível de utilização da capacidade industrial e a elevação dos salários reais.

A reversão da conjuntura recessiva ocorreu principalmente como consequência da recuperação das economias americana (principal mercado das exportações brasileiras), japonesa e dos países da OECD (Organização para Cooperação Econômica e Desenvolvimento), com reflexos no aumento das exportações brasileiras (facilitado pela maxidesvalorização do Cruzeiro em fevereiro de 1983), que redundou em um superávit comercial acentuado. Porém neste período observou-se a ausência de uma política industrial vinculada a uma estratégia de desenvolvimento científico e tecnológico a médio e curto prazos, tratando-se os problemas de competitividade internacional da indústria através de medidas a curto prazo, que desfavoreceram o mercado interno. Apenas o setor da indústria de informática recebeu apoio a partir da política de reserva de mercado, o que contribuiu para a implantação de empresas privadas nacionais, voltadas para o segmento de mini e microcomputadores que, no entanto, mostraram-se pouco competitivas em nível internacional.

Entre 1985 e 1987, a política governamental procurou formular estratégias para o desenvolvimento industrial, que no entanto não foram devidamente implementadas. Ademais, as metas de apoio à modernização tecnológica e científica industrial foram afetadas pela política fiscal, baseada no aumento da folha real de salários do governo federal em cerca de 40% no ano e no congelamento de preços públicos, o que resultou na expansão da dívida interna real do setor público. Além disso, em novembro de 1985 o governo alterou a sistemática do Imposto de Renda para bases correntes, conduzindo a uma queda na sua arrecadação que se faria sentir no início do ano seguinte. Como consequência, no princípio de 1986 havia a percepção de que a inflação, que se estabilizara no patamar de 220% no ano anterior, tendia a um crescimento que ameaçava se tornar incontrolável.

A partir do diagnóstico de que a inflação era mormente causada por componentes inerciais, foi decretado o Plano Cruzado em fevereiro de 1986, instituindo um novo padrão monetário (o Cruzado), o congelamento total de preços e tarifas de bens e serviços de preços e fixidez cambial. Foi restabelecido o valor real dos salários, concedido um abono salarial de 8% e o seguro-desemprego. Num primeiro momento, as novas medidas provocaram uma forte pressão da demanda, devido à redistribuição de renda ocorrida, e um aumento da massa salarial, com um *boom* de consumo e aceleração do crescimento do emprego, porém não de investimentos, o que agravou as deficiências da infraestrutura já existentes. No entanto, o prolongado congelamento dos preços e o aquecimento da demanda resultaram em desequilíbrios entre oferta e demanda, e na estrutura dos preços relativos, reduzindo o nível de poupança interna e as reservas cambiais, a par da excessiva monetização da economia. Ocorreram uma série de gargalos na produção, com desabastecimento de produtos, resultando em ágios e filas e incentivando a importação de produtos, o que eliminou o ajuste externo. Verificava-se, paralelamente, a acumulação de um atraso da taxa de câmbio e observou-se, no final do ano, um movimento abrupto de perda de reservas com semiparalisação das exportações. O saldo comercial decresceu consideravelmente, resultando em queda de reservas cambiais, e o país entrou em moratória.

O Plano Cruzado 2 foi decretado em novembro de 1986, com o objetivo de conter a demanda com medidas de desaceleração do crescimento e significativa elevação da carga tributária indireta, visando evitar maior fuga de divisas, concomitantemente ao reajuste de alguns preços em taxas muito acentuadas e à liberação da taxa de juros. No entanto, o plano não logrou resolver esses problemas, resultando em uma explosão de preços, que apontou para a perspectiva de um novo patamar inflacionário, superior ao do início dos anos de 1980, e para um aumento acentuado do déficit público.

Em 1987 foram definidos novos programas de política industrial que visavam uma retomada de investimentos na área de insumos básicos (petroquímica, papel e celulose, fertilizantes e metalurgia) e da indústria automobilística, que no entanto não tiveram resultados consideráveis, apenas registrando investimentos razoáveis nos setores de papel e celulose e petroquímica, em função da mercado externo favorável. Em meados de 1987, a Comissão de Política Aduaneira (CPA) elaborou a reforma da tarifa aduaneira, propondo a eliminação dos regimes especiais de importação, a incorporação das diversas taxas na alíquota de importação – Imposto sobre Operações Financeiras (IOF), Adicional de Frete para Renovação da Marinha Mercante (AFRMM) e Taxa de Melhoramento de Portos (TMP) – e a redução generalizada das tarifas, com a redução da média e das disparidades em torno dessa média. No entanto, antes de sua implementação a reforma tarifária foi suspensa.

Em junho de 1987, foi decretado pelo governo um novo plano de estabilização de emergência, conhecido como Plano Bresser, em que foi mantido o congelamento dos preços, objetivando o controle da demanda agregada através da compressão salarial e do ajuste fiscal. O plano visava diminuir o déficit público por meio de correção prévia dos preços e tarifas públicas, de redução de subsídios e de gastos de capital. Com relação às contas externas, tentou-se o realinhamento da taxa de câmbio com minidesvalorizações e manteve-se a moratória, que no entanto não propiciou acordo com os credores externos ou a normalização do fluxo de capitais. O crescimento continuado da inflação e o controle das finanças do governo limitou o apoio ao plano.

O Plano Maílson, instituído em janeiro de 1988, baseou-se principalmente na busca da redução do déficit fiscal, tentando evitar a hiperinflação e possibilitar a renegociação da dívida externa, com a efetivação de um acordo em agosto de 1988. As principais medidas de contenção fiscal foram: o corte de 5% dos gastos de custeio e pessoal da administração direta e indireta, o congelamento do montante do crédito aos estados e municípios, a suspensão de reajustes salariais do funcionalismo público, paralelamente ao estímulo à exoneração e às aposentadorias voluntárias dos funcionários federais e de autarquias. A criação de Zonas de Processamento das Exportações (ZPEs) também foi sugerida e discutida, em 1988, no sentido de fomentar o desenvolvimento de regiões desfavorecidas. No entanto, as medidas previstas foram sujeitas a críticas por parte de especialistas, que demonstraram a impropriedade de aplicação nas condições do país no período e sua ineficiência como instrumento de desenvolvimento tecnológico. A principal crítica se referia à baixa efetividade de atração de capital estrangeiro, face às tendências vigentes de movimento dos capitais internacionais, e ao baixo grau de encadeamento de atividades, o que não favoreceria o desenvolvimento regional.

Porém, a inflação tendia a acelerar-se e em janeiro de 1989 foi instituído o Plano Verão, baseado no congelamento, na reforma monetária e na tentativa de desindexação da economia. As taxas de juros foram mantidas altas, o que elevou consideravelmente a dívida pública interna, dificultando o controle da expansão monetária. As OTN (Obrigações do Tesouro Nacional) foram extintas, substituídas por um novo indexador, Nota do Tesouro Nacional (NTN), e logo em seguida pelos Bônus do Tesouro Nacional (BTN). Com relação às contas externas, o câmbio foi fixado em US$ 1 por Cr$ 1, o que tornou o Dólar barato, resultando na remessa de capitais ao exterior sem a entrada de novos empréstimos. O saldo comercial caiu e em junho foi instituída uma minidesvalorização de 12% com centralização do câmbio, o que culminou em uma nova moratória em setembro. No segundo semestre foi reintroduzida, pelo Congresso, a indexação dos salários e em dezembro o país se encontrava ameaçado de hiperinflação.

O Plano Collor I, anunciado em março de 1990, combinava uma reforma monetária profunda (que recriava o Cruzeiro), com prefixação da correção de preços e salários, câmbio flutuante, tributação ampla e pesada sobre aplicações financeiras, enxugamento drástico do dinheiro em circulação no país, fechamento de empresas e órgãos públicos e demissão de funcionários. Dos recursos mantidos em conta corrente e em caderneta de poupança apenas Cr$ 50 mil puderam ser convertidos em cruzeiros e sacados, o restante permaneceu depositado no Banco Central durante dezoito meses, com correção monetária e juros de 6% ao ano. Os depósitos a prazo, *overnight* e fundos de curto prazo também tiveram seus saques limitados. A Cacex passou a se subordinar diretamente ao Ministério da Economia, que restringiria suas atividades para acompanhar um programa de liberação das importações visando acabar com controles e restrições e manter apenas um sistema adequado de tarifas. Foi planejada a aceleração do processo de privatização de estatais, e as instituições financeiras teriam de aplicar compulsoriamente parte do seu patrimônio em títulos de privatização criados, a serem posteriormente trocados por participação nas estatais, quando ocorressem leilões de privatização. A tributação indicava um aumento do IPI de vários produtos, taxação mais pesada sobre o lucro do setor agrícola e a instituição do IOF sobre aplicações como ouro, ações, títulos em geral e caderneta de poupança. Seriam extintos os benefícios fiscais de redução de Imposto de Renda das pessoas jurídicas e os incentivos à exportação.

O congelamento dos preços públicos agravou a situação das estatais e a recuperação das tarifas acabou pressionando a inflação. Por sua vez, a necessidade de socorrer o caixa dos bancos impediu um controle eficiente da moeda. O bloqueio da dívida pública possibilitou a administração do orçamento federal, porém os cortes dos gastos foram limitados, e a partir do início de 1991 observaram-se dificuldades no controle das contas públicas, devido à recessão, à continuação da alta da inflação e à perspectiva da posterior devolução do dinheiro bloqueado. A política industrial, delineada no início do novo governo, não tomou o fôlego necessário. O anunciado pacote de medidas, sob o nome de Programa de Apoio à Capacitação Tecnológica da Indústria, previa um crescimento nos investimentos em pesquisa tecnológica, que passariam de 0,5% do PIB em 1990 para 1,3% até 1994, embora ainda se situando aquém dos parâmetros dos países desenvolvidos (em torno de 2,5%). A nova e tímida política industrial recorreu ao fim dos subsídios governamentais e a uma política de liberalização das importações para estimular a capacidade real de modernização industrial brasileira e para atender aos objetivos de elevação da competitividade e da produtividade. No entanto, a restrição da atividade econômica, subproduto das medidas de ajuste fiscal e monetário, a carência de recursos e o clima de incertezas quanto à condução da política econômica pelo governo bloquearam o avanço de investimentos consideráveis por parte de empresas privadas e estatais.

O Plano Collor II, em janeiro de 1991, objetivava refrear a corrida da inflação. As medidas previam o congelamento de preços e salários, a unificação das datas-base de reajustes salariais (os salários passariam a ser corrigidos duas vezes por ano, em janeiro e julho, para todas as categorias profissionais), a conversão pela média real dos últimos doze meses, o fim dos BTN e dos BTNF (Bônus do Tesouro Nacional Fiscal), visando desindexar a economia, o fim do *overnight* e a criação de um fundo de títulos federais e estaduais, a criação da Taxa Referencial de Juros (TR), a aplicação de uma tablita para contratos anteriores ao plano, o aprofundamento do aperto monetário e fiscal e finalmente um tarifaço para atualização das tarifas e preços públicos (tarifas portuárias, nafta, gás de cozinha, gasolina, álcool e energia elétrica). No entanto, a inflação volta a crescer rapidamente já a partir de abril, situando-se no final da gestão presidencial em um patamar de 23% ao mês. Neste período a economia apresentava uma situação de aprofundamento da recessão econômica, aumento do desemprego, queda dos salários e da massa salarial. Por outro lado, a recessão interna levou as empresas ao mercado externo e inibiu as importações, o que resultou em saldos superavitários na balança comercial e no aumento de reservas cambiais. Por outro lado as elevadas taxas de juros do mercado interno, consideravelmente superiores às internacionais, favoreceram um movimento de entrada de capitais especulativos no país. A contrapartida foi a necessidade de emissão de Cruzeiros, que provocou expansão dos meios de pagamento e pressões nas áreas fiscal e monetária.

Na gestão presidencial seguinte, a busca da organização da economia priorizou o ajuste do setor público, que se objetivou através do denominado Plano FHC1. A proposta do plano envolvia o corte de despesas da União (em um montante de US$ 6 bilhões em 1993), o ajustamento das contas dos estados e municípios, o equilíbrio dos bancos oficiais estaduais e a aceleração do programa de privatizações. Dificuldades políticas impediram a consecução satisfatória das medidas previstas e em dezembro de 1993 foi apresentado um Programa de Estabilização Econômica, que passou a ser conhecido como FHC2, a ser implementado em três tempos. A primeira fase, de ajuste das contas do governo, foi viabilizada a partir da aprovação pelo Congresso Nacional da emenda constitucional de revisão que criou o Fundo Social de Emergência, o qual garantiria os recursos para este ajuste advindos de impostos e contribuições, sendo a eliminação do déficit orçamentário complementada através de outras medidas como vendas de ações e de participações acionárias depositadas no FND (Fundo Nacional de Desenvolvimento), esforço adicional de arrecadação e redução nas dotações orçamentárias para outros custeios e capital dos Poderes Legislativo e Judiciário. A segunda fase se refere à criação de um padrão estável de valor, denominado Unidade Real de Valor (URV), para servir como moeda confiável para denominação de contratos e obrigações, bem como para referenciar preços e salários. O objetivo da introdução da URV seria romper a inércia inflacionária, cortando o vínculo com a inflação passada e reduzindo as incertezas e expectativas negativas quanto à inflação futura, desde que este indexador refletiria na inflação presente. A terceira fase do programa se relaciona à transformação desse novo padrão de valor em uma nova moeda nacional de poder aquisitivo estável: o Real. Esta transformação visa assegurar à moeda nacional a capacidade de servir como meio de pagamento e substituir, como reserva de valor, as variadas formas de moeda remunerada existentes.

No que se refere às primeiras experiências do planejamento regional no Brasil, observa-se que tiveram início na segunda metade dos anos de 1950 e se materializaram com a criação da Sudene, que teve atuação efetiva nos primeiros anos da década de 1960, e com o ı Plano Quinquenal para a Amazônia em 1955; surgiram quase que simultaneamente com a experiência bem-sucedida do planejamento nacional, que foi a constituída pelo Plano de Metas de 1955-1961. A criação da Sudene (Superintendência do Desenvolvimento do Nordeste) representou uma grande inovação em termos da forma de atuação do Estado brasileiro na economia regional. As propostas regionais passaram desde então a constituir um capítulo do plano nacional. Da estratégia regional de desenvolvimento, surgiram os programas e projetos voltados para a modernização da infraestrutura e para o fomento à atividade produtiva através dos incentivos fiscais e financeiros, que passaram a ser estendidos a outras regiões brasileiras. As duas experiências acima mencionadas foram as mais efetivas e relevantes no contexto regional do país e são apresentadas nos dois últimos capítulos.

As demais experiências de planejamento regional no país, timidamente implementadas pelo Ministério do Interior a partir da década de 1970, através de instituições como a Sudeco e a SUDESUL, nada mais foram do que indicadores de diretrizes e objetivos que se integravam e se apoiavam nos grandes programas nacionais e não apresentaram resultados que se destacassem no contexto de planejamento federal[10]. Isto se verificou porque, no momento em que seriam levadas a efeito as políticas de ação planejadas para estas regiões, as questões macroeconômicas globais brasileiras se tornaram o fulcro das preocupações e ações das políticas governamentais. O interesse pelo planejamento regional se verificou até o início dos anos de 1980, a partir dos quais todo país passa a viver a crise e o aumento da instabilidade. Com base na trajetória dos rumos da economia

---

10. Para maiores detalhes consultar Sudeco, *ıı Plano Nacional de Desenvolvimento. Programa de Ação do Governo para a Região Centro-Oeste*, Brasília, 1975; e J. K. Miski, Questão Regional e a Região Sul: Comentários sobre a Proposta da SUDESUL, *Análise Conjuntura*l, vol. 11, n. 12, dez. 1989.

brasileira a partir deste período, evidenciou-se uma crise e um processo de esvaziamento do planejamento regional federal, desde que os recursos escassos foram direcionados para o enfrentamento dos problemas macroeconômicos globais.

Ao analisar as cinco décadas de planejamento no Brasil, é necessário acrescentar ainda alguns aspectos relevantes. Primeiramente, o planejamento do país esteve sempre condicionado às condições políticas subjacentes, que no decorrer do período apresentaram forte instabilidade, convivendo com situações conjunturais que conduziram a uma intensa participação estatal, tanto na esfera da coordenação geral quanto da produção. As discussões presentes na atualidade sobre a predominância do liberalismo econômico ou da forte intervenção estatal revelam um período de relevantes transformações quanto à noção do grau de intervenção apropriado às condições do país.

Por outro lado, o planejamento governamental deve ser entendido como um processo contínuo, que envolve desde a elaboração de um plano até sua implementação, controle e ajustamentos. Nesse sentido, a consecução dos objetivos formulados está diretamente relacionada à verificação não apenas da consistência global do plano, mas também da capacidade de execução efetiva das políticas públicas previstas, sem desvios consideráveis dos objetivos iniciais. O que se observou, na maior parte dos planos postos em prática, foi a incapacidade da continuação do processo em toda a sua trajetória, muitas vezes devido às dificuldades técnicas, como falta de qualificação dos recursos humanos, insuficiência de infraestrutura e mesmo de controle efetivo, que sobrepujaram a insuficiência de recursos financeiros ou a instabilidade política crônica. Particularmente os planos postos em prática a partir da década de 1980, tendo em vista as condições econômicas conjunturais do país, tiveram a característica de se dedicarem especificamente à estabilização da economia e portanto, por natureza, se apresentarem como parciais e com a preocupação prioritária de

39

curto prazo, sem a globalidade e abrangência de um plano de desenvolvimento.

A partir de 1999, grandes transformações ocorreram na condução da política econômica brasileira, como consequência de pressões resultantes dos desequilíbrios macroeconômicos que foram se acumulando, em especial devido à defasagem cambial em relação ao Dólar e à política de juros altos dos últimos anos. A sobrevalorização do Real, que onerava as exportações e favorecia as importações, resultou em crescentes déficits na Balança Comercial brasileira e perdas de divisas, enquanto os altos juros que visavam atrair a entrada de capitais estrangeiros acabaram por exercer pressão considerável sobre o déficit fiscal do governo. Desde a introdução do Real em 1994, os altos juros e a taxa de câmbio estável mantiveram a inflação em um baixo patamar (culminando em taxas negativas de inflação no final de 1998), o que potencialmente permitiria, de acordo com os objetivos do Plano Real, a entrada de dinheiro estrangeiro em um volume suficiente para viabilizar que as reformas orçamentárias, fiscais e sociais necessárias se realizassem em ritmo gradual e constante.

No entanto, embora a estabilização dos preços (que beneficiou uma ampla camada da população menos privilegiada) e uma série de mudanças estruturais tivessem melhorado amplamente as condições que permitiriam o caminho para o desenvolvimento econômico, as reformas essenciais programadas foram postergadas, culminando em pressões sobre a política ancorada no câmbio e na alta taxa de juros. Estas pressões se tornaram insuportáveis particularmente após as turbulências no mercado financeiro internacional desde outubro de 1998, que se disseminaram pelas economias da Ásia e da Rússia, obrigando à desvalorização considerável das moedas de alguns países e ao retorno de taxas elevadas de inflação.

Em 13 de janeiro de 1999, a política cambial seguida até então pelo Banco Central foi alterada, através da ampliação da banda cambial, que resultou em uma desvalorização de

8% do Real frente ao Dólar. A perda de credibilidade com relação à conduta política do governo e a pressão do mercado conduziu à necessidade do governo brasileiro permitir a flutuação da taxa de câmbio em 15 de janeiro, o que resultou na desvalorização veloz da moeda em acima de 40%. Como consequência, o mercado investidor exigiu a elevação da taxa de juros como compensação dos riscos da desvalorização (na segunda quinzena de janeiro, o Banco Central havia elevado as taxas de juros de 29% para 32%). A experiência de outras economias asiáticas e de países emergentes levados à desvalorização da moeda revela que inicialmente as taxas de desvalorização da moeda atingem patamares muito acima do equilíbrio, para gradualmente observar-se um retorno a taxas cambiais mais condizentes com um equilíbrio da balança de pagamentos; as taxas de inflação e de queda da atividade econômica também são elevadas em um primeiro momento, para depois se reverterem. No Brasil, as transformações em curso são muito recentes e ainda indefinidas, no momento desta análise, para permitirem previsões ou avaliações corretas sobre a situação. No entanto, a nova realidade já resultou em benefícios consideráveis para o andamento das reformas fiscais, que vêm sendo aceleradas.

Anita Kon

"METAS E BASES" E I PLANO NACIONAL
DE DESENVOLVIMENTO –
I PND (1970-1974)

Introdução

Desde o final da década de 1950 instituiu-se no país uma tradição de cada governo apresentar um programa de ação; tivemos: no período Kubitschek, o Plano de Metas; o Plano Trienal no governo Goulart; o PAEG (Programa de Ação Econômica do Governo) na presidência de Castelo Branco; e o PED (Plano Estratégico de Desenvolvimento) com Costa e Silva[1].

A chamada Era dos PND's (que envolveu o I, II e III PND dos governos militares e o I PND da Nova República) teve sua justificativa formal nos Atos Complementares n. 43 e n. 76, de 1969, os quais estabeleceram que cada novo governo deveria propor, no seu primeiro ano de gestão, um plano de

---

1. Ver, por exemplo, Mindlin (1970).

desenvolvimento válido para os anos subsequentes do seu governo e para o primeiro ano de seu sucessor. Em setembro de 1970, o governo do general Emílio Garrastazu Médici preparou um documento intitulado Metas e Bases para a Ação do Governo que, em dezembro de 1971, foi completado efetivamente pelo i Plano Nacional de Desenvolvimento, adaptando-se assim ao cumprimento, pela primeira vez, da tarefa imposta pela legislação. Estes dois documentos são objetos de análise deste capítulo.

O Contexto

No início dos anos de 1970, o governo Médici iniciou o chamado iii Governo da Revolução, sucedendo, depois do golpe de 1964, a Castelo Branco e Costa e Silva. Médici tinha bons motivos para ter uma visão otimista de seu novo governo.

No campo político, o ai-5 (Ato Institucional n. 5), editado em dezembro de 1968, deu amplos poderes de exceção ao Executivo e consolidou o denominado "golpe dentro do golpe". A linha dura do regime, que alcançara o poder com Costa e Silva e cujo projeto envolvia a continuidade dos militares no poder por prazo indeterminado, firmou-se peremptoriamente ao conseguir impedir a posse do civil Pedro Aleixo quando da doença de Costa e Silva e fazer o seu sucessor. Com a posse de Médici consolidou-se a faceta mais dura do regime militar, aprofundando a repressão política e inibindo com maior rigor eventuais discordâncias na sociedade em relação aos rumos da política e da economia nacional. Apesar de estar presenciando o auge da luta armada, o isolamento social dos guerrilheiros, seu número diminuto e a violenta repressão já em curso não permitiam antever qualquer possibilidade mais concreta de sucesso para esta parcela da oposição. A "oposição oficial", congregada no mdb (Movimento Democrático Brasileiro), amargava, com o estreitamento do espaço de discussão pública, a perda de quadros partidários e os insucessos eleitorais, dos quais o mais dramático foi a vitória acachapante da Arena (Aliança Renovadora Nacional) nas eleições de 1970.

Boa parte da responsabilidade pelo péssimo desempenho eleitoral do MDB nesse ano deveu-se à ótima evolução dos principais indicadores econômicos desde 1968. O crescimento econômico acelerado revelou-se um instrumento extremamente poderoso de legitimação do regime militar perante a população como um todo. O início do Milagre Econômico, como ficou estabelecido na literatura o período 1968-1973, deveu-se a uma série de fatores favoráveis, internos e externos. Assim podemos elencar como fatores que contribuíram favoravelmente ao crescimento econômico no período do "milagre":

a) as bases institucionais criadas pelas reformas introduzidas no período 1964-1967, que permitiram ao Estado brasileiro recuperar sua capacidade de investimento e possibilitaram também ao setor privado novas formas de financiamento[2];

b) o cenário externo favorável, com crescimento mundial e, portanto, da demanda pelas exportações nacionais, além de uma situação financeira internacional bastante líquida;

c) a existência de capacidade ociosa em função da crise econômica do período 1962-1966.

Houve também, depois de 1967, uma reversão das políticas fiscal e monetária, até então utilizadas em sentido contracionista em função das metas de combate à inflação caracterizada como uma inflação de demanda. Estas passaram a agir favoravelmente ao crescimento econômico, mesmo porque o diagnóstico de inflação se alterou para uma inflação de custo a partir de 1967. Esta alteração, juntamente com os pontos acima levantados, permitiram à economia brasileira desencadear um intenso processo de crescimento

---

2. Sobre as reformas ver Simonsen & Campos (1979).

econômico nos anos circundantes ao início da década de 1970. O desempenho excepcional da produção e do emprego no início dos anos de 1970 viu-se acompanhado, ademais, por uma redução dos níveis inflacionários.

As Metas e Bases para a Ação do Governo

Em setembro de 1970, Médici[3] lançou as Metas e Bases para a Ação do Governo. Como o próprio documento ressalta, as Metas e Bases "não constituem novo plano global", mas constitui-se em um

documento de sentido eminentemente prático e mais voltado para execução; define os objetivos nacionais e as metas estratégicas setoriais, as principais realizações programadas e os projetos de alta prioridade nos principais setores (Presidência da República, 1970, p. 1).

Ainda na sua apresentação ressalta-se que seus princípios seriam complementados pelo I PND:

O trabalho de programação governamental, com fundamento nestas Metas e Bases, irá completar-se com dois outros documentos: o novo Orçamento Plurianual de Investimentos, com vigência no período 1971-1973 [...] e o I Plano Nacional de Desenvolvimento Econômico e Social, para vigência no período 1972-1974 (Presidência da República, 1971, p. 3).

Como salienta Vermulm (1985), a importância dada ao planejamento nas Metas e Bases é bastante reduzida, assim como no próprio I PND. O conteúdo do documento é marcadamente discursivo, elogiando algumas conquistas dos governos militares anteriores e apresentando algumas prioridades do novo governo, sendo que a análise que faz da realidade econômica de então é superficial, especialmente se comparado com os planos anteriores. As Metas e Bases,

---

3. Junto com Médici assumiu o Ministério do Planejamento Reis Velloso e na Fazenda manteve-se Delfim Neto.

no entanto, explicitam a orientação econômica do governo, que será repetida no i pnd.

O Objetivo Síntese: o Brasil Potência

A ideia básica que norteia a orientação econômica do governo é a de Brasil potência. O principal problema a ser enfrentado pelo governo, segundo o documento, é

o problema do subdesenvolvimento, pela necessidade de crescer acima de 7% ao ano, a fim de reduzir-se a distância em relação aos países desenvolvidos e superar-se, de muito, o aumento da população, de modo a permitir a elevação da renda *per capita* e dos padrões de bem-estar do povo. Neste contexto de áspera preparação, o Brasil não almeja apenas crescer. Almeja, no final do século, ser parte integrante do mundo desenvolvido (Presidência da República, 1971, p. 5).

Deste modo temos "como objetivo síntese o ingresso do Brasil no mundo desenvolvido, até o final do século" (idem, p. 15).

O diagnóstico básico para o atraso brasileiro é o hiato tecnológico:

as disparidades de renda entre as nações [estão] cada vez mais condicionadas pelo chamado hiato tecnológico, ou seja, as disparidades crescentes de progresso na área científica e tecnológica (idem, p. 5).

Frente ao objetivo e a este diagnóstico, as normas que balizam a ação do governo são três (idem, p. 10):

a) modernizar o núcleo mais desenvolvido da sociedade;
b) aproveitar ao máximo os recursos humanos;
c) tirar partido da dimensão continental do país, mediante estratégia que promova o progresso de áreas novas e a ocupação de áreas vazias, sem comprometer o ritmo de crescimento para o núcleo desenvolvido e o produto global do país.

As Conquistas Essenciais: Modernização Tecnológica e Crescimento Integrado

Para se levar o país à condição de potência internacional, faz-se necessário modernizar os setores dinâmicos da sociedade brasileira e aprofundar o desenvolvimento científico e tecnológico do país, especialmente nas suas áreas mais desenvolvidas. Desta maneira são estabelecidas como conquistas a serem alcançadas (idem, p. 11-12):

a) desenvolvimento da empresa nacional, de modo a fortalecer o poder de competição interno e permitir a expansão para o exterior; para tanto deve-se criar um sistema financeiro de apoio à reorganização e modernização dos setores industriais, assim como dar a elas proteção e os incentivos necessários;

b) a preparação do homem brasileiro sobretudo por meio da universalização do ensino fundamental, da intensificação da alfabetização de adultos, da qualificação de recursos humanos de alto nível e da educação permanente de adultos;

c) do ingresso do país na era nuclear, pela construção da primeira usina nuclear brasileira, e na II Revolução Industrial, em áreas selecionadas, como a espacial.

Por outro lado, também a continuação do crescimento econômico era uma meta. Previa-se um crescimento do PIB (Produto Interno Bruto) da ordem de 7% a 9% ao ano nos três anos seguintes.

Este crescimento, porém, deveria ser integrado. Esta integração pode ser interpretada de diversas maneiras. Existia a ideia, semelhante à do PED, de diversificação das fontes de crescimento, integrando outros elementos para fornecer dinamismo à economia: ainda era possível a continuidade da substituição de importações em alguns setores, porém o crescimento do mercado interno e a promoção de exportações passaram a fazer parte das metas de governo.

Também eram conquistas a serem alcançadas a retomada do dinamismo da agricultura por meio da modernização da agricultura tradicional e da expansão da fronteira agrícola, ambas mediante incentivos de crédito, preço e assistência técnica. Neste sentido toma forma um outro aspecto importante do crescimento integrado: a integração do território nacional, especialmente da região amazônica e do Nordeste, por meio da implantação do PIN (Programa de Integração Nacional), da intensificação de projetos de infraestrutura, especialmente no setor de transportes (Transamazônica) e de irrigação. Outro aspecto deste crescimento integrado é o PIS (Programa de Integração Social), que visava fazer o trabalhador participar do crescimento econômico, ao mesmo tempo que passou a ser uma nova fonte de recursos governamental.

O I PND

As linhas básicas de ação do governo para os anos de 1972 a 1974, já essencialmente definidas nas Metas e Bases, são repetidas no I PND apresentado em dezembro de 1971. Nele também percebe-se um caráter discursivo evidente e é bastante parcimonioso no diagnóstico da economia brasileira, preocupando-se, quase que exclusivamente, com o estabelecimento de grandes linhas de atuação do Estado para os anos seguintes. De igual modo, o plano procede a um diagnóstico bastante superficial do contexto internacional e das implicações para a economia brasileira, referindo-se, genericamente, à revolução tecnológica em curso e à necessidade de adaptação da economia nacional a esses novos padrões tecnológicos.

Crescimento e Emprego

O I PND deixa bem claro que seu objetivo básico é o crescimento econômico em detrimento de outros objetivos possíveis como o de estabilização ou de melhoria da distribuição de renda. Segundo a visão dos formuladores do I PND, a partir da "reconstrução econômica" empreendida pelo primeiro governo revolucionário, promoveu-se, no segundo, a "expansão econômica acelerada" e, no terceiro, em curso, pretendia-se consolidar o processo de expansão econômica, mantendo-se uma taxa de aumento do PIB da ordem de 9% ao ano, com a indústria crescendo acima de 10% (Presidência da República, 1971, p. 13). Almejava-se "no período de uma geração, *transformar o Brasil em nação desenvolvida*" (grifo no original, idem, p. 14). O projeto de Brasil potência expressa-se no objetivo de fazer com que o país passe da posição de nona a oitava economia do mundo ocidental, ultrapassando, em 1974, o montante de US$ 500 de renda *per capita*.

O emprego, por sua vez, deveria crescer a uma taxa média de 3,1% entre 1970 e 1974. Comparado este percentual com o aumento da população de 2,8%, permitiria a redução do nível de desemprego e subemprego. O crescimento de 3,1% ver-se-ia diferenciado segundo os setores de atividade, ampliando-se desde um máximo de 4,7% no setor terciário até um mínimo de 1,2% na agropecuária, passando pelo índice de 4,1% no setor secundário. Neste último caso, cabe destaque à construção civil, que deveria ter seu nível de emprego ampliando-se, em média, 4,6% ao ano. Estas taxas de crescimento do emprego, apesar de superiores às taxas de crescimento da população, não significariam fortes pressões sobre o mercado de trabalho. Na verdade a maior parte das fontes de crescimento não estão na incorporação de mais trabalhadores, mas sim no aumento da produtividade e nos ganhos tecnológicos.

No esforço de criação de empregos previa-se a instituição de incentivos para que o empregador pudesse utilizar em maior monta o fator trabalho, eliminando-se as distorções que favoreciam as tecnologias de capital intensivo típicas do processo de industrialização brasileiro. Todavia, além de uma rápida referência, a que "alguns dos ônus atualmente incidentes sobre a folha de salários recaíam sobre o valor das vendas" (Presidência da República, 1971, p. 67-68), não se avança na direção de qualquer proposição concreta em relação a isto.

Não se observou, do mesmo modo, qualquer medida deste tipo nos anos posteriores.

Para fazer face às inversões necessárias para viabilizar as metas inscritas no I PND, a taxa de investimento bruto da economia deveria se elevar de 17% em 1970 para 19% em 1974 (idem, p. 45). Alinhando-se ao que ocorria então nas economias desenvolvidas, o I PND propõe que um dos principais instrumentos para a consecução dos objetivos propostos seja "a influência crescente do governo na gestão do sistema econômico, com expansão de seus investimentos e da sua capacidade de regulamentar" (idem, p. 17).

Apesar de se fazer algumas referências à importância da economia de mercado, o I PND mostra-se ainda fortemente vincado pela hegemonia das ideias keynesianas, ou seja, pela confiança bastante ampla na capacidade e necessidade do Estado articular políticas públicas conducentes a um maior nível de crescimento econômico.

Podemos perceber já neste momento os embriões de vários grandes projetos de investimento que irão frutificar com maior ênfase no período seguinte (II PND); consta no I PND a preocupação em efetivar-se

certo número de *grandes programas de investimentos*, cada um deles de valor superior ao equivalente a US$ 1 bilhão, em cinco anos, em consonância com o propósito de consolidar a infraestrutura econômica e as indústrias básicas. Entre esses programas se encontram: o Programa de Expansão da Siderurgia; o Programa Petroquímico; a Implantação dos Corredores de Transportes: o Programa de Construção Naval; o Programa Básico de Energia Elétrica, nos moldes da Primeira Central Nuclear e do conjunto de usinas hidrelétricas acima de 500 mil KW cada uma; o Programa de Comunicações, com ênfase no plano de um milhão de telefones; o Programa de Mineração, abrangendo, além do minério de ferro, um conjunto de projetos de grande dimensão para lavra e industrialização (I PND, p. 8-9).

Durante o governo Médici foram utilizados vários instrumentos para favorecer o processo de acumulação do setor privado. Por um lado, temos a consolidação dos financiamentos fornecidos com algum favorecimento pelos principais bancos oficiais (Banco Central, Banco do Brasil, BNDE [Banco Nacional de Desenvolvimento Econômico], BNH [Banco Nacional de Habitação], Caixa Econômica Federal, BNC [Banco Nacional do Comércio], BNB [Banco do Nordeste do Brasil] e Basa [Banco da Amazônia S.A.])[4] e, por outro, o aperfeiçoamento do sistema de incentivos fiscais, já em curso.

A partir de 1970 o CDI (Conselho de Desenvolvimento Industrial) passou a ser o principal agente responsável pelo exame dos benefícios a serem concedidos às empresas particulares, como: isenção do imposto de importação de bens de capital sem similar nacional, isenção do IPI (Imposto sobre Produtos Industrializados) sobre os bens de capital, crédito do valor do IPI para aquisição dos bens de capital produzidos internamente, depreciação acelerada dos bens de capital de fabricação nacional, apoio financeiro preferencial por parte das entidades de crédito oficiais e concessão de prioridade para exame pelo Conselho de Política Aduaneira no caso de alteração de alíquotas de importação (Vermulm, 1985, p. 149-151). Segundo a análise de Vermulm (idem, p. 153), os principais setores beneficiados pelos incentivos concedidos pelo CDI foram as indústrias metalúrgicas, químicas, petroquímicas e produtos minerais não metálicos (sobretudo cimento e papel e celulose).

Efetivamente, as taxas de crescimento econômico se mantiveram bastante elevadas no período, inclusive acima das metas estabelecidas. Apesar de problemas na agricultura, o PIB cresceu em média 11,7% ao ano neste período, sendo que na indústria este crescimento chegou a 12,7% ao ano[5]. É importante frisar que se no início do Milagre havia capacidade ociosa, durante a fase do I PND esta ociosidade

---

4. Alguns fundos para financiamento do setor privado foram: Fundo de Modernização e Reorganização Industrial (FMRI), Programa de Modernização e Reorganização da Comercialização (PMRC), Finame (normal e de longo prazo) e Fundo de Desenvolvimento do Mercado de Capitais (Fumcap).

5. O ano de 1973 registra as maiores taxas de crescimento tanto do PIB total como do PIB industrial. Em 1974 as taxas apresentam quedas significativas.

estava se esgotando. Bonelli e Malan (1976, p. 379) estimam que, em 1971, a indústria já estaria com um índice de utilização de 93%, alcançando nos dois anos seguintes a sua plena capacidade. Sendo assim, os setores de bens de capital passaram a ser importantes para a manutenção das taxas de crescimento.

A estratégia do CDI, de tentar estimular a produção interna de bens de capital por meio da depreciação acelerada e da concessão do crédito do valor do IPI, parece não ter surtido efeitos na proporção desejada, uma vez que a importação de bens de capital cresceu de forma extremamente rápida durante a fase final do Milagre. Segundo Suzigan (1976, p. 54), a liberalidade com que o CDI procedia com relação aos projetos a ele submetidos implicou em prejuízos à produção doméstica de bens de capital, especialmente em função da não existência de estruturas protecionistas. Mesmo assim, foi justamente a expansão do setor de bens de capital a responsável pela manutenção das elevadas taxas de crescimento econômico deste período.

Por um lado, o crescimento do período tem como explicação primordial a demanda interna, o que explica o fato da indústria de bens de consumo durável ser, ao lado da construção e da indústria de bens de capital, as maiores responsáveis pelo crescimento econômico ao longo do Milagre. Segundo Lago (1989), o setor de bens de consumo durável cresceu, no período 1968-1973, a uma taxa média superior a 23%; o setor de bens de capital, a uma taxa próxima dos 18% e o de construção, 15%. Isto é explicado especialmente pela recuperação da capacidade de financiamento da economia: o setor de bens de consumo durável valendo-se do crédito ao consumidor e a construção, do sistema BNH e dos investimentos públicos. Estes, juntamente com os privados, explicam também o crescimento da indústria de bens de capital. Para tal, o autofinanciamento das estatais e os recursos do sistema público de financiamento foram fundamentais.

Por outro lado, também é impossível desvincular o crescimento econômico acelerado do Brasil, que marcou os anos finais da década de 1960 e início dos anos de 1970, do *boom* sincronizado característico das principais economias do mundo capitalista. A economia brasileira conseguiu engajar-se dinamicamente no movimento expansivo mundial impulsionado, em última instância, pelos déficits em conta corrente do balanço de pagamentos dos Estados Unidos.

Quanto à agricultura, esperava-se um crescimento médio, não verificado, acima de 7% ao ano[6]. As estratégias dentro deste setor são as de modernização da agricultura e de expansão da fronteira agrícola. Assim busca-se tanto modernizar as estruturas de comercialização e distribuição de produtos como disseminar o uso de insumos modernos e promover a agroindustrialização, especialmente nos setores com elevada elasticidade de renda e em novos produtos com potencial de exportação. Dentro dos programas de integração nacional estão previstos também a transformação da agricultura tradicional nordestina e a difusão da irrigação na região, assim como a expansão da fronteira agrícola, incorporando os vales úmidos do Nordeste (São Francisco), a região amazônica e o Planalto Central.

Para tal, os principais instrumentos já estavam em desenvolvimento: os incentivos fiscais e financeiros relacionados ao Sistema Nacional de Crédito Rural (SNCR) e o desenvolvimento e a difusão de pesquisas agrícolas em grandes dimensões. Estava em curso a modernização da agricultura brasileira, que foi chamada de a "modernização dolorosa" (Silva, 1985), em função das consequências sociais que tal processo acarretou.

O Papel das Grandes Empresas e das Estatais:
O Financiamento e a Modernização

No I PND existe a preocupação em situar as empresas nacionais de forma mais competitiva no mercado internacional. Embora ressalte a necessidade de apoiar a pequena e média

---

6. A agricultura entre 1972 e 1974 teve um crescimento médio de 1,65%, puxado pelo primeiro ano, já que em 1973 seu crescimento foi zero.

empresa, em vista de "seu papel relevante na economia nacional", fica evidente dentro da estratégia do I PND a necessidade de apoiar decisivamente as grandes empresas nacionais, de constituí-las em bases sólidas e, ao mesmo tempo, contar com o apoio decisivo das empresas estatais.

A preeminência da grande empresa nacional na formulação do I PND expressa-se de forma acabada na preocupação em viabilizá-la como um dos suportes fundamentais no processo de desenvolvimento então em curso. Assim, quando trata do poder de competição da economia como um todo, um dos elementos fundamentais é a

criação de um modelo brasileiro de capitalismo industrial, que institucionalize o Programa de Promoção de Grandes Empreendimentos Nacionais, destinado a criar a grande empresa nacional, ou a levar a empresa brasileira a participar em empreendimentos de grande dimensão em setores de alta prioridade (grifos no original, p. 21).

Os instrumentos essenciais para efetivar tal apoio seriam os empréstimos concedidos pelo BNDE, Banco do Brasil (recursos do PASEP [Programa de Formação do Patrimônio do Servidor Público]) e Caixa Econômica Federal (recursos do PIS). Compõem também o esquema de apoio à grande empresa nacional incentivos fiscais do Imposto de Renda à fusão e incorporação de empresas.

Conforme assinala Vermulm, o I PND difere dos planos anteriores por assumir de forma pioneira o privilégio explícito a ser concedido às grandes empresas como um dos elementos básicos de sua estratégia de desenvolvimento. Deixando de lado o tratamento genérico à "empresa privada nacional" como constava dos planos anteriores:

O pilar de grande empresa e grandes projetos nacionais fez parte da ideologia que se tentava firmar de Brasil potência. O I PND percebeu que a produção ao nível mundial se encontrava concentrada, que a economia mundial era dominada pelas empresas multinacionais. Portanto, se o Brasil objetivasse alcançar o estágio do desenvolvimento necessitaria de grandes empresas em condições de concorrer com as multinacionais (1985, p. 141-142).

Tal constatação aplicava-se, com igual ênfase, ao setor bancário. Por meio do Decreto-Lei n. 1182, de 1971, o governo federal procurava incentivar, mediante vantagens fiscais, as fusões e incorporações no sistema bancário, buscando aumentar seu grau de concentração. O objetivo fundamental era, por meio das economias de escala, reduzir os custos operacionais do sistema como um todo, rebaixando assim os custos da intermediação financeira.

Como já foi salientado, apesar de em certos momentos o I PND ressaltar a construção de um modelo de mercado, este modelo funda-se na aliança entre o governo e o setor privado. Aqui a importância da empresa estatal, no seio da grande empresa nacional, é essencial. Podemos notar até um certo tom nacionalista na defesa da intervenção da empresa estatal em determinados setores.

Principalmente em energia, transportes e comunicações, recai sobre a empresa governamental, apoiada, quase sempre, em fundos vinculados, o ônus do investimento e produção, para atender à demanda em crescimento superior, às vezes, a 10% ao ano. Esse papel da empresa pública em áreas básicas, para suprir a ausência da empresa nacional, evitou a presença excessiva, no Brasil, da empresa estrangeira (Presidência da República, 1971, p. 20-21).

Por outro lado, cumpria a estas empresas tanto gerarem demanda derivada para as empresas nacionais como assegurarem o fornecimento de insumos essenciais.

Assim, segundo Trebat (1983, p. 37 apud Lago, 1989, p. 268), entre 1968 e 1974 foram criadas 231 novas empresas públicas. Esta ampliação do setor público estatal relaciona-se a diversos fatores, entre os quais podemos destacar:

a) o Decreto-Lei n. 200, de 1967, que concedia autonomia às empresas estatais, permitindo que operassem com maior flexibilidade;

b) a criação das *holding* setoriais;
c) o reinvestimento de lucros das próprias empresas, dadas as condições relativamente favoráveis dos preços públicos nesse momento.

Todavia, mesmo assim não devemos considerar tal expansão como sendo resultado de uma proposta de aumento do grau de intervenção do Estado na economia, mas sim como uma forma encontrada pelo Estado brasileiro naquele momento para viabilizar o desenvolvimento de certos setores considerados essenciais para o crescimento econômico. Trata-se, conforme a expressão de Lago (1989, p. 271), "não de um agravamento do grau de estatização do país e sim de um forte centralismo na condução da economia".

A importância do setor público na economia expressa-se pelo seu papel na determinação do "vetor de preços relativos", por meio de incentivos, subsídios etc., pelos quais sinalizava ao setor privado o direcionamento que este deveria seguir, pela sua importante contribuição em termos dos investimentos totais e pela demanda de bens de capital, dos quais respondia, respectivamente, por metade e um terço do total. Também no que toca aos empréstimos ao setor privado pode-se perceber a importância das instituições públicas, responsáveis por cerca de metade do volume total em 1972-1973.

Para o projeto de revigoramento das empresas nacionais fazia-se essencial dotá-las de sólidas estruturas financeiras e de fontes adequadas de financiamento. Assim, constam também do I PND a intenção de melhorar o padrão de financiamento da economia brasileira mediante o alongamento dos prazos de concessão de créditos, ampliando-se a importância dos créditos de médio e longo prazo e do fortalecimento da Bolsa de Valores como mecanismo de captação de recursos por parte das empresas (mercado primário de ações).

Contudo, o fracasso em constituir linhas de financiamentos privados de longo prazo mostrou-se evidente no início dos anos de 1970. Os empréstimos de longo prazo então concedidos às empresas nacionais foram feitos por meio de recursos externos ou agências públicas e bancos oficiais, ficando o sistema financeiro nacional encarregado, basicamente, dos créditos de curto e médio prazo para capital de giro. Nesse sentido, o acesso a créditos externos de mais longo prazo acabou por se constituir num eixo importante do padrão de financiamento brasileiro na década de 1970.

A possibilidade de se utilizar o mercado acionário como forma de capitalização das empresas também viu-se obstada, principalmente, pelo desenrolar dos acontecimentos durante o ano de 1971: após os expressivos aumentos do valor das ações no primeiro semestre do ano, seguiu-se uma grande queda de preços que inibiu este mercado durante muitos anos. Isto ocorreu a despeito dos volumosos recursos carreados para as bolsas de valores por meio dos fundos 157, que fora o mecanismo efetivamente criado para dar impulso a tal mercado no país.

Portanto, relativamente às fontes de financiamento cabe destacar a participação mais significativa dos recursos do sistema financeiro público e os internos às próprias empresas. No caso das estatais, estes surgem em decorrência da política de preços públicos realista adotada até 1975. No setor privado a compressão salarial foi um importante elemento na geração de lucros, juntamente com a concentração industrial. De modo complementar aparecem os recursos provenientes de empréstimos internacionais, facilitados pelo maior acesso ao euromercado e pelas taxas de juros favoráveis do mercado internacional.

Outro aspecto importante foi a modernização da empresa nacional (privada e pública) tanto no que tange à tecnologia, quanto nos aspectos gerenciais. Neste sentido, o próprio incentivo a fusões e incorporações de empresas, visando uma certa concentração das empresas, faz parte desta modernização, já que tais empresas aufeririam os chamados ganhos de escala e teriam mais facilidade em acompanhar (e recuperar) a evolução tecnológica; além disto, vários programas de financiamento de reestruturação foram previstos, bem como a aceleração da transferência de tecnologia associada a uma política de patentes. Previa-se também uma maior integração indústria-pesquisa-universidade, além de uma maior ação governamental no setor de pesquisa. Associado ao processo genérico de modernização e mostrando bem a concepção de Brasil potência, dois setores foram elencados como prioritários dentro da política científica e tecnológica do I PND: a energia nuclear e as atividades espaciais.

Integração Nacional e Política Regional

A preocupação com a integração nacional transparece em todo o texto, motivada, por um lado, pelas considerações de segurança nacional, em que a expansão da fronteira agrícola e a ocupação de regiões limites têm papel chave. Por outro lado, mediante o desenvolvimento das regiões mais atrasadas haveria a incorporação dessas regiões ao espaço econômico nacional, viabilizando a continuidade da expansão econômica do país como um todo. Pretendia-se, outrossim, com o investimento maior nas áreas de educação e do incentivo maior ao desenvolvimento do Nordeste e da Amazônia, que se pudesse garantir à expansão econômica que não sofresse solução de continuidade no longo prazo.

Segundo Suzigan, Bonelli, Horta e Lodder (1974, p. 86-87):

a apresentação formal e oficial de uma política nacional de desenvolvimento regional encontra-se definida no I Plano Nacional de Desenvolvimento Econômico e Social (1972-1974), compreendendo: a) uma estratégia nacional de desenvolvimento integrado; b) uma estratégia de desenvolvimento para o Nordeste, via incentivos fiscais; c) execução de uma estratégia de ocupação e consolidação da Amazônia. Embora não aparente, o estabelecimento de tal política reflete o reconhecimento oficial de que o padrão de crescimento espacial ameaça, a longo prazo, frustrar os esforços desenvolvimentistas do país.

A estratégia de integração nacional, segundo a concepção do I PND, deveria ter a função de, simultaneamente, propiciar a expansão acelerada e autossustentada da economia por meio da ampliação do mercado interno e promover uma progressiva descentralização econômica, mediante o desenvolvimento do Sul, Nordeste, Planalto Central e Amazônia. Para alcançar tal objetivo o governo federal deveria lançar mão dos incentivos fiscais regionais no caso do Nordeste e da Amazônia e, nas demais regiões, utilizar-se-iam dos financiamentos propiciados pelos bancos oficiais, medidas tributárias, transferências da União e investimentos diretos do governo federal (idem, p. 25-26).

Previa-se, para o Nordeste, o fortalecimento do processo de industrialização, substituindo importações do Centro-Sul e promovendo exportações, a transformação e a modernização da economia rural tradicional e a integração do Nordeste com a Amazônia e o Planalto Central. Quanto à Amazônia, a ideia básica é a de integrar para desenvolver. A integração da região amazônica seria feita, fisicamente, mediante a construção da Transamazônica, ligando a região ao Nordeste brasileiro e da Rodovia Cuiabá-Santarém, ligando-se o Planalto Central ao Centro-Sul. Sua ocupação seria incentivada por meio de projetos de colonização.

O padrão de desenvolvimento econômico escolhido pelo I PND foi, segundo Kon (1994, p. 53),

coerente com a visão de integração nacional, definida no Programa de Integração Nacional, ou seja, com a disseminação dos resultados do progresso econômico a partir de centros de crescimento regional e de seus efeitos multiplicadores, baseando-se nas vantagens comparativas do país.

Além do PIN, esta política de integração nacional deveria incluir também o Proterra (Programa de Redistribuição de Terras e de Estímulos à Agroindústria do Norte e do Nordeste). O PIN compreendia como projetos prioritários: a construção de sistemas rodoviários de interligação do Nordeste e da Amazônia e de corredores de transporte, inclusive para exportação; levantamento geográfico sistemático (projeto Radam [Radar da Amazônia]); programa de colonização e de estabelecimento de infraestrutura na Amazônia; e o Plano de Irrigação do Nordeste. Já o Proterra buscava apoiar a agroindustrialização do Nordeste, a expansão da empresa agrícola e dar apoio ao pequeno produtor, principalmente o desprovido de terra. Apesar de alguma intenção social, estes projetos, por meio de uma série de incentivos, "serviriam para financiar a modernização, dentro da concepção geral de apoiar as grandes empresas, industriais e agrícolas, que eram mais eficientes e, portanto, competitivas" (Vermulm, 1985, p. 146).

Exportações e a Estratégia Externa

A evolução dos termos de troca no início dos anos de 1970 mostrou-se favorável à economia brasileira, pois, entre 1969 e 1973, os preços de nossos produtos de exportação aumentaram 15% acima do verificado para as importações. O aumento do preço do petróleo no final de 1973 reverteu tal quadro, fazendo com que em 1974 os termos de troca equivalessem a apenas 96% do que eram em 1969. Todavia, o acréscimo de 63% na quantidade exportada nesse mesmo período (1969-1974) permitiu que, a despeito do choque externo, a capacidade para importar se ampliasse 56% (cf. IBGE, 1990, p. 599).

A maior responsabilidade pelo desempenho favorável do setor exportador deve ser atribuída à expansão das vendas externas de alguns produtos agropecuários (notadamente soja, açúcar, carnes, algodão), minério de ferro e manufaturados (sobretudo têxteis e calçados). Já em 1973 os manufaturados respondiam por quase um terço das exportações totais. Em contrapartida, declina substancialmente a importância do café no total das vendas externas.

Esta maior diversificação da pauta de exportações encontra-se relacionada, de um lado, às modificações no comércio internacional, as quais permitiram maior espaço às exportações de manufaturados "leves" dos países em desenvolvimento e, de outro, ao incremento da política governamental direcionada para favorecer o esforço exportador mediante a institucionalização da prática de minidesvalorizações, desburocratização administrativa e maior disponibilidade de subsídios e incentivos fiscais aos exportadores.

Explicita-se no I PND a intenção de dar continuidade ao esforço de desenvolvimento, utilizando-se do dinamismo do setor exportador. A expansão das exportações deveria se fazer, fundamentalmente, pelo incremento das vendas externas de manufaturas, minérios e produtos agrícolas não tradicionais, que seriam incentivados por uma política de câmbio flexível (minidesvalorizações), incentivos fiscais, simplificação burocrática, regulamentação, alargamento do regime de entrepostos e ampliação do financiamento (volume e prazos) em todos os estágios, inclusive com uma rede de agências internacionais dos bancos oficiais (Lago, 1989, p. 34-35).

Durante o período de execução do I PND, o governo federal procurou incrementar ainda mais o setor exportador mediante a concessão de novos incentivos. Assim, em 1972, além de fomentar a criação de *trading companies*, instituiu-se, sob o comando da Befiex (Comissão para Concessão de Benefícios Fiscais a Programas Especiais de Exportação), os seguintes incentivos:

a) isenção de impostos de importação e IPI até um terço do valor líquido de exportação média anual prevista; b) as importações necessárias não estariam sujeitas à lei do similar nacional (com aprovação do CDI e CPA [Comissão de Política Aduaneira]); c) possibilidade de transferência de benefícios fiscais não totalmente utilizados em determinado ano para exercícios seguintes; d) permissão para transferências, entre empresas de um mesmo grupo que apresentasse programa de exportação, dos créditos fiscais (IPI e ICM) anteriormente instituídos; e) abatimento do lucro tributável da parcela correspondente à exportação de produtos manufaturados, equivalente à parte exportada da produção. [...] Ainda em 1972, passou a ficar isenta de apuração de similaridade (e portanto isenta de Imposto de Importação e de IPI) a importação de conjunto industrial completo destinado à produção no Brasil para a exportação (Lago, 1989, p. 273-274).

Do lado das importações estava previsto um crescimento acima de 8% ao ano para atender às necessidades principalmente de bens de capital. Os bens de capital, contudo, tiveram suas importações aumentadas em 136% entre 1970 e 1973 (de US$ 907 milhões para US$ 2.142 milhões). Na verdade tanto as exportações como as importações tiveram um desempenho muito acima do previsto[7].

Quanto ao endividamento externo, não se previa para o período o recurso à poupança externa de modo sistemático, procurando manter um hiato de recursos no balanço de pagamentos da ordem de US$ 200 a US$ 300 milhões, utilizando a poupança externa apenas como complemento à nacional e não promover a ampliação das reservas.

Entre 1971 e 1973, porém, apesar de um saldo negativo na Balança de Transações Correntes, existe uma forte entrada de recursos externos, configurando o crescimento do endividamento externo. Ainda que o recurso ao endividamento externo pudesse representar um papel importante para a concretização dos investimentos em certos setores ou empresas, não há como caracterizar o desenvolvimento do período do Milagre como *debt-led growth*. Como argumenta Batista Jr. (1988), a absorção líquida de recursos reais do exterior alcançou apenas 1,2% do PIB no período 1970-1973. Portanto, fica nítido que o esforço maior em termos do investimento total coube à poupança doméstica; o aumento do endividamento externo nesse período encontra-se muito mais relacionado ao aumento das reservas internacionais do que à expansão do consumo ou do investimento doméstico. Entre 1970 e 1973, para um crescimento da dívida externa de US$ 7.276 milhões, as reservas internacionais ampliaram-se o equivalente a 73,8% desse total, ou seja, houve um acúmulo de reservas da ordem de US$ 5.375 milhões.

---

7. Para as exportações previa-se um crescimento superior a 10% a.a., este chegou a mais de 35% a.a., pelo lado das importações a previsão era de 8% a.a. Na realidade, se incluirmos o ano de 1974 (já com o choque do petróleo), o crescimento foi superior a 50%. Apenas o biênio 1972-1973 teve taxas anuais médias de crescimento das exportações próximas a 38%.

A Política Econômica

No tocante à política monetária e de crédito, sobressai-se a preocupação no I PND com "a manutenção de níveis adequados de liquidez do setor privado", evitando-se, dessa forma, a alternância de políticas expansionistas e restritivas. Surge também o empenho em aperfeiçoar os instrumentos tradicionais de execução de política monetária de forma a torná-los mais flexíveis e adaptados possíveis às necessidades de crescimento e estabilidade. Apesar de estarem previstas inclusive metas quantitativas, na prática a condução da política monetária e o uso de seus principais instrumentos teve como foco o controle sobre as taxas de juros, ficando apenas para as operações de mercado aberto o controle sobre o nível de liquidez da economia.

É importante ressaltar a preocupação que se coloca também com a "preservação e aperfeiçoamento" do instrumento da correção monetária, visto como fundamental para proteger o sistema econômico dos efeitos deletérios que a inflação poderia ocasionar, notadamente sobre a reavaliação dos ativos das empresas, formação de poupança, taxa de câmbio e reajuste salarial. Trata-se, portanto, de um momento histórico em que a correção monetária ainda é vista como possuindo um papel extremamente positivo dentro da economia brasileira, permitindo que os efeitos negativos que a inflação poderia vir a acarretar sobre o processo econômico ficassem amortecidos com este instrumento.

No âmbito da política fiscal destaca-se a preocupação do governo em, simultaneamente, vetar qualquer tipo de aumento de impostos e manter o déficit de caixa do Tesouro abaixo de 1% do PIB. No entanto, apesar da recusa do I PND em admitir elevação da carga tributária, esta parece ter se elevado de uma média de 22,4% do PIB em 1965-1969 para 24,7% em 1970-1973. Descontando-se os subsídios e as transferências, tais percentuais alcançam 15,3% e 16,6% do PIB, respectivamente. As despesas correntes do governo, por sua vez, reduziram-se de um percentual de 8,3% do PIB em 1970 para 7,4% em 1973. Há, portanto, fortes indicações de que a poupança em conta corrente do governo mostrou--se suficiente para financiar os investimentos das administrações públicas. Todavia, cabe anotar que a verificação do desempenho do governo na área fiscal vê-se extremamente prejudicada pela existência do chamado orçamento monetário. Ou seja, apesar de em 1973 se constatar um superávit fiscal equivalente a 0,06% do PIB, tal informação não pode ser tomada à risca, uma vez que importantes itens de despesa, como os juros e a correção monetária da dívida pública e os subsídios implícitos na concessão de créditos públicos – relacionados sobretudo à agricultura e exportação – encontravam-se alocados no orçamento monetário, portanto fora do escopo do orçamento fiscal (Lago, 1989, p. 265-266).

Distribuição de Renda

O maior fechamento do sistema político permitiu ampliar o grau de liberdade da equipe econômica na definição das políticas, já que consolidou o alijamento de amplos segmentos da sociedade na discussão acerca dos rumos da economia nacional. Uma espécie de válvula de escape a este clima repressivo que tolhia qualquer discussão política mais profunda foi o debate que se desenrolou no início dos anos de 1970, acerca do aumento da concentração de renda havido durante a década de 1960. Apesar do I PND se referir ao censo, não há referência explícita à piora na distribuição de renda que nele se constata.

No I PND outro aspecto do chamado crescimento integrado diz respeito à participação da população nos ganhos resultantes deste crescimento. Esta participação inclusive era ressaltada como mecanismo de ampliação da demanda no país. De todo modo reconhecia-se as deficiências neste setor e propunha-se como principal instrumento para prover tal participação do trabalhador no crescimento da renda o sistema PIS/PASEP. O PIS é um programa que veio em substituição a uma antiga lei inexequível de participação dos trabalhadores no lucro individual das empresas. Pelo PIS previa-se que os trabalhadores, por meio de um fundo de participação, receberiam algo relativo aos ganhos de produtividade embutidos no crescimento do produto nacional. Na prática este fundo acabou por se constituir em uma nova forma de poupança compulsória do governo, que por meio deste pôde canalizar recursos aos projetos prioritários.

Ao PIS seguia-se, como medida promotora da integração social, a política salarial que, segundo o I PND, deveria assegurar

> não apenas a manutenção do salário real médio do trabalhador, compensando os efeitos da inflação, mas também os aumentos progressivos, em termos reais, na proporção dos aumentos de produtividade da economia (Presidência da República, 1971, p. 39).

Também como medida de caráter redistributivo incluía-se a expansão dos programas de educação e habitação, o Funrural (Fundo de Assistência ao Trabalhador Rural), o Proterra e o Fundo 157. Por outro lado, a expansão do emprego, acreditava-se, deveria ter um impacto positivo em termos de distribuição de renda.

Praticamente todas as evidências disponíveis a respeito da distribuição de renda na economia brasileira, seja considerando apenas o setor industrial, a PEA (População Economicamente Ativa) como um todo, o índice de Gini ou a participação dos diversos decis na renda total, apontam para um aumento na concentração de renda no início dos anos de 1970, mantendo-se a tendência já constatada para a década de 1960 (Lago, 1989, p. 288-291). Tal piora no quadro distributivo parece ter ocorrido tanto no que tange à distribuição funcional de renda – em favor das remunerações provenientes de juros, lucros e aluguéis – quanto internamente à massa salarial em detrimento dos níveis de remuneração inferiores.

O endurecimento do regime militar a partir do final dos anos de 1960 permitiu aplicar com maior eficácia a restritiva legislação trabalhista implantada desde 1964[8], a qual impunha sérios obstáculos à capacidade de organização dos trabalhadores, inibindo-se as possibilidades de uma participação mais efetiva dos salários nos ganhos de produtividade que então ocorriam. Apenas nos anos finais do Milagre, com a carência de oferta de mão de obra manifestando-se em relação a várias categorias profissionais, é que se pôde verificar acréscimos dos salários reais para a maioria dos trabalhadores, uma vez que a política salarial, apesar da incorporação da correção do resíduo inflacionário em 1968, mostrava-se ainda incapaz de promover aumentos de salários reais. Tal situação mostrou-se mais dramática no caso do salário mínimo,

pois qualquer que seja o indicador escolhido, no período 1967-1973 ocorreu uma queda ou estagnação do salário mínimo real apesar do forte crescimento da economia e da produtividade do trabalho (Lago, 1989, p. 286).

Os indicadores disponíveis apontam para um crescimento do salário real médio. Tal resultado, no entanto, deve ser relativizado em vista dos ganhos salariais conseguidos por algumas categorias profissionais mais qualificadas, que devem ter "puxado" a média para cima, e também da manipulação nas séries de preços que acabam por ser utilizadas para deflacionar os indicadores.

Considerações Finais

Uma avaliação sumária das principais metas estabelecidas pelo Plano de Metas e Bases para a Ação de Governo (1970-1973) e pelo I Plano Nacional de Desenvolvimento (1972-1974) revela que:

8. Referimo-nos, sobretudo, à Lei n. 4330, de 1º de junho de 1964, que, além de limitar os campos de atividade em que as greves poderiam ser realizadas, impôs vários entraves burocráticos e de prazos que virtualmente inviabilizavam qualquer movimento grevista.

a) o objetivo de incremento do PIB de 7% a 9% entre 1970 e 1973, alcançando-se 10% em 1973 e entre 8% e 10% segundo o I PND, foi ultrapassado em praticamente todo o período; à exceção do ano de 1974, quando o PIB cresceu 9%, em todos os demais anos a taxa situou-se acima de 10% (média de 11,4%), alcançando 14% em 1973. Acompanhando tal superação também as previsões relacionadas à renda *per capita* foram amplamente superadas; o aumento de 26% previsto no I PND entre 1970 e 1974 viu-se superado, chegando a algo próximo de 60%.

b) O tema das disparidades setoriais também apareceu no I PND. Para evitar um distanciamento maior entre o dinamismo do setor agrícola e do setor industrial, pretendia-se que as taxas de crescimento de ambos se apresentassem menos divergentes relativamente ao passado recente. O maior dinamismo do setor primário permitiria trazer para a economia como um todo, afora o benefício óbvio da ampliação da produção de alimentos e matérias-primas para o mercado doméstico e exportação, a dinamização do mercado interno pelo aumento da renda desse setor, reduzindo-se a economia de subsistência, o subemprego, com reflexos positivos também para a distribuição de renda. O desempenho da indústria e da agricultura mostraram-se, no entanto, bem diversos. Observamos a liderança inconteste do setor industrial no processo de crescimento econômico do período. A taxa média de crescimento de 12,4% observada para a indústria foi superior à previsão de aumento de 9% a 11% para 1970-1973, segundo o Metas e Bases, e de 10% de acordo com o I PND. Já a agricultura, que deveria ter seu produto acrescido de 6% a 8% ao ano, expandiu-se apenas 4,1% em média entre 1970 e 1974 (4,9% entre 1970 e 1973).

c) Em que pese a ausência de dados conclusivos a respeito, é bem provável que a meta de ampliação do emprego em 3,1% ao ano, atingindo-se 3,2% em 1974, também tenha sido ultrapassada, uma vez que se constatam reduzidas taxas de desemprego em 1973 e 1974, a despeito do incremento populacional significativo no período.

d) O aumento dos preços do petróleo e seu impacto sobre a transferência de renda ao exterior desencadeia um acirramento do conflito distributivo internamente, o qual o governo se recusa a arbitrar, deixando que o processo inflacionário se encarregue de distribuir os custos de tal alteração de preços relativos. Durante o período tanto as exportações como as importações estiveram acima das metas estabelecidas.

Quanto às outras estratégias do I PND, devemos salientar que as expectativas de constituição de um sistema de financiamento de longo prazo no mercado privado não se concretizou. Assim como ocorreu um crescimento não previsto no plano do endividamento externo, que acabou significando ampliação no volume de reservas. Por outro lado, os processos de concentração se efetivaram e, em menor escala, ocorreram ganhos de produtividade nas empresas nacionais.

No que tange à integração nacional, apesar da megalomania de alguns projetos, a expansão da fronteira agrícola se verificou com o tempo, mas certas áreas do país continuaram isoladas. A integração social constituiu-se em um problema não resolvido, mesmo porque é contraditório com os programas de fortalecimento da grande empresa nacional.

Amaury Patrick Gremaud
Julio Manuel Pires

Referências Bibliográficas

BACHA, E. (1978) *Os Mitos de uma Década*, São Paulo: Paz e Terra.
BATISTA JR., P. W. (1988) *Da Crise Internacional à Moratória Brasileira*. Rio de Janeiro: Paz e Terra.
BONELLI, R. & MALAN, P. (1976) Os Limites do Possível. *Pesquisa e Política Econômica* 6 (2), agosto.

CASTRO, A. B. de (1979) *O Capitalismo Ainda É Aquele*. Rio de Janeiro: Forense Universitária.

CRUZ, P. D. (1983) Notas sobre o Endividamento Externo Brasileiro nos Anos 70. In: COUTINHO, Renata & BELLUZZO, Luiz Gonzaga de Mello. *Desenvolvimento Capitalista no Brasil: Ensaios sobre a Crise*. São Paulo: Brasiliense, vol. 2, p. 59-106.

FURTADO, C. (1974) *Análise do "Modelo" Brasileiro*. Rio de Janeiro: Civilização Brasileira.

IBGE. (1990) *Estatísticas Históricas do Brasil: Séries Econômicas, Demográficas e Sociais de 1550 a 1988*. 2. ed. revista e atualizada do vol. 3 de *Séries Estatísticas Retrospectivas*. Rio de Janeiro: IBGE.

KON, A. (1994) Quatro Décadas de Planejamento no Brasil. *Revista de Administração de Empresas*. 34 (3), maio/junho.

LAGO, L. (1989) A Retomada do Crescimento e as Distorções do Milagre: 1967-1973. In: ABREU, M. P. (org.) *A Ordem do Progresso: Cem Anos de Política Econômica Republicana – 1889-1989*. Rio de Janeiro: Campus.

LANGONI, C. G. (1973) *Distribuição de Renda e Desenvolvimento Econômico no Brasil*. Rio de Janeiro: Expressão e Cultura.

MINDLIN, B. (org.). (1970) *O Planejamento no Brasil I*. São Paulo: Perspectiva.

PRESIDÊNCIA DA REPÚBLICA – BRASIL. (1971) *I Plano Nacional de Desenvolvimento*. Rio de Janeiro: Serviço Gráfico da Fundação IBGE.

_____. (1970) *Metas e Bases para a Ação do Governo*. Rio de Janeiro: Serviço Gráfico da Fundação IBGE.

SERRA, J. (1982) Ciclos e Mudanças Estruturais na Economia Brasileira do Pós-Guerra. In: COUTINHO, Renata & BELLUZZO, Luiz Gonzaga de Mello. *Desenvolvimento Capitalista no Brasil: Ensaios sobre a Crise*. São Paulo: Brasiliense, vol. 1, p. 56-121.

SILVA, J. (1985). *A Modernização Dolorosa*. Rio de Janeiro: Zahar.

SIMONSEN, M. H. & CAMPOS, R. (1979) *A Nova Economia Brasileira*. 2. ed. Rio de Janeiro: José Olympio.

SINGER, P. (1989) *A Crise do Milagre: Interpretação Crítica da Economia Brasileira*. 8. ed. Rio de Janeiro: Paz e Terra.

SUZIGAN, W. (1976) Empresas do Governo e o Papel do Estado na Economia Brasileira. In: RESENDE, F. et al. *Aspectos da Participação do Governo na Economia*. Rio de Janeiro: IPEA/INPES.

SUZIGAN, W.; BONELLI, R.; HORTA, M. H. T. T. & LODDER, C. A. (1974) *Crescimento Industrial no Brasil: Incentivos e Desempenho Recente*. Rio de Janeiro: IPEA/INPES.

TAVARES, M. C. & ASSIS, J. C. de. (1985) *O Grande Salto para o Caos: a Economia Política e a Política Econômica do Regime Autoritário*. Rio de Janeiro: Jorge Zahar.

TOLIPAN, R. & TINELLI, A. C. (1975) *A Controvérsia sobre Distribuição de Renda*. Rio de Janeiro: Zahar.

VERMULM, R. (1985) *Os Planos de Desenvolvimento no Brasil*. Brasília, Universidade de Brasília. (Dissertação de Mestrado.)

VIANNA, M. L. T. W. (1987). *A Administração do Milagre: O Conselho Monetário Nacional, 1964-1974*, Petrópolis: Vozes.

II PLANO NACIONAL DE DESENVOLVIMENTO – II PND (1975-1979)

Introdução

Cumprindo as normas estabelecidas no Artigo 1º do Ato Complementar n. 43, de 29 de janeiro de 1969, com redação dada pelo Ato Complementar n. 76, de 21 de outubro de 1969, que obrigavam o Executivo a submeter um plano de desenvolvimento ao Congresso Nacional, o governo do general Ernesto Geisel encaminhou em 10 de setembro de 1974 o II Plano Nacional de Desenvolvimento, o qual tornou-se lei (n. 6151) em 4 de dezembro de 1974.

Dentro da chamada Era dos PND's, o II PND acabou por assumir uma posição de destaque. Por um lado, apesar de também não ser um documento completo tecnicamente, contendo um forte conteúdo discursivo, ele é "mais justificado e articulado" que o I PND (Vermulm, 1985, p. 159).

Por outro, o II PND é um documento importante, já que consagra a forma pela qual o governo brasileiro de então enfrentaria a crise mundial deflagrada pelo rompimento dos acordos de Bretton Woods e pelo primeiro choque do petróleo. Tal estratégia de enfrentamento acabou por ter no II PND seu símbolo e é exatamente por ele que fica conhecida a fase da economia brasileira que vai de 1974 ao final da década: "o período do II PND". Esta estratégia mereceu particular atenção da historiografia, com críticas e debates que já se iniciaram no próprio período[1] e não saíram de cena até hoje[2].

O Contexto: Desequilíbrios do Crescimento e Choque Externo

Escolhido no seio militar em meados de 1973, depois oficialmente eleito em janeiro, Geisel assumiu o governo brasileiro em março de 1974. Na sua equipe econômica manteve João Paulo dos Reis Velloso no Ministério do Planejamento e chamou Mário Henrique Simonsen para o Ministério da Fazenda. Comparando-se com as condições iniciais do governo anterior, as perspectivas do novo governo não eram tão alvissareiras.

Politicamente, Geisel não fora o sucessor preferido dentro das hostes militares da chamada linha dura, que governara o país desde Costa e Silva. Sua eleição significou uma nova mudança de grupo político, reassumindo o poder os

---

1. Podemos citar Malan e Bonelli (1976) e Lessa (1977); este último autor escreve um trabalho mais completo em 1978, publicado dez anos depois – Lessa (1988).

2. Na *Revista de Economia Política*, foi publicado um artigo [Aguirre & Saddi (1997)] interpretando o II PND como tendo sido um "projeto politicamente determinado"; tal interpretação mereceu uma réplica do ministro do Planejamento à época do II PND, João Paulo dos Reis Velloso [Velloso (1998)], autor que já havia escrito importante obra que contempla o II PND [Velloso (1986)]; tal réplica mereceu ainda uma tréplica das autoras Aguirre e Saddi (1998).

72

"castelistas", o "grupo da Sorbone". Esta mudança apontava para uma perspectiva de redemocratização do país, em um período menos longínquo, por meio da abertura que seria "lenta, gradual e segura". Apesar deste grupo militar ter alcançado o poder, isto não significava que a oposição interna no seio militar não estivesse presente, na verdade, pelo menos no início do governo; a linha dura exercia uma oposição tácita ao governo Geisel, sendo que a abertura preconizada pelo grupo então no poder estava constantemente em xeque, dependendo da forma pela qual era conduzida.

As comparações com os governos anteriores eram inevitáveis. E neste ponto havia problemas. Se 1973 pode ser considerado o auge do "Milagre Econômico", neste ano também as contradições, ou os desequilíbrios, do crescimento exacerbado da economia brasileira vieram à tona. Primeiramente os ganhos do crescimento econômico não foram repartidos por igual dentro da sociedade, a piora na distribuição de renda foi alvo de debates e de críticas, inclusive internacionais, ao modelo de crescimento brasileiro.

O segundo conjunto de críticas principais referiam-se ao crescimento desequilibrado inter e intrassetoriais. Intersetorialmente percebia-se uma expansão da produção agrícola em proporção bem inferior à observada para a indústria, constatando-se, inclusive, um declínio na disponibilidade *per capita* de alimentos (Serra, 1981). Tal discrepância nas taxas de crescimento ocorria também dentro do setor industrial, com o atraso relativo das indústrias básicas e de bens de capital frente à expansão mais intensa do setor de bens de consumo duráveis. Entre 1967 e 1973, enquanto os bens de capital e bens intermediários aumentaram sua produção em 18,1% e 13,5% ao ano em média, respectivamente, a oferta de bens de consumo duráveis expandiu-se a 23,6% ao ano.

Por outro lado, a vulnerabilidade dita congênita do balanço de pagamentos brasileiro começa a dar seus sinais, apesar do crescimento das exportações, nos últimos anos do Milagre: as importações se aceleraram de forma ainda mais intensa, de modo que há uma reversão no saldo da balança comercial que passa a ser deficitária. Outro desequilíbrio que aflora é a inflação, que ressurge apesar de camuflada pelo controle de preços e dos indicadores. Deste modo a própria estratégia de crescimento até então adotada começa a ser posta em questão e é o governo Geisel que deve enfrentar esta situação. Parte destes problemas, sobretudo os sociais, já aparecem politicamente. Apesar de todo o controle exercido, a oposição que participava das eleições consegue vitórias expressivas no final de 1974, colocando o governo em situação politicamente difícil.

Nuvens carregadas também vinham do cenário internacional. Desde 1971, com o fim da conversibilidade do Dólar, o mercado financeiro/monetário internacional encontrava-se fora de prumo; em 1973 o regime internacional de taxas fixas de câmbio foi definitivamente abandonado, havendo significativas desvalorizações cambiais ao redor do mundo, de modo que a instabilidade passou a ser uma marca destes mercados. Instabilidade esta que se refletiu em vários outros preços internacionais, especialmente de matérias-primas. O "choque do petróleo" é em parte explicado por esta instabilidade, em conjunto com uma tomada de posição de força dos países do Oriente Médio, por meio da Opep (Organização dos Países Exportadores de Petróleo). O fato é que os preços da maior fonte de energia do mundo ocidental, inclusive do Brasil, quadruplicou. O que significou uma grande transferência de recursos dos consumidores para os produtores desta *commodity*, uma significativa elevação de custos e de preços, assim como uma desordem nos balanços de pagamentos da maioria dos países.

A contrapartida desta instabilidade e do choque de preços foi a inflação e, até como reação a esta, a recessão; a qual também pode ser explicada pela política econômica de ajuste de balanços de pagamentos que muitos países acabaram por adotar. Os efeitos sobre o Brasil eram a diminuição do ímpeto exportador e o aumento das dificuldades na balança de pagamentos. Se este já se apresentava em franco processo de deterioração, a mudança nos termos de troca faria com que tal deterioração se agravasse e aparecesse imediatamente. O lado positivo deste cenário é o aumento da liquidez internacional, que já se delineava no final da década de 1960 no euromercado e que se aprofunda em função dos "petrodólares" e da retração dos investimentos nos países centrais.

II PND: *Diagnóstico, Estratégia, Metas e Instrumentos*

A Manutenção do Crescimento

O cenário apresentado no item anterior foi, pelo menos em parte, identificado no II PND. O choque externo não poderia deixar de ser levado em consideração, mas a reação do Brasil frente a este quadro não parece ser prognosticada de maneira muito negativa; afirma-se na verdade a tentativa do Brasil de superar a crise internacional. Podemos acompanhar este ponto no discurso de encaminhamento do plano ao Congresso por parte do presidente:

> A tarefa de planejamento nos dias de hoje tornou-se extraordinariamente árdua e difícil, em face das grandes perplexidades de um mundo que ainda não soube se refazer do complexo de crises que o assaltaram ao mesmo tempo, quase que inopinadamente: crise do sistema monetário internacional, crise de energia e de matérias-primas essenciais, crise de uma inflação epidêmica, crise do comércio exterior, deteriorando os balanços de pagamentos [...] É certo que não pode haver lugar para otimismos exagerados, num universo de profecias sinistras que vão da estagnação inflacionária à depressão econômica arrasadora. Por outro lado, conformar-se *a priori* ante tais expectativas sombrias de dias difíceis, com um pessimismo derrotista, seria refugar o esforço construtivo [...] Na realidade o Brasil deverá crescer expressivamente, no próximo quinquênio, a taxas que se comparem às dos últimos anos [...] (II PND, p. 2-3).

No II PND, apesar de promover algumas adequações, reafirma-se o "desenvolvimentismo"; como nos planos anteriores do governo militar, a opção pelo crescimento continua sendo mantida apesar do cenário externo ruim. O quadro de crise, segundo a visão do governo, também continha elementos que propiciariam boas oportunidades para o país. Não se acreditava em sua duração prolongada; nas palavras do presidente, as "dificuldades acrescidas" seriam "transitórias e certamente superáveis". O quadro de confiança ainda persistia, uma vez que o Brasil poderia se qualificar perante os investidores internacionais como um "porto seguro e acolhedor na incerteza da hora presente". Dessa forma seria possível fazer o ajuste necessário em curto espaço de tempo, ultrapassando, "sem grandes delongas, a fronteira do desenvolvimento pleno" (Presidência da República, 1974, p. 4). Para tanto, o país deveria aproveitar as oportunidades que se colocavam para avançar no processo de industrialização, notadamente na substituição de importações, em que as possibilidades de aprofundamento mostravam-se bastante concretas. Trata-se, como o próprio presidente afirma em sua mensagem encaminhada ao Congresso Nacional, de propor à nação uma "tarefa ambiciosa" com vistas a "superar a distância que nos separa do pleno desenvolvimento" (Presidência da República, 1974, p. 9).

O clima de otimismo se expressa também pelos números que se almejavam alcançar ao final do II PND. Pretendia-se assim que, em 1979, o Brasil alcançasse a renda *per capita* de US$ 1.000, duplicando-se, portanto, o seu valor em uma década. Antes disso, em 1977, o PIB (Produto Interno Bruto) do país já estaria na casa dos US$ 100 bilhões, alçando o país à condição de oitava economia do mundo ocidental. As metas de crescimento podem ser visualizadas no quadro abaixo:

Metas de Crescimento do II PND

Variável	Previsão para 1974	Indicador para 1979	Cresci-mento total (%)	Cresci-mento anual (%)
PIB (Cr$ bilhões de 1975)	785,0	1.264,0	61	10,0
População (milhões)	104,2	119,7	15	2,9
PIB per capita (US$ de 1973)	748,0	1.044,0	40	7,0
Investimento Bruto Fixo (Cr$ bilhões de 1975)	196,0	316,0	61	10,0
Consumo Pessoal (Cr$ bilhões de 1975)	546,0	847,0	55	9,2
Produto Industrial (Cr$ bilhões de 1975)	212,0	374,0	76	12,0
Prod. Ind. de Transformação (Cr$ bilhões de 1975)	154,0	274,0	78	12,2
Produto Agrícola (Cr$ bilhões de 1975)	93,0	130,0	40	7,0
Emprego Industrial (milhões)	6,1	8,1	33	5,9
Emprego nas Indústrias de Transformação (milhões)	3,3	4,2	27	4,9
Exportações de Mercadorias (US$ bilhões)	8,0	20,0	150	20,0

Fonte: II PND (1974), Vermulm (1985).

As Características do Desenvolvimentismo

Por outro lado, os problemas que se vislumbravam relativos ao crescimento desequilibrado ocorrido nos anos anteriores são menos explicitados. Não há referências que associem a inflação a este crescimento, apenas a afirmação genérica que a contenção da inflação de forma gradualista é uma das metas do governo. Por outro lado, aceitava-se que não existia mais capacidade ociosa na economia e que, portanto, para o crescimento ser mantido era necessário um forte volume de inversões. O choque do petróleo força mudanças na estrutura produtiva nacional e tem importante impacto sobre o balanço de pagamentos que deve ser compensado de algum modo.

O diagnóstico do II PND identifica como problema a se equacionar esta vulnerabilidade externa, associada à estrutura produtiva incompleta, isto é, o hiato de estrutura produtiva e o hiato de divisas, característicos de nosso subdesenvolvimento. Há, portanto, nesse aspecto, uma aproximação muito grande com o discurso nacional-desenvolvimentista dos anos de 1950 (Schwartsman, 1990, p. 24-25), no qual a busca da autonomia nacional deveria passar pela internalização de toda a base técnica da produção. Para que isto pudesse se operar, dada a incapacidade do mercado em operar as transformações estruturais necessárias, impunha-se a atuação incisiva do Estado, seja mediante seus investimentos diretos, seja apoiando o setor privado nacional, a "perna fraca do tripé".

Associado a este ponto temos que a estratégia implícita do II PND é a volta da substituição de importações como motor do crescimento. Apesar de os governos anteriores terem procurado diversificar as fontes de crescimento do país, dando ênfase à promoção das exportações, e de no II PND reafirmar-se esta busca de diversificação dos fatores de crescimento, a substituição de importações se mostra uma estratégia importante dadas as dificuldades nas exportações e a necessidade de controle das importações em função das complicações no balanço de pagamentos. Apesar de acreditar nas exportações como fonte de crescimento, estas dificilmente poderiam representar uma estratégia viável de crescimento, mostrando-se necessário um reforço das fontes internas de crescimento[3].

---

3. As metas de crescimento das exportações que foram estabelecidas no II PND, crescimento de 20% ao ano, são claramente incompatíveis com o próprio discurso feito ao longo do plano, que previa crescimento das exportações, mas não as via como mola propulsora do crescimento econômico (Presidência da República, 1974, p. 33). De todo modo, o crescimento das exportações é um ponto importante para a solução da questão do balanço de pagamentos.

Explicitamente se admite um crescimento do mercado de consumo de massas como principal variável de crescimento da economia, o que é compatível com o discurso redistributivista que existe no plano. Observando as metas de crescimento, percebe-se porém que o crescimento do consumo pessoal é menor que as metas de crescimento do PIB, o que coloca em dúvida se este efetivamente seria a base do crescimento do país; parece mais provável que o crescimento se basearia na substituição de importações, especialmente de bens de capital e de insumos básicos, com forte influência da formação bruta de capital na demanda agregada, especialmente dos investimentos públicos realizados pelas estatais.

Em termos de geração de emprego, apesar de se verificar a perspectiva do crescimento do número de empregos, percebe-se a ênfase nos processos de modernização e ganhos de produtividade implícitos no projeto, já que a geração de emprego é bastante inferior ao crescimento da produção. Dentro deste aspecto – a modernização e a atualização tecnológica – ganha destaque o capital estrangeiro.

Tomando-se por base o tripé anteriormente montado no desenvolvimento industrial brasileiro, o II PND, a exemplo do que já constava no plano de governo anterior, enfatizava a necessidade de se estruturarem no país grandes empresas por meio de política de fusões e incorporações (na indústria, infraestrutura, comercialização urbana e sistema financeiro) ou de se constituírem conglomerados financeiros ou industriais-financeiros. Para tal previa-se o apoio explícito do governo. Segundo Lessa (1988), o governo Geisel pretendia, com grande dose de otimismo, reproduzir internamente o mesmo arranjo institucional característico da economia japonesa como forma de dinamizar nosso crescimento.

As estatais tiveram um papel fundamental durante o II PND. A princípio seu papel era o de atuar em áreas onde o setor privado, por alguma razão, não atuava. O II PND previa um volume significativo de investimentos realizados pelas estatais, gerando empregos e bens, mas também demanda por produtos do setor privado. Face às críticas que começavam a se desenhar, as quais apontam para um aumento do grau de estatização da economia, os elaboradores do II PND reagem com três conjuntos de argumentos. Em primeiro lugar, procurando delimitar de forma explícita os campos de atuação do Estado e do setor privado. Ao Estado caberiam os setores de infraestrutura econômica (energia, transportes e comunicações) e as áreas de desenvolvimento social (educação, saúde e previdência social). À área privada caberiam os setores diretamente produtivos: indústrias de transformação, indústria de construção, agricultura e pecuária, comércio, seguros e sistema financeiro, ressaltando-se, neste último caso, "a função pioneira e de estímulo atribuída aos bancos oficiais" (II PND, p. 49).

Em segundo lugar, procurando demonstrar que seria injusto atribuir aos governos militares a responsabilidade pela ampliação significativa da participação do governo na economia, uma vez que a carga tributária líquida teria evoluído de 17,18% do PIB em 1959 para 16,7% em 1971 e 18,2% em 1973. E, por último, enfatiza-se o fato de que os setores nos quais o governo foi obrigado a entrar, em favor do próprio setor privado, caracterizam-se por sua substancial escala de produção, tornando inevitável que se constituíssem algumas grandes empresas públicas. Um certo tom de irritação pode ser notado quanto à incompreensão de certos setores da sociedade quanto a este último argumento:

ou está certo que o setor público cuide de comunicações, transportes e energia (e até mesmo de siderurgia de produtos planos), e aí necessariamente as suas empresas estarão entre as maiores do país; ou não está certo, e nesse caso o que se deve fazer é tirar o governo de tais áreas, e não surpreender-se com a consequência inevitável de uma opção feita (II PND, p. 50).

O Discurso Redistributivista

O desequilíbrio que é fortemente tocado no II PND é o aumento constatado na concentração de renda. A partir desse fato, e de toda a polêmica que se criou nos meios acadêmicos, desenvolveu-se uma preocupação explícita no II PND em prover medidas, pelo menos do ponto de vista discursivo, para a redução da desigualdade, fazendo--se, inclusive, a crítica aberta à "teoria do bolo"[4]. É interessante notar na já referida fala presidencial a mudança de ênfase relativamente à questão da distribuição de renda. Agora, não se trata mais de proceder a um diagnóstico extremamente superficial em relação a este tema, como ocorrido no I PND. No II PND coloca-se a necessidade de enfrentar "com objetividade as disparidades flagrantes da distribuição de renda" (Presidência da República, 1974, p. 5-6).

A preocupação em deixar explícito o compromisso com a alteração do perfil distributivo faz com que os formuladores do II PND assumam um discurso que muito se aproxima das críticas formuladas pela oposição quanto ao caráter concentrador do crescimento econômico observado durante os governos anteriores. Assim, entre as opções da estratégia adotada do plano em questão consta a

decisão de não adiar, para quando o país for rico, a melhoria da distribuição de renda e a abertura de oportunidades para todas as classes, realizando-as simultaneamente com a determinação de manter o crescimento acelerado (Presidência da República, 1974, p. 48).

Logo no início do II PND podemos vislumbrar uma mudança importante de ênfase quanto ao problema da distribuição de renda. Assim, quando consideram a manutenção do crescimento econômico e o aumento da renda *per capita*, os formuladores do II PND afirmam:

abrem-se, com tais resultados, amplas perspectivas para o aumento de renda das classes média e trabalhadora, seja pelo próprio efeito do programa econômico, *seja pela ação da política social do governo* (grifos no original, Presidência da República, 1974, p. 16).

---

4. A teoria do bolo refere-se à ideia de crescer o bolo para depois dividi-lo.

Desta forma, em vez de confiar exclusivamente no crescimento econômico como estratégia de redução dos níveis de pobreza e de aumento da participação dos trabalhadores nos benefícios da expansão do PIB, agora o governo propõe explicitamente políticas públicas voltadas para a melhoria de renda desses segmentos da população.

Há, portanto, uma mudança de ênfase, pelo menos no discurso, muito evidente comparando-se ao período anterior. Por certo, o acirrado debate desenvolvido nos anos de 1970 a respeito das razões associadas ao aumento da concentração de renda havida na década anterior deve ter contribuído para influenciar esta nova postura governamental. Tal desempenho econômico, conjugado com a ação governamental direta, deveria refletir-se na área social por meio do aumento da taxa de alfabetização (que deveria alcançar 90% da população com mais de quinze anos de idade), aumento do índice de escolarização no ensino de primeiro grau (englobando 92% da população na faixa etária correspondente) e elevação da expectativa de vida (que deveria chegar a 65 anos).

As Estratégias Setoriais

Dadas as diretrizes elaboradas nos itens anteriores, o modelo econômico social previsto pelo II PND constitui-se de (Presidência da República, 1974, p. 34):

a) economia moderna de mercado, com as conquistas a ela incorporadas, nas economias desenvolvidas nos últimos quarenta anos: condução da estratégia de desenvolvimento, ativamente, pelo governo, preocupação contínua com o crescimento, preservação de alto grau de competitividade no sistema;
b) forte conteúdo social;
c) pragmatismo reformista, nos campos econômico e social, principalmente com relação à agropecuária;
d) orientação do nacionalismo positivo, voltado para assegurar a execução da estratégia nacional de desenvolvimento, realizando o equilíbrio entre capital nacional e

estrangeiro, e garantindo, na articulação com a economia internacional, a consecução das metas do país.

O plano também define cinco campos de atuação (idem, p. 34-36):

a) consolidação de uma economia moderna, especialmente na região Centro-Sul, mas aponta-se também para um significativo processo de desconcentração industrial, já que neste item insere-se o pacote de investimentos que é distribuído regionalmente. Este pacote de investimento compreende as áreas de indústrias básicas, desenvolvimento científico e tecnológico e infraestrutura (energia, transporte e telecomunicações), onde se contempla a necessidade de diminuir o diferencial tecnológico existente, aprofundar o desenvolvimento científico nacional e aumentar a produtividade de nossa economia;

b) ajustamento às novas realidades da economia mundial, especialmente à nova realidade energética global. Aponta-se para o desenvolvimento de fontes nacionais de energia (elétrica) e de atividades econômicas a ela atrelados (metalurgia);

c) nova etapa no esforço de integração nacional, dando continuidade aos projetos definidos no plano anterior e apontando para algumas tentativas de desconcentração industrial, assim como para uma política de colonização promovendo o deslocamento populacional para áreas de baixa densidade demográfica. O enfoque que passa a ser adotado pelo II PND é o de áreas integradas, como o Poloamazônia, o programa de áreas integradas do Nordeste etc.;

d) estratégia de desenvolvimento social, procurando responder às demandas existentes relativas às condições de distribuição da renda no Brasil, eliminação dos focos de pobreza absoluta do país (Nordeste);

e) integração com a economia mundial.

Especificamente no setor industrial, o II PND previa, para viabilizar o crescimento de 12% ao ano, como já foi salientado, a política de "configuração definitiva do perfil industrial" no Brasil, tendo assim como meta completar a matriz industrial brasileira. Assim,

nova fase de substituição de importações se vai acelerar, principalmente quanto a setores básicos, para corrigir desbalanceamentos na estrutura industrial e poupar divisas (Presidência da República, 1974, p. 37).

Outro elemento importante da estratégia industrial é a desconcentração industrial. Segundo Vermulm (1985, p. 168),

foi a primeira vez que um governo colocou com toda a clareza a questão da desconcentração industrial, através do estímulo ao surgimento de novos pólos industriais[5].

O II PND elenca como estratégias para o setor industrial (II PND, p. 38-41)[6]:

a) desenvolvimento dos setores de base, especialmente bens de capital (notadamente os sob encomenda), eletrônica (computadores e eletrônica digital) e insumos básicos. Neste setor a ideia é de se buscar a autossuficiência e contemplar os seguintes grupos de insumos (envolvendo inclusive sua matéria-prima): siderúrgicos, metais não ferrosos, petroquímicos, fertilizantes, defensivos agrícolas, papel e celulose, matéria-prima para indústria farmacêutica, minerais não metálicos (cimento, enxofre etc.);
b) abertura de novos campos de exportação de manufaturados;

5. Outro ponto ressaltado pelo autor é que pela primeira vez considerações relativas ao controle da poluição são levantadas pelo planejamento governamental. Um ponto que também merece destaque é a introdução do desenvolvimento urbano no plano.
6. As metas físicas relativas a alguns setores contemplados pelo plano são vistas nas tabelas ao final do texto.

c) maior impulso ao desenvolvimento tecnológico nacional;
d) impulso ao desenvolvimento da indústria de alimentos (agroindustrialização);
e) atenuação dos desníveis regionais de desenvolvimento industrial.

Quanto ao setor agrícola, continua a ênfase já estabelecida no plano anterior de modernização agrícola e expansão das fronteiras. Esta modernização traria como efeitos desejáveis o aumento da demanda agrícola por insumos urbanos e a possibilidade de ampliar a oferta de produtos, sobretudo para exportação. O II PND elenca como estratégias para o setor agrícola (II PND, p. 41-45) os seguintes elementos:

a) política de uso da terra para fins agropecuários (estímulo ao uso da terra, à especialização e à conservação de solos);
b) esforço de modernizar e de dotar de bases empresariais o setor agropecuário, principalmente no Centro-Sul (insumos modernos, preços mínimos, agroindústria, cooperativismo, Embrapa [Empresa Brasileira de Pesquisa Agropecuária], Embrater [Empresa Brasileira de Aeronáutica S.A.);
c) execução da reforma agrária;
d) estratégia de ocupação de novas áreas (Centro-Oeste, Amazônia, vales úmidos do Nordeste);
e) continuação da política de implementação de novas estruturas de abastecimento;
f) fortalecimento da ação do setor público relativa à área de indelegáveis (informações, classificação de produtos);
g) formação de estoques reguladores;
h) concentração setorial de incentivos (pólos regionais, produção intensiva);
i) estratégia social para o setor rural.

Segundo Vermulm (1985, p. 171), algumas consequências indesejáveis acabam ocorrendo em função das prioridades do II PND, havendo assim um desequilíbrio na oferta dos produtos agrícolas:

a) a modernização normalmente se associa com uma tendência de concentração fundiária;
b) existe a dificuldade de retenção dos ganhos auferidos pelo setor agrícola, se não existir atenção do governo no que tange aos preços dos insumos e às práticas de comercialização agrícola;
c) uma tendência de desequilíbrio entre a produção voltada para o mercado doméstico, menos rentável e menos estimulada por incentivos fiscais, frente à produção voltada para o mercado externo.

Ainda é importante destacar uma área que mereceu atenção específica por parte do governo no II PND: o setor de energia. Neste ponto destaca-se a posição particularmente favorável do Brasil, já que tinha uma dependência menor do petróleo para a produção de energia elétrica e para a produção de calor, apesar de ser grande a dependência na área de transportes e como matéria-prima para a indústria química. A questão que se colocava era enfrentar a crise de energia sem sacrificar o crescimento acelerado. Neste sentido as estratégias eram:

a) redução da dependência em relação às fontes externas de energia; aumento da oferta interna de petróleo (programa maciço de prospecção e de produção nacional), desenvolvimento do programa do xisto, eletrificação de ferrovias, deslocamento do transporte de massas para ferrovias e fluvial, e intensificação do transporte coletivo; produção de álcool carburante, ampliação do uso do carvão;
b) política realista de preços de derivados do petróleo;
c) emprego intensivo de energia de origem hidroelétrica;
d) execução do programa ampliado de energia elétrica: Itaipu, Itumbiara, São Simão, Xingó, Tucuruí etc.;

e) programa do carvão;
f) desenvolvimento do programa de pesquisa de fontes não convencionais de energia;
g) produção de minerais energéticos nucleares.

Os Instrumentos de Ação

O texto é bastante exíguo no que tange à explicitação dos mecanismos de ação para fazer valer as estratégias anteriormente explicitadas. De toda forma os principais instrumentos utilizados no II PND foram:

a) em primeiro lugar, e com papel destacado, o investimento público, responsabilizando-se a administração direta pelos dispêndios em infraestrutura e as empresas estatais pelo aumento da oferta de insumos básicos. Durante o período 1974-1978, o investimento do setor público isoladamente correspondeu a 12% e 13% do PIB respectivamente, regredindo para 10% entre 1979 e 1982, responsabilizando-se por mais da metade dos investimentos totais da economia. A tabela seguinte destaca o quadro de investimentos previstos pelo II PND. Esta tabela deve ser vista com cuidado pois

é muito distinto o nível de agregação de cada setor. Além disto a tabela inclui recursos estaduais, como é o caso da educação, saúde, saneamento e nutrição, energia elétrica e agropecuária; em outros casos inclui recursos privados e, em outro, habitação, inclui recursos de mutuários (Vermulm, 1985, p. 180)[7].

b) as linhas de financiamento subsidiado ao setor privado, como o Finame do BNDE (Banco Nacional de Desenvolvimento Econômico) para a indústria de bens de capital nacional, ancoradas, sobretudo, nos fundos do PIS/PASEP (Programa de Integração Social/Programa de Formação

---

7. Também inclui recursos orçamentários típicos como é o caso das transferências para estados e municípios que se fariam com ou sem o II PND.

do Patrimônio do Servidor Público), antes sob controle da Caixa Econômica Federal, que se restringia a financiar apenas bens de consumo duráveis e capital de giro. Entre 1974 e 1979, o saldo do sistema BNDE correspondeu a cerca de 1,5% do PIB. A efetivação das fortes estruturas empresariais contaram com apoio do governo[8] por intermédio das novas subsidiárias do BNDE – Ibrasa, Embramec, Fibase[9] –, da Petroquisa e de outros mecanismos financeiros oficiais. Também seria possível contar com os recursos financeiros provenientes do FMRI (Fundo de Modernização e Reogarnização da Comercialização) e do PMRC (Programa de Modernização e Reorganização da Comercialização), e com os estímulos fiscais aprovados pela Comissão de Fusão e Incorporação de Empresas (Cofie);

c) quanto ao setor público – estatais –, este foi praticamente excluído do acesso aos recursos do sistema BNDE. As estatais também tiveram problemas para o autofinanciamento, pois os preços públicos/tarifas se viram controlados, evitando o acúmulo de lucros. Tais procedimentos faziam-se com o intuito de, aproveitando-se das facilidades de captação de empréstimos externos por parte das estatais, forçá-las a buscarem recursos externos. Este é um dos pontos cruciais do plano, a captação externa de recursos por parte das estatais, viabilizando o financiamento de seus investimentos, e foi forçado com o intuito paralelo de obter a entrada de capitais para se equilibrar o balanço de pagamentos;

d) foi criado o Conselho de Desenvolvimento Econômico (CDE), em 1º de maio de 1974, que deveria "agir como a unidade central de planejamento do governo, garantindo a implementação do II PND" (Schwartsman, 1990, p. 40). Já o CDI (Conselho de Desenvolvimento Industrial) foi

---

8. Com complementação de recursos por meio de participação acionária.

9. As três irmãs: Ibrasa (Investimentos Brasileiros S.A.); Embramec (Mecânica Brasileira S.A.); Fibase (Insumos Básicos S.A. – Financiamentos e Participações).

Programa de Investimentos do II PND (1975-1979)

Setores	Cr$ bilhões de 1975	% sobre o total
Valorização de Recursos Humanos	*267,0*	*15,3*
Educação	135,0	7,7
Saúde, Saneamento, Nutrição e As. Médica	110,0	6,3
Trabalho e Treinamento Profissional	22,0	1,3
Integração Social	*384,0*	*22,0*
PIS, PASEP	58,0	3,3
Habitação	83,0	4,8
Previdência Social	243,0	13,9
Desenvolvimento Social Urbano	*110,0*	*6,3*
Energia	*255,0*	*14,6*
Energia Elétrica	198,0	11,3
Petróleo, Carvão e Gás	57,0	3,3
Transportes	*134,4*	*7,7*
Programa Ferroviário	28,0	1,6
Programa de Construção Naval	23,0	1,3
Programa Rodoviário	33,0	1,9
Portos	9,0	0,5
Transporte Aéreo	7,4	0,4
Outros	34,0	2,0
Comunicações	*50,0*	*2,9*
Desenvolvimento Científico e Tecnológico	*22,0*	*1,3*
Indústrias Básicas	*254,0*	*14,5*
Siderurgia e Metalurgia	90,0	5,1
Material de Transporte	43,0	2,4
Mecânica, Mat. Elétrico e de Comunicações	36,0	2,1
Química	59,0	3,4
Minerais Não-Metálicos, Celulose e Papel	26,0	1,5
Agropecuária	*105,0*	*6,0*
Integração Nacional	*165,0*	*9,4*
Incentivos Fiscais	15,0	0,8
PIN e Proterra	19,0	1,1
Programas Regionais Prioritários	39,0	2,2
Transf. da União a Estados e Municípios	38,0	2,2
Apoio Financeiro Oficial	54,0	3,1
TOTAL	1.746,4	100,0

Fonte: Vermulm (1985, p. 178-179).

encarregado de operacionalizar, sobretudo, as políticas aduaneiras e de reserva de mercado para a indústria nacional;

e) em termos fiscais e monetários existem grandes alterações ao longo do período, porém de modo geral podemos dizer que em termos de política monetária procurou-se manter um grau adequado de liquidez na economia, assim como controlar a taxa de juros e principalmente o custo da intermediação financeira, além das medidas facilitadoras para créditos seletivos subsidiados. Em termos tributários, continuou tendo importância significativa a série de incentivos fiscais como instrumento sinalizador da atuação do setor privado. Temos, por exemplo, as isenções dos impostos de importação para futuros exportadores, a possibilidade de depreciação acelerada e o crédito do IPI (Imposto sobre Produtos Industrializados) sobre a compra de equipamentos.

f) quanto à política externa, manteve-se a prática de minidesvalorizações nominais do câmbio, sem contudo promover uma significativa desvalorização real do câmbio. Por outro lado cresceu a seletividade na obtenção de divisas, dados os problemas cambiais e a implantação de uma prática substituidora de importações. Isto era uma das faces da garantia de mercado que se criara no país, ao lado das compras efetuadas pelas estatais. Com relação às exportações, aumentaram os incentivos já existentes;

g) ainda é importante destacar a política de controle de preços que também procurou atuar garantindo a rentabilidade dos setores importantes do plano e/ou reduzindo custos e controlando a inflação.

O II PND como Projeto Político com Racionalidade Econômica

A estratégia adotada pelo II PND de combate à crise e manutenção do crescimento era na verdade uma das opções possíveis ao governo Geisel. De acordo com o quadro colocado pelo novo cenário internacional, segundo Carneiro (1990, p. 299),

havia basicamente duas opções para o governo brasileiro: a primeira seria desvalorizar o câmbio e mudar rapidamente os preços relativos a fim de sinalizar de imediato os novos custos dos produtos importados e a alteração do valor social das exportações. Nesta opção, dever-se-ia ter o cuidado de conter a demanda a fim de impedir que o superaquecimento herdado do regime anterior transformasse o choque de preços relativos em inflação permanentemente mais elevada. A segunda seria comprar tempo para ajustar a oferta com crescimento mais rápido do que na alternativa anterior, realizando de forma mais gradual e calibrada o ajuste de preços relativos enquanto houvesse financiamento externo abundante.

Aqui mostram-se as duas opções clássicas de "ajustamento" frente ao "financiamento".

Segundo a primeira opção, o contexto descrito no início deste texto sinalizava a necessidade de um ajustamento com contenção da absorção doméstica. Isto não apenas em função do choque do petróleo, mas também dos desequilíbrios próprios do crescimento acelerado, como demonstravam a tendência inflacionária e de deterioração do balanço de pagamentos, que já acontecia antes do choque do petróleo. Além disso, a própria demanda interna tendia a reverter devido ao elevado volume de investimento e à ampla demanda de duráveis no período anterior, que deveriam sofrer um desaquecimento natural. Este desaquecimento, associado a uma desvalorização mais efetiva do câmbio, controlariam no curto prazo os desequilíbrios, além de, por meio da mudança de preços relativos, sinalizar-se a mudança na estrutura de custo da economia.

O governo, especialmente com Simonsen, flertou com esta posição por algum tempo, especialmente em função do descontrole monetário e da inflação herdados do governo anterior. Medidas chegaram a ser tomadas neste sentido em 1974, porém foram tímidas e de curta duração, sendo revertidas ainda em 1974 e principalmente em 1975. Muitas críticas se fizeram quando do abandono das medidas de ajuste e a adoção do II PND.

Alegava-se que o diagnóstico do II PND era insatisfatório: continha um erro de avaliação na medida em que encarava a crise externa como eminentemente conjuntural, dando pouca atenção aos aspectos estruturais envolvidos no contexto internacional de então, ao aumento da incerteza nos mercados internacionais e muito menos aos problemas de desequilíbrio do crescimento nacional, assim como à nossa fragilidade em função da distribuição da renda para a adoção de políticas mais autônomas. Este erro de avaliação atrelado a problemas políticos internos – a dificuldade em se diminuir as taxas de crescimento econômico – explicariam a opção pelo financiamento já que, em existindo recursos externos, esta seria uma política de menor resistência.

Por esta interpretação, o II PND passa a ser visto como uma justificativa para se ganhar tempo, adquirindo recursos no exterior com o fito de financiar o déficit externo. Este tende a se reverter depois de passada a crise. Porém é uma opção errada, dado que o risco de descontrole inflacionário seria grande e o custo do endividamento imprevisível. Outro problema é que a não internalização da nova estrutura de preços relativos, que acaba sendo feito pelo II PND, isola o Brasil e cria uma situação de incentivos equivocada no país, dificultando por exemplo a mudança na nossa matriz energética.

Porém, como demonstrou Castro (Castro & Souza, 1985), a estratégia envolvida no II PND vai além de um simples financiamento: é um financiamento que significa a compra de tempo, não a espera do fim da crise, mas sim a espera da maturação de um projeto de reestruturação de oferta na economia brasileira. Os formuladores do II PND rejeitam o ajuste "incompleto" e "temporário" que adviria da simples manipulação da demanda agregada e da taxa de câmbio, expediente talvez adequado para os países desenvolvidos. O ajuste deveria provir de modificações estruturais, que completassem a matriz interindustrial e promovessem a competitividade internacional em certos ramos de *tradeables*, ainda que este ajuste de médio e longo prazo implicasse piora da situação conjuntural do balanço de pagamentos, e para isto a entrada de capital por meio do endividamento era necessária.

Segundo Castro:

a resposta brasileira, acredito, não pode ser reduzida a qualquer dos termos da dicotomia convencional. Optou-se aqui por uma autêntica transformação da economia e do seu relacionamento com o exterior. Frente a esta opção, o "financiamento", propriamente dito, nada mais seria que a escolha da passividade, enquanto o ajustamento convencional equivaleria à mera climatização da economia (Castro & Souza; 1985, p. 34).

A superação da crise externa deveria ocorrer mediante a expansão das exportações e, sobretudo, pelo esforço de investimento na indústria substituidora de importações. Estas mudanças possibilitariam efetivamente enfrentar a nova situação econômica internacional. Esta é como ficou conhecida "a racionalidade econômica do II PND", defendida por A. B. de Castro.

De acordo com Cruz (1983, p. 37),

a emergência da crise internacional – num momento em que o ciclo expansivo doméstico dava os primeiros sinais de esgotamento – em nada abala a retórica desenvolvimentista do governo brasileiro. Pelo contrário, tratava-se, agora, de responder criativamente à crise aproveitando as oportunidades abertas pela nova conjuntura internacional. Na visão das autoridades governamentais, a economia brasileira – uma "ilha de tranquilidade em meio a um mar revolto" – deveria responder à crise através do crescimento acelerado resguardando um relativo controle sobre a inflação e sobre o balanço de pagamentos. O dado novo na retórica oficial é que se tratava não mais de acelerar o crescimento desordenado, desequilibrado, mas sim de orientá-lo decisivamente na direção de setores que haviam ficado relativamente atrofiados no período anterior: insumos básicos e bens de capital.

Além dos condicionantes de ordem estritamente econômica, do ponto de vista político também se agregavam alguns outros fatores favoráveis à manutenção do crescimento econômico em detrimento de uma estratégia de ajustamento. Tratava-se, antes de tudo, de evitar qualquer comparação desfavorável com o governo anterior quanto ao desempenho das principais variáveis macroeconômicas. Do mesmo modo colocava-se a necessidade de assegurar a legitimidade do regime, abalada pela vitória do MDB (Movimento Democrático Brasileiro) nas eleições de 1974. Também a busca de melhorias no tocante à distribuição de renda – alvo de intensa controvérsia no início da década de 1970 – ver-se-ia facilitada num contexto de crescimento antes que numa conjuntura recessiva. Segundo Fiori (1990), o modelo adotado para lidar com as contradições políticas e sociais no Brasil foi a "fuga para frente", procurando acomodar os conflitos com base no crescimento contínuo, que era a forma de legitimar politicamente um sistema e tranquilizar instabilidades sociais.

A estratégia de "ajustamento" proposta no II PND pode ser resumida por uma tentativa de promover uma alteração estrutural na economia a favor dos bens *tradeables*, sem o recurso à desvalorização. A resistência em fazer uso da desvalorização encontra-se relacionada, de um lado, ao impacto inflacionário explosivo que esta medida poderia ocasionar numa economia operando próxima à plena capacidade e, de outro, ao "pessimismo das elasticidades", isto é, à descrença de que se pudesse conseguir impacto significativo sobre a balança comercial apenas mediante a alteração de preços relativos.

Outro problema com mudanças na taxa de câmbio àquela altura era a estrutura de passivos da economia. Durante o "Milagre" houve o crescimento do endividamento externo feito basicamente pelo setor privado, de modo que uma desvalorização cambial afetaria fortemente todos aqueles que se endividaram durante esse período, o que significava uma parte importante dos principais grupos econômicos privados do país. Assim, nem a diminuição do crescimento era politicamente aceitável, nem a desvalorização cambial era tranquila de ser feita, pelo menos naquele momento. Configurava-se assim boas razões políticas para a adoção da estratégia do II PND.

A questão política, porém, tem contornos maiores. Lessa, em 1977, levanta a hipótese de que o II PND teria fracassado por falta de condições políticas efetivas junto à sociedade, por falta de apoio, dado que o II PND significou mudanças importantes com impactos políticos marcantes. O que chama a atenção neste ponto são dois aspectos: de um lado não se pode esquecer que o II PND manteve as taxas de crescimento relativamente elevadas, assim como a renda e o consumo, o que beneficiava uma parte importante do empresariado e dava sustentação junto à opinião pública. Por outro lado, a implementação do II PND acarretava perda de posição relativa de outros, pois existe uma mudança de ênfase no crescimento econômico e nos incentivos governamentais envolvidos na estratégia de desenvolvimento. Com o II PND, são os setores de insumos básicos e de bens de capital os responsáveis pela dinâmica do processo e alvo das regalias do governo, o que pode provocar certo desgaste com os grupos antigos.

Algumas medidas adotadas na área financeira mostram as mudanças de prioridades e as dificuldades que se colocavam. Podemos destacar, em primeiro lugar, as restrições colocadas ao crédito ao consumidor, com profundo estreitamento nos prazos máximos permitidos ao financiamento de bens duráveis, e a transferência dos recursos do PIS, antes administrados pela CEF (Caixa Econômica Federal) e utilizados na concessão de crédito ao consumidor, para o BNDES, direcionando-o para o financiamento industrial nos setores priorizados pelo plano. Como é destacado por Lessa (1988), estas alterações afetavam os interesses industriais consolidados no eixo São Paulo-Rio de Janeiro. A mudança de prioridades pode ser claramente percebida quando do anúncio da nova política industrial pelo CDI, que não só ressaltava a prioridade das indústrias básicas, como explicitava a não prioridade do setor de bens de consumo duráveis, que passaria a perder os privilégios existentes.

Esta brusca alteração trouxe uma importante consequência política: o relativo isolamento do Estado. Este sacrificava o apoio de interesses já fortemente cristalizados: o capital estrangeiro, que não se mostrava disposto a entrar na nova aposta, e o capital nacional, que tinha interesses que se vinculavam ao setor de bens duráveis. Desta forma, para a consolidação do plano, o "Estado-empresário" centrou-se sobre si mesmo e elegeu as empresas estatais como agentes das mudanças. Devemos assinalar a existência de um "projeto do estamento militar modernizador" (Schwartsman, 1990, p. 36) como elemento a condicionar os grandes projetos do II PND. Porém, uma primeira questão lembrada por Lessa é a legitimação desta estratégia: como conseguir respaldo na sociedade para o plano?

Uma primeira forma de viabilização foi a ligação do Plano de Desenvolvimento a uma estratégia de redução dos desequilíbrios regionais. Para tal, distribuía-se espacialmente os principais projetos de investimento, atendendo uma demanda por "modernização" das regiões atrasadas. Os exemplos desta tática são inúmeros:

a) prospecção de petróleo: maior ênfase na plataforma litorânea nordestina;

b) siderurgia: maior projeto siderúrgico em Itaqui (MA);

c) pólos petroquímicos: Camaçari (BA) e Rio Grande (RS);

d) minérios de ferro: Carajás (PA);

e) fertilizantes potássicos: Sergipe;

f) soda de cloro: Alagoas;

g) carvão: Santa Catarina;

h) fosfato: Minas Gerais;

i) Itaipu: Paraná;

j) Nuclebrás: Rio de Janeiro;

l) Proálcool: favorecendo principalmente usineiros do interior de São Paulo e de Alagoas.

O objetivo desta estratégia era, como destacam Dias e Aguirre (1993), trazer as forças políticas tradicionais das regiões, as oligarquias arcaicas, acostumadas a vender apoio político em troca de fundos, para participarem do plano. Além destas oligarquias o governo buscou consolidar a aliança com parcela do capital nacional representado pelas empreiteiras e no capital financeiro nacional[10]. O interesse imediato das empreiteiras eram os próprios ganhos decorrentes do amplo conjunto de investimentos públicos. E o capital financeiro tinha interesses nos ganhos oriundos da ampla solidariedade construída entre os agentes financeiros públicos e privados na figura dos repasses de recursos, nos amplos ganhos originados dos repasses de recursos externos e da ciranda financeira constituída nesta época, centrada na valorização sobre papéis do governo. Desta forma, o governo conseguia costurar uma base de apoio independente do capital industrial consolidado no setor de bens de consumo duráveis representados em São Paulo.

Principais Resultados do II PND

Em termos gerais não há como deixar de considerar os grandes avanços conseguidos no tocante à substituição de importações e ao aumento de exportações, a despeito dos atrasos na implementação de grande parte dos projetos. Assim, se considerarmos os resultados principais alcançados ao longo da segunda metade dos anos de 1970 e início dos anos de 1980, poderemos ter uma perspectiva mais adequada das principais modificações operadas na estrutura industrial brasileira a partir dos projetos implementados com o II PND[11].

No que tange aos pontos de estrangulamento da economia, cabe um destaque especial ao atraso relativo na produção de aço, nitidamente evidenciado com o vigoroso

10. Esta aliança tornar-se-ia explícita no pacote de abril de 1977, em que se altera a representatividade no Congresso, aumentando a participação dos estados menores do Norte-Nordeste, e se introduz a figura do senador biônico.

11. Os dados apresentados a seguir foram extraídos, em sua maior parte, de Schwartsman (1990, p. 58-82).

Indústrias Básicas (1.000 t) – 1974-1984

	Capacidade Produtiva		Produção Efetiva		Produção Efetiva como % da Meta para 1979	
	1974	Meta p/ 1979	1979	1984	1979	1984
Metalúrgica						
Aço em Lingotes	8.600	22.300	13.891	18.386	62,3%	82,4%
Aço Plano/Perfis Pesados	4.100	13.100	6.853	7.941	52,3%	60,6%
Aço não Plano/ Especiais	4.600	8.300	5.261	5.752	63,4%	69,3%
Alumínio	120	190	238	457	125,3%	240,5%
Cobre	10	60	0	61	0,0%	101,7%
Zinco	33	58	63	107	108,6%	236,2%
Química						
Ácido Sulfúrico	986	3.388	1.924	—	56,8%	—
Soda Cáustica e Barrilha	273	700	645	1.072	92,1%	153,1%
Cloro	212	593	587	819	99,0%	138,1%
Fertilizantes	585	1.199	1.533	5.533	127,9%	461,5%
Resinas Termoplásticas	408	891	851	—	95,5%	—
Fibras Artificiais/ Sintéticas	176	253	214	251	84,6%	99,2%
Elastômeros Sintéticos	144	239	224	252	93,7%	105,4%
Eteno	343	718	631	1.143	87,9%	159,2%
Amônia	268	577	353	1.061	61,2%	183,9%
Intermediários Não-Metálicos						
Cimento	17.130	26.190	28.871	19.495	110,2%	74,4%
Celulose	1.547	2.860	2.780	3.364	97,2%	117,6%
Papel	2.267	2.900	2.979	4.021	102,7%	138,7%

Fonte: Schwartsman (1990, p. 60).

Insumos Básicos: Coeficientes de Importação e Exportação – 1974-1983

Produtos/Ano	Coeficiente de Importação			Coeficiente de Exportação		
	1974	1979	1983	1974	1979	1983
Aço	39,1%	3,4%	1,0%	2,2%	7,7%	37,8%
Ferroligas	7,5%	0,3%	0,2%	20,1%	34,1%	60,4%
Refratários	25,3%	8,3%	5,1%	8,4%	19,1%	17,1%
Alumínio	50,4%	23,0%	2,3%	1,6%	3,4%	4,0%
Cobre	72,2%	80,6%	40,4%	2,5%	13,0%	15,9%
Zinco	64,2%	43,3%	3,3%	0,0%	0,2%	1,9%
Silício	94,2%	0,2%	0,0%	46,1%	26,7%	70,3%
Estanho	0,3%	0,3%	0,2%	42,2%	46,7%	68,5%
Papel	20,4%	10,4%	7,6%[1]	1,7%	4,7%	7,7%*
Celulose	16,6%	3,4%	0,8%[1]	11,8%	20,9%	27,7%*
Petroquímica Básica	14,0%	7,0%	0,3%	0,0%	0,4%	12,3%
Petroquímica Intermediária	41,0%	18,0%	2,0%	1,9%	3,6%	12,3%
Resinas Termoplásticas	35,2%	14,0%	1,0%	2,0%	2,0%	30,0%
Fibras Sintéticas	21,6%	5,1%	1,0%	1,3%	6,1%	18,1%
Elastômeros Sintéticos	20,7%	14,0%	16,0%	0,7%	6,1%	18,1%
Soda Cáustica	53,1%	2,9%	0,1%[1]	—	—	—
Fertilizantes Nitrogenados	63,1%	63,7%	38,4%[1]	—	—	—
Fertilizantes Fosfatados	57,7%	25,8%	8,6%[1]	—	—	—

* Dados referentes a 1982.
Fonte: Schwartsman (1990, p. 66).

aumento da demanda durante o Milagre. Entre 1970 e 1974, o gasto com as importações de aço quase decuplicaram, passando de US$ 160 milhões para US$ 1,5 bilhões.

Segundo as metas estabelecidas no II PND, a capacidade de produção de aço em lingotes, que em 1974 era de 8,6 milhões de toneladas, deveria alcançar 22,3 milhões em 1979. A produção efetiva, em 1979, foi de 13,9 milhões de toneladas, chegando, portanto, apenas a 62,4% do total almejado. Se considerarmos o aumento ocorrido até 1984, quando a produção alcançou 18,4 milhões, temos um índice de 82,4% do previsto para 1979. Ainda que os resultados alcançados no caso dos aços planos e não planos sejam menos significativos quanto às metas de produção, cabe observar os expressivos índices observados quanto aos coeficientes de importação e de exportação, reduzindo-se as necessidades de importação de 39,1% do total da oferta em 1974 para 3,4% em 1979 e ampliando-se os excedentes exportáveis de 2,2% para 37,8% no período 1974-1983.

O setor de metais não ferrosos apresentou, em termos gerais, um desempenho excepcional. As metas fixadas em relação à produção de alumínio e zinco foram ultrapassadas já em 1979, ampliando-se de forma significativa no início dos anos de 1980, quando alcançaram mais do que o dobro almejado para 1979, reduzindo-se abruptamente as necessidades de importação destes insumos. Considerando este intervalo de tempo mais amplo, também observamos os aumentos importantes na produção de cobre e estanho, diminuindo a necessidade de importação do cobre e aumentando os excedentes de estanho para venda externa.

No que tange à superação das metas de produção fixadas no II PND, cabe ainda destaque especial aos setores de fertilizantes, cimento e papel ainda no período 1974-1979 e à produção de soda cáustica, cloro, eteno, amônia e celulose quando consideramos os atrasos de alguns projetos e adentramos nos anos iniciais da década de 1980.

Quanto ao setor de fertilizantes, a produção efetiva de 1,5 milhões de toneladas em 1979, superando a meta de

1,2 milhões de toneladas, esconde os desempenhos relativos diferenciados entre o setor de fertilizantes fosfatados – cujo sucesso evidenciou-se pela diminuição expressiva do coeficiente de importações de 57,7% em 1974 para 8,6% em 1982 –, o setor de fertilizantes nitrogenados, com sucesso relativo, dada a necessidade ainda em 1982 de importar 38,4% da demanda total, e o fracasso na substituição de importações de fertilizantes potássicos.

Outros sucessos expressivos quando considerados a redução dos dispêndios com importações e a geração de excedentes exportáveis devem ser anotados nos casos da petroquímica (básica e intermediária), papel e celulose, resinas termoplásticas e fibras sintéticas.

Energia

Baseado num diagnóstico que emprestava um caráter duradouro à crise energética mundial, o II PND propunha-se, fundamentalmente, a aumentar a produção nacional de petróleo e estimular alterações na matriz energética brasileira mediante o incremento de fontes alternativas. Nesse sentido, a expansão da oferta de energia hidroelétrica constituía-se também, na ótica dos formuladores do plano, como importante elemento a alavancar a competitividade nos setores químico, metalúrgico e de papel e celulose.

A prioridade ao aumento da produção de petróleo expressa-se pelo aumento da importância dos investimentos em exploração e produção de petróleo por parte da Petrobrás (Petróleo Brasileiro S.A.), ampliando-se tal participação de 27% em 1974 para 70% em 1980. Isto ocorre em detrimento dos investimentos em refino e transporte (Schwartsman, 1990, p. 69). Assim, apenas a partir de 1979 é que começam a aparecer os resultados mais significativos: de um aumento médio anual de 1,3% ao ano entre 1974-1979, a produção de petróleo expande-se a 17,4% ao ano entre 1979 e 1986, quando se expande com maior consistência a exploração comercial em águas profundas.

Durante o período do II PND, a participação do petróleo como fonte primária de energia mantém-se praticamente constante, em torno de 42%, ampliando-se a proporção do petróleo importado de 35,9% para 37,3% nesse interregno.

Resultados mais satisfatórios podem ser identificados quanto à expansão da produção de energia elétrica e da energia ligada à cana-de-açúcar; entre 1974 e 1979 os aumentos médios anuais foram de 12,2% e 9,9%, respectivamente.

Fracasso digno de nota, por certo, deve ser creditado ao Programa Nuclear brasileiro.

Bens de Capital

Como aponta Schwartsman (1990, p. 70), o governo brasileiro, ao longo do II PND, procurou solucionar os três problemas principais a entravar o desenvolvimento do setor de bens de capital:

> 1) falta de financiamento do investimento e da comercialização de máquinas e equipamentos, o que tornava o produto importado mais competitivo em função dos *suppliers credits*; 2) existência de uma política de incentivos ao investimento que favorecia a importação de bens de capital; 3) inexistência de uma política de compras das empresas estatais.

Para tanto foram utilizados expedientes como o maior aporte de recursos ao BNDE – incorporação dos fundos do PIS/PASEP –; a criação das "três irmãs" (Ibrasa, Embramec e Fibasa), visando o aporte direto de recursos do governo como acionista minoritário; a restrição, pelo CDE, à importação de máquinas e equipamentos com similar nacional; e a limitação pelo CDI da concessão de incentivos para a importação de bens de capital.

> Foram, por fim, estabelecidas as linhas gerais para a política de compras dos ministérios e das empresas estatais, através da EM (Exposição de Motivos) no 16-B do CDE e da EM no 10 que cria os NAI (Núcleos de Articulação com a Indústria), visando inclusive o

desenvolvimento da engenharia básica de projeto nacional, identificada como causa frequente da exclusão dos produtores nacionais de bens de capital do fornecimento destes projetos por motivos técnicos (Schwartsman, 1990, p. 71).

Tais políticas permitiram que o coeficiente de importações do setor de bens de capital como um todo declinasse de um pico de 32,7% em 1972 para 21,2% em 1979, a despeito do expressivo volume de investimentos realizados no período; a produção nacional de bens de capital evoluiu a uma taxa média de 23,1%. O crescimento mais substantivo, no entanto, fez-se no setor de bens de capital por encomenda, mediante o apoio da demanda das empresas estatais. Neste subsetor, o coeficiente de importações declinou, no mesmo período, de 50,8% para 29,1% (Schwartsman, 1990, p. 79), representado por uma expansão média do valor da produção de 28,6%.

Relativamente ao setor de transportes, cabe apontar o relativo fracasso do plano ao não conseguir alterar a predominância do transporte rodoviário, que permaneceu responsabilizando-se por 60% do total do setor. Tal fato ocorreu sobretudo por conta da política de preços dos derivados de petróleo, a qual não incorporou em sua plenitude os aumentos dos preços do petróleo, e aos problemas relacionados à Rede Ferroviária Federal (RFFSA).

Outro setor privilegiado dentro da política do II PND foi o setor de comunicações. O valor dos serviços deste setor evoluiu de forma expressiva no período, ampliando-se a uma taxa média de 25,6% entre 1974 e 1979 e expressando a preocupação do regime com o tema da "integração nacional".

Consequências do II PND

De um modo genérico é possível derivar duas consequências duradouras fundamentais da "marcha forçada" imprimida à economia brasileira na segunda metade dos anos de 1970, ambas relacionadas ao setor externo da economia. Como resultado positivo do II PND não há como deixar de realçar o ajuste estrutural do balanço de pagamentos, como bem demonstrou Castro e Souza (1985). Com a maturação dos grandes projetos do II PND, tornou-se possível ao Brasil manter elevadas taxas de crescimento de seu produto sem que a economia resvalasse para o estrangulamento externo.

Todavia, cabe notar que tal possibilidade viu-se comprometida pelo próprio padrão de financiamento do II PND. E aqui temos a segunda grande herança do plano, seu lado negativo: o endividamento externo e sua repercussão fiscal. Com o elevado nível de endividamento externo, contraído a taxa de juros flutuantes, e a crise da dívida externa, o Brasil passa a exportador líquido de capitais. O grande problema que se colocou para a economia brasileira durante os anos posteriores foi que a responsabilidade final pelo enorme volume de transferências de recursos ao exterior cabia ao setor público, estabelecendo-se um imbricamento perverso entre a dívida externa e a dívida interna. O processo de estatização da dívida externa, ocorrido entre os anos finais da década de 1970 e início dos de 1980, tem aí grande responsabilidade.

Por meio da Resolução 432 do Banco Central, os tomadores de empréstimos em moeda estrangeira podiam saldar tais empréstimos em moeda doméstica antes do vencimento, ficando o BC com o risco cambial daí em diante[12]. Assim, o setor privado que detinha aproximadamente 80% da dívida externa total em 1974 passa a deter menos da metade cinco anos depois. Eliminavam-se, porém, as dificuldades políticas da desvalorização cambial.

Os problemas associados ao pagamento da dívida contraída se refletirão por bastante tempo na economia brasileira. Os defensores do II PND, contudo, alegarão que o plano criou condições de se gerar superávits comerciais para fazer frente ao pagamento da dívida. Porém, o fato destes superávits se originarem principalmente no setor privado e

---

12. Os depósitos em moeda estrangeira, que correspondiam a 0,6% dos ativos dos bancos comerciais em 1977, saltaram para 7,4% em 1983.

a dívida estar no setor público transforma a dívida externa em dívida interna, e as dificuldades no financiamento desta, que já existiam desde os anos de 1970, explicam parte da deterioração fiscal do Estado.

Anexo: III PND

O III Plano Nacional de Desenvolvimento foi formulado para o período 1980-1985, em uma conjuntura em que os desajustes da economia eram salientados particularmente por uma crise energética, por problemas no balanço de pagamentos, pressões da dívida externa, pressões inflacionárias de origem interna e externa e um nível crescente de desemprego. O amplo objetivo prioritário era centrado no crescimento:

> A escolha dessa orientação decorre do objetivo-síntese e do reconhecimento de que a repartição social dos resultados da expansão econômica nacional tem beneficiado desigualmente as classes sociais: nas populações de menor renda, a renda média tem crescido com menor rapidez. Não obstante, esta constatação não invalida a opção de crescer rápido (III PND, 1979, p. 13).

Como estratégias básicas foram formuladas as seguintes prioridades:

a) setor de agricultura e abastecimento:
- estímulo à produção de alimentos básicos e produtos de exportação, priorizando os pequenos e médios estabelecimentos e visando a obtenção de preços mais acessíveis às famílias de menor renda;
- estímulo às pesquisas de solos, espécies e sementes, bem como ao consumo de fertilizantes e insumos modernos e de tecnologia apropriada;
- criação de um sistema integrado de produção, armazenagem, transporte e comercialização, para abastecimento interno e exportações;

- estímulo a atividades florestais e agrossivicultura para alimentos e energia;
- política fundiária premiando o uso intensivo de terras e onerando propriedades inexploradas ou mal exploradas;
- desenvolvimento das condições de vida do trabalhador rural (saúde, educação, renda, previdência social e habitação);

b) setor industrial:
- estímulo à elevação da produtividade e ao crescimento do setor, de forma compatível com os mercados internos e externos;
- medidas para tornar o setor menos vulnerável a práticas protecionistas;
- prioridades e incentivos aos projetos industriais dirigidos à política energética, substituição de importações, ampliação das exportações, ampliação da oferta de bens de consumo essenciais e populares;

c) setor energético:
- desestímulo do uso de fontes de energia primária importada (petróleo e carvão mineral);
- racionalização dos transportes;
- criação de condições para a instalação de um novo modelo energético, sem dependências externas;
- prioridade e apoio à substituição do uso de derivados de petróleo;
- aceleração do programa nacional do álcool e de novos projetos para geração hidrelétrica e de energia nuclear, e aproveitamento de outras fontes de energia não convencionais (xisto, solar, eólica, maremotriz, combustíveis extraídos da madeira e outros vegetais);

d) setor social:
- estímulo à área de educação e cultura para democratizar oportunidades e melhorar a distribuição de renda;

- ampliação de serviços de saúde pública, atividades previdenciárias e assistência social;
- redução do déficit de habitações para as populações mais pobres;
- política de emprego valorizando o desenvolvimento individual e a participação social, sem o caráter assistencialista ou paternalista;
- política de remuneração do trabalho que reflita os ganhos de produtividade e acompanhe melhor a desvalorização dos salários.

No entanto, a eficácia do III Plano Nacional de Desenvolvimento viu-se fortemente abalada pela crise do setor externo a balizar as linhas fundamentais da política econômica no início dos anos de 1980. Na verdade, até mesmo a própria definição do plano ficou comprometida, com o não estabelecimento de metas quantitativas em virtude da restrição determinante imposta pela crise do balanço de pagamentos, relacionada sobretudo aos custos da dívida externa e sua evolução, cujos determinantes encontravam-se fora do controle do governo – segundo choque do petróleo, aumento da taxa de juros norte-americana, recessão nos EUA e queda abrupta nos termos de troca. Assim, o III PND restringiu-se, fundamentalmente, a metas qualitativas. Em meados de 1982, com o agravamento da situação externa, ocorre o abandono literal das metas estabelecidas no plano.

Amaury Patrick Gremaud
Julio Manuel Pires

Referências Bibliográficas

AGUIRRE, B. & DIAS, G. L. S. (1993) Crise Político-Econômica: As Raízes do Impasse. In: SOLA, L. (org.). *Estado, Mercado e Democracia: Política e Economia Comparadas.* Rio de Janeiro: Paz e Terra, p. 300-318.

AGUIRRE, B. & SADDI, F. (1997) Uma Alternativa de Interpretação do II PND. *Revista de Economia Política,* vol. 17, n. 4 (68), out./dez.

_____. (1998) Fantasia Política ou a Política da Fantasia?. *Revista de Economia Política,* vol. 18, n. 2 (70), abril/junho.

BACHA, E. L. (1984) Choques Externos e Perspectivas de Crescimento: o Caso do Brasil – 1973-1989. *Pesquisa e Planejamento Econômico*, dezembro.

BATISTA JR., P. N. (1983) *Mito e Realidade da Dívida Externa Brasileira.* Rio de Janeiro: Paz e Terra.

BATISTA, J. C. (1986) *Brazil's Second Development Plan and its Growth-cum-Debt Strategy.* Instituto de Economia Industrial. Rio de Janeiro: UFRJ. (Texto para discussão n. 93.)

CARNEIRO, D. D. (1990) Crise e Esperança: 1974-1980. In: ABREU, M. de P. (org.). *A Ordem do Progresso: Cem Anos de Política Econômica Republicana – 1889-1989.* Rio de Janeiro: Campus, p. 295-322.

CASTRO, A. B. de & SOUZA, F. E. P. (1985) *A Economia Brasileira em Marcha Forçada.* São Paulo: Paz e Terra.

COUTINHO L. G. & BELLUZZO, L. G. M. (1982) Política Econômica, Inflexões e Crise: 1974-1981. In: *Desenvolvimento Capitalista no Brasil: Ensaios sobre a Crise.* São Paulo: Brasiliense, vol. 1, p. 159-193.

CRUZ, P. D. (1983) Notas sobre o Endividamento Externo Brasileiro nos Anos 70. In: COUTINHO, R. & BELLUZZO, L. G. M. *Desenvolvimento Capitalista no Brasil: Ensaios sobre a Crise.* São Paulo: Brasiliense, vol. 2, p. 59-106.

FIORI, José L. C. (1990) *Sonhos Prussianos, Crises Brasileiras: Leitura Política de uma Industrialização Tardia.* Rio de Janeiro: IEI-UFRJ. (Texto para discussão n. 201)

FISHLOW, A. (1986) A Política de Ajustamento Brasileiro aos Choques do Petróleo: uma Nota sobre o Período 74-84. *Pesquisa e Planejamento Econômico*, dezembro.

FURUGUEM, A. S. (1977) Aspectos da Política Monetária no Brasil. In: CARNEIRO, D. D. (coord.) *Brasil: Dilemas da Política Econômica*, Rio de Janeiro: Campus.

GREMAUD, A. P.; SAES, F. A. M. & TONETO JR., R. (1997) *Formação Econômica do Brasil.* São Paulo: Atlas.

LESSA, C. (1977) Visão Crítica sobre o II Plano Nacional de Desenvolvimento. *Revista Tibiriçá,* Ano II, n. 6, janeiro/março.

_____. (1988) *A Estratégia de Desenvolvimento: Sonho e Fracasso.* Brasília: Funcep.

MALAN, P. & BONELLI, R. (1976) Os Limites do Possível: Notas sobre o Balanço de Pagamentos e a Indústria no Limiar da Segunda Metade dos Anos 70. *Pesquisa e Política Econômica*, 6 (2), agosto.

PESSÔA, S. A. (1994) *Estratégia de Ajustamento ao Choque do Petróleo.* São Paulo, mimeo. (Tese de Doutoramento apresentada ao IPE-USP.)

PRESIDÊNCIA DA REPÚBLICA – BRASIL (1979) *III Plano Nacional de Desenvolvimento* (1980-1985), Brasília.

_____. (1974) *II PND – II Plano Nacional de Desenvolvimento* (1975-1979), Brasília.

SCHWARTSMAN, A. (1990) *Auge e Declínio do Leviathan – Mudança Estrutural e Crise na Economia Brasileira*. São Paulo: IPE-USP (Dissertação de Mestrado)

SERRA, J. (1981) Ciclos e Mudanças Estruturais na Economia Brasileira do Pós-Guerra. In: COUTINHO, Renata & BELLUZZO, Luiz Gonzaga de Mello. *Desenvolvimento Capitalista no Brasil: Ensaios sobre a Crise*. São Paulo: Brasiliense, vol. 1, p. 56-121.

TAVARES, M. C. & ASSIS, J. C. de. (1985) *O Grande Salto para o Caos: a Economia Política e a Política Econômica do Regime Autoritário*. Rio de Janeiro: Jorge Zahar.

VELLOSO, J. P. R. (1986) *O Último Trem para Paris*. Rio de Janeiro: Nova Fronteira.

_____. (1998) Fantasia Política: a Nova Alternativa de Interpretação do II PND. *Revista de Economia Política*, vol. 18, n. 2 (70), abril/junho.

VERMULM, R. (1985) *Os Planos de Desenvolvimento no Brasil*. Brasília: Universidade de Brasília. (Dissertação de Mestrado)

WERNECK, R. L. (1986) Poupança Estatal, Dívida Externa e Crise Financeira do Setor Público. *Pesquisa e Planejamento Econômico*, 16 (3), dezembro.

O PLANO CRUZADO

Os Antecedentes do Plano

O início da década de 1980 no Brasil caracterizou-se como um período de aguda crise econômica, ocasionada por choques externos e internos. A alta acelerada de preços externos e internos já acentuada em 1979, a evolução da taxa externa de juros em 1980 para níveis inusitados, onerando ainda mais o pagamento da dívida externa do país, bem como a manutenção da queda da atividade econômica no âmbito internacional (associada à restrição do crédito externo), já delineavam a tendência para a restrição do ritmo de produção global. Para isto concorreram a diminuição da demanda interna, em consequência de políticas salariais sucessivas que reduziram consideravelmente o poder de compra da população, e outras políticas governamentais de ajustes, que foram postas em prática a partir de 1980 (Kon, 1994). Adicionalmente, ocorreram problemas na agricultura ocasionados por geadas e secas que colaboraram para o ressurgimento da inflação brasileira que, de um patamar de 40% ao ano em 1978, atingia 90% em 1980, 100% em 1981 e 1982 e mais de 220% em 1983 e 1984.

O III Plano Nacional de Desenvolvimento, formulado para o período 1980-1985, visava o reequilíbrio das contas cambiais e do balanço de pagamentos, bem como o controle da taxa de inflação. As medidas efetivas não chegaram a ser postas em prática e como resultado observou-se três anos consecutivos de recessão, de 1981 a 1983, em que se expandiu o atraso tecnológico brasileiro em relação aos países industrializados. Porém em 1984 a economia brasileira retomou um novo ciclo de crescimento, principalmente como consequência da recuperação das economias americana (principal mercado das exportações brasileiras), japonesa e dos países da Organização para a Cooperação Econômica e Desenvolvimento (OECD), com reflexos no aumento das exportações brasileiras – facilitado pela maxidesvalorização do Cruzeiro em fevereiro de 1983 –, que redundou em um superávit comercial acentuado. Esta retomada das atividades no país continuou em 1985 com maior intensidade, permitindo o pagamento integral dos juros da dívida externa e a maior taxa de crescimento histórico do país. Em março de 1985 uma nova gestão governamental, posteriormente denominada de Nova República, deu início a medidas de severa austeridade (objetivando a redução do déficit público) com a paralisação das operações ativas dos bancos oficiais federais por sessenta dias, o corte adicional de 10% no orçamento fiscal para 1985 e a proibição da contratação de novos funcionários públicos (Modiano, 1986).

O impacto recessivo sobre a atividade econômica foi imediato e a perspectiva de aceleração da inflação resultou na restauração do sistema de controle de preços e na alteração da fórmula de cálculo das correções monetária e cambial. As políticas governamentais, visando formular estratégias para o desenvolvimento industrial em 1985, não foram devidamente implementadas e metas de apoio à modernização

112

tecnológica e científica industrial foram afetadas pela política fiscal baseada no aumento da folha real de salários do governo federal em cerca de 40% no ano. Com a medida adicional de congelamento de preços públicos, o resultado foi a expansão da dívida interna real do setor público. Em novembro de 1985, o governo alterou a sistemática do Imposto de Renda para bases correntes, conduzindo a uma queda na sua arrecadação que se faria sentir no início do ano seguinte. Como consequência, no princípio de 1986, havia a percepção de que a inflação, que se estabilizara no patamar de 220% no ano anterior, tendia a um crescimento que ameaçava se tornar incontrolável.

Neste cenário, duas correntes de economistas brasileiros – posteriormente cognominados como ortodoxos e heterodoxos – debatiam as medidas apropriadas para o combate à inflação. Os defensores da corrente ortodoxa mantinham argumentos apoiados na Teoria das Expectativas Racionais, que incorporava as ideias das análises macroeconômicas de Muth e Milton Friedman formuladas na década de 1960, sobre o comportamento dos agentes econômicos, ideias estas complementadas por modelos de Lucas, Sargent e Wallace na década de 1970. Estas teorias defendiam a hipótese de que os agentes econômicos reagiam às políticas econômicas de forma induzida, mas com o tempo suas expectativas, bem como sua reação às políticas públicas, passam a ser moldadas de acordo com a análise própria que efetuam sobre o futuro da economia. A partir destas premissas, a corrente de teóricos conduzida por Octávio Gouvêa de Bulhões defendia a tese do choque ortodoxo, que pregava como combate à inflação:

a) a eliminação do déficit público;
b) a eliminação da expansão monetária;
c) liberação de todos os preços da economia;
d) eliminação de todas as formas de indexação da economia.

Se os empresários acreditassem que estas medidas seriam compatíveis com um nível baixo de inflação, como estratégia de longo prazo buscada pelo governo, adaptariam suas políticas de preços a estas novas expectativas e assim se efetivaria a queda da inflação.

Na década de 1970, os debates sobre o combate à inflação incorporam uma nova ideia sobre a inércia do fenômeno. No exterior, Tobin e o cubano Felipe Pazos (este analisando a inflação crônica da América Latina), ambos em 1972, apresentavam hipóteses sobre este componente inercial. No Brasil, os debates se sucediam através de textos de Simonsen, que no ano de 1970 já incorporava esta ideia em seus livros sobre inflação, em artigos de 1979 de Bresser Pereira ("A Inflação no Capitalismo de Estado e a Inflação Brasileira Recente") e de 1983 de Bresser Pereira e Yoshiaki Nakano ("Fatores Aceleradores, Mantenedores e Sancionadores da Inflação"), nos quais estava embutida a ideia de uma nova explicação para a aceleração da inflação, em que aparecia a expressão "inflação autônoma da demanda" (Biderman, Cozac & Rego, 1996, p. 167). Continuando as discussões sobre esta perspectiva, desde 1984, um grupo de economistas contrapunha-se à teoria das expectativas racionais, elaborando a ideia da inércia inflacionária, ou seja, de que independentemente das expectativas dos agentes, se não ocorresse qualquer evento importante, a inflação corrente seria determinada pela inflação passada (Simonsen, 1989). Segundo estas ideias, em um ambiente de inflação crônica, os agentes econômicos reagem defensivamente, tentando recompor o pico anterior de renda real no momento de cada reajuste periódico de preços, e dessa forma a taxa de inflação tende a se perpetuar. Dada esta tendência, nenhum tratamento ortodoxo de redução na demanda agregada, mesmo gradualista, teria efeito sobre a inflação brasileira (Pacheco, 1986).

Simonsen contribuiu grandemente com um modelo taxionômico de realimentação da inflação, isolando três componentes de pressão inflacionária, o que possibilitaria a escolha de instrumentos de política econômica: componente autônomo (originado em fatores institucionais ou acidentais), componente de realimentação (inflação do período anterior) e componente de regulagem de demanda (causado pelas políticas monetária e fiscal). No caso das forças inerciais realimentadoras da inflação, eram apontadas a indexação salarial e financeira, a taxa de câmbio regulada por minidesvalorizações, a formação de expectativas e a dispersão dos preços relativos.

Os principais formuladores destas teorias inerciais no Brasil, Francisco Lopes, André Lara Resende, Pérsio Arida, Eduardo Modiano e Dionísio Carneiro, pregavam a ideia de que a inflação brasileira deveria ser debelada por meio de um choque heterodoxo, visando eliminar completamente a memória inflacionária, que se baseava em:

a) congelamento de preços e rendimentos;
b) desindexação da economia;
c) conversão de salários e outras remunerações pelos seus valores reais médios;
d) reforma monetária, com a introdução de uma nova moeda (Barbosa, Brandão & Faro, 1989).

Arida e Lara Resende criticavam o "choque ortodoxo", não tanto por duvidarem de que a proposta pudesse ser eficiente, mas pelo fato de que acarretaria em custos sociais elevados na forma de redução da recessão (Arida & Lara Resende, 1986a e 1986b). Na realidade, na própria proposta de Arida e Lara Resende delineavam-se aspectos ortodoxos no que se refere às expectativas racionais dos agentes e à rejeição a formas de controle administrativo.

As origens mais remotas das ideias do choque heterodoxo estão nas teorias dos economistas cognominados de institucionalistas, galbraithianos, neocapitalistas ou heterodoxos, como John K. Galbraith, Maurice Lauré e, no Brasil, Luiz Carlos Bresser Pereira e Yoshiaki Nakano, que pregavam a Política de Rendas para controle da inflação, qual seja, o controle das rendas e dos preços. O tratamento de choque, imposto autoritariamente pelo governo, seria uma alternativa à maneira gradualista de combate, via Pactos Sociais, que estabeleciam acordos comuns entre produtores, consumidores e trabalhadores, sob a coordenação do governo através de tabelamento de preços e rendas. O método gradualista foi aplicado em países geralmente desenvolvidos e estáveis, onde a inflação não atingia níveis muito altos e onde os parceiros sociais são organizados, atuantes e relativamente equilibrados entre si, como no caso da Áustria, Suíça, Espanha (Pacto de Moncloa) e Alemanha Ocidental (Mattos, 1987).

Estas discussões ganhavam ênfase à medida que se observava que a recessão econômica de 1981-1984, como resultado das políticas para ajustes da dívida externa, não resultou na queda da taxa de inflação, como visto, apesar de concorrer para elevados superávits comerciais originados particularmente pela queda nas importações desde 1980, desde que a contribuição do aumento das exportações começou apenas em 1984. O crescimento econômico do país, retomado em 1985, baseou-se no aumento dos salários reais que geraram uma explosão de consumo (Baer, 1995). Esta retomada, num ambiente econômico com indexação financeira e salarial, taxa cambial regulada por minidesvalorizações e ainda com elevação de preços de produtos agrícolas como consequência de uma seca no final de 1985, acabou por ressaltar a falta de controle sobre a inflação.

Uma série de medidas tradicionais (ortodoxas) foram instituídas no final do ano de 1985 para controle da inflação, ou, segundo Mattos (1987), medidas preparatórias, para ajudar a despistar a real orientação heterodoxa que seria dada a público com um novo plano. Destacam-se entre estas:

a) aumento dos impostos, penalizando as classes de maior renda e poupando os menos favorecidos, visando a redistribuição da renda e à redução do déficit público;
b) restrição de créditos aos estados, municípios e consumidores, para reduzir a demanda;

c) eliminação da Conta Movimento do Banco do Brasil, que tinha o poder de emitir moeda indiscriminadamente em paralelo ao Banco Central, como medida monetarista saneadora;
d) criação da Secretaria do Tesouro, para melhor administrar os orçamentos monetário, fiscal e das estatais, que eram dispersos e incontroláveis, no sentido de dominar o déficit público;
e) retenção pelo Banco Central de 40% dos depósitos das cadernetas de poupança, até atingir 25% do saldo total, também para redução do déficit público.

O decreto de implantação do choque heterodoxo, previsto para janeiro de 1986, foi adiado, tendo em vista problemas ocasionados pelas secas, desde que poderia penalizar vários grupos sociais. No entanto, a volta das chuvas, estabilizando a relação de trocas e o vazamento de informações, apressou a ativação do plano (Mattos, 1987).

As Medidas do Plano Cruzado

Diante da conjuntura de aceleração da inflação, que se situava num patamar entre 12% e 13% ao mês, prevendo a acomodação em um novo patamar de 300% a 350% ao ano após manter-se durante três anos em um patamar de 200% (que ameaçava se tornar incontrolável), o governo estava no início de 1986 diante de um dilema entre insistir em uma política gradualista baseada na redução do déficit federal, controle de preços e na tentativa de um acordo com as lideranças sindicais para moderar a elevação dos salários reais, ou empreender uma reforma monetária de longo alcance para remover desequilíbrios internos (Martone, 1986).

Em 28 de fevereiro de 1986, através do Decreto-Lei 2283 (posteriormente revisto pelo Decreto-Lei 2284 de 10 de março de 1986), foi divulgado um plano para um programa heterodoxo de estabilidade econômica, que rapidamente foi denominado de Plano Cruzado[1]. O Plano Cruzado baseava-se no diagnóstico de que a inflação brasileira era inercial e apresentava soluções ditas heterodoxas, diferenciadas das tradicionais soluções ortodoxas propostas. As seguintes medidas foram impostas:

a) introdução de uma nova moeda: em substituição ao Cruzeiro, a unidade do sistema monetário brasileiro passou a ser o Cruzado. A conversão foi fixada em Cr$ 1 mil para Cz$ 1;

b) congelamento de preços: amplo sistema de controle de preços, por prazo indeterminado, nos níveis em que eram praticados no dia 27 de fevereiro de 1986; tais preços foram convertidos para Cruzados na razão de mil para um. O Decreto 2284, no Artigo 38, nomeava como agente fiscalizador qualquer pessoa do povo, para apoiar os órgãos fiscalizadores competentes, como a Secretaria Especial de Abastecimento de Preços (Seap), o Conselho Interministerial de Preços (CIP), a Superintendência Nacional de Abastecimento (Sunab), a Polícia Federal;

c) regra de conversão de obrigações contratuais: estabelecendo critérios distintos para as obrigações contratadas com cláusulas de indexação e para as que não previam tais cláusulas. Esta regra visava evitar a transferência de renda entre credores e devedores, e inspirava-se no Plano Austral instituído na Argentina em 1977. Para as obrigações sem cláusula de indexação ou com cláusula de correção monetária prefixada, a valorização diária do Cruzado face ao Cruzeiro seria a uma taxa de 0,45% (14,42% mensal). Para as obrigações com cláusula de indexação, a conversão seria efetuada em duas etapas

---

1. Nos primeiros momentos de vigência, dada a falta de um nome oficial, o plano foi também denominado Plano Tropical, Choque Heterodoxo, Reforma Monetária, Reforma Econômica, Plano Inflação Zero, Pacote Econômico, Choque Neutro, Plano de Estabilização Econômica, Plano Econômico, entre outras denominações (Mattos, 1987).

para as obrigações pecuniárias anteriores a 28 de fevereiro de 1986, que eram expressas em Cruzeiros: na primeira etapa os valores em Cruzeiros seriam atualizados no dia 28 de fevereiro, mediante aplicação *pro rata* da correção monetária; na segunda etapa, os valores assim obtidos seriam convertidos para Cruzados à razão de mil para um. Este procedimento foi utilizado para a conversão dos saldos das cadernetas de poupança, do FGTS (Fundo de Garantia por Tempo de Serviço) e do Fundo de Participação PIS/PASEP (Programa de Integração Social/Programa de Formação do Patrimônio do Servidor Público);

d) conversão dos salários: pela média do salário real, ou seja, excetuando-se o salário mínimo, todos os salários e remunerações foram convertidos para Cruzados considerando-se o valor médio de seus respectivos poderes de compra. Os salários reais foram valorizados pela variação do Índice Nacional de Preços ao Consumidor (IPCA) no seu conceito amplo, calculado pelo IBGE (Instituto Brasileiro de Geografia e Estatística). Adicionalmente ao valor real médio do salário, foi instituído um abono de 8%, de acordo com o Artigo 19 do Decreto-Lei 2284. O valor do salário mínimo foi fixado no Artigo 17, em Cz$ 804. A negociação coletiva do trabalho foi incentivada apenas com a proibição de que nos dissídios coletivos fossem instituídos aumentos relativos à reposição salarial;

e) conversão dos aluguéis, prestações do sistema financeiro de habitação e das mensalidades escolares: o Artigo 10 do Decreto-Lei 2284 estabelecia a conversão dos valores para Cruzados pelo princípio da média;

f) desindexação: 1. proibição de Cláusula de Indexação (Artigo 7), proibindo a cláusula de correção monetária nos contratos com prazos inferiores a um ano. Para contratos com prazos de um ano ou mais, poderia haver cláusula de reajuste de acordo com a variação da OTN (Obrigações do Tesouro Nacional) em Cruzados; 2. indexação dos salários, pela introdução da escala móvel (Artigo 21), prescrevendo reajuste automático toda vez que a variação acumulada do IPC (Índice de Preços ao Consumidor) alcançasse 20%, na data base do contrato de trabalho. O reajuste (Artigo 20) seria obrigatoriamente no mínimo 60% da variação acumulada do IPC; 3. extinção da ORTN (Obrigações Reajustáveis do Tesouro Nacional), criando-se a OTN com valor fixado em Cz$ 106,40 a partir do dia 3 de março de 1986, e congelado até o dia 1º de março de 1987, quando seria atualizado pelo IPC; 4. manutenção da indexação das cadernetas de poupança e dos fundos de poupança forçada (FGTS [Fundo de Garantia por Tempo de Serviço], PIS/PASEP [Programa de Integração Social/Programa de Formação de Patrimônio do Servidor Público]), de acordo com o Artigo 11 do Decreto-Lei 2284, com critérios determinados pelo Conselho Monetário Nacional, de acordo com o IPC, e para as cadernetas de poupança os saldos seriam corrigidos a cada três meses;

g) novo índice de preços ao consumidor: a Fundação IBGE foi encarregada de criar um novo IPC, de acordo com o Artigo 5 do Decreto-Lei 2284, de modo a converter os dados calculados em Cruzeiros para a possibilidade de mensuração em Cruzados;

h) política fiscal: 1. o Artigo 41 especificava a conversão para Cruzados dos valores dos tributos e das contribuições em geral, cujos fatos geradores tivessem ocorrido até o dia 28 de fevereiro de 1986; 2. abono salarial foi concedido indiscriminadamente também ao setor público; 3. as pessoas jurídicas, com lucro real igual ou superior a 40 mil OTN, poderiam retornar ao sistema de declaração anual do Imposto de Renda (IR), em vez de declarações semestrais que haviam sido instituídas anteriormente pela Lei 7450 de 12 de dezembro de 1985;

i) política monetária e creditícia: foi criado o depósito interbancário através do Artigo 41 do Decreto-Lei 2284, pelo qual as instituições financeiras estavam autorizadas a receber depósitos a prazo de outras instituições, mesmo quando sob o mesmo controle acionário ou de empresas coligadas;

j) política cambial: foi fixada a taxa de câmbio em Cz$ 13,80 por Dólar, porém sem congelamento. O Banco Central poderia modificar a taxa de câmbio quando fosse necessário;

k) seguro-desemprego: criado para os dispensados sem justa causa ou por falência da empresa. Corresponde a um valor de no máximo 1,5 salários mínimos, com a duração de quatro meses em cada dezoito meses.

Consequências Imediatas

A implantação do Plano Cruzado em um primeiro momento produziu profundas alterações na economia do país e no comportamento das pessoas e empresas. Ao criar no momento a referência da estabilidade de preços, obteve apoio popular amplo e imediato, desde que abolia a remarcação de preços. Uma das principais consequências foi o término da assim denominada "ciranda financeira", que drenava recursos para aplicação em atividades especulativas (*Open Market*, CDB [Certificados de Depósito Bancário], ouro, Dólares, entre outras) que eram mais rentáveis, em vez de inversões produtivas. Parte dos recursos especulativos passaram a ser dirigidos para a compra de imóveis e para as bolsas de valores e parte para a reativação da produção das empresas, motivadas pela elevação da demanda. As instituições financeiras, anteriormente beneficiadas pelas atividades especulativas, foram penalizadas, incentivando também a retomada das atividades produtivas. Esta reativação do consumo resultou de medidas antirrecessivas representadas pelo estabelecimento do salário móvel, do reajuste automático de salários, do seguro-desemprego, do abono de 8%, do congelamento do câmbio. As primeiras polêmicas surgidas com a aplicação das medidas do plano se voltavam para as consequências sobre o salário médio real, da conversão dos salários à nova moeda, que dividiu os economistas entre a conclusão sobre perda ou não de salários reais com a nova regra.

No entanto, os indivíduos que viviam de suas rendas, como os aposentados e rentistas, manifestaram descontentamento pois sofreram uma redução aparente em seus retornos mensais, desde que os juros decrescem de 15% para 0,5% ao mês, desconsiderando a descapitalização que a taxa anterior de juros representava para suas rendas. A ilusão monetária, que indicava para os agentes econômicos uma tomada de decisão baseada nos valores nominais, encobria a real estrutura de preços relativos da economia, tornando perceptível as transferências de renda. As consequências do novo plano obrigaram a acomodação destes agentes a uma convivência com os baixos níveis inflacionários; e a maior transparência resultante, em muitos casos, revelou a dilapidação do patrimônio que a condição de "viver de renda" pôde ocasionar (Azzoni, 1986).

A taxa mensal de inflação, medida pelo Índice Geral de Preços, que se situava a 22% em fevereiro de 1986, foi negativa em março e abril (equivalendo respectivamente a -1% e -0,6%) e pouco superior em maio e junho (+0,3% e +0,5%). Como contrapartida, a atividade econômica se acelerou, observando-se nos primeiros trimestres de 1986 um crescimento industrial respectivamente de 8,6%, 10,6% e 11,7%, superior aos mesmos períodos do ano anterior (Baer, 1995); e particularmente a produção de bens de capital e de bens de consumo durável apresentaram taxas consideravelmente elevadas em torno de 20% e 30% ao ano, respectivamente, de junho a dezembro.

Nas empresas, a especulação com estoques passa a se tornar desinteressante, facilitando a introdução da inovação organizacional através dos métodos *just-in-time*; as empresas observam aumento das vendas, reduções nos custos, inovação tecnológica, e buscam vantagens competitivas e melhora da qualidade dos produtos como formas de aumento da lucratividade, em substituição às inversões financeiras e aos aumentos indiscriminados de preços; o reinvestimento dos lucros na própria empresa ficou mais interessante do que a aplicação em papéis. Por outro lado, desaparece o mascaramento da efetiva situação da empresa que a inflação causava, e os balanços financeiros passam a representar uma forma mais confiável de avaliação. Observou-se, nesta fase, elevação considerável da abertura de novas firmas.

No entanto, neste momento de ajustamento já se observava o aumento de conflitos entre fornecedores e compradores, devido aos ajustes de preços na cadeia produtiva, tendo em vista que as remarcações não podiam ser passadas para a frente, pois os preços estavam congelados. Como consequência do congelamento, os mecanismos de preços deixaram de operar na determinação da alocação de recursos, pois os preços relacionados aos custos apresentam variabilidade entre as empresas (na maior parte dos setores), de acordo com: tecnologia empregada, composição dos fatores produtivos, estrutura de mercado, difusão de pontos de venda, proximidade dos centros produtores, fornecedores ou consumidores, bem como retenção de estoques, e diferenças regionais destes fatores, entre outras causas. Estes conflitos provocaram a falta de produtos no mercado pela retenção de estoques por alguns produtores, ou pelo desestímulo à produção em alguns setores, por ágios para a venda de determinados bens duráveis e formas de mascaramento do produto congelado, através de novas embalagens, diminuição no peso ou na qualidade, e ainda da transformação em "novos" produtos pela mudança de nome do produto. Tendo em vista que antes de 28 de fevereiro os produtores ajustavam seus preços em intervalos relativamente curtos, alguns setores que haviam aumentado a menos tempo encontravam-se em situação relativamente favorecida em comparação com suas médias reais recentes, e outros ficaram em uma situação defasada. Neste último caso encontravam-se também as taxas de serviços públicos (como de energia elétrica), o que elevou o déficit das empresas estatais fornecedoras destas atividades, obrigando o governo a subsidiar seus gastos correntes e de capital, que se reduzidos poderiam ocasionar um estrangulamento no rápido crescimento econômico.

A duração do congelamento de preços, embora discutida entre os formuladores do plano, não foi definida, havendo o receio de um descongelamento prematuro que reiniciasse o processo de reajustes restabelecendo a inércia inflacionária. De fato, o sucesso do plano dependia da capacidade do controle de preços via congelamento e do grau em que a natureza do processo inflacionário era essencialmente inercial. Porém observou-se que este processo resultou também de um excesso de demanda agregada ou insuficiência de oferta agregada, bem como do aumento do déficit público, e dessa forma o plano não controlaria a inflação de modo prolongado (Baer, 1995). Por outro lado, o congelamento não poderia prosseguir por muito tempo, desde que não era possível igual controle de todos os recursos que faziam parte dos custos dos produtos e serviços controlados. O congelamento agiu no varejo e os produtores e revendedores atacadistas se mantinham com preços livres, forçando o comércio varejista à retirada dos produtos das prateleiras. Da mesma forma, a indústria da construção, particularmente aquela voltada para a produção de moradias e envolvida com contratos de prestações mensais congeladas para o pagamento de seus produtos, sofria pressão constante do aumento dos preços dos insumos, que desequilibrou orçamentos, levando grande número de empresas a perdas consideráveis, concordatas e falência.

A proximidade das eleições de novembro de 1986 para os governos estaduais e para o Congresso estabeleceu um componente político na decisão sobre o prazo de duração do congelamento de preços e um processo de realinhamento de preços previsto para maio de 1986 não foi implementado. O crescimento das vendas do comércio (de 33% de março a maio de 1986), como resultado do aumento do poder de compra da população (Mattos, 1987), em muitos casos superou a capacidade de produção das empresas. Por outro lado, alguns grupos de produtores forçaram aumentos escondendo o produto e propondo o descongelamento de preços, como os produtores de carne; neste último caso, o governo chegou ao confisco de cabeças de gado na tentativa de resolução da questão. Para compensar o desaparecimento de produtos das prateleiras, particularmente de alguns alimentos como carne, batata e leite, o governo autorizou a importação destes produtos, eliminou determinados impostos e aumentou subsídios, conseguindo o aumento da oferta dos produtos sem elevação dos preços. No entanto, estas políticas acabaram por aumentar a pressão sobre o déficit público.

Nesse período, a reativação de remessas ilegais para o exterior resultou na elevação acelerada da cotação do Dólar no mercado paralelo, levando o governo à intervenção neste mercado em agosto de 1986. Para isto contribuiu também o aumento do contrabando de material eletrônico, como resultado da Reserva de Mercado da Informática. O movimento especulativo se voltou também para a Bolsa de Telefones, fazendo o preço dos aparelhos dispararem, exigindo a proibição das transferências de telefones também neste período.

Os Ajustes no Plano: O Cruzadinho e o Plano de Metas

Em julho de 1986, um novo pacote econômico (denominado de Pequeno Plano Cruzado ou Cruzadinho) foi decretado, na tentativa de corrigir alguns destes desequilíbrios, visando o fomento de investimentos públicos e privados, para diminuir o consumo (demanda agregada) e captar poupanças. Entre as principais medidas destacaram-se:

a) imposto de 25% sobre viagens internacionais e dos recursos que o viajante podia comprar no câmbio oficial (US$ 1.000);
b) empréstimo compulsório de 30% sobre carros novos e usados até quatro anos;

c) empréstimo compulsório de 28% sobre o combustível (álcool e gasolina);
d) elevação para 65% (de 45%) do Imposto de Renda na fonte sobre aplicações em papéis privados com menos de sessenta dias de vencimento;
e) redução para 20% (de 35%) nas aplicações com mais de sessenta dias;
f) permissão para compra de ações na bolsa por investidores estrangeiros.

Os empréstimos compulsórios seriam devolvidos aos consumidores dos produtos taxados sob a forma de ações do FND (Fundo Nacional de Desenvolvimento). Efetivamente, as medidas conseguiram gerar recursos para o FND e contiveram a explosão do consumo, através da redução de gastos com combustível, comércio de automóveis e viagens ao exterior, resultando em medida redistributiva, desde que atingiu mais fortemente as classes mais favorecidas que possuíam automóveis e realizavam viagens ao exterior. O real objetivo dos empréstimos compulsórios, segundo alguns autores (Toledo, 1986), foi equacionar o financiamento do déficit público, tentando evitar o crescimento explosivo da dívida pública interna, em substituição ao imposto inflacionário do passado.

Os recursos do FND deveriam ser aplicados em projetos de desenvolvimento descritos no Plano de Metas divulgado na ocasião. Entre estes, estavam previstos a distribuição gratuita de leite a crianças carentes, investimentos públicos nos setores de transportes e comunicações, energia e aço. O Plano de Metas tinha como proposta a viabilização de mudanças sociais no país, preparando o Brasil para o século XXI, através de um processo de crescimento econômico com distribuição de renda e riqueza, redução de desigualdades e erradicação da pobreza. Entre suas metas prioritárias destacavam-se:

a) crescimento médio aproximado de 7% ao ano entre 1986 e 1989, quando a renda *per capita* brasileira deveria ter crescido 20%, atingindo US$ 2.000 anuais;

b) elevação da Relação Incremental *Capita*/Produto, do indicador de 2,5 em 1986 para 3 em 1989;
c) necessidades de investimentos se elevariam dos 17,6% previstos para 1986 a 21,2% em 1989;
d) decréscimo do déficit corrente do governo, que era de 0,6% do Produto Interno Bruto (PIB) em 1986 para -0,2% em 1989;
e) elevação da poupança privada que se situava em 18,5% do PIB em 1986 para 21% em 1989;
f) criação de 6,6 milhões de empregos, absorvendo o desemprego do período, que se situava em um milhão de pessoas;
g) eliminação de disparidades regionais através da criação de 1,7 milhão de empregos no Nordeste;
h) salário mínimo legal para oitocentos mil trabalhadores.

O aquecimento da demanda resultou no aumento da produção e da produtividade, e as indústrias utilizaram sua capacidade ociosa para o consumo exacerbado. No entanto, os investimentos privados continuaram reprimidos, desestimulados pelo congelamento de preços, pelo recrudescimento da pressão sindical por melhores salários e pela insegurança quanto às expectativas de funcionamento da economia. Por outro lado, dadas as necessidades de investimentos previstos no Plano de Metas, o programa de poupança compulsória seria insuficiente, tornando necessário um esforço adicional de 1% a 2,5% do PIB de 1986 a 1989. Tendo em vista a situação estrutural de comprometimento com a dívida interna por parte do governo (que restringia a capacidade de poupança pública), este esforço adicional de poupança recairia sobre o setor privado, pois a elevação da taxa de juros como forma de obter poupança governamental adicional não estava em cogitação devido ao elevado endividamento público.

No entanto, a situação das contas externas constituía uma questão crítica adicional para o Plano Cruzado, por um lado, pela forte redução das exportações, pela prática de subfaturamento das exportações e superfaturamento das importações. Porém, particularmente mais grave com relação à conta de capital do balanço de pagamentos, foi a redução significativa do investimento líquido direto estrangeiro e o aumento das remessas de lucros e da evasão de capital (associados a uma significativa perda de reservas no mês de outubro); isto levava a expectativas de uma maxidesvalorização cambial, que postergou o fechamento de contratos de venda ao exterior. Esta desvalorização não foi efetivada, tendo em vista a proximidade das eleições em novembro; porém a reação dos exportadores diante desta expectativa resultou em queda das exportações.

O Plano Cruzado 2

Após as eleições de 15 de novembro, o governo anunciou novas medidas de ajuste, que passaram a ser referidas como Plano Cruzado 2. Visavam principalmente o alinhamento de preços de determinados produtos consumidos pela classe média e aumentos dos respectivos impostos incidentes que visavam, além da desaceleração do crescimento, diminuir a evasão de divisas. Entre os produtos selecionados para aumentos de preços destacaram-se leite e derivados em 100%, cigarros e bebidas alcoólicas em 100%, automóveis em 80%, açúcar em 60%, combustíveis em 60%, tarifas de serviços públicos em 35%. Foi anunciada uma regra flexível de minidesvalorização cambial, no sentido de impedir a acumulação de um atraso da taxa de câmbio e afastar as expectativas de uma maxidesvalorização, revertendo o quadro cambial. Paralelamente foram estipulados incentivos fiscais adicionais para estimular maior poupança, visando esfriar o consumo sem um tratamento de choque sobre a demanda agregada.

No entanto, os aumentos de preços efetuados tenderam a desviar os gastos para outros produtos e não para a poupança, reativando a inflação e o aumento dos salários através do mecanismo do gatilho automático que, associados à ampla utilização do ágio, resultou em nova explosão inflacionária. Já em dezembro de 1986 a inflação mensal era de 7,7% e em meados de 1987 a taxa anual de aumento de preços se situava acima de 1.000%; em junho, as taxas anuais de juros de curto prazo estavam em torno de 2.000%. Com relação às reservas internacionais, a situação também se deteriorou e o governo declarou uma moratória unilateral em fevereiro de 1987.

Considerações Finais

O sucesso inicial do Plano Cruzado superou até mesmo as expectativas de seus formuladores, como salienta Arida: "O Cruzado teve muito mais sucesso na partida do que esperávamos, mas o jogo político não teve a maturidade adequada" (Biderman, Cozac & Rego, 1996, p. 324). Um ano após a decretação do Plano Cruzado, a economia brasileira encontrava-se novamente em uma situação crítica, retratada na diminuição da taxa de crescimento, aumento do desemprego e retorno da inflação a níveis inusitados no país. A distribuição de renda, que havia temporariamente melhorado no início do plano, sofreu uma reversão da tendência, particularmente devido à compressão das remunerações das classes de baixa renda. Como visto, a deterioração das contas cambiais com as perdas das reservas internacionais levaram à suspensão unilateral do pagamento dos juros da dívida externa.

O insucesso do Plano Cruzado, segundo Mário Henrique Simonsen, deveu-se consideravelmente ao fato de que se baseava apenas na oferta e de que a inflação foi tratada como sendo simplesmente inercial, porém efetivamente incorporava outros componentes (Biderman, Cozac & Rego, 1996, p. 201). Como salienta Celso Furtado, a inflação inercial é um subproduto das outras e a inflação brasileira reflete em grande de parte um conflito distributivo de renda, em que o governo sempre foi o beneficiário, pois recorria à inflação por não ter meios de se autofinanciar adequadamente através de uma política fiscal (Biderman, Cozac & Rego, 1996, p. 82).

O prolongamento do congelamento de preços por um período demasiadamente longo, por motivos político-eleitoreiros, impediu o realinhamento dos preços relativos, inclusive das tarifas públicas. Nas empresas, embora os níveis de lucro tenham se mantido devido ao aumento do consumo, a lucratividade decresceu pressionada pelo congelamento de preços, por um lado, e pelo aumento dos custos salariais, por outro. No entanto, a pressão para o aumento da produção motivou o aumento dos investimentos pelas empresas em maquinário adicional, buscando economias de escala. Do lado dos trabalhadores, o aumento do salário real de 8% associado ao congelamento, que resultou em uma explosão do consumo, não foi contrabalançado por uma política fiscal adequada.

A síntese das dificuldades de gestão do Plano Cruzado está expressa nas palavras de Arida, um dos gestores do Cruzado:

> O congelamento, previsto como algo temporário, tornou-se um fetiche, a equipe econômica não conseguia se entender no diagnóstico do problema, havia uma limitação ao uso da política monetária como instrumento contracionista, o Congresso era dominado por um partido rival ao do presidente, não havia legitimidade para falar nos sacrifícios necessários nos níveis de emprego e renda disponível, o equilíbrio fiscal soava como retórica gasta do governo militar (Biderman, Cozac & Rego, 1996, p. 324).

Anita Kon

Referências Bibliográficas

ARIDA, P. & RESENDE, A. L. (1986a) Brasil, Inflação e Reforma Monetária. *Folha de S. Paulo*, 8 de março.

_____. (coords.) (1986b) *Inflação Zero*. Rio de Janeiro: Paz e Terra.

AZZONI, C. R. (1986) A (Des)ilusão Monetária. *O Plano Cruzado na Visão de Economistas da USP*. São Paulo: Pioneira.

BAER, W. (1995) *A Economia Brasileira*. São Paulo: Nobel.

BARBOSA, F. de H.; BRANDÃO, A. S. P. & FARO, C. de. (1989) O Reino Mágico do Choque Heterodoxo. In: BARBOSA, F. H. & SIMONSEN, M. H. (org.). *Plano Cruzado: Inércia x Inépcia.* Rio de Janeiro: Globo.

BIDERMAN, C.; COZAC, L. F. L. & REGO, J. M. (1996) *Conversas com Economistas Brasileiros.* São Paulo: Editora 34.

KON, A. (1994) Quatro Décadas de Planejamento Econômico no Brasil. *Revista de Administração de Empresas*, vol. 34, n. 3, maio/junho.

MARTONE, C. L. (1986) Inflação: o Dilema do Governo. In: BRAGA, C. A. P. et al. (orgs.) *O Plano Cruzado na Visão de Economistas da USP.* São Paulo, Pioneira.

MATTOS, A. C. M. (1987) *A Inflação Brasileira.* Petrópolis: Vozes.

MODIANO, E. M. (1986) *Da Inflação ao Cruzado: a Política Econômica no Primeiro Ano da Nova República.* Rio de Janeiro: Campus.

PACHECO, C. A. (1986) O Resgate da Política Econômica: um Balanço Preliminar do Plano de Estabilização e de seus Antecedentes. In: AYERBE, L. F. & PACHECO, C. A. *O Choque Econômico e a Transição Democrática: Brasil e Argentina.* São Paulo: Vértice.

PELÁEZ, C. M. (1986) *O Cruzado e o Austral.* São Paulo: Atlas.

SIMONSEN, M. H. (1989) Inércia Inflacionária e Inflação Inercial. In: BARBOSA, F. H. & SIMONSEN, M. H. (orgs.) *Plano Cruzado: Inércia x Inépcia.*

_____. (1970) *Inflação, Gradualismo x Tratamento de Choque.* Rio de Janeiro: APEC.

TOLEDO, J. E. C. (1986) O Cruzadinho e a Equação do Crescimento. *O Plano Cruzado na Visão de Economistas da USP.* São Paulo: Pioneira.

OS PLANOS BRESSER (1987) E VERÃO (1989): A PERSISTÊNCIA NA BUSCA DA ESTABILIZAÇÃO

Introdução

> *"Sarney Tenta de Novo"*
> título do artigo de abertura da seção Brasil,
> na revista *Veja* de 17 de junho de 1987,
> sobre o Plano Bresser;
>
> *"Sarney Tenta de Novo"*
> título do artigo de abertura da seção Brasil,
> na revista *Veja* de 18 de janeiro de 1989,
> sobre o Plano Verão.

A política econômica dos anos 1980 teve como uma de suas características principais a perseverança do combate à inflação, relegando a segundo plano a questão do crescimento econômico. Enquanto nas três décadas anteriores o governo preocupou-se com a consolidação da industrialização, elaborando planos ambiciosos quase sempre denominados "planos de desenvolvimento", na década de 1980 o tema se modificou. Os novos planos, os chamados "programas de estabilização", em geral buscavam o ajuste externo ou o ajuste das finanças públicas, quando não ambos ao mesmo tempo, visando controlar a inflação.

Assim, do final da década de 1970 até a primeira metade dos anos de 1980, os programas de estabilização destinaram-se, de início, a suportar os efeitos de choques externos; a partir de 1983, os programas passaram a ser monitorados mais diretamente pelo Fundo Monetário Internacional (FMI). Na segunda metade da década de 1980, porém, foram formulados diversos programas heterodoxos, quase sempre apoiados em congelamentos de preços e salários.

O primeiro desses programas foi o chamado Plano Cruzado, implantado no final de fevereiro de 1986, na gestão do ministro da Fazenda Dílson Funaro. Apoiado de início com grande euforia por todos os segmentos da sociedade brasileira, o programa perdeu seu ímpeto poucos meses depois e foi complementado por duas vezes (em julho e novembro do mesmo ano). Na primeira delas, o governo instituiu o Fundo Nacional de Desenvolvimento (FND), como um dos instrumentos básicos da implantação do I Plano Nacional de Desenvolvimento da Nova República. As fontes de recursos do FND eram os empréstimos compulsórios sobre o consumo de combustíveis e sobre a venda de automóveis, os encargos financeiros sobre a venda de passagens e de câmbio em viagens ao exterior e aplicações dos fundos de pensão das empresas estatais, referentes à aquisição de Obrigações do Fundo Nacional de Desenvolvimento (OFND). Em abril de 1987, o ministro Dílson Funaro deixou o cargo, com uma inflação mensal de 20%.

O novo ministro, Luiz Carlos Bresser Pereira, encarregou-se de apresentar ao país um novo programa de estabilização, em junho de 1987. O plano foi originalmente denominado de Novo Cruzado, mas logo passou a ser conhecido como Plano Bresser. Um mês depois, foi divulgado o Plano de Consistência Macroeconômica (PCM), complementando o congelamento de preços determinado pelo Plano Bresser. Em agosto, a Secretaria do Planejamento (Seplan) divulgou o Programa de Ação Governamental, mostrando os investimentos planejados pelo governo para o período 1987-1991. Em dezembro de 1987, o ministro Bresser Pereira demitiu-se do cargo, deixando uma inflação mensal de 14%.

O novo ministro, Maílson da Nóbrega, iniciou sua gestão em janeiro de 1988 promovendo uma política ortodoxa, conhecida pela denominação de política do "feijão com arroz", mas em dezembro do mesmo ano a inflação já estava no patamar de quase 30% ao mês. Em janeiro de 1989 foi anunciado à nação o chamado Plano Verão, programa heterodoxo também baseado no congelamento de preços e salários. Às vésperas das eleições de 15 de novembro de 1989, a inflação já superava o patamar de 30% ao mês.

Este capítulo tem por finalidade recuperar parte da trajetória desses programas de estabilização na segunda metade da década de 1980, descrevendo o Plano Bresser – assim entendido o processo que se iniciou em 1987 com o congelamento de preços e salários e foi complementado com o Plano de Consistência Macroeconômica (mencionando-se ainda o Programa de Ação Governamental, elaborado pela Seplan) – e o Plano Verão, implantado em 1989. O texto procura levantar elementos que propiciem uma avaliação desapaixonada dos planos, embora não tenha como evitar a simples confrontação das metas previstas com o que ocorreu na realidade.

Contudo, espera-se que a leitura do texto permita ir além do veredito frio e pouco crítico sobre o fracasso dos planos, tantas vezes encontrado nos textos da nossa literatura econômica. O fato de a inflação não ter acabado no Brasil, na década de 1980, após tantas tentativas frustradas, não significa que os planos foram inúteis. Ao contrário, o processo de estabilização dos preços tem de ser visto como um longo aprendizado em que, pouco a pouco, pequenas lições transformaram-se em conquistas que permitiriam, com o passar do tempo, a superação do trauma da inflação.

O *Plano Bresser*

Antecedentes

A situação em que se encontrava a economia brasileira no primeiro semestre de 1987 era bastante problemática. De um lado, após o sucesso inicial do Plano Cruzado, no ano anterior, a inflação recuperou o fôlego gradativamente, alcançando praticamente os mesmos níveis das vésperas da implantação daquele programa de estabilização. De outro lado, dadas as grandes transferências de recursos para o exterior que se avolumavam desde o final da década de 1970, esvaindo as reservas cambiais brasileiras, o governo havia suspendido no final de fevereiro de 1987 os pagamentos dos juros da dívida externa aos bancos privados.

Foi nesse ambiente que, logo após sua posse, o ministro da Fazenda Bresser Pereira anunciou uma redução na meta da taxa de crescimento da economia em 1986 (de 7% para 3,5%), promovendo uma desvalorização do Cruzado de 7,5% e manifestando a disposição do governo em dialogar com o Fundo Monetário Internacional, caso isso fosse considerado necessário para renegociar com os bancos credores. Algumas semanas depois, aplicou à economia brasileira um novo choque heterodoxo, determinando mais um congelamento de preços na economia, através do Decreto-Lei n. 2335, de 12/06/1987, e uma nova desvalorização cambial de 9,5%.

Em seu pronunciamento durante reunião do Conselho de Desenvolvimento Econômico, o ministro anunciou o conjunto de medidas então adotadas como "plano de um novo Cruzado", cujos objetivos eram:

a) eliminar a inflação inercial;
b) garantir o salário médio real dos trabalhadores;

c) estabelecer mecanismos de saída do congelamento no prazo máximo de noventa dias;
d) estabelecer, na véspera do congelamento, correções de alguns preços básicos da economia (energia elétrica, aço e petróleo);
e) garantir flexibilidade dos preços relativos no futuro;
f) tornar o congelamento de preços o mais neutro possível do ponto de vista distributivo;
g) manter a correção monetária de salários, preços e contratos em geral.

O decreto-lei congelou, pelo prazo máximo de noventa dias, todos os preços da economia, determinando que após esse prazo haveria uma fase de flexibilização. A norma legal instituiu também a Unidade de Referência de Preços (URP), para fins de reajustes de preços e salários. A URP seria determinada pela média mensal da variação do Índice de Preços ao Consumidor ocorrida no trimestre imediatamente anterior, para aplicação a cada mês do trimestre subsequente.

A URP teria valor de Cz$ 100 no dia 15 de junho de 1987, permanecendo inalterada durante a fase de congelamento dos preços. Iniciada a fase de flexibilização dos preços, seriam observadas as seguintes regras:

a) para fins de cálculo, o primeiro mês do congelamento de preços seria o de julho de 1987;
b) o valor da URP seria corrigido no primeiro dia de cada mês;
c) nos primeiros três meses da flexibilização, a variação percentual da URP, em cada mês, seria igual à variação percentual mensal média do IPC ocorrida durante o congelamento de preços;
d) nos trimestres seguintes, a variação percentual da URP, em cada mês, seria fixa dentro do trimestre e igual à variação percentual média do IPC no trimestre imediatamente anterior.

Enquanto durasse a fase de flexibilização, todos os preços deveriam sujeitar-se ao teto da variação percentual da URP. Ao mesmo tempo, nenhum preço poderia ser reajustado mais de uma vez em cada trinta dias. Quando a estabilização dos preços estivesse enfim configurada, seria encerrada a fase de flexibilização, tornando possível a atuação da economia de mercado.

O decreto-lei também estabeleceu a sistemática de reajustes mensais de salários a partir do primeiro mês da fase de flexibilização, com base na variação da URP, a título de antecipação, extinguindo o "gatilho" salarial criado com a implantação do Plano Cruzado mas mantendo as datas bases de revisões salariais das diversas categorias profissionais. Ao mesmo tempo, a norma legal proibia às empresas o repasse, aos preços finais, dos aumentos salariais acima da variação da URP.

O plano de estabilização também criou um fator de deflação diário para as obrigações contratuais constituídas em Cruzados no período de 1º de janeiro de 1987 a 1º de junho de 1987, sem cláusula de correção monetária ou com cláusula de correção pré-fixada. Tais obrigações seriam deflacionadas no dia de seu vencimento por um fator obtido pela multiplicação cumulativa de 1,00467 para cada dia decorrido, a partir de 16 de junho de 1987, correspondente a uma expectativa de inflação mensal da ordem de 15%.

Na mesma reunião em que foram feitos os pronunciamentos do presidente da República e de seu ministro da Fazenda, foram divulgados os objetivos e as diretrizes da política econômica do governo, que deveriam servir de base para a elaboração de um plano de administração macroeconômica.

Nessa ótica, foram os seguintes os objetivos explicitamente declarados da política econômica do governo:

a) garantir o desenvolvimento econômico e o pleno emprego;
b) distribuir a renda entre famílias e regiões de forma mais justa;

c) combater a inflação e lograr razoável estabilidade dos preços;
d) alcançar superávit comercial que permitisse a negociação da dívida externa de forma soberana.

Na mesma linha, foram expostas as diretrizes de política econômica:

a) estimular o investimento no setor privado, para que este assumisse a liderança do crescimento econômico;
b) promover o desenvolvimento científico e tecnológico nacional, integrando-os ao esforço do setor privado;
c) estimular a exportação, especialmente de produtos manufaturados com maior componente de mão de obra;
d) distribuir mais equitativamente a renda, através de reforma tributária e do direcionamento dos gastos públicos para a área social;
e) promover a produção agrícola de alimentos, principalmente via preços mínimos justos e formação de estoques reguladores;
f) assegurar o equilíbrio macroeconômico através das políticas monetária e fiscal;
g) reduzir o déficit público, via austeridade dos gastos públicos, recuperação da capacidade de arrecadação tributária e níveis realistas para tarifas e preços públicos;
h) utilizar controle administrativo de preços para coibir elevações especulativas;
i) garantir o poder aquisitivo dos salários, igualando seus aumentos reais ao aumento da produtividade média da economia;
j) manter o realismo da taxa de câmbio;
k) reduzir a taxa de juros, porém mantendo-a positiva em termos reais.

As medidas contidas no Plano Bresser foram acompanhadas por algumas outras, constantes de decretos assinados pelo presidente da República:

a) transferência da administração e controle da dívida pública, do Banco Central para o Ministério da Fazenda, a partir de 1988;
b) transferência da administração dos fundos e programas de crédito para fomento, do Banco Central para o Ministério da Fazenda, através da Secretaria do Tesouro Nacional, a partir de 1988;
c) criação da Comissão de Coordenação Financeira, no âmbito do Ministério da Fazenda, com a atribuição de compatibilizar a elaboração e execução dos orçamentos do governo federal – fiscal e das empresas estatais – bem como a programação monetária, com as metas das políticas fiscal e monetária e de controle do déficit público.

Na prática, as medidas adicionais representavam a decisão de proceder a uma completa unificação orçamentária, a partir de 1988, incluindo no Orçamento Geral da União (OGU) todas as operações oficiais de fomento que até então faziam parte do orçamento monetário elaborado pelo Banco Central. Com isso, outro objetivo seria alcançado, através do fortalecimento do Banco Central como autoridade monetária: este se responsabilizaria exclusivamente pela execução das políticas monetária e cambial (além de outras funções típicas, como a supervisão e fiscalização das instituições financeiras).

Essas providências consolidavam o início de uma nova fase de aperfeiçoamento institucional que se iniciara em 1985, envolvendo as relações entre o Tesouro Nacional, o Banco Central e o Banco do Brasil. Com a criação da Secretaria do Tesouro Nacional, esta passou a incumbir-se da administração dos instrumentos de política fiscal de que o Banco Central e o Banco do Brasil dispunham anteriormente, ligados a fundos e programas de fomento. O Banco Central passou a ser a única autoridade monetária no país – posição que anteriormente dividia com o Banco do Brasil – e este último perdeu o poder de emitir moeda, através da conta movimento e, mais tarde, via conta de suprimentos. Rompia-se, assim, definitivamente, a trindade que tanto contribuiu para a desorganização das finanças públicas brasileiras.

Por fim, o governo anunciou a eliminação definitiva do subsídio ao trigo e a suspensão de gastos com investimentos (Ferrovia Norte-Sul, pólos petroquímicos e siderúrgicos, trem-bala RJ-SP e outros). Contudo, ao mesmo tempo o presidente da República solicitou ao Ministério do Planejamento a preparação de um programa de investimentos em obras de alcance social, que no mês seguinte seria divulgado através do Programa de Ação Governamental.

O Plano de Consistência Macroeconômica (PCM)

Nas palavras do próprio ministro Bresser Pereira, em depoimento a Biderman, Cozac e Rego (1996, p. 170), "o Plano Bresser foi heterodoxo, mas foi um plano pela metade", e o que tinha de ser feito estava no Plano de Consistência Macroeconômica. Este foi divulgado em julho de 1987,como um instrumento essencial para alcançar metas de crescimento econômico e de superávit comercial, bem como para atingir metas de redução do déficit público e de controle da oferta de moeda. Em seu conteúdo, o plano buscava a consistência das metas macroeconômicas, o que o diferenciava dos instrumentos genuínos de planejamento. Não obstante, por ampliar o processo de estabilização deflagrado com o Plano Bresser, assim como por proporcionar uma visão mais ampla da economia brasileira, merece uma descrição e análise mais acuradas.

Diagnóstico

O PCM diagnosticava como principais problemas conjunturais da economia brasileira, no período imediatamente anterior à sua implantação, a aceleração da inflação, o desaquecimento da atividade econômica, o agravamento das contas externas, a intensificação da crise financeira que atingia o setor privado e a crise fiscal que atingia o setor público.

A raiz dos problemas conjunturais, no entender dos formuladores do plano, estava em questões que afligiam a economia brasileira desde meados da década de 1970, ligadas ao setor externo. Nessa ótica, a elevação dos preços internacionais do petróleo, a partir de 1973, e a alta das taxas de juros internacionais, a partir de 1979, acarretaram carga excessiva sobre o balanço de pagamentos do país, aumentando sua dívida externa.

Como o país tinha de gerar superávits para honrar o serviço da dívida externa, a economia brasileira desorganizou-se totalmente no início dos anos de 1980, tornando necessário um processo de ajuste cujo ônus principal recaiu sobre o setor público. Isso teria ocorrido em função de diversos ajustes (entre os quais as maxidesvalorizações da moeda nacional em 1979 e 1983) que, realimentando a inflação e o ambiente recessivo, acabaram por impor efeitos negativos sobre as finanças públicas.

O mecanismo básico dessa situação perversa repousava no fato de que o setor público havia se transformado no maior responsável pela dívida externa. Para neutralizar o efeito expansionista do aumento desse endividamento e das exportações do setor privado, o governo via-se obrigado a aumentar seu endividamento interno, comprometendo sua capacidade de poupar. Essa situação era agravada pela redução da carga tributária líquida, estimada pelo plano em cerca de 10% do PIB (Produto Interno Bruto) em 1987, e pela perda real sofrida pelas tarifas públicas ao longo da década. Esse quadro foi agravado a partir de 1982 pela interrupção dos fluxos internacionais de capitais, inviabilizando qualquer projeto de expansão da capacidade produtiva do setor privado. Levando em conta esse quadro tão desfavorável, eventuais tentativas de flexibilizar as políticas fiscal e monetária, buscando resgatar o crescimento econômico, seriam inevitavelmente bloqueadas por restrições externas e internas.

Com efeito, a expansão da demanda agregada promovida pela folga das políticas fiscal e monetária em 1986 não fora acompanhada pelo aumento da oferta global. A situação tornava-se mais grave com o aumento dos salários reais que se verificava desde a implantação do Plano Cruzado. Dado o congelamento prolongado dos preços, a situação de desabastecimento interno piorava a cada dia. A demanda interna acabava sendo atendida pelo aumento das importações, comprometendo mais ainda as reservas cambiais.

Considerando-se a gravidade desses ingredientes, a inflação tinha ressurgido com ímpeto no final de 1986, somada ao desequilíbrio nas contas externas, à redução do poder aquisitivo dos salários, à desaceleração do crescimento da produção interna e à elevação das taxas de juros nominais domésticas.

Baseando-se em tais constatações o plano justificava nova intervenção do Estado na economia, com a finalidade de corrigir distorções do mercado e garantir a retomada do crescimento.

Objetivos e Metas

O PCM ressaltava que seus objetivos eram de curto e médio prazos, relacionados ao desempenho da economia em 1987 e 1988; as metas para os anos de 1989 a 1991 deveriam, portanto, ser interpretadas como indicativas. Assim, eram os seguintes os objetivos e metas do PCM:

a) crescimento do PIB de 5% em 1987, 6% em 1988 e 7% nos anos subsequentes;
b) saldos positivos na balança comercial de US$ 8,6 bilhões em 1987 e US$10 bilhões em 1988, para permitir ao país renegociar a dívida externa sem prejudicar o crescimento econômico;
c) controle permanente da inflação, a partir do congelamento temporário dos preços e;
d) distribuição de renda mais equitativa, através de política tributária progressiva e de aumentos reais do salário mínimo.

Estratégia de Ação

O PCM considerava-se orientado pelos seguintes princípios:

a) a manutenção do crescimento econômico seria conseguida com a elevação das taxas de crescimento em relação ao PIB e a poupança adicional correspondente seria gerada pelo setor público, via contenção de gastos públicos e elevação da carga tributária líquida;
b) o ajuste do balanço de pagamentos seria alcançado através da expansão das exportações, via manutenção da taxa de câmbio real, e da renegociação da dívida externa de forma compatível com a capacidade de pagamento do país;
c) a redução da inflação seria garantida pelo congelamento temporário dos preços e pelo controle das pressões de demanda, via redução do déficit público, através de políticas fiscal e monetária adequadas.

Em suma, o PCM acreditava na possibilidade de alcançar simultaneamente as metas de crescimento econômico, ajustamento externo e estabilidade de preços. Na construção do cenário macroeconômico para o período 1987-1991, resumido no Quadro 1, tomava-se como ponto de partida um conjunto de valores para variáveis fora do controle do governo, como os juros e lucros enviados ao exterior e as importações de petróleo, prevendo-se os valores das principais variáveis das contas nacionais.

Os resultados macroeconômicos considerados mais importantes pelo PCM eram:

a) crescimento do investimento basicamente no setor privado, a taxas superiores ao crescimento do PIB, resultante da redução do déficit público (liberando a poupança privada que era transferida para o financiamento do déficit);

144

b) crescimento do consumo privado a taxas superiores às do crescimento populacional, tornando possível melhorar a distribuição da renda;
c) expansão das importações a taxas elevadas, a partir de 1989, para assegurar a continuidade da acumulação do capital;
d) recuperação da poupança em conta corrente do governo, como consequência do aumento dos preços e tarifas públicas, da imposição de um limite anual de crescimento das despesas correntes do governo e da elevação da carga tributária líquida, via reforma tributária, revisão da concessão de incentivos fiscais e redução dos subsídios;
e) crescimento da capacidade produtiva a taxas realistas, evitando a criação de pressões inflacionárias e;
f) manutenção de saldos positivos da balança comercial, sem inviabilizar a acumulação interna de capital.

Quadro 1
Variáveis do Cenário Macroeconômico
(% do PIB)

	1987	1988	1989	1990	1991
Investimento Total	19,5	21,7	23,1	24,4	24,8
Investimento do Governo	7,3	7,5	7,5	7,5	7,5
Investimento Privado*	12,2	14,2	15,6	16,9	17,3
Despesas Correntes do Governo	10,0	9,7	9,4	9,0	8,7
Consumo Privado*	68,1	66,0	65,4	64,7	64,9
Poupança do Governo	0,0	2,3	3,7	5,0	5,3
Poupança Privada*	18,1	18,7	18,6	18,4	18,5
Poupança Externa	1,4	0,7	0,8	1,0	1,0
Exportações	9,2	9,1	8,9	8,8	8,6
Importações	6,8	6,5	6,8	6,9	7,0
Carga Tributária Líquida	10,0	12,0	13,0	14,0	14,0
Utilização da Capacidade Produtiva	85,0	86,7	88,6	90,1	91,4

* Inclui empresas estatais.
Fonte: Brasil – Ministério da Fazenda (1987a)

Medidas de Ajustamento

O conteúdo efetivo do PCM materializava-se em medidas de política econômica. No âmbito do ajustamento interno, destacavam-se as políticas fiscal, monetária e de rendas; quanto ao ajustamento externo, a preocupação do governo deveria voltar-se para uma estratégia de incremento do comércio exterior e para a retomada da negociação da dívida externa. Com base nessas medidas, o governo acreditava que seria possível alcançar os objetivos almejados e renegociar de forma eficiente a dívida externa do país.

Política Fiscal

O PCM considerava que a principal tarefa do reajustamento interno da economia brasileira era a redução do déficit público. Com efeito, estimava-se que, se nenhuma providência fosse adotada, o déficit público alcançaria, no final de 1987, 6,7% do PIB, o que representava um enorme aumento se comparado ao final de 1986, conforme o Quadro 2. Após a implantação do congelamento de preços, a estimativa reduziu-se para 6,2% do PIB, mas mesmo essa magnitude deixava clara a impossibilidade de o governo ter como financiá-la. A definição sobre o aumento das receitas e a compressão dos dispêndios decorria do detalhamento dos vários orçamentos do setor público.

Para obter os efeitos programados, além das medidas de política fiscal restritiva, o PCM ratificava a decisão de reordenamento institucional das finanças públicas, através da conclusão da unificação orçamentária, da proibição de realização de operações subsidiadas (exceto quando houvesse cobertura orçamentária), da eliminação das fontes de financiamento de despesas extraorçamentárias e da transferência das funções da administração da dívida pública mobiliária e da administração dos fundos de crédito para fomento do Banco Central para o Ministério da Fazenda. Todas essas providências complementaram medidas anteriores, como a criação da Secretaria do Tesouro Nacional, a extinção da conta movimento no

Quadro 2
Necessidades de Financiamento do Setor Público
(% do PIB) – Conceito Operacional

	1986	1987 (antes da estabilização)	1987 (após a estabilização)	1987 (PCM programado)
TOTAL	3,7	6,7	6,2	3,5
Governo Central	0,9	2,8	2,5	1,4
Governos Estaduais e Municipais	1,0	2,3	2,1	1,6
Empresas Estatais	2,3	1,7	1,7	0,6
Agências Descentralizadas	0,0	0,0	0,0	0,0
Previdência Social	-0,2	0,0	0,0	0,0
Fundos e Programas	-0,3	-0,1	-0,1	-0,1

Fonte: Brasil – Ministério da Fazenda (1987a).

Banco do Brasil (que levou ao fim da dualidade das Autoridades Monetárias, visto que o Banco do Brasil tinha na prática o poder de emitir moeda) e a criação de uma conta única do governo federal no Banco Central. Por fim, foi criada a Comissão de Coordenação Financeira, no âmbito do Ministério da Fazenda, institucionalizando mecanismos de controle de gastos e receitas.

Política Monetária

As diretrizes gerais estabelecidas pelo PCM levavam em conta que o declínio da inflação, propiciado pelo congelamento temporário de preços e salários, poderia provocar alguma remonetização da economia. Contudo, a política monetária sinalizaria claramente taxas de juros elevadas nos primeiros meses da esperada estabilização, atenuando um possível processo de substituição de haveres não monetários e contribuindo para evitar um eventual aquecimento do consumo ou formação de estoques especulativos. Com o passar do tempo, à medida que a economia fosse se ajustando à redução da inflação, as taxas de juros declinariam de forma gradual, inclusive para

147

não permanecer em níveis incompatíveis com a retomada dos investimentos produtivos.

O PCM esperava que a expansão dos agregados monetários no segundo semestre acumulasse um aumento em 1987 de 40,5% para os meios de pagamento e 53,5% para a base monetária. Como em 1986, as maiores pressões sobre a execução da política monetária derivariam do atendimento às necessidades do setor público.

Política de Preços e Salários

As medidas anunciadas na implantação do chamado Plano Bresser deveriam permitir a redução da inflação ao longo de três etapas:

a) congelamento temporário de preços e salários, de duração de noventa dias, com o intuito de derrubar a inflação para níveis extremamente baixos;
b) flexibilização dos preços e salários, através da adoção de um sistema disciplinado de reajustes mensais;
c) livre determinação dos preços e salários.

O PCM fazia uma avaliação bastante otimista sobre a possibilidade de a economia brasileira se estabilizar, considerando-se imune aos erros que inviabilizaram o Plano Cruzado: agora, o congelamento de preços e salários era temporário, com regras de saída claramente definidas; os mecanismos de indexação da economia não foram extintos completamente; promoveu-se o realinhamento de certos preços relativos, inclusive de tarifas de serviços públicos; foram adotadas medidas de contenção de gastos públicos e introduzidas alterações institucionais relevantes.

Política de Comércio Exterior

O esforço de ajustamento externo previsto pelo PCM deveria iniciar-se com a recuperação das exportações e não com a compressão das importações. Nesse sentido, assegurava-se a continuidade da política cambial, mantendo-se a política de minidesvalorizações diárias da moeda nacional.

Para aumentar as exportações, e ainda com a perspectiva de ampliação dos montantes totais do comércio exterior e do intercâmbio com todos os países, o PCM reconhecia a necessidade de medidas adicionais, como uma administração ágil da sistemática de exportações, o acesso a insumos por preços internacionalmente competitivos, a redução dos tributos que ainda oneravam os produtos manufaturados exportados, o aprimoramento do sistema de concessão de crédito às exportações e a implantação do seguro de crédito à exportação. Do lado das importações, reconhecia-se a necessidade de uma racionalização da política de importações, cujas diretrizes compreendiam a reforma tarifária, a diminuição das isenções e reduções tarifárias, a redução gradual das barreiras não tarifárias e a utilização de instrumentos modernos de defesa contra práticas desleais de comércio.

Política de Renegociação da Dívida Externa

No que se refere à renegociação da dívida externa, o PCM expressava o interesse do governo em buscar formas de convivência com os bancos estrangeiros credores, de modo a privilegiar os objetivos de longo prazo do país. Em outras palavras, após verificar a taxa de crescimento do PIB, necessária para pelos menos absorver os novos contingentes de mão de obra, estimar-se-ia o déficit em transações correntes do balanço de pagamentos acarretado por tal crescimento. O hiato de recursos para fechar o balanço de pagamentos seria então coberto pelo financiamento dos juros bancários.

Na verdade, o PCM propunha abandonar a hipótese, subjacente nas renegociações anteriores, de que não havia mais espaço para refinanciar os juros da dívida externa. Agora, o governo brasileiro sugeria um sistema mais flexível de financiamento externo, evitando-se a mera substituição da poupança interna por poupança externa.

O Brasil já havia concluído, no início de 1987, as negociações com o Clube de Paris, regularizando a questão dos empréstimos de organismos oficiais e empréstimos privados com garantias do governo. Logo a seguir, o país suspendeu o pagamento da parcela dos juros relativos à dívida bancária comercial de médio prazo, revelando a intenção de iniciar as negociações para seu financiamento.

O objetivo principal do governo brasileiro era o de assegurar financiamento do balanço de pagamentos compatível com o crescimento econômico do país. Para tanto, eram as seguintes as propostas apresentadas no PCM:

a) reestruturação da dívida externa, delimitando as transferências de recursos reais para o exterior;
b) obtenção de liberação de desembolsos destinados ao financiamento de parte das despesas com juros;
c) consolidação da dívida em prazos maiores e com taxas de juros reais menores;
d) apresentação de alternativas inovadoras e de mercado;
e) preservação, pelo menos, do nível das reservas internacionais do país.

As propostas incluíam ainda salvaguardas, a fim de que o país não fosse prejudicado em casos de desequilíbrios como aumentos nas taxas de juros internacionais ou nos preços do petróleo, intensificação de práticas protecionistas, retração do comércio mundial e declínio nos termos de troca.

Relatórios de Acompanhamento e Atualização

O governo divulgou dois relatórios trimestrais de acompanhamento e atualização do Plano de Consistência Macroeconômica, abrangendo o programa de estabilização iniciado com o congelamento de preços e salários de junho de 1987. O primeiro desses relatórios foi divulgado em outubro de 1987 e o segundo em janeiro de 1988, destacando as providências que o governo vinha tomando para que o plano tivesse sucesso:

a) reversão do processo de desaquecimento da economia através de instrumentos de política fiscal (eliminação do empréstimo compulsório de 30% sobre o preço final de automóveis novos e redução da alíquota do IPI (Imposto sobre Produtos Industrializados) sobre veículos automotores), monetária (ampliação do volume real de crédito ao setor privado e redução gradativa das taxas de juros reais) e cambial (desvalorização real da moeda nacional tanto frente ao Dólar como a uma cesta de moedas dos principais parceiros comerciais do Brasil);

b) estímulo à agricultura, através de elevação dos preços mínimos e de diretrizes para intervenção no mercado agrícola através de estoques reguladores;

c) redução de despesas públicas com pessoal, congelamento dos empréstimos ao setor público feitos por instituições financeiras oficiais e aumento da tributação nas operações de curto prazo realizadas nos mercados financeiros;

d) política de importações flexível, para evitar que estrangulamentos de oferta impedissem a expansão da economia;

e) apresentação de proposta para o refinanciamento da dívida externa, com o objetivo de assegurar o crescimento econômico com estabilidade dos preços, reintegrar o país na comunidade financeira internacional, encontrar uma solução de longo prazo para o problema da dívida externa e reduzir as incertezas geradas pelos frequentes reescalonamentos da dívida;

f) flexibilização dos preços, iniciada em setembro, para evitar uma saída descontrolada do congelamento, definindo regras específicas para os reajustes de preços, conforme a categoria em que se agrupavam os bens e serviços – liberdade total (bens produzidos por setores competitivos ou bens não homogêneos) ou controle (bens componentes da cesta básica dos trabalhadores ou produzidos por setores fortemente concentrados);

g) controle dos preços públicos.

O Programa de Ação Governamental (PAG)

Em agosto de 1987, a Secretaria de Planejamento divulgou o Programa de Ação Governamental, abrangendo o período 1987-1991. O documento propunha-se a resgatar a retomada do planejamento como forma de reorganizar a ação do governo e otimizar os retornos dos investimentos públicos, apagando a imagem de descrédito que a sociedade desenvolvera a respeito dos planos. Pretendia-se com o PAG aproveitar toda a experiência anterior de planejamento, desenvolvendo um acompanhamento coordenado que permitisse implantar mudanças de rumos, corrigir desvios e atingir o cumprimento integral das políticas preconizadas.

Na introdução, o documento ressaltava sua compatibilização com o Plano de Consistência Macroeconômica quanto às metas de curto, médio e longo prazos, bem como em relação a todas as variáveis e parâmetros relevantes. A diferença básica entre ambos era que o PCM preocupava-se mais com o curto prazo, enquanto o PAG consistia numa programação econômica e social de médio e longo prazos.

O PAG ressaltava logo de início os desafios econômicos (reduzir a inflação e estimular o desenvolvimento) e os desafios sociais (essencialmente a distribuição da renda nacional). Para tanto, o plano estimava que a sociedade teria de investir o equivalente a 22,6% do PIB acumulado no período 1987-1991 (14,7% referentes ao setor privado e 7,9% referentes ao setor público – inclusive empresas estatais). As despesas incluídas diretamente no PAG correspondiam a 14% do PIB acumulado no período 1987-1991 (4,4% referentes a investimentos do governo e empresas estatais, 2,8% relativos a investimentos do setor privado e 6,8% referentes a custeio de programas sociais e outros gastos). As fontes dos recursos dos projetos incluídos no PAG tinham a seguinte composição: 17,4% do Tesouro Nacional, 2,9% do Fundo Nacional de Desenvolvimento, 50,1% de recursos próprios das empresas privadas e estatais, 19,1% de créditos e financiamentos e 10,5% de outras fontes.

152

A estratégia econômica do PAG contemplava a definição de um novo papel para o setor agropecuário, a redefinição do papel do Estado na economia, a participação dinâmica da economia brasileira na comunidade econômica internacional, a ampliação do mercado interno e a regionalização da ação governamental. A estratégia social buscava priorizar a recuperação do padrão de vida das populações menos favorecidas, minimizar os desníveis sociais e melhorar o perfil da distribuição da renda.

Diagnóstico

O PAG fez uma análise da evolução da economia brasileira e dos instrumentos de política econômica até a época de sua divulgação, quando as principais personagens eram a restrição externa e a crise das finanças públicas e a grande questão era a necessidade de recuperação da poupança gerada internamente. Paralelamente, ao analisar as perspectivas da economia mundial, o PAG enfatizava a urgência de o Brasil adotar uma estratégia para integrar-se cada vez mais no comércio internacional.

Na construção do cenário prospectivo para o período 1987-1991, o PAG repetia as estimativas contidas no Plano de Consistência Macroeconômica, destacando a redução crescente do déficit público até sua total eliminação, a partir de 1991. Nessa ótica, a redução do déficit de setor público liberaria parcela substancial dos recursos do mercado financeiro, permitindo que as empresas do setor privado financiassem seus projetos de investimento a uma taxa de juros reduzida, sem competir com o governo na captação de recursos. Adicionalmente, a redução do déficit governamental permitia um maior controle do processo inflacionário. Taxas de juros reais reduzidas e controle da inflação, portanto, somados à limitação da intervenção estatal nos preços dos bens e serviços, traduziriam os maiores incentivos para as decisões de investimento do setor privado.

153

No que se refere à questão externa, o PAG ressaltava os problemas transitórios pelos quais passava o país, acreditando na possibilidade de aumentar as exportações de diversos setores (graças a investimentos iniciados no final da década de 1970) e limitar as importações ao necessário para sustentar o crescimento econômico desejado e, em decorrência, normalizar os pagamentos do serviço da dívida. O PAG também vislumbrava que a necessidade de recursos externos pudesse ser satisfeita com financiamentos, inclusive com conversões de dívida em capital de risco, no período 1988-1991.

Para alcançar os objetivos e as metas preconizadas, o PAG definiu as principais diretrizes da ação governamental. Entre as diretrizes políticas, destacavam-se as seguintes preocupações: traduzir as preocupações e aspirações comuns dos constituintes, transformar estruturalmente o Poder Judiciário, reformular o relacionamento da União com estados e municípios, aperfeiçoar a política externa, melhorar os serviços de segurança pública, modernizar a administração pública, formular uma política demográfica realista, adotar uma política regional redistributiva, dialogar com todos os segmentos da sociedade e intensificar o programa de privatização.

Quanto às diretrizes econômicas, os objetivos do PAG eram alcançar o desenvolvimento sustentado e lograr êxito no combate à inflação. Assim, buscando gerar empregos e estabilizar a economia, o governo enfatizava seus principais instrumentos:

a) política da dívida interna: reversão da tendência de crescimento, com redução gradual até 1991;
b) dívida externa: continuidade da renegociação, pela impossibilidade de o país continuar transferindo recursos para o exterior;
c) política fiscal e do déficit público: redução gradual, até sua total eliminação em 1991;
d) política monetária e creditícia: provisão de liquidez ao sistema econômico a taxas de juros reais baixas, estimulando investimentos do setor privado;

e) tarifas e preços públicos: administração adequada e realista, visando preservar seu valor real;

f) empresas estatais: redirecionamento de sua atuação, garantindo a complementação dos investimentos do setor privado;

g) política de preços: controle seletivo dos preços;

h) política de comércio exterior: manutenção da política cambial (sistema de minidesvalorizações periódicas) e promoção das exportações;

i) capital estrangeiro: prioridade para projetos de conversão de dívida em capital de risco e revisão da legislação;

j) poupança interna: estímulos à formação de poupança voluntária pessoal e das empresas e compromisso com a geração de poupança governamental;

k) investimentos públicos: papel complementar aos investimentos privados;

l) ciência e tecnologia: estímulo à capacitação de instituições de pesquisa, empresas privadas e agências estatais.

Por fim, relativamente às diretrizes sociais, o PAG manifestava os seguintes pontos: necessidade de redistribuir a renda (em nível pessoal e regional), estabelecimento de uma política salarial justa, priorização para o crescimento do emprego, aperfeiçoamento do sistema de previdência e assistência social, adoção de uma política de desenvolvimento urbano, definição de políticas de alimentação, saúde e educação, redistribuição da propriedade agrária, estímulos tanto a pequenas e médias empresas como ao pequeno produtor rural, melhoria da qualidade do meio ambiente e eliminação da pobreza.

A partir das definições das estratégias políticas, econômicas e sociais, o PAG alongava-se no exercício de descrição da programação e metas dos setores produtivos (agricultura, indústria, mineração, energia, transportes, comunicações e ciência e tecnologia), sociais (alimentação e nutrição, educação, habitação, saúde, saneamento, previdência e assistência social, reforma agrária, desenvolvimento urbano integrado, justiça e segurança pública e trabalho), regionais e especiais. Uma parcela dos empreendimentos previstos estava associada, direta ou indiretamente, à construção da Ferrovia Norte-Sul, em cuja área de influência seriam estabelecidos pólos catalisadores do desenvolvimento regional.

Embora travestido de caráter técnico e ainda que fosse razoavelmente bem elaborado, o PAG também transmitia a natureza populista do governo Sarney, preconizando grandes investimentos públicos numa época de reorganização das finanças públicas, cujo ponto de honra deveria ser a redução do déficit – e portanto do gasto – público. Assim como poucos prestaram atenção ao lançamento do PAG, seu abandono no final de 1987 também foi pouco notado, abafado por supostas irregularidades envolvendo o então ministro do Planejamento Bresser Pereira e pela sua renúncia.

A Economia após o Plano Bresser

O Plano Bresser foi alvo de diversas avaliações críticas na época em que estava sendo implantado. Algumas delas foram bastante severas, como a apresentada pela equipe de conjuntura do Centro Brasileiro de Análise e Planejamento (Cebrap, 1988), para a qual não havia fundamentos para denominar o Plano Bresser de Novo Cruzado, visto que tanto a conjuntura econômica quanto a concepção macroeconômica, subjacentes a ambos os planos, eram totalmente diferentes. No caso do Plano Cruzado, a política de controle da inflação implicara uma expansão da demanda agregada, em um contexto de crescimento econômico, terminando por gerar novas pressões inflacionárias. No caso do Plano Bresser procurava-se conter a inflação através da contração da demanda agregada, em um contexto de desaceleração econômica, mantendo o crescimento econômico com o redirecionamento da oferta para as exportações.

156

Na opinião da equipe do Cebrap, embora afastando temporariamente o risco de hiperinflação, a estratégia governamental possuía alguns elementos que poderiam comprometer os seus objetivos:

a) a opção por uma teoria ortodoxa revelara-se de duvidosa eficácia na redução da espiral inflacionária no período 1981-1983;

b) a aceitação do plano pelo FMI e a orientação da produção para as exportações não garantiam o sucesso da estratégia de negociação da dívida externa, dado que era reduzida a possibilidade de obtenção de dinheiro novo no cenário internacional da época;

c) a desmontagem progressiva do FND afetava tanto o nível da atividade corrente como a possibilidade de expansão futura da economia brasileira;

d) a componente inercial da inflação não tinha a abrangência pressuposta no plano.

Em consequência, a equipe do Cebrap acreditava que o sucesso do plano dependeria da manutenção da nova estrutura de preços relativos (setor público *versus* setor privado) e da contenção dos salários.

Para Castello Branco (1987), o Plano Bresser procurava incorporar ingredientes que haviam sido completamente negligenciados pelo Plano Cruzado, como a preocupação com a taxa de juros, a taxa de câmbio e o déficit público, bem como a disposição de chegar a um acordo com o FMI e os credores externos. Porém, o plano incorporava o princípio de que os mercados erram sistematicamente ou, em outras palavras, acreditava que a sociedade age de forma irracional. Além disso, Castello Branco considerava que o plano reduzia as perspectivas de crescimento econômico a longo prazo pois, ao congelar preços e intervir em contratos, criava um ambiente de incertezas inibidor dos investimentos. Por fim, embora admitindo que o Plano Bresser tinha o mérito de reconhecer a gravidade do déficit público, apontava erros técnicos do plano, ligados à questão do crescimento econômico.

Carneiro (1987) considerava que as comparações do Plano Bresser com o Plano Cruzado eram inevitáveis, mas o Novo Cruzado – como foi de início denominado o Plano Bresser – enfrentava três tipos de problemas: credibilidade econômica (que somente poderia ser alcançada quando o governo divulgasse o restante do programa macroeconômico), legitimidade jurídica (referente às questões da conversão dos pagamentos contratados antes do choque sem que tenha havido reforma monetária e das correções salariais por conta da inflação de junho – limitada pelo governo aos primeiros quinze dias do mês) e aceitabilidade social (envolvendo as possíveis perdas salariais decorrentes da retirada do gatilho e da definição da política salarial pós-congelamento).

Outras avaliações, mais generosas, podem ser encontradas entre outros economistas. Albuquerque (1987), por exemplo, ressaltava que o plano tinha dois problemas fundamentais: a falta de um referencial para o congelamento dos preços e a retirada do gatilho salarial. Contudo, o plano corrigira os problemas que existiram no Plano Cruzado: erros de concepção (crença na inflação puramente inercial, no déficit público predominantemente financeiro e no caráter não inflacionário da emissão de moeda), de diagnóstico (acreditar que a demanda faria a oferta aumentar automaticamente, que a ilusão monetária desaparecera, que os agentes econômicos não antecipariam consumo, que os preços relativos estavam equilibrados e que o excesso de consumo seria temporário) e de implantação (manutenção de juros reais negativos, congelamento do câmbio, remonetização acelerada da economia, financiamento inflacionário dos déficits fiscais, manutenção do congelamento de preços por prazo excessivamente longo e descontrole da demanda). Em sua avaliação, Albuquerque considerava que o Plano Bresser, tecnicamente correto, corrigia cada um dos defeitos do plano anterior e ainda tinha as virtudes de comprometer-se com a manutenção de rígidos controles dos orçamentos governamentais, de propor um banco central autônomo e de dispor-se a superar o estrangulamento externo com o prosseguimento de uma política cambial realista.

Rosemberg (1987) considerava que o Plano Bresser repunha a economia numa trajetória de bom senso e lucidez, pois tinha as seguintes características:

a) enfrentava não só o componente inercial, mas também o componente estrutural do processo inflacionário brasileiro, ao atacar o déficit público;
b) percebia que o combate à inflação deve ser neutro, no primeiro momento, em relação à distribuição da renda;
c) reconhecia que a eliminação da componente inercial da inflação exigia apenas a eliminação da memória inflacionária, dispensando a eliminação da indexação;
d) considerava a administração da taxa de juros o fator decisivo para adequar a economia brasileira à nova realidade inflacionária; fora implantado num cenário de desaquecimento econômico e, portanto, não inflacionário;
e) adotou uma maxidesvalorização cambial, criando espaço de manobra na administração das contas externas e priorizando os superávits comerciais;
f) o congelamento de preços era peça acessória do programa de estabilização, pois tinha data limite de vigência.

Serra (1987) considerava o Plano de Consistência Macroeconômica tecnicamente bem elaborado, fazendo uma breve descrição dos seus principais objetivos. A questão básica era a proposta de elevação substancial da taxa de investimento da economia, graças a um forte aumento da poupança governamental. Apesar de considerar as hipóteses subjacentes realistas, Serra criticava o objetivo de praticamente reduzir pela metade o déficit público projetado para o ano de 1987, pelo irrealismo das providências que teriam de ser adotadas para tanto.

Quadro 3
Crescimento do PIB Trimestral

Trim./Ano Var.	PIB Total			PIB Agropecuária			PIB Indústria			PIB Serviços		
	Var. % Igual Trim. Ano Ant.	Var. % Igual Per. Ano Ant.	Var. % 4 Trim.	Var. % Igual Trim. Ano Ant.	Var. % Igual Per. Ano Ant.	Var. % 4 Trim.	Var. % Igual Trim. Ano Ant.	Var. % Igual Per. Ano Ant.	Var. % 4 Trim.	Var. % Igual Trim. Ano Ant.	Var. % Igual Per. Ano Ant.	% 4 Trim.
01 1986	7,3	7,3	8,0	-4,5	-4,5	6,8	10,3	10,3	8,7	7,8	7,8	7,6
02 1986	7,5	7,4	8,5	-10,6	-8,1	0,6	14,7	12,5	11,5	8,5	8,2	8,2
03 1986	8,0	7,6	8,2	-11,9	-9,3	-6,4	12,9	12,7	12,4	8,6	8,3	8,4
04 1986	7,1	7,5	7,5	-3,7	-8,2	-8,2	8,9	11,7	11,7	7,6	8,1	8,1
01 1987	7,7	7,7	7,6	3,2	3,2	-6,6	10,8	10,8	11,7	5,7	5,7	7,6
02 1987	6,8	7,2	7,4	18,0	11,8	2,8	5,0	7,8	9,4	4,5	5,1	6,6
03 1987	0,6	4,9	5,4	24,7	15,5	11,7	-5,6	2,9	4,4	1,7	3,9	4,9
04 1987	0,0	3,6	3,6	12,8	15,0	15,0	-4,2	1,0	1,0	1,6	3,3	3,3

Fonte: IBGE.

O fato é que o Plano Bresser representou uma tentativa de debelar a inflação que, sem o apelo popular alcançado pelo programa de estabilização anterior, teve acertos e desacertos. De um lado, o plano mantinha a decisão de atacar a componente inercial da inflação brasileira, mas não tencionava eliminar a indexação. De outro lado, o plano reconhecia a necessidade de o país crescer mas buscava sustentar taxas de inflação menores com a redução do déficit público. Por fim, o plano preocupava-se com o redirecionamento da capacidade produtiva para as exportações, mantendo as minidesvalorizações cambiais diárias, sem atentar para os possíveis efeitos inflacionários dessas medidas.

Quadro 4
Indicadores da Inflação – Variações Percentuais Mensais

PERÍODO		IPC	IPC-FIPE	IGP-DI	TX.JUROS	CÂMBIO*
1986	JAN	—	14,05	17,79	16,65	14,10
	FEV	—	10,86	14,98	14,53	15,20
	MAR	-0,11	1,83	5,52	1,17	6,20
	ABR	0,78	2,31	-0,58	1,27	0,00
	MAIO	1,40	1,92	0,32	1,21	0,00
	JUN	1,27	0,96	0,53	1,40	0,00
	JUL	1,19	1,07	0,63	1,95	0,00
	AGO	1,68	1,88	1,33	2,57	0,00
	SET	1,72	1,43	1,09	2,94	0,00
	OUT	1,90	3,08	1,39	1,96	0,90
	NOV	3,29	4,43	2,46	2,37	1,00
	DEZ	7,27	10,30	7,56	5,47	3,10
1987	JAN	16,82	13,75	12,04	11,00	7,90
	FEV	13,94	11,28	14,11	19,61	15,50
	MAR	14,40	11,97	15,00	11,95	15,80
	ABR	20,96	16,55	20,08	15,30	12,90
	MAIO	23,21	26,49	27,58	24,63	29,80
	JUN	26,06	26,76	25,87	18,02	28,10
	JUL	3,05	9,24	9,33	8,91	13,90
	AGO	6,36	4,45	4,50	8,09	4,90
	SET	5,68	6,73	8,02	7,99	5,80
	OUT	9,18	10,17	11,15	9,45	7,10
	NOV	12,84	13,40	14,46	12,92	11,00
	DEZ	14,14	15,92	15,89	14,38	13,80

* Taxa média de venda.
Fonte: Banco Central do Brasil.

Um exame da evolução de variáveis-chave da economia brasileira no período 1986-1987 pode contribuir para qualificar melhor as especificidades do Plano Bresser. O Quadro 3 mostra o comportamento da atividade econômica no período, possibilitando verificar que o crescimento do PIB trimestral diminuiu ao longo de 1987, mas já vinha em queda desde o final do ano anterior. No último trimestre de 1987 a expansão ainda é razoável (3,6%, contra 7,5% no final de 1986). Essa redução da atividade econômica deveu-se essencialmente à queda do PIB industrial e do setor de serviços, mais do que compensando o crescimento do PIB agrícola a partir do terceiro trimestre de 1987.

Quadro 5
Agregados Monetários (% do PIB)

Período		M1	M4
1986	JAN	3,5	27,8
	FEV	3,5	27,8
	MAR	3,8	28,6
	ABR	4,2	28,6
	MAIO	4,6	29,4
	JUN	5,1	29,4
	JUL	5,6	29,4
	AGO	6,0	29,4
	SET	6,4	29,4
	OUT	6,8	30,3
	NOV	7,2	30,3
	DEZ	7,6	31,3
1987	JAN	7,9	31,3
	FEV	8,1	31,3
	MAR	7,9	31,3
	ABR	7,7	31,3
	MAIO	7,1	30,3
	JUN	6,3	29,4
	JUL	5,8	28,6
	AGO	5,3	28,6
	SET	5,0	27,8
	OUT	4,6	27,8
	NOV	4,3	27,0
	DEZ	4,2	27,0

M1 – meios de pagamento em papel moeda em poder do público e depósitos à vista do setor bancário; M4 – estoque de moeda, acrescida de depósitos a prazo, de poupança e de títulos públicos em circulação.
Fonte: Banco Central do Brasil.

Com relação ao comportamento dos preços, o Quadro 4 mostra que logo após o lançamento do Plano Bresser há um recuo na inflação, mas esta se acelera poucos meses depois, repetindo o comportamento do plano de estabilização anterior. De fato, a trajetória dos preços seguiu um rumo que esteve associado a mudanças de regras representando concessões do governo e, por consequência, à perda de credibilidade nos programas de estabilização. Logo após o Plano Bresser, em agosto de 1987, o governo cedeu a pressões, reduzindo o leque dos preços controlados, permitindo, em caráter de emergência, alguns reajustes de preços. Embora os reajustes tenham sido limitados a 10%, eram bastante superiores ao teto oficial de 4,7% para setembro, com base nas taxas de inflação do trimestre anterior.

Ainda em 1987, o salário mínimo foi desvinculado dos demais salários profissionais, a fim de permitir sua recuperação, em termos reais, pela concessão de aumentos nominais superiores à taxa de inflação. Em setembro, a perspectiva de perdas salariais no último trimestre de 1987 levou a novas concessões do governo, permitindo-se a antecipação dos pagamentos dos resíduos do antigo gatilho salarial e a majoração dos reajustes salariais acima da URP. Em outubro, os reajustes dos preços autorizados já alcançavam a faixa de 15% ao mês.

No que se refere à política monetária, há dois aspectos a considerar. De um lado, o governo já havia ressaltado a necessidade de taxas de juros reais positivas para inibir movimentos especulativos no início da implantação do plano, anunciando sua redução gradativa ao longo do tempo. O exame do Quadro 4 permite verificar que realmente apenas nos dois ou três primeiros meses a taxa de juros foi positiva em termos reais. De outro lado, a forte remonetização da economia que ocorrera no plano de estabilização anterior não se repetiu com o Plano Bresser. Com efeito, o Quadro 5 mostra uma redução do agregado M1, como proporção do PIB, durante todo o segundo semestre de 1987, assim como uma pequena redução do agregado M4. Esse comportamento dos agregados monetários indica que a sociedade estava substituindo moeda por outros ativos financeiros, provavelmente em busca de proteção contra a inflação, através da aquisição de ativos reais.

Em decorrência, o controle da liquidez em 1987 foi influenciado por esses ajustamentos nos estoques de ativos monetários e não monetários. O Banco Central elevou a exigibilidade sobre depósitos à vista e estabeleceu recolhimento compulsório temporário sobre os depósitos a prazo, com o intuito de recuperar os recolhimentos que vazaram da autoridade monetária, através da redução dos depósitos à vista.

Quadro 6
Necessidades de Financiamento do Setor Público (% do PIB)

	1986	1987
TOTAL		
Nominal	11,00	31,40
Operacional	3,60	5,52
Primário	-1,53	0,88
GOVERNO CENTRAL		
Nominal	5,20	14,10
Operacional	1,57	2,99
Primário	-0,05	1,54
GOVERNOS ESTADUAIS E MUNICIPAIS		
Nominal	2,70	7,90
Operacional	0,95	1,56
Primário	0,07	0,60
EMPRESAS ESTATAIS		
Nominal	3,50	9,80
Operacional	1,35	0,86
Primário	-1,30	-1,37
AGÊNCIAS DESCENTRALIZADAS		
Nominal	0,10	0,30
Operacional	-0,01	-0,14
Primário	-0,01	-0,14
PREVIDÊNCIA SOCIAL		
Nominal	-0,40	-0,70
Operacional	-0,26	0,25
Primário	-0,26	0,25

Fonte: Banco Central do Brasil.

Quanto à política fiscal, os números do Quadro 6 falam por si próprios. O déficit público operacional em 1987, medido pelas necessidades de financiamento do setor público (5,52% em relação ao PIB), foi superior ao do ano anterior e ficou bem acima da meta estipulada de 3,5% pelo plano. O segmento que ficou mais distante das metas preconizadas foi o governo central.

Por fim, quanto às relações da economia brasileira com o exterior, é de se ressaltar que o Plano Bresser considerava crucial a manutenção de saldos comerciais positivos, através de incentivos às exportações e controle das importações, em função da escassez de divisas durante todo o período. Nesse sentido, os resultados foram mais ou menos os esperados.

Quadro 7
Balança Comercial e Transações Correntes – US$ milhões

Ano	Exportações	Importações	Balança Comercial	Transações Correntes	Reservas (Liquidez)
1986	22.349	14.044	8.305	-4.855	6.760
1987	26.224	15.052	11.172	-819	7.458

Fonte: Banco Central do Brasil.

As avaliações posteriores do Plano Bresser dividem-se quanto a seus méritos. Para Lopes (1989), um dos colaboradores mais diretos do ministro Bresser Pereira, a noção de que o plano fracassou é um equívoco, pois apesar de ter objetivos limitados, cumpriu-os integralmente: a taxa de inflação despencou de 26% para taxas mensais de um dígito nos seus primeiros cinco meses, dando à economia condições para sair de um ambiente recessivo. Lopes também menciona que em novembro de 1987 a equipe econômica do então ministro Bresser Pereira chegou a discutir a possibilidade de um novo choque, mas concluiu-se pela inexistência de condições mínimas para tanto, pois a credibilidade do governo só diminuía e o orçamento da União para 1988 inviabilizava qualquer meta de contenção do déficit público.

Para Modiano (1992), o Plano Bresser foi um programa de estabilização híbrido, que não tinha como meta a inflação zero e nem pretendia eliminar a indexação da economia, mas sim promover um choque deflacionário com a supressão da escala móvel salarial e sustentar as taxas de inflação mais baixas com a redução do déficit público. Nessa linha de raciocínio, como a taxa de câmbio não tinha de ser congelada, as minidesvalorizações diárias da moeda nacional, restabelecidas desde novembro de 1986, foram mantidas, mas num ritmo menos acelerado. Modiano descreve a trajetória da política econômica de julho a dezembro de 1987, que consistiu basicamente numa perda de credibilidade crescente do programa em duas frentes: o congelamento e a URP.

O ex-ministro Bresser Pereira afirma, em depoimento a Biderman, Cozac e Rego (1996), que o Plano Bresser devia ser completado com um segundo choque e com ajuste fiscal, em um momento em que os preços relativos estivessem mais equilibrados. Ainda em sua opinião, expressa em Bresser (1996), o plano elaborado durante sua gestão foi um plano heterodoxo de emergência que ficou inacabado, após constatar a falta de apoio político para uma reforma fiscal que julgava necessária para preparar um novo e derradeiro congelamento de preços no início de 1988.

Outras opiniões não poupam a concepção do Plano Bresser. Simonsen (1995) foi um dos seus mais severos críticos, considerando ingênua a concepção do plano, pois esta admitia que a inflação resultasse exclusivamente da descoordenação dos agentes econômicos na fixação dos preços relativos. Em outras palavras, ao considerar que cada agente econômico aumentava seus preços porque outros agentes econômicos haviam aumentado os seus, o Plano Bresser entendia que o combate à inflação era uma simples tarefa de coordenar os mercados. Para Simonsen, o mecanismo da URP era um modelo de indigência lógica, pois se na fase de flexibilização os aumentos de preços ficassem limitados à variação da URP, após o sucesso do congelamento a URP nunca

166

sairia de seu valor inicial igual a Cz$ 100. Na verdade, então, a única utilidade da URP seria medir o fracasso do próprio plano e projetar automaticamente a inflação do passado (trimestralmente), firmando a inércia inflacionária. Na opinião de Simonsen, o Plano Bresser só poderia mesmo conseguir uma breve trégua na escalada da inflação, na falta de austeridade monetária e fiscal e com a crise cambial agravada pela moratória externa anunciada no começo de 1987.

Lara Resende, igualmente um dos mais ácidos críticos do Plano Bresser, em depoimento a Biderman, Cozac e Rego (1996), considera que nos anos de 1980 não foi feito nenhum programa de estabilização sério, a não ser vários congelamentos. Ao analisar as tentativas que se seguiram ao Cruzado – tido por ele apenas como sofisticada mecânica de desindexação acompanhada de congelamento –, considera que nem mesmo a desindexação foi tratada direito, a ponto de se transformarem em congelamentos cada vez mais rústicos.

Campos (1994) julgava que o Plano de Consistência Macroeconômica tinha consistência duvidosa e comportava numerosas intervenções macroeconômicas. Embora afirmando que o ministro Bresser Pereira usasse expressões consideradas impróprias, como "congelamento flexível" ou "aceleração da inércia inflacionária", Campos entendia que ele tinha percepção da necessidade de realismo cambial e de políticas monetária e fiscal ativas. Na opinião de Campos, ao propor medidas fiscais para reduzir o déficit público, o ministro encontrou pouco apoio no Poder Executivo e praticamente nenhum no Poder Legislativo, o que levou o plano a ser condenado ao fracasso.

O Plano Verão

As Medidas do Plano

O novo ministro da Fazenda, Maílson da Nóbrega, tomou posse em janeiro de 1988, rejeitando a alternativa de choques heterodoxos. Ao contrário, procurou evitar uma explosão inflacionária a curto prazo, promovendo uma política ortodoxa de redução gradual do déficit público, que logo recebeu o nome de política do "feijão com arroz".

O ano de 1988 teve duas grandes mudanças para a condução da política econômica. Por um lado, desde novembro do ano anterior a moratória dos juros da dívida externa vinha evoluindo num processo de suspensão oficial; no final de junho foi concluído acordo preliminar com os credores externos, permitindo ao país reingressar no padrão convencional da renegociação e captar o chamado dinheiro novo dos organismos internacionais. De outro lado, em outubro foi promulgada a nova Constituição, que geraria enormes dificuldades para o pretendido ajuste fiscal do governo.

Embora a política do "feijão com arroz" evitasse a curto prazo uma explosão inflacionária, graças ao desaquecimento da demanda agregada e ao controle administrativo dos reajustes dos preços públicos, a taxa de inflação foi crescente ao longo do ano, realimentando as discussões sobre a necessidade de desindexar a economia e de realizar um pacto social envolvendo governo, empresários e trabalhadores.

Em janeiro de 1989, diante da perspectiva de uma nova explosão inflacionária, o governo anunciou mais um plano heterodoxo para controlar a inflação, através da Medida Provisória n. 32, datada de 15 de janeiro. A primeira providência do chamado Plano Verão foi promover uma reforma monetária, instituindo o Cruzado Novo como nova moeda (equivalente a Cz$ 1.000).

O plano também determinou o congelamento de todos os preços da economia por tempo indeterminado, assim como um fator de deflação para as obrigações constituídas no período de 1º de janeiro de 1988 a 15 de janeiro de 1989, sem cláusula de correção monetária ou com correção prefixada. O fator de deflação seria calculado pela multiplicação cumulativa de 1,004249 para cada dia decorrido a partir de 16 de janeiro de 1989, correspondente a uma inflação mensal de cerca de 13,5%.

O plano também estabeleceu regras para a desindexação da economia, extinguindo as OTN (Obrigações do Tesouro Nacional) e as OTNF (Obrigações do Tesouro Nacional Fiscal), esta última com variação diária. Os contratos em vigor, indexados pela OTN ou pela OTNF, ficaram impedidos de sofrer reajustes durante o período do congelamento. Após essa fase, os reajustes deveriam ser efetuados com base no Índice de Preços ao Consumidor. Contratos novos ficaram impedidos de conter cláusula de correção monetária, quando celebrados por prazo igual ou inferior a noventa dias; nos contratos com prazo superior a noventa dias, as partes ficavam livres tanto para pactuar a indexação como para definir o indexador.

No que se refere ao controle das finanças públicas, determinou-se que o desembolso de recursos pelo Tesouro Nacional, no exercício financeiro de 1989, ficaria limitado ao montante das receitas efetivamente arrecadadas, acrescido das disponibilidades financeiras existentes no final de 1988, e deveria atender prioritariamente despesas de pessoal e encargos sociais, serviço da dívida pública federal e programas e projetos de caráter social. Além disso, a emissão de títulos da dívida pública mobiliária federal, no exercício financeiro de 1989, deveria limitar-se ao valor do respectivo principal e encargos financeiros dos títulos, vencíveis no período.

No que se refere à expansão monetária, foi aumentado o limite do recolhimento compulsório para até 100% do total de depósitos à vista e para até 60% de outros títulos contábeis das instituições financeiras. Providências adicionais reduziram os prazos de concessão de crédito direto ao consumidor e elevaram a parcela mínima de amortização mensal das compras efetuadas com cartões de crédito. Foram também contidos os limites para operações de crédito com pessoas físicas, assim como os prazos para formação de novos grupos de consórcios para aquisição de bens duráveis.

No que se refere à política cambial, a cotação do Dólar norte-americano foi fixada em NCZ$ 1,00, refletindo, na prática, uma desvalorização da moeda nacional de cerca de 18%, visando manter a competitividade das exportações brasileiras. Complementarmente, decidiu-se que a taxa de câmbio permaneceria fixa por tempo indeterminado, suspendendo-se as minidesvalorizações diárias do Cruzado Novo.

A Economia após o Plano Verão

O Plano Verão, implantado no último ano do governo Sarney, não foi muito diferente dos demais em termos de seu principal objetivo: evitar a hiperinflação no Brasil. As opiniões quanto a seus méritos não são abundantes na literatura econômica, refletindo talvez um certo desalento dos economistas – possivelmente como reflexo do pensamento da sociedade – quanto ao combate à inflação pela via do congelamento dos preços e dos salários.

Bresser (1989), em exposição perante reunião conjunta das comissões de finanças e economia da Câmara dos Deputados, fez uma avaliação sobre o que chamava de crise estrutural da economia brasileira e sobre as razões da ineficácia do Plano Verão. Para ele, ao contrário do Plano Bresser e de forma semelhante ao Plano Cruzado, o Plano Verão realizou uma reforma monetária, desindexou a economia, paralisou as minidesvalorizações cambiais (retomando-as três meses depois) e não previu uma fórmula de indexação dos salários. Adicionalmente, pretendia utilizar políticas fiscal e monetária rígidas. Porém, os resultados não foram os esperados: o déficit público não diminuiu, a base monetária aumentou muito mais que o previsto e a dívida pública interna cresceu enormemente. Com isso, aumentou a perda de credibilidade do governo, traduzida pelo temor dos agentes econômicos de um deságio na dívida pública interna e por dificuldades na obtenção de crédito, apesar do nível elevado das taxas de juros. Por fim, Bresser ressaltava o declínio dos salários médios reais e a recessão apontada pela produção industrial.

Através da mesma forma de análise utilizada em relação ao Plano Bresser, pode-se fazer um exame do comportamento das variáveis chave da economia brasileira durante o período 1988-1989. No que se refere à atividade econômica, verifica-se pelo Quadro 8 que a partir do Plano Verão o PIB passa a ter uma pequena expansão, liderada pelo PIB agrícola e do setor de serviços, uma vez que o PIB industrial vinha em ritmo de forte queda desde 1988.

A trajetória dos preços após o Plano Verão, mostrada no Quadro 9, repetiu aquela dos planos anteriores. De início, a inflação cedeu um pouco, mas em alguns meses retornou com grande vigor. Além disso, após o Plano Verão, praticamente em todo o transcorrer de 1989, a taxa de juros reais manteve-se fortemente positiva, ressaltando o caráter ortodoxo do plano.

Após a implantação do Plano Verão, o Congresso Nacional aprovou, em fevereiro de 1989, legislação determinando a reposição de diferenças salariais, entre a variação do INPC (Índice Nacional de Preços ao Consumidor) e a URP. Em março, foram feitos os primeiros reajustes das tabelas de preços e em abril o governo determinou nova reposição salarial, promovendo também o retorno da indexação na economia, com a criação do BTN (Bônus do Tesouro Nacional). Além de estabelecer regras para o descongelamento dos preços, o governo decidiu não submeter ao Congresso Nacional uma proposta de política salarial, mas sugeria a periodicidade trimestral para os reajustes dos salários. Em maio o descongelamento se intensificou e o Congresso Nacional aprovou nova política salarial, com reajustes trimestrais. Em julho foi extinto o salário mínimo de referência e o piso nacional de salários, determinando-se a correção mensal do salário mínimo com um acréscimo real de 13%.

Quadro 8
Crescimento do PIB Trimestral

Trim./Ano		PIB Total			PIB Agropecuária			PIB Indústria			PIB Serviços		
		Variação % Igual Trimestre Ano Ant.	Variação % Igual Período Ano Ant.	Variação % 4 Trimestre	Variação % Igual Trimestre Ano Ant.	Variação % Igual Período Ano Ant.	Variação % 4 Trimestre	Variação % Igual Trimestre Ano Ant.	Variação % Igual Período Ano Ant.	Variação % 4 Trimestre	Variação % Igual Trimestre Ano Ant.	Variação % Igual Período Ano Ant.	Variação % 4 Trimestre
01	1988	0,1	0,1	1,9	13,0	13,0	17,3	-5,2	-5,2	-2,7	2,4	2,4	2,5
02	1988	-0,3	-0,1	0,1	-1,4	4,1	10,1	-2,9	-4,0	-4,5	2,9	2,6	2,1
03	1988	2,4	0,7	0,5	-4,4	1,5	3,4	3,0	-1,6	-2,3	3,7	3,0	2,6
04	1988	-2,2	0,0	0,0	1,3	1,4	1,4	-5,5	-2,6	-2,6	0,6	2,4	2,4
01	1989	-2,8	-2,8	-0,7	3,8	3,8	-0,4	-7,6	-7,6	-3,1	0,8	0,8	2,0
02	1989	3,4	0,5	0,3	4,8	4,4	1,7	3,1	-2,2	-1,7	3,2	2,0	2,1
03	1989	5,2	2,1	1,0	0,9	3,4	3,0	6,9	1,1	-0,6	4,7	2,9	2,3
04	1989	6,7	3,2	3,2	4,1	3,5	3,5	8,5	2,9	2,9	5,6	3,6	3,6

Fonte: IBGE.

Quadro 9

Indicadores da Inflação – Variações Percentuais Mensais

PERÍODO		IPC	IPC-FIPE	IGP-DI	TX.JUROS	CÂMBIO*
1988	JAN	16,51	14,70	19,14	16,78	15,10
	FEV	17,96	13,38	17,65	18,35	17,00
	MAR	16,01	18,65	18,16	16,59	17,90
	ABR	19,28	21,17	20,33	20,25	17,30
	MAIO	17,78	16,25	19,51	18,65	19,80
	JUN	19,53	21,70	20,83	20,17	18,40
	JUL	24,04	22,65	21,54	24,69	21,00
	AGO	20,66	19,67	22,89	22,63	23,90
	SET	24,01	23,60	25,76	26,25	22,00
	OUT	27,25	28,48	27,58	29,79	26,20
	NOV	26,92	25,77	27,97	28,41	27,80
	DEZ	28,79	27,89	28,89	30,24	27,50
1989	JAN	70,28	31,11	36,56	22,97	34,60
	FEV	3,60	14,01	11,80	18,95	10,70
	MAR	6,09	6,46	4,23	20,41	0,00
	ABR	7,31	10,02	5,17	11,52	1,50
	MAIO	9,94	16,59	12,76	11,43	8,30
	JUN	24,83	25,29	26,76	27,29	21,70
	JUL	28,76	28,06	37,88	33,15	43,20
	AGO	29,34	30,95	36,48	35,49	29,30
	SET	35,95	35,83	38,92	38,58	32,00
	OUT	37,62	37,29	39,70	47,70	37,40
	NOV	41,42	42,96	44,27	48,41	39,20
	DEZ	53,55	51,82	49,39	64,21	48,20

* Taxa média de venda.
Fonte: Banco Central do Brasil.

Quanto à política monetária, deve-se destacar que após o Plano Verão foram praticadas taxas de juros fortemente positivas, refletindo a predominância do caráter ortodoxo na política econômica. O exame dos agregados monetários como proporção do PIB também mostra uma fuga generalizada da moeda, no conceito de M1, provavelmente em direção a ativos reais, dada a redução do agregado M4.

173

Quadro 10
Agregados Monetários (% do PIB)

Período		M1	M4
1986	JAN	4,0	27,0
	FEV	3,9	27,0
	MAR	3,6	27,0
	ABR	3,5	26,3
	MAIO	3,3	26,3
	JUN	3,2	26,3
	JUL	3,0	26,3
	AGO	2,8	26,3
	SET	2,6	25,6
	OUT	2,5	25,6
	NOV	2,4	25,6
	DEZ	2,4	25,6
1987	JAN	2,3	25,6
	FEV	2,4	26,3
	MAR	2,4	27,0
	ABR	2,5	28,6
	MAIO	2,5	28,6
	JUN	2,5	28,6
	JUL	2,4	27,8
	AGO	2,2	26,3
	SET	2,0	25,0
	OUT	1,8	23,8
	NOV	1,7	23,3
	DEZ	1,7	23,3

Fonte: Banco Central do Brasil.

Diversas medidas foram adotadas visando controlar a liquidez da economia, entre as quais o contingenciamento do crédito, a elevação dos percentuais de recolhimento compulsório sobre depósitos à vista e uma revisão da estrutura das taxas de juros para a assistência financeira de liquidez.

No que se refere à política fiscal, constata-se que o déficit público operacional, medido pelas necessidades de financiamento do setor público, reduziu-se em 1988 (relativamente a 1987) mas elevou-se substancialmente em 1989, superando a proporção de 12% em relação ao PIB, conforme os dados do Quadro 11. É importante notar que o déficit primário em

1988 (na verdade um superávit primário) e 1989 foram inferiores àquele de 1987, o que nos leva a concluir que houve maior esforço fiscal nesses dois anos, mas as despesas financeiras – que na verdade resultaram em aumento do endividamento público – representaram parcela considerável do déficit público, principalmente em 1989.

Quadro 11
Necessidades de Financiamento do Setor Público (% do PIB)

	1988	1989
TOTAL		
Nominal	48,50	73,00
Operacional	4,31	12,38
Primário	-1,30	0,08
GOVERNO CENTRAL		
Nominal	8,70	22,10
Operacional	3,39	8,33
Primário	1,03	0,34
GOVERNOS ESTADUAIS E MUNICIPAIS		
Nominal	13,00	18,90
Operacional	0,15	1,37
Primário	-0,71	-0,26
EMPRESAS ESTATAIS		
Nominal	24,80	30,40
Operacional	0,38	2,55
Primário	-2,01	-0,13
AGÊNCIAS DESCENTRALIZADAS		
Nominal	2,10	1,60
Operacional	-0,02	0,04
Primário	-0,02	0,04
PREVIDÊNCIA SOCIAL		
Nominal	-0,10	0,00
Operacional	0,41	0,09
Primário	0,41	0,09

Fonte: Banco Central do Brasil.

Quanto às relações da economia brasileira com o exterior, mencione-se a continuidade da preocupação em obter saldos comerciais positivos, em função da escassez de divisas. A esse respeito, pressionado pelo esgotamento das reservas cambiais do país após o Plano Verão, em meados de 1989, o governo centralizou no Banco Central a administração das transferências para o exterior dos valores em moeda estrangeira referentes à liquidação de operações de câmbio no mercado de taxas administradas, com a finalidade de impedir pressões inflacionárias oriundas de uma possível crise cambial.

Essa preocupação decorria de uma peculiaridade: como no final da década de 1970 o governo brasileiro, necessitando de divisas, abriu a possibilidade de o setor privado depositar moeda estrangeira no Banco Central, em poucos anos o setor público passou a ser o principal responsável pela dívida externa e pelo pagamento dos encargos financeiros daí decorrentes. Porém, ao entregar o contravalor em moeda nacional aos exportadores e aos agentes que se endividavam ou se financiavam externamente, o governo tinha de recolher o excesso de moeda na economia, endividando-se também internamente.

Quadro 12
Balança Comercial e Transações Correntes – US$ milhões

Ano	Exportações	Importações	Balança Comercial	Transações Correntes	Reservas (Liquidez)
1988	33.789	14.605	19.184	4.889	9.140
1989	34.392	18.281	16.111	1.424	9.679

Fonte: Banco Central do Brasil.

As avaliações posteriores do Plano Verão são relativamente críticas. Para Simonsen (1995), a ortodoxia do "feijão com arroz" do ex-ministro Maílson da Nóbrega em 1988 serviu apenas para tirar o Brasil da moratória externa e concretizar um acordo com o FMI. Os dividendos inflacionários só seriam conseguidos em 1989 com o Plano Verão, considerado por Simonsen como uma espécie de Plano Cruzado requentado. Na opinião de Simonsen, as chances de sucesso

176

do Plano Verão eram mínimas, pois o governo encontrava-se desgastado demais para o que era um ano eleitoral. Além disso, as suspeitas e boatos de que o governo pudesse decretar uma moratória da dívida interna desestabilizavam as políticas monetária e fiscal, o que contribuiu para sepultar o plano mais rapidamente.

Modiano (1992) menciona que o Plano Verão pretendia produzir dois ou três meses de inflação baixa com a economia desindexada, aprofundando também o ajuste fiscal e promovendo uma recessão suave com taxas de juros elevadas. Adicionalmente, o congelamento inicial dos preços seria seguido por uma sucessão de congelamentos de menor abrangência. Porém, a concepção do plano trazia consigo alguns elementos de risco: a falta de credibilidade, após os fracassos dos programas de estabilização anteriores, e a dependência das expectativas inflacionárias, em decorrência da eliminação da OTN e da URP.

Campos (1994) comenta que o Plano Verão era complexo, pois combinava a heterodoxia (através do congelamento de preços e do câmbio, mais o uso de deflatores para conversão de dívidas anteriores) e elementos ortodoxos (contenção de gastos, privatização, limitação dos dispêndios a disponibilidades de caixa, taxas de juros reais positivas e limitação da emissão de títulos da dívida pública). Para Campos, o artificialismo heterodoxo dos congelamentos teve sobrevida até maio; por sua vez, o lado ortodoxo do programa não teve melhor destino, sobrevivendo apenas a política monetária de juros altos. Campos menciona ainda a moratória técnica promovida pelo então ministro Maílson da Nóbrega, cedendo a pressões político-partidárias para o não pagamento dos juros da dívida externa, com o intuito de economizar divisas.

Bresser (1996) considera que o Plano Verão, embora utilizando abordagem heterodoxa, apoiou-se enfaticamente nos instrumentos ortodoxos, como a taxa de juros real extraordinariamente elevada. Para Bresser, essa decisão apressou o fracasso do plano, ao indicar que o Estado estava falido. Em consequência, o plano começou a entrar em colapso em junho de 1989, levando a economia brasileira ao único episódio hiperinflacionário de sua história, até então, em dezembro de 1989 (taxa de inflação mensal acima de 50%).

Observações Finais

Em suma, os planos de estabilização aqui apresentados devem ser encarados como tentativas sérias de combate à inflação, continuando um processo que culminaria numa longa fase de estabilização proporcionada pelo Plano Real, a partir de 1994. Evidentemente, é possível argumentar que eles só foram viabilizados por serem fruto de algum autoritarismo, ao se inserirem numa fase preliminar da transição do quadro político brasileiro para a democracia. Contudo, não há espaço – nem competência – para esmiuçar aqui um assunto com tantos desdobramentos políticos e sociais.

Igualmente, há diversos assuntos que não foram aqui explorados com ênfase, basicamente por falta de espaço, mas são muito importantes, a ponto de serem agora citados como sugestões para trabalhos de pesquisa monográfica ou de maior aprofundamento por parte dos estudiosos e interessados na economia brasileira: a construção de vetores de preços na implantação dos planos de estabilização, os processos de desabastecimento e cobrança de ágios após os congelamentos dos preços, o mercado paralelo do Dólar, a questão redistributiva dos planos de estabilização, os leilões de conversão da dívida externa em capital de risco, as restrições impostas à gestão das finanças públicas pela Constituição de 1988, o reordenamento do sistema financeiro e a criação dos bancos múltiplos também em 1988, a evolução dos movimentos sindicais ou, por fim, uma análise mais minuciosa dos instrumentos de política econômica após os planos de estabilização.

Em última análise, é importante entender que a cronologia dos planos de estabilização traduz a preocupação de uma geração de economistas do governo com o problema da inflação no Brasil. Amados ou odiados (pois o meio termo aparentemente não existe), eles provocaram grandes mudanças na vida de todos os brasileiros.

Uma das mudanças foi preparar a sociedade para aceitar a tese de que a estabilização dos preços é condição necessária para o crescimento econômico. Que o julgamento da História (como sempre, feito pelos vitoriosos) aprove o processo da luta contra a inflação que se iniciou na segunda metade da década de 1980, e que os sacrifícios não tenham sido em vão!

Nelson Carvalheiro

Referências Bibliográficas

ALBUQUERQUE, M. C. C. (1987) O Plano Bresser. *Revista de Economia Política*, vol. 8, n. 1, janeiro/março de 1988, p. 134-136, reproduzido da *Folha de S. Paulo*, 17 de junho de 1987.

BANCO CENTRAL DO BRASIL. *Brazil Programa Econômico.* Diversos números.

_____. *Relatório.* Diversos números.

BIDERMAN, C.; COZAC, L. F. L. & REGO, J. M. (1996) *Conversas com Economistas Brasileiros.* São Paulo: Editora 34.

BRASIL – MINISTÉRIO DA FAZENDA. (1988) *2º Relatório de Acompanhamento e Atualização.*

_____. (1987a) *Plano de Consistência Macroeconômica.*

_____. (1987b) *1º Relatório de Acompanhamento e Atualização.*

BRASIL – SECRETARIA DE PLANEJAMENTO E COORDENAÇÃO DA PRESIDÊNCIA DA REPÚBLICA. (1987) *Programa de Ação Governamental: 1987-1991.*

BRESSER PEREIRA, L. C. (1996) *Crise Econômica e Reforma do Estado no Brasil: Para uma Nova Interpretação da América Latina.* São Paulo: Editora 34.

_____. (1989) O Plano Verão e a Crise Estrutural da Economia Brasileira. *Revista de Economia Política*, vol. 9, n. 4, outubro/dezembro, p. 124-136.

CAMPOS, R. O. (1994) *A Lanterna na Popa: Memórias.* Rio de Janeiro: Topbooks.

CARNEIRO, D. D. (1987) O Plano Bresser: Primeiras Reações. *Revista de Economia Política*, vol. 8, n. 1, janeiro/março de 1988, p. 136-137, reproduzido do *Jornal do Brasil*, 17 de junho de 1987.

CASTELLO BRANCO, R. (1987) Os Cruzados e a Racionalidade Econômica. *Revista de Economia Política*, vol. 8, n. 1, janeiro/março de 1988, p. 149-150, reproduzido da *Folha de S. Paulo*, 12 de julho de 1987.

CEBRAP. (1987) O Novo Plano de Congelamento. *Revista de Economia Política*, vol. 8, n. 1, janeiro/março de 1988, p. 132-134, reproduzido da *Análise de Conjuntura Econômica*, n. 26, maio/junho de 1987, da Secretaria de Economia e Planejamento do Estado de São Paulo.

LOPES, F. L. (1989) *O Desafio da Hiperinflação: Em Busca da Moeda Real*. Rio de Janeiro: Campus.

MODIANO, E. (1992) A Ópera dos Três Cruzados: 1985-1989. In: ABREU, M. P. (org.). *A Ordem do Progresso: Cem Anos de Política Econômica Republicana*, 1889-1989. Rio de Janeiro: Campus.

ROSEMBERG, L. P. (1987) O Fracasso do Sucesso. *Revista de Economia Política*, vol. 8, n. 1, janeiro/março de 1988, p. 143-144, reproduzido da *Folha de S. Paulo*, 30 de junho de 1987.

SERRA, J. (1987) O Círculo Virtuoso. *Revista de Economia Política*, vol. 8, n. 1, janeiro/março de 1988, p. 152, reproduzido da *Folha de S. Paulo*, 21 de julho de 1987.

SIMONSEN, M. H. (1995) *30 Anos de Indexação*. Rio de Janeiro: Fundação Getúlio Vargas.

PLANO BRASIL NOVO

O Contexto do Plano

Em 1989, no plano político, a sociedade brasileira experimentava um momento muito especial. Alguns voltariam a exercer o direito de eleger o presidente da República pelo voto direto depois das eleições de 1960, que levaram Jânio da Silva Quadros ao poder para uma permanência efêmera, vale dizer[1]. Outros, que até aquela data não tinham idade para votar ou que evidentemente nasceram depois de 1960, iriam escolher seu presidente pela primeira vez[2]. Não custa

---

1. A renúncia do presidente Jânio da Silva Quadros deu-se em 25 de agosto de 1961.

2. No que diz respeito às eleições executivas, vale lembrar que anteriormente a 1989 ocorreram eleições diretas para governador a partir de 1982, ainda sob o regime do bipartidarismo. As eleições diretas para prefeituras, já sob o regime do pluripartidarismo, restabelecido no governo de João Baptista Figueiredo (1979-1985), retornam plenamente para todo

lembrar que a campanha pelas eleições diretas – "Diretas Já" –, que mobilizou a população em 1984, poderia ter antecipado a escolha do presidente pelo voto direto, não fossem as manobras políticas dos que ainda estavam por demais viciados às práticas do regime de exceção, preferindo negociar acordos no âmbito de um colégio eleitoral.

Como se não bastasse sacudir a poeira do título de eleitor, o cidadão brasileiro tinha que enfrentar a árdua tarefa de recuperar-se do modorrento exercício de atividades políticas no período dos presidentes militares e da perplexidade angustiante propiciada pela "Nova República"[3], que não fez a melhor das apresentações aos jovens cidadãos do que é uma democracia liberal. A começar por estas razões, a escolha de seu representante no comando do Poder Executivo apresentava-se à sociedade brasileira como uma difícil missão, que se complicava ao considerar o que estava ocorrendo no contexto político internacional. Em novembro de 1989, ou seja, no desenrolar das eleições presidenciais, caía o Muro de Berlim e já se prenunciava o fim da União Soviética[4], fenômenos que, bem trabalhados ideologicamente no seio da sociedade civil e com o apoio do Estado nos países ocidentais, contribuíram para criar um clima de "fim da História"[5].

o país em 1985, incorporando um conjunto de 201 municípios brasileiros, incluindo as capitais de estado e territórios, que tinham prefeitos indicados.

3. O termo "Nova República" origina-se do programa da Aliança Democrática, formada pela articulação entre o PMDB (Partido do Movimento Democrático Brasileiro) e a Frente Liberal, que era uma dissidência do PDS (Partido Democrático Social) e foi o termo que designou a gestão de José Sarney à frente do Executivo nacional no período de 15 de março de 1985 a 15 de março de 1990.

4. A desarticulação da União Soviética veio a ocorrer em agosto de 1991.

5. Faz-se aqui uma alusão às ideias contidas no ensaio de Francis Fukuyama que, segundo Alex Callinicos, tendo sido divulgado no verão de 1989, precedeu as revoluções do Leste Europeu e tornou-se imediatamente famoso, atestando a universalização da democracia liberal ocidental como sendo a última forma de governo. Este "fim da História" representava, portanto, "o ponto final da evolução ideológica da humanidade" (Callinicos, 1992, p. 21).

Enquanto de um lado cerrava-se a porteira do "caminho da servidão"[6] (pelo menos esta era a sensação que se buscava criar), uma alternativa que se apresentava como um caminho inevitável surgia com a força de uma onda gigantesca, tragando e lançando ao fundo do oceano qualquer incauto opositor que se dispusesse a duvidar do resgate das ideias liberais como o "caminho da redenção". Era o neoliberalismo que chegava ao Brasil, com um vasto leque de recomendações e menções de apoio.

A crise do modelo de crescimento fundamentado nas políticas intervencionistas de caráter keynesiano evidenciou seu esgotamento na primeira metade dos anos de 1970. Baixas taxas de crescimento, associadas a altas taxas de inflação, configurando o fenômeno da *stagflation*, foi objeto de crescente preocupação por parte dos analistas econômicos na segunda metade da década de 1970 e ao longo da década de 1980. A crise fiscal que se manifestava na grande maioria das economias ocidentais era o sintoma mais convincente das ameaças que envolviam as economias capitalistas, se considerarmos a possibilidade de uma hiperinflação, a consequente desestabilização da moeda e a inevitável desorganização do regime de produção.

Como registro das preocupações com a economia no Ocidente, em 1975 é publicado, sob a forma de um relatório, *The Crisis of Democracy*[7]. O eixo central do diagnóstico desse relatório assume que as aflições que se abatiam sobre

6. A referência nesta passagem é o livro escrito por Friedrich Hayek em 1944, marcando firme posição contra o planejamento coletivista do Estado, predominante para o autor nas sociedades socialistas e também na Alemanha e na Itália, no período anterior e no transcurso da Segunda Guerra Mundial.

7. Este relatório foi elaborado para atender a encomenda de uma comissão trilateral formada por cidadãos representantes do Japão, dos EUA e da Europa Ocidental e que reunia textos elaborados por Joji Watanuki, Samuel P. Huntington e J. Crozier que, respectivamente, tratavam dos problemas por que passavam suas democracias (Huntington, 1975). As recomendações deste relatório foram objeto da crítica de Claus Offe, que atribui ao seu conteúdo o estatuto de uma teoria neoconservadora sobre a crise que se manifestava nos anos de 1970, postulando que as perturbações do capitalismo se originam de erros de construção do próprio sistema, sugerindo que a aplicação das terapias recomendadas pelo

as democracias ocidentais não tinham como fundamento a dinâmica da economia capitalista, mas eram decorrentes do processo político e democrático que foi responsável por um incremento substancial na atividade governamental, especialmente nos anos de 1960, na Europa e nos EUA, e teve como contrapartida um substancial decréscimo da capacidade de realizá-la. A partir deste diagnóstico, as recomendações para resgatar a governabilidade nas democracias ocidentais apontavam para um esforço em duas direções: de um lado, deveria ser reforçada a capacidade dos Estados de exercerem o governo, ou seja, reforçar a governabilidade; de outro, os Estados deveriam se liberar de um conjunto de funções e compromissos assumidos no decorrer de um período em que o regime democrático havia permitido que uma série de reivindicações, voltadas ao bem-estar social, fossem atendidas, culminando com sérias pressões sobre o equilíbrio orçamentário e a perturbadora crise fiscal.

Em 1979, com a eleição de Margaret Thatcher, a Inglaterra conquista a primazia de ser o primeiro país desenvolvido a aplicar o programa neoliberal[8]. Destacam-se a partir daí uma série de experiências na configuração da supremacia da onda neoliberal, como os Estados Unidos de Ronald Reagan, que ganha a presidência em 1980, a Alemanha em 1982, a Dinamarca em 1983 e, na sequência, quase todos os países nórdicos. Austrália e Nova Zelândia, do outro lado do mundo, adotam fervorosamente os princípios neoliberais voltados a desmontar o chamado "Estado do bem-estar social", que, segundo as conclusões contidas no relatório *The Crisis of Democracy*, conduziu a maioria das democracias ocidentais à situação de ingovernabilidade. Segundo Perry

relatório, além de não resolverem o problema, atuariam no sentido de agravá-lo. Para uma apreciação acurada dessa análise, ver Offe (1984).

8. Segundo Perry Anderson (1995), a América Latina testemunhou a primeira experiência neoliberal do mundo no Chile do general Pinochet. Sob a inspiração teórica de Milton Friedman, foram implantados rígidos programas de desregulação, desemprego massivo, repressão sindical, privatização de bens públicos e uma decorrente redistribuição de renda a favor das classes mais abastadas.

Anderson[9], a Nova Zelândia foi provavelmente a experiência mais extremada do desmonte do Estado do bem-estar, superando os resultados obtidos pela "dama de ferro", Margaret Thatcher, na Inglaterra. Não se pode deixar de citar que as nações do Leste Europeu, após a desarticulação do "socialismo real" ao longo do período de 1989 a 1991, também adotaram com firmeza a prática das chamadas políticas neoliberais.

Em termos da América Latina, na esteira das adesões ao neoliberalismo podemos destacar a Bolívia, que em 1985 aplicou um tratamento de choque com vistas a conter a hiperinflação, sob a orientação de Jeffrey Sachs. Segundo Anderson (1995, p. 20), a experiência boliviana serviu de referência à aplicação das políticas neoliberais na Polônia e na Rússia, enquanto o experimento chileno constituiu-se na experiência piloto para a Inglaterra. A expansão do ideário e das práticas neoliberais se consolidam na América Latina a partir do México em 1988, Argentina[10] e Venezuela em 1989 e Peru em 1990. Os contornos e o avanço da chamada "onda neoliberal" estavam, portanto, bastante claros para que a adesão do Brasil a essa tendência não viesse a causar qualquer surpresa[11].

O movimento de retomada do ideário liberal na América Latina foi fomentado por um encontro realizado em novembro de 1989 em Washington, reunindo membros do governo dos EUA, do Fundo Monetário Internacional (FMI), do Banco Mundial e do Banco Interamericano de Desenvolvimento (BID), preocupados e especializados nos problemas

---

9. Para complementar este histórico sobre o avanço das experiências neoliberais no mundo, ver Anderson, 1995.

10. Uma análise muito interessante sobre os planos de estabilização na Argentina foi elaborado por Fregonez, 1997.

11. É oportuno observar que prevalecia no Chile uma ditadura militar e na Bolívia uma democracia parlamentar. A adoção das políticas neoliberais não encontrou obstáculos para adoção em diferentes regimes, evidenciando que o regresso aos ideais do liberalismo não subentendem obrigatoriamente um compromisso com a democracia, mesmo em se tratando de uma democracia burguesa.

185

da região. Este encontro foi chamado formalmente de "Latin American Adjustment: How Much Has Happened" e informalmente de "Consenso de Washington"[12]. As recomendações do Consenso apontaram para a necessidade de serem encaminhadas ações em dez áreas, também conhecidas como os "dez pontos":

1. disciplina fiscal;
2. priorização dos gastos públicos;
3. reforma tributária;
4. liberalização financeira;
5. regime cambial;
6. liberalização comercial;
7. investimento direto estrangeiro;
8. privatização;
9. desregulação;
10. propriedade intelectual (Baptista, 1994, p. 26).

Segundo Baptista (idem, p. 6) ainda, o Consenso de Washington não foi responsável por novas formulações no que diz respeito a pontos de um programa neoliberal, mas integrou uma série de elementos originários de várias fontes, estando entre elas o próprio governo norte-americano, o FMI, o Banco Mundial, além de outras entidades, como a própria organizadora do encontro de que resultou o Consenso – o Institute for International Economics[13]. Podemos também afirmar que o conjunto dos pontos de ação sugeridos pelo Consenso de Washington está compatibilizado com as recomendações que resultaram da elaboração do relatório *The Crisis of Democracy*, destacando-se apenas

---

12. Uma excelente apresentação, acompanhada de uma análise crítica e do contexto político, social e econômico que circunscrevia a realização do Consenso de Washington, pode ser apreciada no texto elaborado por Paulo Nogueira Baptista (1994) sobre o assunto.

13. Baptista faz referência a uma publicação desta entidade – *Towards Economic Growth in Latin América* –, que já continha o conjunto do ideário neoliberal e de cuja elaboração participou Mário Henrique Simonsen.

que este último prioriza a questão da reforma do Estado, buscando recuperar para as democracias ocidentais a dimensão da governabilidade. Dentro deste escopo podemos inserir de imediato os seguintes pontos do Consenso: disciplina fiscal, priorização dos gastos públicos, reforma tributária e privatização. Os demais pontos voltam-se mais à preocupação em acelerar a inserção da economia nacional no processo de internacionalização do capital[14], que são os casos da liberalização financeira, regime cambial, liberalização comercial, investimento direto estrangeiro, desregulação e propriedade intelectual.

14. O avanço das políticas neoliberais deve ser entendido como uma etapa do processo de internacionalização do capital. Este processo define de uma forma mais adequada, quer teórica quer historicamente, os movimentos do capital no sentido irremediável de sua luta pela sobrevivência. O termo "globalização", oriundo da linguagem das escolas de negócios (Chesnais, 1996, p. 23), muito utilizado na maioria das análises econômicas, pouco caracteriza o que de fato está ocorrendo e com certeza sua origem não o habilita a tanto. Sua falta de compromisso em explicar a essência dos atuais movimentos e angústias do capitalismo provavelmente seja a razão maior de seu uso difundido. As contradições fundantes do capitalismo, que pressionam persistentemente a taxa de lucro, alternando crises de rentabilidade e superprodução, constituem o eixo do processo de internacionalização do capital e passam totalmente desapercebidas na volatilidade do termo globalização. Uma outra expressão utilizada para designar o atual estágio de desenvolvimento das forças produtivas é "mundialização", que foi eleita por Chesnais para dar nome a um de seus livros (1996). Segundo o autor, este último termo diminui a falta de nitidez do termo globalização e permite introduzir a preocupação de que, a partir da mundialização da economia, passa a ser importante a construção de instituições políticas mundiais para regular seus movimentos. Ainda assim, embora seja um termo com mais recursos que globalização, dá ênfase à dimensão fenomênica do processo de internacionalização do capital, evidenciando: a superação das distâncias físicas pelo avanço da telemática e dos meios de transporte; a onipresença dos rótulos das empresas internacionais nos mercados de todos os continentes, graças à supressão de uma série de barreiras alfandegárias e outras medidas de desregulamentação; a difusão acelerada dos comandos acionados pelo centro hegemônico do capitalismo para os países coadjuvantes no processo de internacionalização do capital; a agilidade e a volúpia do capital na órbita financeira, bem como a destreza do capital produtivo e comercial em "fisgar" os benefícios que alguns Estados suplicantes por investimento oferecem. Sua utilização requer o cuidado de não negligenciarmos a questão crucial do movimento de internacionalização do capital, posta pelas suas contradições imanentes.

187

Infelizmente não de uma forma suficientemente clara para a população brasileira, as alternativas que lhes foram colocadas na eleição direta para presidente em 1989 estavam presentes nas candidaturas que lideraram as pesquisas de intenção de votos. O eixo dos programas associados a essas candidaturas incorporava o espírito do confronto de ideias configurado, de um lado, pelo avanço das políticas neoliberais, associado a um recuo e temor às ideias que pregavam o planejamento e o intervencionismo do Estado, mesmo sendo através de um Estado burguês; de outro lado, defendia-se o avanço do Estado na solução dos problemas de ordem social e punha-se em questão a sua retirada da esfera das atividades produtivas. A primeira vertente foi assumida pelo candidato Fernando Collor de Mello e a segunda, por Luiz Inácio Lula da Silva.

A bem da verdade, não só nas camadas populares se fazia presente a imprecisão sobre o que estava em jogo nas eleições presidenciais de 1989. Em especial, com relação a Fernando Collor de Mello, que "navegava" pela mídia representando o "novo", adjetivo que inclusive viria a compor o nome de seu plano econômico, podemos dizer que a incerteza predominava nas instâncias mais especializadas. *O Economista*[15], de maio de 1990, portanto cerca de dois meses após a posse do presidente eleito, Fernando Collor de Mello, traz como chamada de um artigo, intitulado "Não à Recessão", o seguinte comentário: "Falar do governo Collor de Mello antes de sua posse era um exercício de verdadeira futurologia, tantas eram as interrogações que existiam em torno de sua figura contraditória".

Sobre Lula, que representava o "velho", as incertezas eram de outra ordem, encontrando-se em diversos segmentos da população, qualquer que fosse a faixa de renda a que pertenciam, um sentimento de medo de dividir o patrimônio.

15. Este periódico é órgão oficial do Sindicato dos Economistas no Estado de São Paulo. O exemplar de maio de 1990 é o de n. 10, relativo ao Ano III. É importante destacar a existência do *Jornal do Economista*, que é órgão do Conselho Regional de Economia do Estado de São Paulo.

Este medo era explicável, na medida em que o partido político que sustentava sua candidatura – Partido dos Trabalhadores (PT) – era uma legenda associada ao socialismo e o entendimento corrente sobre esse tipo de sociedade não permitia outro tipo de interpretação. A crise então vivida pelo "socialismo real", é evidente, reforçava o apelo ao "novo" e a desconfiança quanto às possibilidades do "velho". É oportuno, pelo menos lembrar, que o eixo central do programa do PT não ultrapassava os limites de uma opção por um maior intervencionismo do Estado na economia e também pelo estímulo ao mercado interno, o que conflitava diretamente com o clima criado pelo neoliberalismo, prometendo um "choque de capitalismo" acompanhado por irrestrita desregulamentação e abertura da economia.

Em uma eleição de dois turnos, o temor ao "velho" não resiste e prevalece a incerteza quanto ao "novo"[16]. Em 15 de março de 1990, Fernando Collor de Mello assume a Presidência da República[17].

O Conteúdo do Plano

Em fevereiro de 1986, o Plano Cruzado inaugura uma etapa da história econômica brasileira ainda em curso, em que a intervenção do Estado na economia passa a ter como eixo a elaboração de um conjunto de medidas[18] e sua implementação num só golpe, como que voltadas a conter um espasmo que estrangula a possibilidade de um desenvolvimento regular da atividade econômica. Na sequência do

16. Fernando Collor de Mello alcança cerca de 35 milhões de votos, contra 31 milhões obtidos por Lula.

17. O Partido de Renovação Nacional (PRN) era o partido do candidato vencedor. Uma entidade sem histórico no cenário político nacional, criada meses antes do início da campanha, lançou e conduziu ao poder Fernando Collor de Mello. Segundo Longo (1993, p. 6), o PRN "não conseguiu reunir sob sua sigla, às vésperas da posse, mais de 3% da Câmara Federal".

18. Não é gratuito o fato de a expressão "pacote econômico", a partir daí, ter ganho espaço na mídia e na prosa diária da população brasileira.

Plano Cruzado vem, em junho de 1987, o Plano Bresser e, em janeiro de 1989, o Plano Verão, que encerra a série de planos no período da Nova República.

Os planos econômicos guardam a característica de serem apresentados à sociedade como "planos de estabilização econômica", evidenciando a necessidade premente de uma atuação sobre o descontrole da atividade econômica, refletida no descontrole monetário e fiscal, via de regra associados a um fraco desempenho do nível de produção. A eleição de Fernando Collor de Mello, ainda que envolvida por uma certa perplexidade quanto ao teor e alcance das medidas a serem tomadas, foi acompanhada pela expectativa de lançamento de um novo plano de estabilização econômica. Além dos movimentos observados no contexto da economia mundial que procuramos destacar anteriormente, e que registravam o avanço do ideário neoliberal, despertando uma considerável dose de fascínio nos meios político e intelectual, as condições objetivas da economia brasileira eram de fato preocupantes do ponto de vista da lógica de uma democracia ocidental em termos de seu compromisso de sustentar as bases para um desenvolvimento capitalista.

No final da Nova República, a inflação já havia ultrapassado a casa dos 80% ao mês, sendo que no período de abril de 1989 a março de 1990, anterior ao anúncio do Plano Collor, a inflação acumulada, calculada com base no INPC (Índice Nacional de Preços ao Consumidor), superava os 6.000%. O déficit público em 1989 representava 6,5% do PIB (Produto Interno Bruto), uma marca que consolidava uma curva ascendente a partir de 1983, quando registrava-se o patamar de 4,4%. Este nível de déficit, associado ao tamanho da dívida pública, que em 1988 alcançava a cifra de US$ 170 bilhões, sendo cerca de US$ 100 bilhões correspondentes à dívida externa pública e US$ 70 bilhões por conta da dívida interna pública, evidenciavam a crise fiscal por que passava o Estado[19].

---

19. Segundo Bresser Pereira (1998, p. 171), a crise fiscal do Estado no Brasil comportava três dimensões. Uma de fluxo, decorrente do elevado déficit público e dos baixos níveis de poupança pública – no triênio que antecedeu

Outros indicadores relativos ao desempenho da economia brasileira também não eram nada animadores. O salário mínimo real vinha decaindo vertiginosamente ao longo dos anos de 1980, tendo perdido no período algo em torno de 30% do seu poder de compra (Baer, 1996, p. 401). As informações sobre a distribuição da renda também indicam um aumento da concentração no período, pois, enquanto em 1983 o decil superior detinha 46,2% da renda, em 1989 passa a deter 52,4% e o quintil inferior reduz sua participação de 2,4% para 2,2% com relação aos mesmos anos (idem, p. 208). A maior concentração da renda no período também pode ser identificada através do coeficiente de Gini, que era de 0,575 no início da década de 1980 e passa a 0,636 em 1989 (Longo, 1993, p. 11)[20].

No período 1980-1989, o PIB brasileiro cresceu a uma taxa média da ordem de 2,2% ao ano (Bacen, 1996), o que revela uma das razões de se qualificar os anos de 1980 como a "década perdida". Apenas como referência, no período 1970-1980, o crescimento médio do PIB brasileiro havia alcançado uma taxa anual de 8,6% (Bresser Pereira, 1998, p. 77). O desemprego no país, de acordo com dados do IBGE (Instituto Brasileiro de Geografia e Estatística), vinha apresentando uma tendência crescente desde a implantação do Plano Cruzado em fevereiro de 1986, saltando de 3,6% para 4,8%. A PED[21], por outro lado, apontava um índice de desemprego de 9,3% na Região Metropolitana de São Paulo, em março de 1990. Ao par das diferenças metodológicas envolvendo as duas fontes, os resul-

ao lançamento do Plano Collor, a poupança pública era negativa, atingindo 5,72% do PIB em 1989. Outra dimensão característica da crise fiscal era a de estoque, configurada pelo tamanho da dívida pública interna e externa. A dimensão "psicossocial" também é lembrada por esse autor, e estaria dada pela falta de crédito do Estado, levando-o a adotar a emissão de títulos de curto prazo como principal instrumento de financiamento do déficit.

20. Em 1960 o coeficiente de Gini era de 0,5, passando a 0,568 em 1970 (Vasconcellos et al., 1996, p. 65), evidenciando assim uma trajetória da agudização do processo de concentração de renda no Brasil até o final do período na Nova República.

21. Pesquisa Emprego e Desemprego na Região Metropolitana de São Paulo, abril de 1998 (Convênio Seade-Dieese).

191

tados, consideradas as tendências do produto e do emprego, não eram nada animadores, especialmente se levarmos em conta os outros elementos mencionados, como a crise fiscal, a inflação, a dívida externa e o recrudescimento do processo de concentração da renda. Do ponto de vista do desempenho externo, o ano de 1989 encerra-se com um superávit de US$ 16 bilhões na balança comercial e um déficit de US$ 3,4 bilhões no balanço de pagamentos, o que não é um péssimo resultado se considerarmos o histórico da economia brasileira. Isto é tanto verdade que o saldo comercial de 1989 não viria mais a ser atingido até a época em que elaboramos este texto[22].

Envolto por esse conjunto de circunstâncias externas e internas, em 16 de março de 1990, ou seja, um dia após a sua posse, é anunciado o Plano Brasil Novo pelo presidente e sua equipe econômica[23]. Popularmente conhecido como Plano Collor, esta versão inicial ganhou também o nome de Plano Collor I, e uma segunda edição, que viria a ocorrer em janeiro de 1991, surge com a denominação de Plano Collor II.

O Plano Collor I foi formalizado com a edição de um conjunto de medidas provisórias (MPs), contemplando as linhas clássicas de intervenção na economia, como as políticas de renda, fiscal e monetária. Outras preocupações também se fizeram presentes, visando reforçar a ação do Estado na dimensão da crise fiscal, destacando-se a reforma administrativa, a privatização e a alienação de ativos públicos, além de cortes de subsídios e redução dos níveis de sonegação.

Algumas das MPs editadas em 15 de março de 1990 merecem destaque. A MP n. 153 propõe-se a definir os crimes de abuso do poder econômico, no sentido de estabelecer uma

---

22. Maio/junho de 1998.

23. A equipe econômica do início da gestão de Fernando Collor de Mello e que apresentava-se como responsável pela tarefa da concepção do plano era liderada por Zélia Maria Cardoso de Mello, nomeada pelo presidente eleito para exercer o cargo de ministra da Economia, Fazenda e Planejamento. Contava ainda com Ibrahim Eris, que ocupou o cargo de presidente do Banco Central, e com Antônio Kandir, a quem coube a Secretaria de Política Econômica.

proteção ao consumidor e aos princípios da livre concorrência. Em linhas gerais, ela enquadra como crime, sujeito a reclusão de dois a cinco anos, o *dumping*, os cartéis e os trustes, além de uma série de possibilidades de fraudes que possam vir a ser cometidas contra o consumidor. Reflete, portanto, o tom liberal do plano que estava começando a fazer parte do cotidiano do cidadão brasileiro.

A MP n. 154, no âmbito da política de renda, é considerada como uma das que compõem a espinha dorsal do plano, regulamentando, por meio da prefixação, o reajuste dos preços e salários. A rigor, as correções de preços foram suspensas até o dia 1º de maio de 1990, garantindo portanto um congelamento dos preços de 45 dias. A partir dessa data, sempre no primeiro dia útil de cada mês, o Ministério da Economia, Fazenda e Planejamento passaria a publicar, através do *Diário Oficial da União,* os percentuais de reajustes mensais máximos para mercadorias e serviços em geral. O percentual de reajuste mensal dos salários, com o caráter de reajuste mínimo, passaria a ser divulgado a partir do dia 15 de abril de 1990, também sempre no primeiro dia útil após essa data. Este percentual valia como referência para remuneração do trabalho prestado no mês em curso, aplicando-se também aos proventos e pensões pagos pela Previdência Social. Os percentuais máximos anunciados para as mercadorias e serviços tinham como referência os trinta dias que se seguiam à data de sua divulgação, devendo ser observado o prazo mínimo de trinta dias entre os reajustes praticados[24].

As disposições contidas na MP n. 154 previam ainda um reajuste trimestral automático do salário mínimo como recomposição, sempre que as variações mensais não fossem suficientes para acompanhar a variação acumulada dos preços de uma cesta básica, cuja composição seria definida pelo Ministério da Economia, Fazenda e Planejamento. Àquele

---

24. As disposições da MP n. 154 tomaram a forma de lei em 12 de abril de 1990 (Lei n. 8030).

reajuste automático seria acrescido um percentual de 5% a título de aumento real. A MP previa também a livre negociação entre as partes para os aumentos salariais que excedessem o reajuste mínimo.

Ao par do congelamento temporário e da prefixação de preços e salários previstos pela MP n. 154, uma série de portarias interministeriais elevaram as tarifas públicas significativamente, dentro de um intervalo que oscilou entre 32,1% e 83,5%. Este percentual máximo foi aplicado aos preços dos serviços postais e telegráficos. Os preços dos combustíveis foram majorados em 57,8%, enquanto as tarifas da energia elétrica, dos serviços telefônicos e os preços do álcool e do açúcar tiveram uma majoração de 32,1%[25].

Com relação à taxa de câmbio, que é um dos preços importantes da economia, deve ser registrada uma mudança significativa, com a substituição do sistema de minidesvalorizações que vinha sendo praticado por um sistema em que a taxa de câmbio passa a ser definida livremente pelo mercado. O Banco Central deixa então de divulgar novas taxas de câmbio e passa a atuar no mercado como um agente regulador, através da compra e da venda de moedas estrangeiras, de acordo com seus interesses de política econômica. Esta postura revela um dos aspectos centrais da filosofia do Plano Collor, que é a adequação das instituições econômicas para viabilizar a abertura econômica.

A MP n. 155 também é de fundamental importância para a caracterização da filosofia do plano, sendo o veículo de criação do Programa Nacional de Desestatização (PND). Dentre os objetivos do programa, a MP destaca a necessidade de reordenar a posição estratégica do Estado, através da transferência de atividades exercidas pelo setor público à iniciativa privada. O PND é considerado ainda como uma iniciativa para contribuir com o saneamento das finanças públicas e a decorrente redução da dívida pública. No escopo do PND constavam as empresas controladas direta ou indiretamente pela União e

---

25. *Folha de S. Paulo*, 17 de março de 1990.

ainda as empresas que, mesmo criadas pelo setor privado, estavam sob o controle direto ou indireto da União. Em sendo a empresa pública a ser privatizada uma prestadora de serviços públicos, sua privatização pressupunha a delegação, por parte do Poder Público, da concessão ou permissão do serviço. A MP n. 155 previa ainda a criação do Fundo Nacional de Desestatização para a execução do PND, que seria formado pelo depósito das ações ou quotas emitidas pelas empresas a serem alienadas[26].

Para reforçar o PND, foi editada a MP n. 157, cujo objeto era a criação dos Certificados de Privatização, ou seja, títulos emitidos pelo Tesouro Nacional que poderiam ser utilizados para pagamento das ações das empresas desestatizadas.

No sentido de reduzir o nível de sonegação, a MP n. 156 define as práticas que caracterizam a sonegação como crime contra a Fazenda Pública e estabelece penalidades para contribuintes e servidores ou terceiros que venham a participar de processos de evasão da receita fiscal. Conforme o crime, além das multas a MP prevê penas de reclusão que variam de seis meses a oito anos.

No contexto das preocupações do Plano Collor com a questão fiscal, podemos destacar a edição das seguintes medidas provisórias: a MP n. 158, regulamentando as isenções de Impostos sobre a Importação e do Imposto sobre Produtos Industrializados (IPI); a MP n. 160[27], que institui a incidência do imposto sobre operações financeiras e sobre as transações de títulos e valores mobiliários, depósitos a prazo, letras de câmbio, letras imobiliárias, debêntures, cédulas hipotecárias, operações com ouro, transmissão de ações e saques em cadernetas de poupança; a MP n. 161, que altera a legislação do Imposto sobre a Renda das pessoas jurídicas, extinguindo benefícios fiscais e fixando em 30% a alíquota para tributar o lucro decorrente da exportação;

---

26. Em 12 de abril de 1990 é sancionada a Lei n. 8031, relativa ao Programa Nacional de Desestatização.

27. Segundo Longo (1990, p. 11), a MP n. 160 representa a principal ação do plano para aumentar a arrecadação.

a MP n. 162, que regulamenta a tributação pelo Imposto sobre a Renda dos ganhos obtidos por pessoas físicas e jurídicas nas bolsas de valores e nas bolsas de mercadorias e de futuros; a MP n. 164, que dispõe sobre a conversão em BTN (Bônus do Tesouro Nacional)[28] dos valores devidos relativos aos tributos de competência da União; a MP n. 165, que institui a identificação dos contribuintes, vedando o pagamento ou resgate de qualquer título ou aplicação a beneficiário não identificado[29]. Por fim, cabe destacar a MP n. 167, que estabelece uma nova regulamentação para a aplicação do Imposto sobre a Renda no que diz respeito às atividades rurais[30].

Mas, sem qualquer sombra de dúvidas, a MP n. 168, que constitui o eixo da intervenção no âmbito monetário, é que vem a causar o maior impacto nos diversos segmentos da sociedade, em razão da instituição do Cruzeiro associada à indisponibilização de Cruzados, bloqueando cerca de 70% do M4 da economia[31]. De acordo com o Artigo 5º e 6º da MP n.

---

28. O BTN foi criado através da Lei n. 7777 de 1989, sendo utilizado como referencial da correção monetária do balanço ao longo do Plano Verão, que extinguiu a OTN (Obrigações do Tesouro Nacional). Foi extinto através da Lei n. 8177, de 1º/03/1991, ou seja, no governo Collor, que instituiu a Taxa Referencial Diária (TRD).

29. A MP n. 165 guarda uma particular história, na medida em que, ao obrigar a identificação dos beneficiários de cheques com valor superior a 100 BTNs, desempenha um papel fundamental no desmantelamento da rede que sustentava o tráfico de influência e que vai culminar com o *impeachment* do presidente Collor no final de 1992. Vale observar que em março de 1990 o valor do BTN era de Cr$ 29,5399, o que limitava a Cr$ 2.953,99 o valor admitido para emissão de cheques ao portador.

30. A MP n. 166 transfere para a Secretaria da Receita Federal a competência sobre as receitas arrecadadas pelo Instituto Nacional de Colonização e Reforma Agrária (Incra) e para a Procuradoria Geral da Fazenda Nacional a competência sobre a apuração, inscrição e cobrança da dívida ativa decorrente do não pagamento daquelas receitas.

31. M4 é o agregado monetário que compreende o papel moeda em poder do público, os depósitos à vista, os títulos públicos (federais, estaduais e municipais) em poder do público, os depósitos em caderneta de poupança, os depósitos a prazo e os títulos privados. Segundo Vasconcellos (1996, p. 227), ocorreu um bloqueio de "cerca de metade dos depósitos à vista, 80% das aplicações de *overnight* e fundos de curto prazo e cerca

168, apenas seriam convertidos em Cruzeiros os saldos dos depósitos à vista e das cadernetas de poupança até o limite de NCz\$ 50.000[32]. Além do bloqueio dos ativos, na oportunidade do saque, os aplicadores em poupança que detivessem um saldo superior a 10.000 BTNs fiscais, ou seja CR\$ 195.000, deveriam pagar, no momento do saque, 8% por conta do Imposto Sobre Operações Financeiras, como determinava a MP n. 160. Outras aplicações em títulos e valores mobiliários, depósitos a prazo e aplicações de curto prazo também ficavam sujeitos a essa tributação.

Nos seus principais termos, as MPS mencionadas formalizam a intenção e os caminhos escolhidos pelo presidente e pela equipe econômica para buscar a estabilização da economia brasileira no início dos anos de 1990 e configuram o núcleo do que se convencionou chamar de Plano Collor I[33]. Em suma, uma tentativa modesta de retomar o controle sobre o comportamento dos salários e dos preços em geral, um moderado esforço fiscal para reduzir o déficit público e uma ação voluntariosa e drástica no âmbito monetário, reduzindo a liquidez da economia por decreto, ou melhor dizendo, por meio de uma medida provisória. Vale lembrar uma ação similar registrada na história econômica e política da França, em 1848, quando da queda de Louis Philippe e a formação da "República de Fevereiro". Formado um Governo Provisório da República, este elaborou um conjunto de medidas que impôs, aos operários

de um terço dos depósitos de poupança". A redução da liquidez também pode ser avaliada pela redução da participação do M4 com relação ao PIB, que caiu de 30% para 9% (Baer, 1996, p. 198).

32. Segundo a taxa de câmbio (Cr\$/USD = 42,45) vigente no último dia de março de 1990, a quantia liberada de NCz\$ 50.000,00, equivalia a um pouco mais de US\$ 1.000.

33. No âmbito da intervenção econômica, não foram explicitadas no texto as MPS de n. 159, que normatiza a conduta dos servidores públicos da União, Autarquias e Fundações, a n. 163, que dispõe sobre a aplicação de pena de demissão ao funcionário público federal envolvido em crime contra a Fazenda Pública, e a n. 169, que autoriza o Poder Executivo a ceder, a título oneroso e mediante licitação, créditos relativos à Dívida Ativa da União.

e à pequena burguesia, um confisco de seus depósitos nas caixas econômicas, convertendo-os em dívida pública não amortizada[34]. Cabe dizer que a MP n. 168 previa a conversão dos Cruzados Novos em Cruzeiros, devidamente corrigidos pela variação do BTNF[35], a partir de 16 de setembro de 1991, ou seja, dezoito meses após o bloqueio.

Podemos mencionar ainda uma série de MPS voltadas mais para a questão da reestruturação administrativa do Estado. As MPS n. 148 e 149 dispõem sobre a alienação de bens imóveis da União; a MP n. 150 preocupa-se com a reorganização da Presidência da República e dos ministérios, extinguindo quatro cargos de ministro de Estado Chefe e doze cargos de ministros de Estado, criando em contrapartida outros cinco cargos de ministro de Estado, que converge para uma configuração final de doze ministérios[36]; a MP n. 151 extingue autarquias, fundações e empresas públicas[37]; a MP n. 152 dispõe sobre as relações entre as entidades fechadas da previdência privada e suas patrocinadoras. Além dessas MPS, foi editada, em 15 de março de 1990, uma série

34. Este episódio da história política da França é registrada por Karl Marx em "As Lutas de Classe na França, de 1848 a 1850" (In: Karl Marx, Friedrich Engels. *Obras Escolhidas*. São Paulo: Alfa-Omega, s.d.).

35. O BTNF foi instituído pela Lei n. 7799, de 10 de julho de 1989, e registrava variações diárias.

36. Os cargos de ministro de Estado criados foram os seguintes: Economia, Fazenda e Planejamento, Agricultura e Reforma Agrária, Trabalho e Previdência Social, Infraestrutura e Ação Social. Completando o quadro de doze ministérios, temos: Justiça, Marinha, Exército, Relações Exteriores, Educação, Aeronáutica e, por fim, Saúde.

37. A MP n. 151 propõe a extinção de onze estatais, que totalizam 14.500 funcionários e acumulavam, na época, uma dívida de US$ 7,9 bilhões, a ser absorvida pelo Tesouro Nacional. As empresas objeto de extinção foram as seguintes: Portobrás (Empresa de Portos do Brasil S.A.), Siderbrás (Siderurgia Brasileira S.A.), Interbrás (Petrobrás Comércio Internacional S.A.), EBTU (Empresa Brasileira de Transportes Urbanos), Petromisa (Petrobrás Mineração S.A.), Infaz (Companhia Brasileira de Infraestrutura Fazendária), CAEEB (Companhia Auxiliar de Empresas Elétricas Brasileiras), Embrater (Empresa Brasileira de Assistência Técnica e Extensão Rural), Embrafilme (Empresa Brasileira de Filmes S.A.), BNCC (Banco Nacional de Crédito Cooperativo) e Cobrapi (Companhia Brasileira de Projetos Industriais). *Folha de S. Paulo*, 17 de março de 1990.

de decretos voltados às questões da estrutura administrativa do Estado.

De maio a dezembro de 1990, destaca-se o que se convenciona chamar de uma segunda fase do Plano Collor i: o Plano Eris (Bresser Pereira, 1998, p. 182-183; Longo, 1993, p. 43). Nesta fase seria abandonado o congelamento de preços, caracterizando a estratégia monetarista do plano através da adoção de uma âncora monetária que estipulava uma limitação ao crescimento da base monetária no segundo semestre de 1990 até 9%. Segundo Bresser Pereira (idem, p. 182), a intenção do Plano Eris era eliminar a inflação residual que sobrevivia, apesar das medidas tomadas na primeira fase do plano.

Uma das grandes metas do Plano Collor i, contando com o reforço da ortodoxia monetarista do Plano Eris, era debelar a inflação, como condição indispensável da estabilidade econômica e da continuidade da intervenção do Estado no âmbito econômico, promovendo reformas estruturais. Entretanto, essa meta não foi atingida, e os principais índices de inflação revelavam o fracasso do plano, como podemos ver na Tabela 1.

Conforme pode ser observado, os índices apontam uma drástica redução da inflação em abril e maio de 1990, retomando a partir daí uma tendência crescente que atinge seu ápice em fevereiro de 1991, quando a taxa mensal de inflação circunda a casa dos 20% ao mês. Ela volta a reduzir seu ritmo em março de 1991, alcançando as menores taxas em maio do mesmo ano, mas recrudesce a partir de então, voltando a alcançar a casa dos 20% ao mês em outubro de 1991.

A redução da inflação em março já conta com os efeitos de uma terceira rodada de tentativas para combatê-la no contexto do Plano Collor, caracterizada como Plano Collor ii, cuja vigência corresponde ao período de janeiro a abril de 1991[38]. De acordo com Longo (1993, p. 43),

---

38. A rigor, o Plano Collor ii consistiu na implementação de um "pacote econômico" em 1º de fevereiro de 1991.

esta versão do plano caracterizou-se como um programa heterodoxo, centrando-se na opção do congelamento, ou seja, abandonando a ortodoxia que marcou o Plano Eris. O congelamento de preços foi associado a uma significativa elevação dos preços públicos, configurando um verdadeiro "tarifaço".

Além das ações sobre os preços, destaca-se uma reforma financeira que consistiu na eliminação do *overnight* e sua substituição pelo Fundo de Aplicações Financeiras, com composição controlada pelo governo[39] e remuneração baseada na Taxa Referencial de Juros (TR). A grande novidade introduzida com a TR foi o esforço de incorporar as expectativas de queda das taxas de inflação à formação dos preços, visto que a TR seria calculada com base em taxas futuras de papéis privados e federais[40]. Esse mesmo esforço se estendeu para o campo dos salários, promovendo uma mudança na política salarial, objetivando a unificação das datas de dissídio coletivo (Baer, 1996, p. 201). Baer destaca ainda o esforço do governo, durante o Plano Collor II, em manter a austeridade na gestão do orçamento público, condicionando a liberação de recursos orçamentários à aprovação do Ministério da Economia, Fazenda e Planejamento.

---

39. Segundo Baer (1996, p. 201), o Fundo de Aplicações Financeiras deveria contar com uma participação mínima de 43% de papéis do Governo Federal ou Estadual, com a garantia do Banco Central; 13% deveriam ser compostos por Títulos de Desenvolvimento Econômico e por Títulos de Desenvolvimento Social, que foram criados para financiar os programas de investimento nas áreas industrial e social; 42% ficariam por conta das instituições financeiras e deveriam ser investidos em papéis privados ou estaduais, mas não contariam com a garantia do Banco Central. Finalmente, 2% seriam mantidos como reservas sob forma de depósitos à vista.

40. A TR foi instituída pela Lei n. 8177, de 1º de março de 1992, que também extingue o BTN e o BTNF, com o intuito de desindexação da economia.

Tabela 1
Evolução dos Índices de Inflação – 1990 e 1991

ANO/MÊS	IPC-FIPE	IGP-DI	ICV-DIEESE
1990			
JAN	74,53	71,90	74,30
FEV	70,15	71,68	77,23
MAR	79,11	81,32	79,68
ABR	20,19	11,33	22,29
MAIO	8,53	9,07	11,23
JUN	11,70	9,02	10,56
JUL	11,31	12,98	13,63
AGO	11,83	12,93	13,83
SET	13,13	11,72	13,74
OUT	15,83	14,16	16,90
NOV	18,56	17,45	16,01
DEZ	16,03	16,46	17,07
1991			
JAN	21,02	19,93	24,43
FEV	20,54	21,11	19,40
MAR	7,48	7,25	9,99
ABR	7,19	8,74	7,93
MAIO	5,76	6,52	8,93
JUN	9,78	9,86	11,30
JUL	11,30	12,83	13,29
AGO	14,42	15,49	13,59
SET	16,21	16,19	16,21
OUT	25,17	25,85	20,74
NOV	25,39	25,76	25,76
DEZ	23,25	22,14	23,64

Fonte: Banco de Informações Econômicas e Sociais (Bies)-Corecon-SP[41]

Apesar da redução dos níveis de inflação nos meses subsequentes à aplicação das medidas do Plano Collor II, conforme pode ser observado na Tabela 1, a ministra de Economia, Fazenda e Planejamento, Zélia Cardoso de Mello, é substituída por Marcílio Marques Moreira, em maio de 1991. Apresentando-se com uma posição contrária a qualquer tipo de "choque", assume com suas preocupações voltadas ao descongelamento de preços instituído pelo Plano

41. Em diversas passagens deste texto, foram utilizadas informações obtidas com o apoio do Bies-Corecon, a quem gostaria de externalizar meus agradecimentos.

Collor II, à liberação dos ativos financeiros que ainda estavam bloqueados e à continuidade dos processos de privatização e abertura econômica (Baer, 1996, p. 202).

Como diz Longo (1993, p. 43), o programa adotado pelo Plano Marcílio pode ser considerado como gradualista ortodoxo, sem qualquer preocupação com reformas institucionais[42]. A inflação retomou seu ritmo ascendente, alcançando os dois dígitos já em julho de 1991 e atingindo no mesmo ano o total de 480%, valor este que seria tranquilamente superado em 1992, pela cifra de 1.158%[43]. O ano de 1991 na gestão do ministro Marcílio pode ser destacado ainda por uma série de esforços voltados ao controle dos gastos, resultando em um superávit primário de 1%, anulado entretanto pela queda da arrecadação, motivada por um problema jurídico referente à desindexação dos impostos[44]. Como resultado final do ano, as contas públicas apresentaram um déficit operacional de 1,75% (Baer, 1996, p. 202).

No segundo semestre de 1991, com o início da liberação dos ativos financeiros bloqueados, ocorreu uma expansão monetária, provocando a aceleração inflacionária e tornando a taxa de juros negativa, provocando reação do governo no sentido de conduzi-las a níveis reais. No final de 1991 novas medidas foram anunciadas contemplando o período 1992-1993, com base em três elementos: fortalecimento das finanças públicas, restrição ao crédito e uma política cambial voltada a manter o valor real do Cruzeiro (Baer, 1996, p. 204). O Congresso acaba por não aprovar a maioria das medidas e o ano de 1992 é marcado por uma deterioração fiscal, queda do PIB, além da já mencionada aceleração inflacionária.

Estava assim se encerrando o período Collor, que marcou por diversas razões a vida política e econômica

---

42. Para Vasconcellos (1996, p. 229), o programa de ação do ministro Marcílio Marques Moreira foi chamado por alguns de "Plano Nada".

43. Bresser Pereira (1998, p. 138).

44. O problema jurídico da desindexação dos impostos decorria de uma decisão do Poder Judiciário, que considerou ilegal a adoção da TR como indexador para os impostos.

no Brasil, com todas as inevitáveis consequências sociais. Podemos inclusive dizer que o Plano Brasil Novo, visto como um conjunto de medidas voluntariosas, apresentando-se como um passaporte para a modernidade, encerra-se mesmo com a substituição de Zélia Cardoso de Mello por Marcílio Marques Moreira, quando a heterodoxia vacilante cede seu espaço para a ortodoxia gradualista e maçante, típica de um fim de festa. E foi de fato quase numa festa que o período Collor se despede da sociedade brasileira. As suspeitas de uma rede de corrupção organizada à sua volta já se propagam em 1991. Em abril de 1992, seu irmão Pedro Collor denuncia o famoso "esquema PC", envolvendo o tráfico de influências e a corrupção. Outras declarações de pessoas ligadas ao presidente, como a do motorista de sua secretária, acabam tornando irreversível a apuração das irregularidades que culminam com o processo de *impeachment* de Fernando Collor de Mello, apreciado na Câmara dos Deputados em setembro de 1992 e no Senado em dezembro do mesmo ano, que acabam por afastá-lo do cargo.

Plano Brasil Novo: Um "Novo Brasil"?

A esta questão podemos responder sim e não. O novo em termos de Brasil e de economia brasileira está no que o Plano Brasil Novo representou como marco de transição da era do protecionismo, gestado com o ideário cepalino que ancorou o processo de substituição de importações, para uma etapa caracterizada pelo resgate às ideias liberais e pelo esforço frenético de abertura e desregulamentação da economia. Desta mudança faz parte também o devolver às prateleiras a "Teoria Geral" de Keynes, que no nível da estratégia econômica orientou o aprofundamento da intervenção do Estado na regulação da atividade econômica, que tão bem caracterizou a política econômica das economias ocidentais no pós-guerra. Com certeza, os políticos não se desgastaram com a tarefa de acomodar a "Teoria Geral" nas prateleiras mais altas, de mais difícil acesso, pois poucos conhecem o texto, mas a intelectualidade, particularmente na América Latina, promoveu esse arquivamento com muito gosto para, a partir daí, poder passar a deliciar-se com a promessa do novo, que temperava as ações do governo Collor.

O esforço de abertura e da inserção do Brasil no processo de mundialização em curso, bem como os resultados desse esforço foram claros. Podemos destacar o lançamento da Pice (Política Industrial e de Comércio Exterior), cujo objetivo expresso era aumentar a eficiência na produção e comercialização de bens e serviços, através da modernização da indústria. Longo (1993, p. 20) reconhece que o ponto fundamental da Pice foi buscar a integração das políticas macroeconômicas, industrial e de comércio exterior, atribuindo às importações um papel relevante no combate à inflação. Estava aí presente o pressuposto liberalizante do governo Collor.

Ainda de acordo com Guimarães (1995), a Pice compreendia algumas estratégias que explicitavam a filosofia de abertura e inserção. Previa uma redução progressiva nos níveis de proteção tarifária, a eliminação de incentivos e subsídios, bem como o fortalecimento dos mecanismos de defesa da concorrência. Previa também a adoção de mecanismos de coordenação e de instrumentos creditícios com vistas a garantir a reestruturação competitiva da indústria através da melhoria da qualidade e do preço, fundamentais ao enfrentamento da competição internacional.

A Tabela 2 que se segue, apresentando a evolução das tarifas de importação (maior tarifa e tarifa média), permite ilustrar efeitos concretos da política de abertura e inserção. Além da evidente redução do grau de protecionismo à produção nacional, há que se destacar também que o governo Collor eliminou as barreiras administrativas que envolviam os processos de importação de bens e serviços.

Outro aspecto importante para destacar a presença do novo no Plano Brasil Novo e que sem dúvida pode ser tomada como uma das características marcantes do governo Collor foi a ênfase dada ao processo de privatização. Este teve um tímido início no governo Figueiredo, com a edição do Decreto n. 86215, em julho de 1981, que fixa as primeiras normas para transferência, transformação e desativação das empresas controladas pela União. Uma segunda fase tem lugar no período da Nova República, apoiada pela edição do Decreto n. 91991, de novembro de 1985. Esta fase é marcada pela participação do Banco Nacional de Desenvolvimento Econômico e Social (BNDES) como agente de privatização e pela presença de firmas privadas de consultorias responsáveis pelas avaliações econômico-financeiras das empresas passíveis de privatização. Preponderaram as privatizações através da transferência do controle acionário de um grande número de empresas que estavam sob o controle do BNDESPAR (BNDES Participações S.A.) (Landi, 1998, p. 12-16).

Tabela 2
Evolução das Tarifas de Importação

	1990	1991	1992	1993	1994
Maior Tarifa	105,0	85,0	65,0	55,0	35,0
Tarifa Média	32,2	25,3	20,8	16,5	14,0

Fonte: Bresser Pereira (1998, p. 189).

Entretanto, além dos tímidos resultados financeiros obtidos nessas etapas iniciais[45], o processo de privatização não podia ser considerado como articulado a uma estratégia mais ampla, quer do ponto de vista da política econômica, quer do ponto de vista de uma postura liberal, buscando configurar novos contornos para definir o papel do Estado num contexto de abertura econômica, inserção na economia mundial e assunção da hegemonia dos princípios da política

45. Na etapa correspondente ao governo Figueiredo, os negócios de privatização atingiram cerca de US$ 190 milhões, e na Nova República, esta cifra chega próxima à casa dos US$ 550 milhões (Landi, 1998, p. 14 e 17).

neoliberal. Segundo Landi (1998, p. 31), é no governo Collor que se registra a adoção de um amplo programa de privatização, comparável às iniciativas até então observadas nos principais países da América Latina. Esta opinião é compartilhada por Schneider (1992, p. 17), para quem: "Não obstante a falta de resultados concretos, a privatização e o neoliberalismo ganharam espaço e a respeitabilidade que não possuíam no Brasil antes de 1990"[46].

Sem hesitação, podemos dizer que o novo do Plano Brasil Novo resume-se nos aspectos acima levantados, caracterizando um reação ao conceito de Estado tipicamente desenvolvimentista, associado ainda ao processo de substituição de importações e preso à vertente da política econômica de cunho keynesiano. Esta reação, como prática, materializa-se através de uma série de esforços voltados à abertura da economia e sua inserção no estágio de intensificação da mundialização do capital e à reforma daquele Estado. Neste último aspecto, as medidas que garantem a atribuição de um *status* de oficialidade e organicidade ao processo de privatização desempenham um papel fundamental.

Sob o ponto de vista do controle do déficit público, podemos dizer que o plano conseguiu resultados positivos, mesmo herdando um déficit da ordem de 6,5% do PIB em 1989. No primeiro ano do governo Collor, alcança-se um superávit de 1,3%. Em 1991, um equilíbrio orçamentário e, em 1992, um déficit de 1,6%.

Muitos outros aspectos sociais, econômicos e políticos brasileiros continuaram prevalecendo. Já falamos sobre a inflação que sobreviveu ao plano, registrando 1.476% em 1990 – apesar da vigência das medidas de combate a partir de 16 de março de 1990 –, 480% em 1991 e 1.158% em 1992.

O setor externo manteve uma estabilidade aparente, como pode ser verificado na Tabela 3.

---

46. Em termos de resultados, os negócios de privatização no período 1990-1992 renderam cerca de US$ 3,5 bilhões.

Tabela 3

Balanço de Pagamentos do Brasil 1990-1992 (em US$ bilhões)

	1990	1991	1992
Exportações	31,4	31,6	35,9
Importações	20,7	21,0	20,6
Saldo da Balança Comercial	10,7	10,6	15,3
Saldo da Balança de Serviços	(15,4)	(13,5)	(11,3)
Saldo de Transações Correntes	(3,8)	(1,4)	6,1
Conta de Capitais	(4,7)	(4,1)	25,3
Saldo do Balanço de Pagamentos	(8,8)	(4,7)	30,0

Fonte: Vasconcellos (1996, p. 154).

Das informações contidas na Tabela 3, podemos destacar a significativa entrada de recursos externos, fazendo com que as reservas atingissem US$ 23,8 bilhões e iniciasse a partir daí uma escalada ascendente, cuja maturação virá a se dar com o Plano Real, a partir de 1994, e que consagrará a mudança da direção da política econômica, evidenciando uma nova forma para expressar a tradicional dependência da economia brasileira com relação aos centros hegemônicos do capitalismo. Muda a forma, mas permanece a essência, o que nos leva a resgatar mais um comentário de Marx sobre a "República de Fevereiro", que sobreveio à queda de Louis Philippe na França, em 1848: "[a *'República de Fevereiro* é] uma nova roupa de baile para a velha sociedade burguesa"[47].

Do ponto de vista da dinâmica econômica, a evolução do PIB não deixou saudades da "década perdida". Em 1990, houve uma redução do PIB de 4,4%; em 1991, o crescimento registrado foi de apenas 0,2% e, em 1992, o PIB volta a cair em 0,8%. O caráter recessivo do plano estava mais do que comprovado. O PIB *per capita,* que era de US$ 2.893 em 1989, reduz-se para US$ 2.526 em 1992[48]. O desemprego na Região Metropolitana de São Paulo, que atingia 9,3% em março de

47. Ver "As Lutas de Classe na França, de 1848 a 1850" (In: Karl Marx, Friedrich Engels. *Obras Escolhidas,* São Paulo: Alfa-Omega, s.d., p. 121).

48. Conjuntura Estatística, em *Conjuntura Econômica,* Rio de Janeiro: FGV.

1990, evolui para 12,3% em março de 1991 e para 14,6% em março de 1992, vindo a elevar-se mais ainda em maio de 1993, depois do presidente Collor ter deixado o governo, quando alcança 15,8%[49].

Do ponto de vista político, o exercício do voto em 1989 e a grande movimentação dos "cara pintadas", que invadiram as ruas das principais cidades brasileiras para apoiar e comemorar o *impeachment* de presidente, podem ter permitido vivenciar a sensação da prática democrática e o sonho da liberdade. Mas apesar de todo fato ser vital para a História, sua compreensão requer uma análise mais profunda das estruturas que sustentam o fato e mais ampla dos movimentos que o antecedem e o sucedem.

As tentativas de estabilização econômica através de "planos" arquitetados a quatro paredes por meia dúzia de iluminados, visceralmente ligados ao candidato vencedor das eleições, nos dão uma grande lição sobre os limites da democracia liberal. Na realidade, as limitações do Plano Brasil Novo refletem as limitações da política nas democracias ocidentais, ou seja, as limitações da "democracia de equilíbrio", que é a expressão utilizada por MacPherson (1978, p. 81-95) para designar o entendimento de Schumpeter sobre a democracia liberal. Para este último, as elites competem entre si oferecendo propostas para conduzir o futuro da sociedade e a escolha de seus representantes se apresenta como a única tarefa do povo, que se priva da discussão e elaboração de propostas sobre seu próprio futuro. Estas vêm prontas, gestadas por *experts*, apoiadas por um grupo político que por sua vez, via de regra, representa interesses vinculados a movimentos mais amplos do capital. Como diz Callinicos (1992, p. 128):

> A democracia liberal depende de um eleitorado passivo e pulverizado que, nas ocasiões relativamente raras em que é chamado a manifestar sua opinião sobre quem deve governá-lo, é submetido a um maciço

49. Pesquisa Emprego e Desemprego na Região Metropolitana de São Paulo, abril de 1998 (Convênio Seade-Dieese).

bombardeio de propaganda, desfechado por meios de divulgação de massa que são, em geral, controlados diretamente pelo capital.

A liberdade de escolha e o exercício da democracia no contexto da ideologia liberal circulam de fato num território muito restrito. Os planos econômicos de estabilização, que pululam a história recente da não menos recente democracia no Brasil e na América Latina, se não resolvem nossos problemas sociais e econômicos, constituem um dramático exemplo de quanto precisamos avançar no plano da política. Se me perguntarem como, respondo sem qualquer dúvida: eu não tenho um "plano" para isto. Vamos construí-lo então.

Antonio Carlos de Moraes

Referências Bibliográficas

ANDERSON, P. (1995) "Balanço do Neoliberalismo". In: SADER, E. & GENTILI, P. (orgs.) *Pós-neoliberalismo: As Políticas Sociais e o Estado Democrático*. Rio de Janeiro: Paz e Terra.

BACEN. (1996) *Boletim do Banco Central do Brasil*. Brasília, Banco Central.

BAER, W. (1996) *A Economia Brasileira*. São Paulo: Nobel.

BRESSER PEREIRA, L. C. (1998) *Economia Brasileira – Uma Introdução Crítica*. São Paulo: Editora 34.

BATISTA JR., P. N. (1994) O Consenso de Washington – A Visão Neoliberal dos Problemas Latino-americanos. São Paulo: *Cadernos Dívida Externa*, n. 6.

CALLINICOS, A. (1992) *A Vingança da História: o Marxismo e as Revoluções do Leste Europeu*. Rio de Janeiro: Jorge Zahar.

CHESNAIS, F. (1996) *A Mundialização do Capital*. São Paulo: Xamã.

FREGONEZ, C. A. (1997) Plano de Conversibilidade e Desemprego na Argentina (1991-1995). São Paulo: PUC/SP. (Dissertação de Mestrado apresentada ao Programa de Estudos Pós-Graduados em Economia Política)

GUIMARÃES, E. A. (1995) A Experiência Recente da Política Industrial no Brasil: Uma Avaliação. Rio de Janeiro: Instituto de Economia Industrial. Documento interno para discussão, n. 326.

HUNTINGTON, S. et al. (1975) *The Crisis of Democracy*. New York: New York Press University.

LANDI, M. (1998) Política Econômica e Privatização: a Experiência Brasileira do Período 1985-1997. São Paulo: PUC/SP. (Dissertação de Mestrado apresentada ao Programa de Estudos Pós-Graduados em Economia Política)

209

LONGO, C. A. (1993) *Políticas de Estabilização e Reforma Estrutural no Brasil*. São Paulo: Centros de Estudos Konrad Adenauer Stiftung, série Pesquisas, n. 2.

_____. (1990) O Desafio do Plano Collor. *Problemas Brasileiros,* março/abril.

MACPHERSON, C. B. (1978) *A Democracia Liberal: Origens e Evolução*. Rio de Janeiro: Jorge Zahar.

OFFE, C. (1984) A Ingovernabilidade: sobre o Renascimento das Teorias Conservadoras da Crise. In: *Problemas Estruturais do Estado Capitalista*. Rio de Janeiro: Tempo Brasileiro: Biblioteca Tempo Universitário, n. 79.

SCHNEIDER, B. R. (1992) A Privatização no Governo Collor: Triunfo do Liberalismo ou Colapso do Estado Desenvolvimentista?. *Revista de Economia Política*, vol. 12, n. 1, março. São Paulo: Brasiliense.

VASCONCELLOS, M. A. S. de et al. (1996) *Economia Brasileira Contemporânea*. São Paulo: Atlas.

PLANO REAL: ENTRE A ESTABILIZAÇÃO DURADOURA E A VULNERABILIDADE EXTERNA[1]

Introdução

Nas últimas décadas o Brasil conviveu com o processo inflacionário crônico. O problema foi agravado nos anos de 1980, período que ficou conhecido como a "década perdida", com os efeitos da crise gerada a partir dos problemas da década anterior. O Brasil endividara-se nos anos de 1970, no bojo dos objetivos do II PND. As duas crises do petróleo e o aumento dos juros internacionais impuseram um pesado ônus para os países endividados.

Assim, os anos de 1980 representaram a ruptura no processo de crescimento da economia brasileira, com a restrição de recursos externos, especialmente após a insolvência

1. O autor agradece o levantamento de dados e a pesquisa do estagiário Marcelo B. Yoshida.

211

do México, em 1982. O mercado financeiro internacional tornara-se mais seletivo na concessão de financiamentos e isso dificultou o desempenho dos países endividados, como o Brasil.

Dessa forma, a economia brasileira que, do pós-guerra até o final dos anos de 1970, vinha apresentando uma taxa média de crescimento anual da ordem de 7%, passou a conviver com um cenário adverso. Em contraponto aos anos de crescimento acelerado, o novo cenário contemplava não apenas a estagnação econômica, mas também a queda na taxa de investimento, o recrudescimento da inflação e o consequente agravamento das desigualdades sociais.

Nos anos de 1990, o Brasil havia intensificado a abertura ao exterior, fomentado as privatizações, renegociado a dívida externa e a desregulamentação do mercado. A estabilização permanecia, no entanto, como desafio resistente às várias tentativas de eliminação da inflação, com os sucessivos programas implementados, sem no entanto lograr êxito.

Quadro 1
Reformas Monetárias no Brasil

Período	Nome da Moeda
Até 1942	Mil-Réis
1942-1967	Cruzeiro
1967-1970	Cruzeiro Novo
1970-1986	Cruzeiro
1986-1989	Cruzado
1989-1990	Cruzado Novo
1990-1992	Cruzeiro
1992-1994	Cruzeiro Real
Fev. 1994/Jun. 1994	Sistema Bimonetário com URV e Cruzeiro Real
Jul. 1994 em diante	Real

Fonte: Oliveira (1996, p. 23), elaboração do autor.

Pressupostos para a Formulação do Plano Real

A concepção de um modelo de inflação inercial iniciou-se nos anos de 1960, através da noção do componente de *feedback*, desenvolvido por Simonsen. O argumento dele era de que a inflação não poderia ser inteiramente explicada pelo desequilíbrio nos fundamentos, e uma das maiores causas poderia ser a própria inflação. De fato, a discussão de que a inflação poderia ser vista como um modelo autorregressivo já havia sido levantada (Simonsen, 1975).

O desenvolvimento das terapias heterodoxas – de intervenção econômica – está intimamente ligado ao conceito de inflação inercial, ou seja, um processo inflacionário dominado pela inércia. Uma melhor conceituação da noção de inércia inflacionária foi desenvolvida por Arida (1986).

Os desdobramentos teóricos a partir da distinção entre fatores aceleradores e mecanismos de propagação, ou entre choques e inércia, associados à rigidez nos níveis inflacionários, em alguma parcela originária das discussões clássicas sobre inflação estrutural, resultaram na formulação do conceito de inflação inercial. Por outro lado, a racionalização do comportamento e das práticas institucionais dos agentes econômicos sob inflações crônicas, como a indexação, que tendem em resultar numa rigidez de preços relativos, deram suporte a esse conceito. Um aprofundamento na análise deste tema pode ser encontrado em Bresser Pereira (1984). O imposto inflacionário como mecanismo de financiamento do déficit público, associado ao modelo de Cagan (1956), tornou-se a explicação monetarista para altas taxas de inflação.

Quando Fernando Collor de Mello, então presidente, sofreu *impeachment* e foi destituído do poder, assumiu o seu vice, Itamar Franco, que nomeou Fernando Henrique Cardoso (FHC) inicialmente como ministro das Relações Exteriores do seu governo, e posteriormente ministro da Economia. Como ministro da Economia, FHC pôde implementar seu plano econômico de estabilização, conhecido como "Plano Real", apoiado por uma equipe de talentosos economistas, em sua maioria oriundos da PUC-RJ[2].

O Plano em Si

O Programa de Estabilização Econômica, ou Plano Real, foi concebido e implementado em três etapas:

a) estabelecimento do equilíbrio das contas do governo, objetivando eliminar a principal causa da inflação;
b) criação de um padrão estável de valor, a URV – Unidade Real de Valor;
c) emissão desse padrão de valor como uma nova moeda nacional de poder aquisitivo estável – o Real.

Ao contrário dos planos econômicos anteriores, ele não incluiu congelamento de preços, o que significou uma grande mudança com relação aos planos econômicos anteriormente implementados no Brasil. Assim, de saída o governo livrava-se do verdadeiro pesadelo representado pela "chuva" de ações judiciais pela quebra de contratos ocorrida nas experiências anteriores.

A primeira etapa do Plano Real foi implantada com o Programa de Ação Imediata (PAI), em 14 de junho de 1993, durante a gestão do então presidente Itamar Franco. Para que as finanças públicas pudessem ser reorganizadas, o governo reconhecia a necessidade de que fosse efetuada uma ampla reorganização do setor público e de suas relações com a economia privada. Para tanto, o governo diagnosticava as seguintes necessidades:

a) redução e maior eficiência dos gastos da União no ano de 1993;
b) recuperação da receita tributária;

2. Inclui-se nesse grupo: Gustavo Franco, Winston Fritsch, André Lara Rezende, Edmar Bacha, Pérsio Arida, entre outros.

214

c) equacionamento das dívidas de estados e municípios com a União;
d) controle mais rígido dos bancos estaduais;
e) saneamento dos bancos federais;
f) aperfeiçoamento do programa de privatização, ou seja, redução da participação do governo na economia através da privatização das estatais.

No PAI, o governo assumia a origem fiscal da inflação e considerava o sistema financeiro o grande beneficiado do processo, pois obtinha lucros elevados graças às altas taxas de juros do mercado, e não à sua eficiência. A partir desta constatação, previa-se que quando a inflação caísse, e consequentemente houvesse uma redução dos juros, diversas instituições financeiras teriam que recorrer ao BC (Banco Central) para sobreviver. Portanto, seria necessária a implantação de um processo de saneamento dos bancos públicos e privados, de maneira a garantir um sistema bancário saudável.

As medidas iniciais do PAI foram:

a) um corte orçamentário de US$ 6 bilhões em 1993, com prioridades definidas pelo Executivo a serem aprovadas pelo Legislativo;
b) a proposta orçamentária de 1994 deveria ser baseada em uma estimativa realista da receita, em vez de ser baseada no desejo de quanto o governo pretendesse gastar;
c) encaminhamento de Projeto de Lei que limitasse as despesas com os servidores civis em 60% da receita corrente da União, assim como dos estados e municípios, o que permitiria exercer maior controle dos gastos com funcionalismo;
d) elaboração de Projeto de Lei que definisse claramente as normas de cooperação da União com estados e municípios. Esta lei também estabeleceria a obrigatoriedade dos estados e municípios de estarem em dia com seus dé-

bitos com a União para receberem verbas federais. Esta rigidez legal foi imposta por ser um elemento essencial para outras partes do PAI e do Plano Real.

Através destas medidas o governo pretendia efetuar um Ajuste Fiscal nas contas públicas. O aprofundamento deste ajuste foi viabilizado a partir da criação do Fundo Social de Emergência. O objetivo deste fundo era o de atenuar a excessiva rigidez dos gastos da União, determinada pela Constituição de 1988, permitindo o equilíbrio orçamentário.

Dentre os problemas com os quais o governo se defrontava estava a falta de recursos para execução dos serviços básicos sob seu encargo, bem como os investimentos necessários para o desenvolvimento do país. Além do mais, os escassos recursos de que o governo dispunha para investir eram desperdiçados devido à ineficiência. Para auxiliar o governo federal a equilibrar suas contas no biênio 1993-1994 foi aprovado o IPMF (Imposto Provisório sobre Movimentação Financeira)[3].

Combate à Sonegação

A evasão fiscal não só inviabilizava o ajuste das contas públicas, mas era também uma enorme fonte de instabilidade econômica e social. Dados da Secretaria da Receita Federal indicavam que para cada Cruzeiro arrecadado, um outro Cruzeiro era sonegado, revelando a enorme evasão existente no sistema.

Como parte do PAI, o governo federal iniciou uma campanha massiva contra a sonegação através de um aumento da fiscalização sobre as maiores empresas do país, uma atuação mais agressiva na cobrança dos impostos das pessoas físicas e campanhas de conscientização contra a sonegação.

Foram tomadas medidas, também, no sentido de aumentar a eficiência da administração do patrimônio da União,

---

3. Este imposto seria o precursor da CPMF (Contribuição Provisória sobre Movimentação Financeira), implantado posteriormente.

com potencial de receita estimada em cerca de US$ 1 bilhão/ano, e a proibição imposta a inadimplentes do governo federal de participarem de concorrência pública, tomarem empréstimos de bancos oficiais e manterem qualquer tipo de concessão pública.

O objetivo expresso pelo governo, para a realização desse ajuste tributário, era o de criar condições para uma futura redução das alíquotas e a simplificação do sistema tributário, de modo a melhorar a eficiência e a competitividade da economia brasileira. O tempo mostrou que tudo isso ficou muito na intenção. Fosse pela ausência de projetos viáveis, fosse pela ausência de "vontade política", a Reforma Tributária foi superada por sucessivos "pacotes" de emergência.

Relacionamento com Estados e Municípios

O passo seguinte do programa foi restabelecer as relações financeiras entre o governo federal e os estados e municípios, através de uma atuação que reduzisse as transferências de recursos federais para estados e municípios, regularizasse o pagamento da dívida vencida para com a União e impedisse o retorno de estados e municípios ao endividamento insolúvel.

Para tanto, foram tomadas medidas para definir condições globais para o endividamento público e também restringir o acesso ao crédito e reter repasses de recursos federais para os estados e municípios em débito com instituições federais.

Bancos Estaduais

Visando incorporar os bancos estaduais ao esforço de ajuste do governo federal, no âmbito do PAI, determinou-se um controle mais rígido dos bancos estaduais, por parte do Banco Central, com estreito cumprimento das normas relativas ao montante mínimo de capital dessas instituições, bem como os limites de concessão de empréstimos para

217

entidades do setor público. Além disso, o governo procuraria promover uma reestruturação dos bancos estaduais e federais, de modo a enxugar suas estruturas, tornando-os mais competitivos. O Banco do Brasil teria sua vocação agrícola incentivada.

Privatização

O governo, no PAI, reconhecia a importância das empresas públicas no desenvolvimento industrial do país, durante as décadas anteriores, mas considerava que deveria centralizar sua atuação nas áreas essenciais, como saúde, educação, justiça e segurança, ciência e tecnologia etc.

Além disso, a privatização das estatais era uma necessidade para se conseguir o equilíbrio financeiro, uma vez que estas consumiam importantes recursos (de 1982 a 1992, o Tesouro Nacional aportou recursos equivalentes a US$ 21 bilhões nas empresas incluídas no programa de privatização).

Com a privatização o governo também esperava transferir para o setor privado os custos de modernização da infraestrutura, necessária para o desenvolvimento do país.

Apesar de procurar atingir o equilíbrio fiscal com o PAI, para que este se tornasse duradouro, o governo reconhecia que eram necessárias

mudanças adicionais no arcabouço administrativo e financeiro do Estado [...] envolvendo alterações da Constituição no que respeita a organização federativa, sistema tributário, elaboração do orçamento, funcionalismo, previdência social e intervenção no domínio econômico (Brasil, 1994).

Para tanto, o governo encaminhou diversas sugestões ao Congresso, pois o equilíbrio fiscal era considerado, pela equipe econômica, como sendo condição essencial para que a estabilização da economia se transformasse num processo de desenvolvimento sustentado de longo prazo.

No entanto, o PAI não impediu que a inflação se acelerasse fortemente em 1993. Para ele, ficou patente a falta de entusiasmo da classe política e demais esferas do governo para com uma agenda ambiciosa de reconstrução gradual da capacidade de financiamento público.

Uma ação adicional do governo, durante o PAI, foi procurar tornar as ações governamentais, fossem elas federais, estaduais ou municipais, mais "transparentes". O objetivo era procurar elevar a confiança da população no setor público, aumentando a credibilidade do governo e permitindo a introdução da segunda fase do Plano Real: a implementação de um índice monetário, ou unidade de conta, a Unidade Real de Valor.

O Plano Real: Fase 2 – A URV, Unidade Real de Valor

A URV foi implementada para servir de transição para a introdução de uma nova moeda. A equipe econômica considerava que a confiança pública na administração federal, e em FHC em particular, era elevada, mas não em um nível em que uma nova moeda pudesse, mais uma vez, ser subitamente introduzida.

O Cruzeiro Real, introduzido em 1993 por Collor, estava se desvalorizando a taxas crescentemente elevadas, o que forçava aumentos constantes de preços e salários na economia. No entanto, isso não impedia a deterioração do valor real dos salários, cujo poder de compra era corroído pelo aumento dos preços.

A URV foi utilizada para restaurar a função de unidade de conta da moeda, que havia sido destruída pela inflação, bem como para referenciar preços e salários. Assim, a URV serviu para o comércio determinar seus preços, efetuar contratos e determinar salários, sem uma preocupação com as desvalorizações provocadas pela inflação. O Banco Central emitia, diariamente, relatórios sobre a desvalorização do Cruzeiro Real e a cotação da URV.

Patrões e empregados utilizavam este fator de conversibilidade entre URV e Cruzeiro Real para determinar preços

e salários. Por motivos jurídicos, e também devido à preocupação do governo com o desequilíbrio social, os salários
e os benefícios previdenciários foram os primeiros valores a
serem convertidos para URV, seguidos pelos contratos e preços. Este porém não foi um processo imediato, ele se desenvolveu durante um período de três meses, de maneira a evitar
o surgimento de divergências entre trabalhadores e patrões,
indústria e comércio. Apesar das objeções de alguns empresários e políticos, o processo de conversão foi bem recebido
e bem-sucedido, de acordo com o governo.

O objetivo básico do Plano Real, na fase da URV, foi o
da neutralidade distributiva. Para evitar as distorções que
comprometeram o êxito de outras políticas antiinflacioná-
rias, notadamente o Plano Cruzado, a equipe econômica
considerava essencial que a conversão dos contratos para a
URV não interferisse no equilíbrio econômico das relações
reguladas por esses contratos. No caso dos salários e benefícios, a aplicação deste critério excluía tanto a conversão
"pelo pico", que traria de volta a espiral inflacionária depois
de uma efêmera euforia de consumo. Como a conversão
"pelo piso" imporia prejuízos aos trabalhadores, a alternativa encontrada foi a conversão pela média de quatro meses,
levando em conta a periodicidade da atualização monetária dos salários conforme a política vigente quando da introdução da URV[4].

Dos salários e benefícios previdenciários, a introdução
da URV se estendeu aos preços privados, aos contratos pre-
-fixados e pós-fixados, aos contratos financeiros, às tarifas
e preços públicos e, finalmente, aos contratos continuados
com cláusulas de reajuste.

A adoção da URV nas transações entre empresas foi conduzida de modo cauteloso, visando evitar maiores tensões entre o comércio e a indústria, entre o atacado e o varejo, entre os
prestadores e os compradores de serviços. Para facilitar essas

---

4. Isso não impediu intenso debate sobre os critérios, já que a média
tomada refletia salários em diferentes situações de valor real, uma vez
que não existia a plena indexação dos reajustes.

negociações, o governo baixou uma série de normas permitindo a emissão de faturas e duplicatas em URV.

A ampla disseminação da URV facilitava o processo. Ao transformar negócios prefixados em pós-fixados, o novo padrão monetário exerceu um importante papel didático, levando os agentes econômicos a uma análise mais criteriosa de seus custos, eliminando a memória inflacionária de seus procedimentos.

Nos meses de abril, maio e junho (de 1994), o governo procedeu à conversão em URV dos preços públicos e tarifas do setor público. O grau de complexidade das negociações, envolvendo o âmbito federal, estadual e municipal da administração pública e agentes privados, fez com que o governo federal baixasse mais de cem portarias regulamentando preços e tarifas públicas. O objetivo fundamental desse trabalho foi preservar o equilíbrio econômico financeiro das empresas públicas, na tentativa de não ferir o princípio da neutralidade da conversão do ponto de vista do usuário final.

O Plano Real: Fase 3 – A Nova Moeda

Uma vez que grande parte dos valores haviam sido convertidos para a URV, uma nova moeda – o Real – foi introduzida, sem que houvesse um consenso na sociedade de que a transição já estava completada. Em 1º de julho de 1994, o governo decretou a MP do Plano Real, acusado de render-se aos objetivos eleitorais, já que em novembro daquele ano ocorreria as eleições gerais, inclusive para Presidência da República.

A apresentação da nova moeda foi feita através da "Exposição de Motivos da MP do Real", na qual se esclareciam os motivos e regras para a sua introdução. Neste documento eram feitas considerações sobre o quadro inflacionário vigente e a importância da estabilização.

Para manter o valor da nova moeda, o governo alterou radicalmente os métodos empregados para a definição da política monetária. Anteriormente, o Conselho Monetário Nacional (CMN) autorizava as emissões monetárias, que deveriam ser homologadas, em seguida, pelo Congresso.

Obedecendo à Constituição, a nova política, recentemente implementada, implicava que o Congresso deveria estabelecer regulamentos e diretrizes na forma de limites quantitativos rígidos para emissão de moeda, que poderiam ser alterados pelo CMN somente em 20% e em ocasiões extraordinárias.

Até então, o CMN era composto de representantes do setor público, o que o governo considerava inadequado. Foi então definido que o CMN passaria a ser composto pelo ministro da Fazenda, do Planejamento e Coordenação Geral da Presidência da República e presidente do Banco Central, com o objetivo de priorizar a gestão monetária e proteger o Real das pressões políticas e econômicas.

Adicionalmente, um teto máximo na taxa de câmbio foi introduzida: R$ 1 = US$ 1. Nesta época o Banco Central detinha US$ 40 bilhões de reservas. É importante notar que a taxa de câmbio não era fixa. Porém, tanto CMN quanto o Banco Central tinham instruções bem rígidas com relação à necessidade de manutenção do teto máximo. A valorização ocorrida na fase inicial do plano foi posteriormente muito criticada, como veremos mais adiante.

Plano Real: Impactos Iniciais e Avaliações

O Plano Real, introduzido em 1º de julho de 1994, tem sido considerado por diversos analistas como o mais bem-sucedido programa de estabilização na História do Brasil. De acordo com Bacha, um dos seus idealizadores, o sucesso obtido pelo Plano Real serviu para confirmar "o acerto das proposições teóricas que o sustentavam" (Bacha, 1997, p. 179), que eram:

a) o equilíbrio das contas do governo sem o auxílio da corrosão dos gastos orçamentários, causados pela inflação;
b) a conversão dos salários e outros contratos, de Cruzeiros Reais para a URV, sem uma aceleração da inflação;
c) a derrubada da taxa de inflação para próximo de zero instantaneamente, de forma prenunciada, por meio de uma reforma monetária.

A variação do INPC/IPC-r (Índice Nacional de Preços ao Consumidor calculado com base no Índice de Preços ao Consumidor restrito) de julho a outubro de 1994 foi de 15,67%, devido principalmente a:

a) remarcação na ponta do varejo, realizada entre meados e final de julho, na expectativa da adoção de algum tipo de controle de preços pelo governo;
b) conversão inadequada ao Real (a divisão de preços de CR$ para R$ deveria ser feita por um fator de 2.750, e não por 1.000, como em planos anteriores);
c) pressão dos produtos sazonais e de preços contratuais ainda não plenamente ajustados na fase da URV[5];
d) alteração de preços relativos, promovida pela própria estabilização.

No decorrer dos anos, os preços dos serviços e bens não comercializáveis no setor externo (*non-tradeables*) passaram a apresentar variações próximas aos dos comercializáveis externamente (*tradeables*), a exemplo do que ocorrera em experiências semelhantes de estabilização, como no México e na Argentina.

---

5. Entre estes destacavam-se os aluguéis e as mensalidades escolares, o que fortalecia a ideia de que a equipe econômica "acertava no atacado, mas errava no varejo".

Competitividade e Câmbio

Muito se discute sobre a questão da política cambial. Há argumentos que os ganhos de produtividade tendem a compensar a eventual valorização da moeda, como defendem os criadores do Plano Real, mas outros consideram que seria inviável exigir-se um ganho de tal monta, no curto prazo.

Tabela 1
Preços Relativos: Comércio Externo X Domésticos
IPC-FIPE* – Jul./94 a Dez./97 (% Acumulado)

Setor	Período					
	jul./94 a jun./95	jul./95 a jun./96	jul./96 a jun./97	jul./97 a dez./97	3anos (7/94 a 6/97)	42 meses (7/94 a 12/97)
Geral	32,3	17,8	7,1	0,7	67,0	68,1
Comércio Externo	13,2	7,8	1,9	-1,6	24,3	22,3
Serviços Públicos (1)	11,2	28,2	18,4	5,3	68,8	77,8
Serviços Profissionais (2)	53,8	22,2	6,7	2,3	100,5	105,1
Domésticos (SP1 + SP2)	31,1	25,4	12,9	3,9	85,7	92,9
Aluguel	210,0	78,8	20,1	3,1	565,5	586,0
Domésticos + Aluguel	57,3	33,2	14,0	3,7	139,0	148,0

* FIPE – Fundação Instituto de Pesquisas Econômicas.
Fonte: Extraído de Rizzieri (1998, p. 19). Elaboração do autor.

O Gráfico 1 apresenta um exercício comparativo do nível de câmbio real na fase anterior e posterior do Plano Real. Nota-se, tanto em relação ao Dólar quanto em relação a uma cesta de moedas, uma valorização do Real.

A questão da valorização cambial ocorrida após a implantação do Plano Real, no entanto, não é reconhecida por membros da área econômica do governo, como por exemplo Franco (1996, p. 19):

A resiliência da alegação de "defasagem" não é fenômeno trivial, cuja explicação se restrinja aos pleitos prejudicados: a noção de "defasagem" tem apelo irresistível àqueles que exibem algum grau de nostalgia relativamente a um passado não muito distante, onde o Brasil permanecia protegido dos imperativos da globalização e os caminhos do desenvolvimento pareciam estabelecidos e bem mais fáceis de serem entendidos.

Gráfico 1

Evolução da Taxa de Câmbio Real* e da Taxa
de Câmbio Efetiva Real** – Base: agosto 1994 = 100

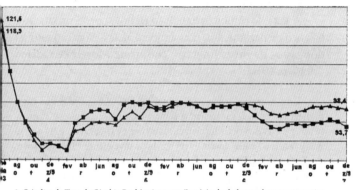

* O índice da Taxa de Câmbio Real (R$/US$ e R$/Iene) é calculado com base na respectiva taxa de câmbio nominal média do mês (BACEN – Banco Central – Venda), corrigida pela relação entre o correspondente índice de preços atacadista externo (US-Wholesales Price oi IPA-Japão) e o índice de preços atacadistas doméstico (IPA-DI da FGV).
** O índice da Taxa de Câmbio Efetiva Real (R$/ALADI, R$/ Europa e R$/Cesta de 13 Moedas) é calculado com base nas taxas de câmbio reais dos países que compõem a respectiva cesta, ponderadas pela participação média de cada país na corrente de comércio (exportação e importação) do Brasil no período 1993-1995. Os respectivos vetores de ponderação são:
ALADI: Argentina (54,8); Uruguai (10,0); Paraguai (9,9); Chile (13,2) e México (12,1).
Europa: Alemanha (31,4); França (10,8); Itália (18,8); Holanda (21,3); Reino Unido (12,4) e Suíça (5,3).
Cesta de 13 Moedas: EUA (32,2); Japão (9,1); Alemanha (10,3); França (3,5); Itália (6,1); Holanda (6,9); Reino Unido (4,1); Suíça (1,7); Argentina (14,3); Uruguai (2,6); Paraguai (2,6); Chile (3,4) e México (3,2).
Fonte: Boletim da FUNCEX, vários números. Elaboração do autor.

No entanto, apontam-se críticas ao processo. Apesar de reconhecer-se o acerto na abertura da economia, ressalta-se o problema cambial e a defesa explícita de uma desvalorização do Real, como em Moreira e Correa (1996, p. 18):

Para que não se coloque o processo de abertura e o sucesso dos seus resultados em risco, é preciso que se retorne a uma estratégia de desvalorização real da taxa de câmbio. As recomendações da literatura e a experiência concreta de outros países não deixam dúvidas quanto aos riscos, tanto micro como macroeconômicos, de um processo simultâneo de liberalização comercial e apreciação cambial.

O coeficiente de importações em relação à produção, no período de 1989 a 1995, aumentou em todos os segmentos industriais e, no total, cresceu no período de 4,3% para 15,6%. O setor de bens de capital, o mais afetado pela ausência de condições macroeconômicas de competitividade, teve o seu coeficiente aumentado de 11,1% para 59,4%.

A taxa de câmbio não tem só efeitos sobre a produção e balanço de pagamentos, mas também afeta a alocação setorial dos gastos de investimentos, conforme Moreira e Correa (1996, p. 19):

> Uma sobrevalorização cambial, ao elevar os preços dos bens domésticos (não comercializáveis internacionalmente) relativamente aos preços dos bens internacionais (bens exportáveis e importáveis), tende a redirecionar os recursos de investimentos dos setores produtores de bens internacionais para os setores de bens domésticos. Como consequência dessa realocação dos gastos de investimentos, o desempenho da balança comercial, possivelmente já afetado negativamente pela sobrevalorização cambial, tenderia a se agravar no futuro.

Há uma carência de informações a respeito da alocação dos investimentos no passado recente da economia brasileira. No entanto, considerando-se que houve um robusto crescimento das importações de bens de capital nos últimos anos e, consequentemente, um aumento do coeficiente de importações relativamente ao consumo aparente, infere-se que a distribuição setorial das importações de máquinas e equipamentos industriais aproxima-se da distribuição dos investimentos em máquinas e equipamentos totais.

Observando-se a destinação setorial das importações de máquinas e equipamentos industriais realizada no período entre 1990 e 1995, constata-se uma estabilidade no coeficiente de participação dos setores produtores de bens internacionais (*tradeables*) nessas importações, com exceção do ano de 1994. As importações de máquinas e equipamentos industriais representam 75% das aquisições de setores produtores de bens intermediários.

Os Efeitos na Balança Comercial e de Pagamentos e a Questão Fiscal

O fraco desempenho das exportações brasileiras não se restringe aos anos recentes, ou aos setores dinâmicos, como o eletroeletrônico. Nos anos de 1980, a queda na taxa de investimento agregado e a crise da dívida externa limitaram o desempenho das nossas vendas externas. O desempenho melhor, ocorrido na primeira metade dos anos de 1980, deveu-se à expansão dos investimentos realizados na década anterior e à retração da demanda doméstica, em função das políticas econômicas implementadas. As maxidesvalorizações serviram de compensação para a redução ocorrida nos subsídios às exportações, o que permitiu a geração de saldos comerciais positivos mas, ao mesmo tempo, fomentou o crescimento da inflação.

Ocorre que houve uma mudança estrutural na economia brasileira. A redução das alíquotas tarifárias e o Dólar barato estimularam o aumento das importações, ao mesmo tempo em que se tornava um mau negócio exportar. Houve uma alteração significativa na estrutura da indústria, com a substituição da produção local pelas importações.

A restrição externa torna-se o maior fator de limitação ao crescimento econômico. O crescimento da economia implica um aumento da propensão a importar. Adicionalmente, quando o mercado interno está aquecido, os produtores tendem a se voltar para o seu atendimento, geralmente em condições mais rentáveis devido à situação cambial.

Após a introdução do Plano Real, em 1994, a sobrevalorização cambial, aliada à abertura da economia, incentivou

227

sobremaneira o aumento das importações. As importações, que representavam US$ 25,8 bilhões em 1993, cresceram para US$ 33,2 bilhões em 1994, US$ 50 bilhões em 1995, US$ 53,3 bilhões em 1996 e US$ 61,5 bilhões em 1997, ou seja, houve aumento de 143% em apenas quatro anos. O quadro das exportações, em contrapartida, reflete situação diferente. Essas evoluíram de US$ 38,7 bilhões em 1993 para US$ 43,6 bilhões em 1994, US$ 46,5 bilhões em 1995, US$ 47,7 bilhões em 1996 e US$ 53 bilhões em 1997, ou seja, cresceram apenas 37% no cumulado. Em consequência, o saldo comercial positivo de US$ 13,3 bilhões em 1993 transformou-se em um déficit de US$ 8,4 em 1997 (Tabela 2).

O reflexo na balança de transações correntes é dramático. Com os crescentes déficits comerciais na conta de turismo e o serviço da dívida externa, o passivo aumentou substancialmente. O resultado em transações correntes evoluiu de um déficit de US$ 592 milhões em 1993, para US$ 1,7 bilhão em 1994, US$ 17,9 bilhões em 1995, US$ 24,3 bilhões em 1996 e US$ 33,4 bilhões em 1997.

Em 1997, diante da crise dos países asiáticos, a vulnerabilidade da economia brasileira ficou mais evidente. Com um déficit em contas correntes de US$ 33,4 bilhões, o que equivale a cerca de 4,2% do PIB (Produto Interno Bruto), o governo novamente foi obrigado a adotar medidas de contenção do nível de atividades para evitar o descontrole externo.

O aspecto positivo nos dados das contas externas é que se está conseguindo melhorar a qualidade do financiamento, devido à maior parcela de investimentos diretos, que atingiram US$ 17 bilhões em 1997; e porque o Brasil tem conseguido alongar o perfil da sua dívida externa no mercado internacional. Ao mesmo tempo que o déficit em contas correntes foi significando parcelas crescentes das exportações, os investimentos diretos estrangeiros também passaram a representar uma participação maior no financiamento do déficit em transações correntes.

Tabela 2

Balança de Pagamentos – Indicadores Selecionados

(em US$ milhões)

Discriminação	1990	1991	1992	1993	1994	1995	1996	1997
Balança Comercial – FOB	10.753	10.579	15.239	13.307	10.466	-3.352	-5.539	-8.372
Exportações	31.414	31.620	35.793	38.563	43.545	46.506	47.747	52.986
Importações	20.661	21.041	20.554	25.256	33.079	49.858	53.286	1.358
Serviços (Líquido)	-15.369	-13.542	-11.339	-15.585	-14.743	-18.594	-21.707	-27.287
Juros	-9.748	-8.621	-7.253	-8.280	-6.338	-8.158	-9.840	-10.388
Outros Serviços	-5.621	-4.921	-4.086	-7.305	-8.405	-10.436	-11.867	-16.899
Transferências Unilaterais	834	1.556	2.243	1.686	2.588	3.974	2.899	2.220
Transações Correntes	-3.782	-1.407	6.143	-592	-1.689	-17.972	-24.347	-33.439
Capital	-5.626	-4.148	25.271	10.115	14.294	29.359	32.391	26.758

Fonte: Elaboração do autor, a partir de dados básicos do Banco Central.

A sustentabilidade do modelo de inserção da economia brasileira é questionada, pois ao mesmo tempo se mantêm juros elevados e o câmbio sobrevalorizado. O tema tem suscitado intenso debate em que, por um lado, membros da equipe econômica como Franco (1996) e Mendonça de Barros e Goldenstein (1997) "apostam" na estratégia atual; por outro, aparecem análises críticas do processo, como em Laplane e Sarti (1997), que apontam a excessiva tendência dos novos investimentos estarem voltados para os setores de não comercializáveis, o que pode provocar constrangimentos no financiamento do balanço de pagamentos; e ainda Lacerda (1997), que aponta as distorções entre a política de estabilização e a ausência de uma melhor definição de políticas de competitividade.

Mendonça de Barros e Goldenstein (1997, p. 13) destacam que a economia brasileira passa simultaneamente por quatro processos que interagem entre si: globalização, abertura da economia, estabilização e privatização. Essas transformações estariam alterando a estrutura básica do capitalismo brasileiro e provocam uma "verdadeira revolução", que entendem como positiva:

> Primeiro as empresas estrangeiras testam o mercado e a aceitação dos seus produtos criando uma rede de distribuição e de assistência técnica e só em uma segunda etapa iniciam seus investimentos. Nesta fase, além de continuar importando os produtos finais, começa a importar algumas máquinas e equipamentos necessários para a instalação da nova indústria no país. É só em uma terceira fase que esta indústria reduzirá seu nível de importações e, dependendo do setor em que se encontra e de decisões estratégicas a nível internacional, poderá inclusive tornar-se exportadora.

Os autores consideram que as críticas aos processos são decorrentes da dificuldade de separar os efeitos conjunturais (como da taxa de juros, por exemplo) da mudança estrutural, ressaltando a questão da descentralização, o que faz com que muitas empresas se instalem fora dos grandes centros, em que possuem tradição industrializante.

Laplane e Sarti (1997, p. 146) questionam a viabilidade da estratégia de absorção de capitais para a retomada do crescimento sustentado:

A contrapartida da entrada de maiores fluxos de financiamento e empréstimos, ainda que preponderantemente de médio e longo prazos, tem sido o aumento dos serviços da dívida externa (juros), bem como do montante de amortização a ser pago ou renegociado. Neste sentido, na hipótese de permanência de déficits comerciais, o atual padrão de financiamento dependerá da entrada crescente de novos fluxos de empréstimos e financiamentos e de investimento estrangeiro, sobretudo de investimento direto.

O segundo aspecto que destacam é a excessiva concentração dos novos investimentos nos setores de bens de consumo duráveis, que representam 72,6% do total levantado. Com base na análise dos projetos de investimentos de 79 empresas estrangeiras para o período 1994-1998, detectou-se que mais da metade do total de investimento previsto de us$ 14,8 bilhões concentra-se na produção de veículos (automóveis, ônibus e caminhões, tratores e máquinas agrícolas, equipamentos de terraplanagem e respectivas peças e componentes).

Os autores encontram explicação para esse fato na expansão do mercado doméstico decorrente da estabilização da economia. Com relação à hipótese otimista de que contribuiriam através de excedentes exportáveis, que somados à internalização da fabricação de componentes contribuiriam para uma melhora no saldo da balança comercial, parece não se confirmar, como ressaltam Laplane e Sarti (1997, p. 177):

Não há evidências [...] que corroborem esta hipótese otimista. Os investimentos concentram-se na produção de bens finais de consumo nos complexos automobilístico e eletrônico, setores com comércio fortemente administrado pela existência de aparatos regulatórios (Regime Automotivo e Zona Franca de Manaus). Em nenhum dos dois casos há uma tendência para a geração de superávits comerciais. Mesmo no caso do setor automobilístico, com reconhecida tradição exportadora, e com filiais integradas mais intensivamente nas redes globais das matrizes, o que se observa são fluxos de comércio concentrados na região.

Um dos principais pontos do debate econômico atual é o que se refere à capacidade do Brasil financiar o seu déficit em contas correntes no balanço de pagamentos. O argumento central daqueles que apostam na travessia tranquila é que o déficit em conta corrente apresenta sua contrapartida, que é a captação de poupança externa. Assim, o componente externo complementaria a baixa taxa de poupança interna, propiciando a sustentabilidade do balanço de pagamentos e dos investimentos, assim como do crescimento econômico.

Um dos fatores apontados é a crescente participação do investimento direto estrangeiro, através da instalação de novas fábricas, ou através do crescente movimento de fusões e aquisições, incluindo aí o processo de privatização. A crescente participação das fusões e aquisições dentro dos investimentos diretos estrangeiros é um fenômeno de ordem internacional.

No caso brasileiro, a crescente entrada de novos investimentos diretos estrangeiros tem sido crucial para o financiamento do déficit em transações correntes do balanço de pagamentos. Em 1997, o IDE (Investimentos Diretos Estrangeiros) alcançou US$ 17 bilhões, praticamente a metade do déficit corrente, e esse é de fato um fator positivo por se tratar de recursos de longo prazo. Como já apontado, ressalte-se que o Brasil é o segundo país em desenvolvimento no *ranking* dos receptores de investimentos diretos estrangeiros, logo depois da China que, como se sabe, apresenta uma condição especial, pela forma como lá se registram esses investimentos.

O efeito da valorização do câmbio, influenciado pela elevada taxa de juros que tem sido praticada na economia brasileira, deve ter sido o principal fator de restrição dos investimentos. As evidências mostram que o acréscimo potencial que poderia estar sendo representado pela contrapartida proporcionada pela elevação da poupança externa não se tem refletido no aumento da taxa de investimentos.

A constatação é que a vulnerabilidade externa, decorrente do crescente déficit em contas correntes no balanço de pagamentos, e a sua contrapartida, representada pelo aumento da poupança externa, têm financiado o consumo e não o investimento, numa combinação de déficits gêmeos (contas correntes e contas públicas), com destaque para o peso do componente juros do déficit público que, não por acaso, tem se situado próximo dos 4% do PIB ao ano.

Na área fiscal, todo o esforço arrecadatório, que fez com que a carga tributária bruta crescesse de 26% do PIB em 1993 para 30% do PIB em 1997, tem sido consumido pela conta dos juros reais, que tem representado em média cerca de 4% do PIB ao ano. Isso porque o endividamento público, somente em nível federal, que era de R$ 60 bilhões no início do Plano Real, já supera em junho de 1998 o montante de R$ 320 bilhões. Com a prática de juros elevados, dificilmente este custo vai reduzir-se substancialmente no curto prazo.

O governo aponta a desvalorização gradual do Real como amenizador dos problemas dos produtores locais e exportadores e as privatizações previstas como grande trunfo que dispõe a economia brasileira para o rompimento de dois grandes gargalos no desenvolvimento: o primeiro é a questão externa, como atrativo para novos investimentos diretos; e o segundo, superar as restrições de recursos estatais para financiar os elevados investimentos em infraestrutura, necessários para suportar o crescimento continuado da economia.

Nível de Atividade, Renda e Emprego

O PIB cresceu 5,67% em 1994, com o setor industrial apresentando expansão de 7%. A agropecuária acusou crescimento ainda maior, de 7,6%, confirmado pela safra recorde de cerca de 80 milhões de toneladas de grãos. O setor de serviços cresceu 4%; a taxa mais baixa, denotando, em parte, o efeito do desaparecimento do ganho inflacionário que antes contribuía para o grande movimento de dinheiro no sistema financeiro. A economia manteve-se em expansão nos primeiros três meses de 1995, contrariando aqueles que, de antemão, qualificavam o programa como recessivo. A taxa de crescimento do primeiro trimestre (ajustada sazonalmente), em relação aos três últimos meses de 1994, foi de 3,1%, atingindo o aumento expressivo de 10,4% sobre o primeiro trimestre de 1994.

Segundo a Fundação IBGE, entre junho de 1994 e março de 1995 a produção industrial cresceu 15,5% em termos dessazonalizados. O setor de bens duráveis liderava até março o crescimento industrial estimulado pelo Plano Real, acumulando expansão de 29,7%. No entanto, o setor de bens de capital, responsável pela ampliação da capacidade de oferta da economia, também teve expressivo crescimento, alcançando a taxa de 27,2% naquele período.

O desempenho do PIB de 1996 foi de um crescimento de 2,8%, muito aquém do necessário. Ao adotar, no final de 1995, medidas de aumento dos compulsórios, restrições de crédito e juros elevados no âmbito da política monetária, o governo claramente optou em sacrificar o crescimento para evitar um déficit muito elevado no saldo da balança comercial.

A queda brusca da inflação teve efeitos significativos sobre o poder de compra da população, com o consumo tendo sido estimulado também pelos efetivos incrementos ocorridos na massa salarial e no nível de emprego.

Dados do comércio do estado de São Paulo indicam que o impacto do Real sobre o consumo foi significativo. O faturamento cresceu quase 18% em março de 1995 em comparação a março de 1994, sendo que a venda no setor de duráveis teve elevação de 57,6% no mesmo período. De um ano para outro, portanto, as vendas de eletrodomésticos, automóveis, geladeiras, fogões e outros produtos duráveis cresceram em mais de 50%.

Logo após a introdução da nova moeda, os salários passaram a ser recebidos pelos trabalhadores em uma moeda com poder de compra relativamente constante, o que não acontecia antes da estabilização. Em tempos de inflação elevada, os salários sofriam uma forte deterioração entre os picos que se seguiam ao reajuste quadrimestral e os vales que antecediam tais reajustes.

Para Bacha (1997), embora as médias fossem iguais, um ganho adicional de renda real adveio da eliminação da incerteza associada à forte oscilação dos salários reais. Este ganho derivado da estabilização da moeda explicitou-se no mercado pela maior facilidade que os assalariados passaram a ter de acesso ao crédito ao consumidor, que se expandiu de forma considerável no período: entre junho e dezembro de 1994 os empréstimos do sistema financeiro às pessoas físicas se expandiram em 150% (Bacen, 1996b, p. 98).

A Tabela 3, a seguir, apresenta o efeito do Real na elevação do nível médio de renda da população (aqui tomada a Região Metropolitana de São Paulo como exemplo), principalmente na de mais baixa renda, representada no quadro pelos empregados sem carteira assinada.

Tabela 3
Renda Média de Empregados na Região Metropolitana de
São Paulo – (us$ de 1996)

ANOS	TOTAL		COM CARTEIRA ASSINADA		SEM CARTEIRA ASSINADA	
1993	549		592		355	
1994	641	+16,8%	636	+7,4%	427	+20,3%
1995	742	+15,8%	710	+11,6%	523	+22,5%
1996	779	+5,0%	754	+6,2%	537	+2,7%
Média Anual		+12,4%		+8,4%		+14,8%

Fonte: IBGE e cálculos próprios. Deflator: Fipe. Elaboração do autor.

Juntamente com a elevação da renda, ocorreu a retomada do crédito ao consumidor. Do outro lado, a abertura comercial e a política cambial viabilizaram a entrada de produtos acabados e componentes a preços mais baixos. Estas condições trouxeram para o mercado um novo e significativo contingente de consumidores, principalmente de bens de consumo duráveis. Esta é a razão fundamental que explica a explosão de consumo de duráveis, ocorrida após o segundo semestre de 1994. Os dados de vendas físicas registrados no comércio da cidade de São Paulo indicam essa tendência. O desempenho das vendas de duráveis, muito acima da média do comércio geral, denuncia a preferência da população por aquele tipo de bem (Tabela 4).

Tabela 4
Vendas Físicas no Comércio da Cidade de São Paulo

ANOS	GERAL	DURÁVEIS	UTILIDADES DOMÉSTICAS
1994	+ 7,5%	+31,6%	+65,8%
1995	+11,0%	+12,9%	+17,3%
1996	+ 1,4%	+13,7%	+14,3%
Média Anual	+ 6,6%	+19,1%	+30,5%

Fonte: FCESP (Federação do Comércio do Estado de São Paulo), elaboração do autor.

Portanto, o que aconteceu foi o deslocamento da curva de demanda para um patamar mais elevado, provocado pela admissão ao mercado consumidor de um novo contingente populacional. Consequentemente, para que o nível de demanda seja mantido, é necessário que pelo menos algumas daquelas condições permaneçam e a principal, sem dúvida, é o nível de renda real.

Embora o mercado tenha apresentado um crescimento nos últimos anos, especialmente após a implementação do Plano Real, o número de empregados vem caindo. Tal processo é decorrente da reestruturação do setor, com o aumento das importações, as mudanças tecnológicas, as fusões e as aquisições.

Ainda que se deva ressalvar que algumas das mudanças estruturais, como a terceirização e a maior contratação de autônomos, tendem a distorcer o real efeito sobre o emprego, houve uma substancial redução de empregados, especialmente no setor industrial num primeiro momento, processo que atinge rapidamente o setor de serviços[6].

---

6. De acordo com o economista Marcio Pochmann, da Unicamp, na década de 1990 o Brasil já perdeu 2,5 milhões, dos 25,5 milhões de empregos formais existentes no final dos anos de 1980. Ver *Folha de S. Paulo*, 3/6/1998, p. 2-6.

Gráfico 2
Evolução da Taxa Média de Desemprego Aberto
(Fevereiro de 1984 a Fevereiro de 1998) (em %)

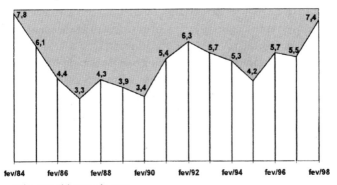

Fonte: IBGE. Elaboração do autor.

O Papel das Privatizações e Perspectivas

Iniciado em 1990, o Programa Nacional de Desestatização já promoveu, até março de 1998, a transferência para o setor privado de 76 empresas, das quais 56 do âmbito federal, quinze estaduais e cinco na área de telecomunicações. Esse processo propiciou uma receita de US$ 37,6 bilhões com a venda das empresas e permitiu a transferência de dívidas do Estado da ordem de US$ 10 bilhões para os adquirentes. A participação dos investidores estrangeiros atingiu, nesse período, 27,6% do total arrecado, sendo que, destes, os americanos representam a maior fatia com 17%, seguido dos espanhóis com 4%, do Chile com 2,1% e da França com 1,3%.

Após a crise nos países asiáticos, no final do segundo semestre de 1997, o governo brasileiro elevou substancialmente as taxas de juros (que chegaram a 43% ao ano), que estão sendo gradualmente reduzidas no momento, e promoveu um ajuste fiscal que objetivava melhorar a situação fiscal em US$ 20 bilhões em 1998. Essas duas medidas combinadas, mais os reflexos da crise asiática no mercado internacional, devem limitar substancialmente a capacidade de crescimento da economia brasileira em 1998.

Há uma expectativa de arrecadação de us$ 70 a us$ 80 bilhões, considerando as privatizações programadas para o período 1998-2000. Uma parcela significativa desses recursos devem vir do exterior, tendo em vista a atratividade que representam principalmente os setores de energia e telecomunicações na economia brasileira.

No entanto, a passagem do papel do Estado brasileiro de produtor para regulamentador é um processo complexo, a exemplo de países que iniciaram há muito tempo a privatização dessas áreas e enfrentam as dificuldades decorrentes.

Considerações Finais

O Plano Real é apontado como a melhor experiência de estabilização da economia brasileira. No entanto, a sua sustentabilidade e, principalmente, a retomada do crescimento econômico depende de reformas mais profundas, de âmbito estrutural, envolvendo as áreas fiscal-tributária, patrimonial, financeira e administrativa.

Assim, a experiência brasileira corrobora a visão de que os desafios são crescentes, já que vários processos ocorrem simultaneamente: estabilização, alterando o perfil do mercado consumidor, reestruturação produtiva com aumento do coeficiente de importação, privatização, entrada de novos concorrentes, através dos investimentos diretos em novos empreendimentos e/ou fusões e aquisições.

Os impactos dessas grandes transformações não se restringem ao aspecto macroeconômico, em que a vulnerabilidade das contas externas e a incapacidade financeira do Estado fragilizam o arcabouço da política econômica. Também no âmbito microeconômico observa-se uma enorme mudança, cujo aspecto mais surpreendente tem sido a reação empresarial às mudanças no cenário.

Apesar dos avanços, ficava cada vez mais claro para os agentes econômicos que a excessiva dependência de recursos externos para financiar o déficit em transações correntes, por um lado, e a necessidade de manutenção de taxas elevadas de juros, de outro, representavam uma enorme restrição do crescimento.

Os riscos presentes nessa fase do capitalismo contemporâneo em que os novos paradigmas de produção, mas também e principalmente da hegemonia do capital financeiro, dão as cartas do jogo internacional, já foram há muito alertados por vários analistas. Até mesmo o presidente do Federal Reserve americano, Alan Greenspan, já se referira à "exuberância irracional" dos mercados.

A turbulência em algumas economias tende a afetar, de uma forma geral, todas as demais, com predominância daquelas em que os "fundamentos" estejam fragilizados. É fruto da globalização, que propiciou uma maior velocidade e magnitude das transações financeiras e do fluxo de informações. Os mercados funcionam *on line* 24 horas por dia, e isso representa um novo desafio para as políticas e os agentes econômicos (Lacerda, 1998).

Assim, é inevitável que uma crise que afete com maior ou menor intensidade a toda a economia mundial também tenha seus reflexos no Brasil, mas certamente não é a causa única. Na verdade, o Brasil optou por uma política econômica, a partir de 1994, que privilegiou um bem-sucedido programa de estabilização ancorado na valorização cambial e na prática de juros elevados. A baixa da inflação permitiu a expansão do consumo nos dois primeiros anos do programa, que teve que ser abortado, inicialmente em 1995, com medidas de restrição de crédito para reduzir a atividade e evitar um impacto maior no déficit da balança comercial. Também em 1995, o governo reconheceu a sobrevalorização cambial e adotou, corretamente, um processo de desvalorização gradual da taxa de câmbio.

No entanto, isso não impediu a expansão crescente do déficit das contas correntes do balanço de pagamentos, que partiu de cerca de US$ 1,6 bilhão em 1994, para atingir US$ 33,4 bilhões em 1997. O que por si só não seria um problema grave, se a poupança externa representada pelo financiamento sadio do déficit corrente alavancasse os investimentos físicos, e não o excesso de gastos governamentais por conta do financiamento da dívida pública.

Em outubro de 1997, diante do agravamento da situação de alguns dos tigres asiáticos e da persistência dos nossos déficits gêmeos – das contas correntes do balanço de pagamentos, que chegara a 4,2% do PIB e do déficit público a 5% do PIB –, o governo brasileiro adotou um pacote fiscal, combinando aumento de receitas e promessas de corte de gastos, visando um ajuste de US$ 20 bilhões, além de praticamente duplicar a taxa básica de juros para 43% ao ano.

O efeito dessas medidas restringiu a quase zero o crescimento econômico de 1998, provocando o agravamento da inadimplência e a elevação da taxa de desemprego aberto apurada pelo IBGE, que subiu dos então 5,5% da PEA (População Economicamente Ativa), para mais de 8% nos últimos meses. Assim, os desdobramentos da crise russa, que complicaram o quadro internacional, vieram a significar uma dificuldade adicional para o Brasil, que já se encontrava numa situação de vulnerabilidade. Mas é preciso reconhecer que mesmo numa situação de normalidade na economia internacional, dificilmente o Brasil poderia continuar a sua trajetória de ampliação crescente do déficit em transações correntes para financiar o excesso de gastos com o financiamento dos seus gastos correntes e do endividamento público.

Antônio Corrêa de Lacerda

Referências Bibliográficas

ARIDA, P. & REZENDE, A. L. (1986) Inflação Inercial e Reforma Monetária no Brasil. In: ARIDA, P. *Inflação Zero*. Rio de Janeiro: Paz e Terra.
ARAÚJO, A. P. de & FEIJÓ FILHO, C. L. (1993) *Bandas de Câmbio: Teoria, Evidência Empírica e sua Possível Aplicação no Brasil*. Convênio BCB-FGV, Relatório Final, 5/11/1993.
ASSOCIAÇÃO NACIONAL DAS INSTITUIÇÕES DO MERCADO ABERTO. (1994) *Relatório Econômico: Plano Real*. Rio de Janeiro: Andima.

BACHA, E. L. (1997) Plano Real: uma Segunda Avaliação. In: *O Plano Real e Outras Experiências Internacionais de Estabilização*. Brasília: Ipea.

BACEN. (1996a) *O Banco Central e os Dois Anos do Real*. Brasília: Bacen.

_____. (1996b) *Boletim do Banco Central do Brasil*, 32 (4), abril, Brasília: Bacen.

BATISTA JR., Paulo Nogueira. (1997) *O Plano Real Três Anos Depois*. Brasília: Câmara dos Deputados.

BRASIL. MINISTÉRIO DA FAZENDA. (1994) *Exposição de Motivos Interministerial* n. 205. Brasília (Exposição de Motivos da MP do Plano Real). www.fazenda.gov.br/real/realem.html.

BRESSER PEREIRA, L. C. & NAKANO, Y. (1984) Política Administrativa de Controle da Inflação. *Revista de Economia e Política*, 4 (3), julho.

CAGAN, P. (1956) The Monetary Dynamics of Hyperinflation. In: FRIEDMAN, M. *Studies in the Quantity Theory of Money*, p. 25-117.

FRANCO, Gustavo. (1996) A Inserção Externa e o Desenvolvimento. Mimeo, s/l.

_____. (1995) *O Plano Real e Outros Ensaios*. Rio de Janeiro: Francisco Alves.

IPEA. (1997) *O Plano Real e Outras Experiências Internacionais de Estabilização*. Brasília: Ipea.

KING, M. (1995) "Credibility and Monetary Policy": Theory and Evidence. *Scottish Journal of Political Economy*, 42 (1), fevereiro.

LACERDA, A. C. de. (1998) *O Impacto da Globalização na Economia Brasileira*. São Paulo: Contexto.

_____. (1997) Política de Estabilização, Balança Comercial e Reestruturação Produtiva: Algumas Considerações. In: MARQUES, R. M. (org.) *Mercado de Trabalho e Estabilização*. São Paulo: Cadernos PUC-Economia n. 4, Educ, p. 11-30.

_____. (1995) A Trajetória do Real: Oportunidades, Riscos e Desafios. *Economia & Empresa*. São Paulo Universidade Mackenzie.

LAPLANE, M. & SARTI, F. (1997) Investimento Direto Estrangeiro e a Retomada do Crescimento Sustentado nos Anos 90. Campinas, *Economia e Sociedade*, (8): 143-81, junho.

LEVY, P. M. & HAHN, L. M. D. (1996) A Economia Brasileira em Transição: O Período 1993-1996. *A Economia Brasileira em Perspectiva*. Rio de Janeiro: Ipea.

LOPES, F. (1989) *O Desafio da Hiperinflação: em Busca da Moeda Real*. São Paulo: Campus.

_____. (1986) Inflação Inercial, Hiperinflação e Desinflação: Notas e Conjecturas. In: *Choque Heterodoxo, Combate à Inflação e Reforma Monetária*. São Paulo: Campus.

MENDONÇA DE BARROS, J. R. & GOLDENSTEIN, L. (1997) Avaliação do Processo de Reestruturação Industrial Brasileiro. In: *Revista de Economia Política*, vol. 17, n. 2, São Paulo: Editora 34.

MOREIRA, M. M. & CORREA, P. G. (1996) Abertura Comercial e Indústria: o que se Pode Esperar e o que se Vem Obtendo. Textos para Discussão, BNDES, n. 49.

241

OLIVEIRA, G. & TOLEDO, C.. (1994) The Brazilian Economy under the Real: Prospects for Stabilization and Growth. São Paulo: Departamento de Economia FGV-EAESP (Texto para Discussão Interna n. 43. , dezembro).

OLIVEIRA, G. (1996) *Brasil Real*. São Paulo: Mandarim.

RIZZIERI, J. (1998) Globalização, Estabilidade e Crescimento: Perspectivas para 1998. *Indicadores Antecedentes*, n. 28, São Paulo, janeiro/março.

SIMONSEN, M. H. (1975) *Macroeconomia*. Rio de Janeiro: Anpec.

TROSTER, R. L. et al. (1997) *Plano Real*. São Paulo: Makron.

VELLOSO, J. P. R. (coord.). (1995) *O Real e o Futuro da Economia*. São Paulo: José Olympio.

O PLANEJAMENTO GOVERNAMENTAL
FEDERAL NO PERÍODO 1996-2002

Introdução

O processo de planejamento da economia brasileira no período de 1996 a 2002, aqui analisado, correspondeu a uma conjuntura em que a recente implementação do Plano Real havia conseguido bons resultados com relação à sua proposição de eliminar a elevação desenfreada de preços, que ameaçava transformar-se em uma hiperinflação (Lacerda, 1999). Nesse período, que decorreu durante as duas gestões do presidente Fernando Henrique Cardoso, foram elaborados e implementados dois Planos Plurianuais (PPA), abrangendo os períodos 1996-1999 e 2000-2003, que são examinados neste texto.

Como é notório, os PPAS começam a ser elaborados no primeiro ano de gestão governamental, para serem implementados nos quatro anos seguintes, o que significa que no primeiro ano da gestão seguinte, o plano do governo anterior está em seu último ano de implementação. A avaliação dos resultados do PPA 2000-2003, aqui registrada, abrange apenas o período do segundo governo de Fernando Henrique Cardoso.

O primeiro governo desta Presidência, no período de 1995 a 1998, empenhou-se particularmente na consecução da estabilização da moeda, que teve como base de sustentação o Programa de Estabilização Econômica, ou Plano Real, concebido e implementado em três etapas (Lacerda, 1999: 198):

1. Estabelecimento do equilíbrio das contas do Governo, objetivando eliminar a principal causa da inflação;
2. Criação de um padrão estável de valor, a URV – Unidade Real de Valor;
3. Emissão desse padrão de valor como uma nova moeda nacional de poder aquisitivo estável – o Real.

A implantação da proposta de estabilização, através das três fases programadas, teve êxito, desde que a reforma monetária concretizou a derrubada da taxa de inflação para próximo de zero instantaneamente e foi observada uma melhora no equilíbrio das contas governamentais, com a eliminação da inflação, sem recessão. Além disso, a inflação não se acelerou com a conversão, de cruzeiros reais para a URV, dos salários e outros contratos. Ao contrário de outros planos de estabilização malsucedidos, a estabilização de preços no Real se deu sem congelamento ou controle de preços, sem pré-fixações ou confiscos. Dessa forma, o Plano é considerado como a única experiência de estabilização da economia brasileira que cumpriu sua proposição e havia alcançado seus objetivos prioritários ao final de 1996. As medidas de política econômica adotadas reduziram a taxa de inflação, nos doze meses de julho de 1994 a junho de 1995, para 35,3%, índice inferior ao registrado somente no mês de junho de 1994, que havia sido de 49,1% (pelo IPC/FGV); ou seja, de 50% mensais em 1994, a inflação foi reduzida para zero. Como decorrência da eliminação do chamado "imposto inflacionário", os salários reais tiveram aumento, resultando em elevação da demanda e da produção de bens de consumo de massa.

No entanto, a manutenção da estabilidade não requeria apenas ações de política econômica de curto prazo. Seria necessária também a obtenção de um equilíbrio fiscal permanente, bem como criar condições para maiores investimentos e para o aumento da competitividade dos bens e serviços produzidos internamente, o que pressupunha a consolidação da abertura da economia e a redução do chamado "Custo Brasil", de forma a viabilizar maiores volumes de exportação e de importação. Permaneceu no governo a consciência de que reformas deviam ser feitas, ao longo de vários anos, a fim de se construir os chamados "fundamentos macroeconômicos" para que a estabilização se tornasse uma conquista permanente (Franco, 1995).

Como salienta Lacerda, a sua sustentabilidade, que conduziria à retomada do crescimento econômico, dependeria de reformas estruturais mais profundas, nas áreas fiscal-tributária, patrimonial, financeira e administrativa. A necessidade destas transformações decorre dos efeitos macro e microeconômicos causados pelas medidas estabilizadoras que afetaram as já difíceis condições das contas externas e da capacidade financeira do Estado, bem como a capacidade empresarial de reagir aos novos aspectos do perfil do mercado consumidor e produtor (Lacerda, 1999, p. 220).

Já no final de 1997, após a estabilização da moeda, o novo ambiente econômico interno do Brasil era caracterizado pela ampliação da concorrência, da reestruturação produtiva e dos coeficientes de importação, paralelamente à entrada de investimentos estrangeiros diretos, à implementação de privatizações, fusões e aquisições. A estes desafios se juntaram, por um lado, a situação conjuntural econômica mundial

245

calcada em novos paradigmas econômico-tecnológicos, e por outro lado, a estruturação da hegemonia financeira internacional em grupos específicos, que detinham o poder de acirrar os movimentos internacionais de capital físico e financeiro.

A segunda gestão de Fernando Henrique Cardoso, de 1999 a 2002, teve como princípio, por um lado, dar continuidade ao PPA formulado para o período 1996-1999 e, por outro, prosseguir buscando os objetivos de chegar a uma estabilidade monetária duradoura e ao equilíbrio macroeconômico, para permitir ao país crescer novamente, através da formulação do PPA para o período 2000-2003, denominado "Avança Brasil".

São examinados, em seguida, as propostas, as medidas de implementação e os resultados dos PPAs mencionados. As análises empreendidas deixam claro que as características da globalização econômica mundial intensificaram e difundiram com grande velocidade os efeitos de crises pelas quais passavam alguns países mais avançados no período analisado, afetando sobremaneira as economias menos avançadas, entre as quais as latino-americanas e as nações europeias em transição, bloqueando possibilidades de resultados mais satisfatórios do planejamento.

O Plano Plurianual (PPA) 1996-1999

Considerações Iniciais

O Plano Plurianual 1996-1999 foi elaborado no primeiro mandato do presidente Fernando Henrique Cardoso, introduzindo conceitos inovados no âmbito do planejamento federal brasileiro, que tinham como premissa:

eixos nacionais de integração e desenvolvimento como referência espacial do desenvolvimento, projetos estruturantes, essenciais para as transformações desejadas no ambiente econômico e social (MPOG, 2002, p. 15).

A delimitação de Eixos Nacionais de Integração e Desenvolvimento constituiu uma referência geográfica para a integração de políticas públicas, visando tratar estas políticas de uma forma abrangente e integrada em todo o território nacional, indo além das políticas regionais de natureza compensatória. Foram inicialmente identificados como eixos: Saída para o Caribe, Saída para o Pacífico, Oeste, Norte-Sul, Nordeste, Sudeste e Sul. As estratégias, diretrizes, ações e projetos de investimento foram delineados a partir da abordagem da geografia econômica do país.

A aplicação efetiva do PPA 1996-1999 teve início em um período em que a implementação do Plano Real havia dado resultados satisfatórios com relação à estabilização dos preços e transição para uma nova moeda.

O Diagnóstico e Objetivos Globais Propostos

A apresentação da proposta do plano destaca o objetivo do Governo Federal de: "remover os principais obstáculos à consolidação do Real, à retomada do crescimento e ao progresso econômico e social da população" (MPO, 1995), estabelecendo princípios inovadores no planejamento econômico no Brasil. O novo enfoque apresentado constituiu em que a iniciativa e o controle não se restringiriam apenas ao Governo Federal, como nos planos imediatamente antecessores (Plano de Metas e o II Plano Nacional de Desenvolvimento), porém sua execução incluiria duas modalidades de parcerias. No âmbito governamental estas parcerias reuniriam as três esferas governamentais – União, os Estados e os Municípios –, e para sociedade como um todo, reuniriam o setor público e o setor privado.

O diagnóstico governamental da situação econômica brasileira apresentado no Plano salienta inicialmente três obstáculos consideráveis à consolidação do Plano Real, e às condições de retomada do crescimento, que desafiavam a estabilidade econômica e política em meados da década de 1990; estes obstáculos eram representados pela cultura inflacionária, pelo atraso econômico e social, e pelo corporativismo (MPO, 1995).

O risco de volta da inflação existiria enquanto permanecesse a mentalidade inflacionária, que se alimenta de diversas fontes e seria visualizado como tendo origem na tendência a tratar os orçamentos públicos como instrumento de expectativas e não como instrumento de opção realista viável. Por outro lado, a concepção governamental era de que o risco resultava da transferência constante para o Estado de responsabilidades e custos que deveriam ser assumidos por grupos específicos, e não por toda a sociedade.

O atraso se devia primeiramente ao peso, ineficiência e custo de operacionalização do Estado em muitos setores, o que, diante da economia internacionalizada, acarretava em dificuldades para diagnosticar, executar e fiscalizar as necessidades e os projetos do país como um todo. Com relação às empresas, o atraso se manifestava através da exigência de proteção contra a competição, através da excessiva regulamentação dos mercados e da ampla indexação dos preços, em detrimento da revisão de custos e da renovação dos métodos de gestão. O atraso social, por sua vez, se manifestava através do baixo nível de instrução, formação técnica deficiente e despreparo para o mercado de trabalho, mesmo por uma parte da população que escapa aos níveis de pobreza.

Finalmente, o corporativismo – nas empresas, na sociedade civil e no Estado – foi diagnosticado como outro grande obstáculo à consolidação do Real e à retomada do crescimento no Brasil, desde que busca soluções em que o interesse público e geral é subordinado ao interesse privado e de um grupo particular, em detrimento das finalidades para que foram criadas aquelas instituições, em vez de buscar outras formas legítimas de organização da sociedade, o que tem sido um fator de ineficiência e altos custos para a sociedade.

Com base neste diagnóstico, os objetivos prioritários do governo federal apontados no PPA seriam definidos, primeiramente como:

a) Consolidação do Real, tornando permanentes as condições de estabilidade monetária. Para a consecução destas condições, as medidas de política governamental deveriam, portanto, dar continuidade às alterações constitucionais e legais dos sistemas tributário e previdenciário, visando obter um equilíbrio mais estável das contas públicas. O aprofundamento do programa de desestatização e a concessão de serviços públicos ao setor privado seriam outros instrumentos a serem utilizados nesse caminho. Finalmente, as políticas monetária e cambial deveriam ser compatibilizadas com a manutenção da estabilidade de preços e com as necessidades de crescimento da taxa de investimentos;

b) Volta do crescimento econômico do país, através da confiança na estabilidade política e econômica. Mecanismos de mudanças institucionais públicas e privadas seriam criados para favorecer o fluxo de poupanças, conferindo à iniciativa privada um papel de eixo dinâmico da economia. Para isso, a ação governamental se dirigiria para a recuperação dos instrumentos básicos de ação do Estado, como o planejamento governamental e a adoção de práticas orçamentárias sadias, transparentes às expectativas da sociedade e realistas quanto à sua viabilidade de execução;

c) Tornar esse crescimento um meio de aumentar o emprego e os rendimentos reais da população trabalhadora, projetando um crescimento anual da economia que seja, simultaneamente, compatível com a estabilidade monetária e suficiente para proporcionar um aumento da renda *per capita* que retome ou supere a média histórica.

Estratégias e Diretrizes Básicas

A partir do diagnóstico e dos objetivos propostos, as principais estratégias para a ação do Estado foram estabelecidas, como:

a) construção de um Estado moderno e eficiente;
b) redução dos desequilíbrios espaciais e sociais; e

c) inserção competitiva e modernização produtiva (MPO, 1995).

Primeiramente, a construção de um Estado moderno e eficiente seria efetivada por meio da implementação de uma reforma do Estado que possibilite a regulação da economia e a garantia das condições estruturais de desenvolvimento, permitindo que o mercado responda de forma mais efetiva às demandas de crescimento do País. Paralelamente, é proposta uma reforma que possibilite ao Estado a distribuição mais justa do produto desse crescimento e a consecução, pela população, da melhora do padrão de vida e de inserção mais adequada no processo produtivo. A partir disso são criadas as diretrizes básicas de ação do governo federal conforme apresentadas no Quadro 1:

Diretrizes da Ação do Governo para Construção de um Estado Moderno e Eficiente
• Consolidação do processo de saneamento das finanças públicas; • Descentralização das políticas públicas para Estados e Municípios, setor privado e organizações não governamentais; • Aumento da eficiência do gasto público, com ênfase na redução dos desperdícios e no aumento da qualidade e da produtividade dos serviços públicos; • Reformulação e fortalecimento dos organismos de fomento regional; • Aprofundamento do programa de desestatização; • Reformulação e fortalecimento da ação reguladora do Estado, inclusive nos serviços públicos privatizados; • Modernização dos Sistemas de Previdência Social; • Modernização das Forças Armadas e de seus níveis operacionais; e • Modernização da Justiça e dos sistemas de Segurança e Defesa Nacional.

Fonte: MPO, PPA 1996-99, Brasília, 1995.

A redução dos desequilíbrios espaciais e sociais, que refletem as disparidades no crescimento e na modernização das regiões, teria um tratamento regional específico, priorizando o Programa Comunidade Solidária. A estratégia mais relevante seria a transformação nos métodos tradicionais de gerenciamento dos programas sociais, por meio de parcerias entre o setor público e a iniciativa particular que envolveria todos os setores governamentais e órgãos públicos, evitando a continuidade da ação apenas através de órgãos especializados e voltados exclusivamente para atender à população mais pobre. As diretrizes básicas programadas são apresentadas no Quadro 2:

Diretrizes da Ação do Governo para Redução dos Desequilíbrios Regionais e Sociais
• Criação de novas oportunidades de ocupação da força de trabalho; • Redução dos custos de produtos de primeira necessidade; • Aproveitamento das potencialidades regionais, com o uso racional e sustentado dos recursos; • Fortalecimento da base de infraestrutura das regiões menos desenvolvidas; • Redução da mortalidade infantil; • Ampliação do acesso da população aos serviços básicos de saúde; • Melhoria das condições de vida, trabalho e produtividade do pequeno produtor e do trabalhador rural; • Melhoria das condições de vida nas aglomerações urbanas críticas (segurança pública, saneamento, habitação, transporte coletivo, serviços urbanos, desporto e cultura e meio ambiente); • Mobilização da sociedade e comprometimento de todo o Governo para a erradicação da miséria e da fome; e • Fortalecimento da cidadania e preservação dos valores nacionais.

Fonte: MPO, *PPA 1996-99*, Brasília, 1995.

A implementação das diretrizes se orientaria em torno da "consolidação de eixos nacionais de desenvolvimento", de modo a redefinir as vantagens comparativas no plano inter-regional, resultantes das transformações no padrão de industrialização e na ação do Estado que estariam em andamento. Prioridade seria dada à descentralização, à formação de parcerias com as instituições regionais e às soluções de caráter estrutural, em vez de ações pontuais que pulverizavam e utilizavam de forma ineficiente os recursos públicos.

Finalmente, a inserção competitiva e a modernização produtiva visavam atender aos estímulos do comércio internacional e a atração de investimentos externos como principal instrumento de modernização do setor produtivo. As medidas com este intuito seriam voltadas para o aperfeiçoamento das políticas de abertura comercial, desregulamentação, garantia da concorrência e defesa do consumidor. Simultaneamente seria considerada a criação de mecanismos de defesa da produção e do emprego, em particular nos casos de práticas desleais de comércio. Associadas a esta estratégia, foram formuladas as diretrizes básicas, conforme apresentadas no Quadro 3:

Diretrizes da Ação do Governo para Inserção Competitiva e Modernização Produtiva
• Modernização e ampliação da infraestrutura;
• Aumento da participação do setor privado em investimentos para o desenvolvimento;
• Fortalecimento de setores com potencial de inserção internacional e estímulos à inovação tecnológica e à reestruturação produtiva;
• Melhoria educacional, com ênfase na educação básica; e
• Modernização das relações trabalhistas.

Fonte: MPO, *PPA 1996-99*, Brasília, 1995.

As Ações e Projetos de Investimento

Com o objetivo de criar as condições necessárias à realização de investimentos básicos para a consecução das diretrizes do PPA, foi delineado o Programa Brasil em Ação, que teve como primeiro passo, entre as ações propostas, a escolha de 42 empreendimentos estratégicos nas áreas de infraestrutura econômica e desenvolvimento social. Os projetos selecionados tiveram como critério a capacidade de reduzir custos de produção e comercialização, completar elos de infraestrutura para melhorar as condições de competitividade da economia, atrair novos investimentos da iniciativa privada, viabilizar parceria e reduzir as desigualdades regionais e sociais do país (Feres, 2002; MPOG, 2002, p. 16).

As metas estabelecidas com base nas estratégias de atuação propostas pelo Governo Federal previam a realização, nos quatro anos seguintes, de ações e projetos envolvendo recursos públicos e privados da ordem de R$ 460 bilhões, dos quais R$ 154 bilhões (33%) se destinariam à execução de investimentos e R$ 306 bilhões (67%) seriam aplicados em programas de ação continuada (custeio).

Além da enumeração das metas governamentais, o PPA mapeou as classes de investimentos fundamentais (Tabela 1), indispensáveis à realização destas metas, com o intuito de nortear os agentes econômicos, sinalizar as oportunidades de investimentos para os agentes financiadores do Governo e da iniciativa privada.

Observa-se a ênfase dada aos investimentos em infraestrutura, que receberiam cerca de 56% do total previsto, com ênfase na área de Energia que receberia um quarto dos investimentos previstos. A área de Desenvolvimento Social deveria contar com quase 20% dos recursos destinados a investimentos, priorizando saneamento e habitação. Com relação aos programas de ação continuada, observa-se o maior gasto na área social, onde R$ 185 bilhões serão destinados ao pagamento de benefícios da Previdência Social.

No que se refere às fontes de financiamento (Gráfico1), quase 70%, equivalentes a R$ 318 bilhões, serão financiados com recursos fiscais e da seguridade social da União, destinados, principalmente, a projetos e ações para redução dos desequilíbrios sociais. Os estados e municípios contribuiriam com 4%, ou seja, R$ 17 bilhões, enquanto que estímulos para investimentos com recursos da iniciativa privada propostos pelo Plano equivaleriam a R$ 39 bilhões (9%). As demais fontes, agrupadas com a denominação de Outros, incluem autofinanciamento das empresas estatais, operações oficiais de crédito, financiamentos internos, FGTS (Fundo de Garantia por Tempo de Serviço) etc. e corresponderiam a quase R$ 60 bilhões.

Alguns projetos foram considerados prioritários devido aos impactos potenciais na dinâmica da economia e na estruturação de outros projetos públicos e privados. Visando ações que reduzissem o cognominado "Custo Brasil", o PPA favoreceria "investimentos e ações em educação básica, ciência e tecnologia e agricultura, bem como na recuperação e modernização nas áreas de transportes, energia e telecomunicações" (MPO, 1995). Também receberam especial atenção projetos e

Tabela 1
PPA 1996-1999
Investimento e Custeio Programados segundo setores

Discriminação	Investimentos*		Custeio**		Total***	
	R$ milhões	%	R$ milhões	%	R$ milhões	%
Infraestrutura econômica	85.389	55,7	332	0,1	85.721	18,7
Transporte	13.347	8,7	72	0,0	13.419	2,9
Energia	38.299	25,0	260	0,1	38.559	8,4
Comunicações	33.743	22,0	0	0,0	33.743	7,4
Recursos hídricos	6.742	4,4	920	0,3	7.662	1,7
Gerenciamento R.H.	60	0,0	124	0,0	184	0,0
Irrigação	3.165	2,1	703	0,2	3.868	0,8
Infraestrutura	3.517	2,3	93	0,0	3.610	0,8
Agricultura	7.289	4,8	15.627	5,1	22.916	5,0
Indústria e Comércio Exterior	3.735	2,4	2.971	1,0	6.706	1,5
Turismo	1.091	0,7	333	0,1	1.424	0,3
Ciência e Tecnologia	9.430	6,1	4.925	1,6	14.355	3,1
Meio Ambiente	1.735		774	0,3	2.509	0,5
Desenvolvimento Social	29.838	19,5	270.800	88,6	300.638	65,5
Previdência	12	0,0	184.767	60,5	184.779	40,3
Assistência Social	0	0,0	9.513	3,1	9.5I3	2,1
Saúde	4.737	3,1	40.924	13,4	45.661	9,9
Educação	4.988	3,3	6.921	2,3	11.909	2,6
Saneamento	9.594	6,3	431	0,1	10.025	2,2
Habitação	8.072	5,3	39	0,0	8.111	1,8
Desenvolvimento Urbano	2.277	1,5	68	0,0	2.345	0,5
Trabalho	158	0,1	28.137	9,2	28.295	6,2
Cultura, Desporto, Justiça, Segurança e Cidadania	1.831	1,2	2.016	0,7	3.847	0,8
Estado e Administração Pública	658	0,4	1.958	0,6	2.616	0,6
Defesa Nacional	5.652	3,7	4.917	1,6	10.569	2,3
TOTAL	153.390	100,0	305.573	100,0	458.963	100,0

*   recursos fiscais e da seguridade, financiamento externos e internos para a União, recursos diret
mente arrecadados e FGTS, recursos privados e de Estados e Municípios;
** valores médios de 1996;
*** exceto despesas de pessoal e encargos sociais e custeio administrativo.

Fonte: MPO, PPA 1996-99, Brasília, 1995.

Fontes de Financiamento

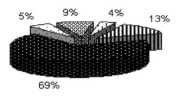

■ fiscal e seguridade ☐ externo ☒ privado ☐ est./munic. ☐ outros

Fonte: MPOG, PPA1996-99, Brasília, 1995. Elaboração da autora.
Fonte dos dados brutos: MPO (1995). Elaboração da autora.

ações que atenuassem os desequilíbrios espaciais e a consolidação dos principais eixos de desenvolvimento por um lado e por outro as desigualdades sociais, por meio da descentralização na alocação de recursos públicos.

Políticas e Reformas para o Desenvolvimento

Para a consecução dos investimentos propostos, o PPA salientava a necessidade de alteração de alguns dispositivos constitucionais que vedavam a entrada do capital estrangeiro e que implicavam rigidez orçamentária, bem como a reforma do sistema tributário que onerava investimentos exportando impostos. Nesse sentido, o Executivo enviou ao Congresso Nacional propostas de emendas constitucionais relacionadas à reforma tributária, administrativa, e da previdência, além das emendas sobre finanças públicas a serem enviadas e da ordem econômica já promulgadas ou em fase de apreciação pelo Senado Federal. Por outro lado, um importante passo na direção apontada havia sido dado com a aprovação das emendas à Constituição que tratam da eliminação das restrições ao capital estrangeiro e da quebra de diferentes monopólios de empresas estatais previstos na Constituição, além das propostas relacionadas à reforma administrativa:

O conjunto de propostas compreende: (i) restrição à criação de novos Estados e Municípios; (ii) aperfeiçoamentos no processo de elaboração do orçamento; (iii) mudança na relação entre os Poderes Executivo e Legislativo na fixação de limites para as operações de crédito dos Estados; (iv) desconstitucionalização de dispositivos sobre transferências de recursos para o Distrito Federal; (v) exigência de maior controle nos gastos com pessoal, por parte dos três Poderes; e (vi) prazo para revisão dos fundos e benefícios fiscais atualmente existentes. (MPO, 1995)

Com relação a políticas que possibilitassem a redução do "Custo Brasil" estimulando a competitividade internacional, constavam do Plano propostas de medidas tributárias prioritárias, como retratadas no Quadro 4.

Principais Medidas no Campo Tributário
• Desoneração das exportações, mediante eliminação da incidência do ICMS (Imposto sobre Circulação de Mercadorias e Serviços) nas exportações de produtos primários e semielaborados, com a garantia de aproveitamento integral do crédito tributário de IPI (Impostos sobre Produtos Industrializados) e do ICMS (inclusive com previsão de ressarcimento de créditos acumulados); • Estímulo aos investimentos e à melhoria da produtividade por meio de concessão de crédito do IPI e do ICMS incidente nas máquinas e equipamentos nacionais ou importados; e • Apoio à modernização da agropecuária e da agroindústria e estímulo à produção de alimentos, com a determinação de não incidência do ICMS sobre insumos e implementos agrícolas e redução do ônus tributário sobre os produtos da cesta básica.

Fonte: MPO, PPA 1996-99, Brasília, 1995.

Foram propostos também o estudo e consultas sobre outras reformas no campo tributário, relacionadas a contribuições sociais, como fusão do PIS (Programa de Integração Social) e da COFINS (Contribuição para o Financiamento da Seguridade Social), redução dos encargos incidentes sobre a folha de salários, bem como a introdução de outros tipos de contratos no mercado de trabalho (contrato por tempo determinado e o contrato por tempo parcial).

Com vistas à promoção dos investimentos em infraestrutura, eram previstas medidas que conduzissem à desestatização

256

de atividades econômicas, ou seja, maior participação do capital privado no financiamento e na gestão dos serviços de transporte, energia e telecomunicações.

A privatização era prevista para realizar-se em três fases. Na primeira, a ser completada até o início de 1996, estariam sendo vendidas as empresas cujos processos de privatização foram iniciados no Governo anterior, como empresas do setor petroquímico, o Banco Meridional, Rede Ferroviária Federal e a continuação da privatização do setor elétrico, iniciada com a Escelsa. Na segunda fase, ao longo de 1996, seria tratada a venda da Cia. Vale do Rio Doce e de empresas geradoras de energia elétrica do grupo Eletrobrás – Eletronorte, Eletrosul, Chesf e Furnas. Finalmente, na terceira fase, durante o ano de 1996, serão iniciadas a privatização de outras empresas geradoras de energia elétrica e do setor de telecomunicações. Novas leis de concessões para serviços públicos ao setor privado complementariam o arcabouço das mudanças institucionais necessárias ao avanço das privatizações.

Outro objetivo do Plano relacionado às reformas do Estado, várias alterações no texto constitucional foram propostas, visando a diminuição de gastos públicos e o aumento da capacidade de investimento dos Governos Federal e Estaduais, que se encontrava comprometida pela rigidez orçamentária. Entre estas alterações, destacam-se a revisão dos regimes de trabalho e de remuneração dos servidores públicos, ativos e inativos, e das vinculações orçamentárias e a elaboração de formas de seleção direta por meio de critérios mais eficazes para os funcionários que não fazem parte das carreiras típicas de Estado.

As mudanças propostas preservam o princípio da estabilidade no emprego, mas preveem a possibilidade de dispensa em casos comprovados de insuficiência do desempenho ou de excesso de quadros; suprimem a obrigatoriedade do regime jurídico único, para admitir soluções mais compatíveis com a natureza distinta das atividades exercidas pelo Governo; desvinculam a remuneração dos servidores ativos e inativos; submetem à lei a fixação dos vencimentos dos

257

três Poderes; e flexibilizam as regras aplicáveis à contratação e dispensa de servidores. (MPO, 1995).

Com relação específica à área previdenciária, o Poder Executivo elaborou uma proposta de reforma visando restaurar o equilíbrio atuarial e financeiro dos sistemas, fortalecendo os princípios de equidade e de justiça social. As mudanças propostas são visualizadas no Quadro 5:

Principais Mudanças na Área Previdenciária
• Instituição de um regime geral de Previdência Social, pública, básica, compulsória até determinado limite, sob regime de repartição simples, eliminando-se a diversidade de regimes e as múltiplas aposentadorias. Elimina-se, também, a capacidade dos Estados e Municípios de legislarem sobre Previdência, mantendo-se a possibilidade de criação e gestão de seus próprios sistemas;
• Incentivo ao desenvolvimento do sistema de previdência complementar, facultativo, sob regime de capitalização, principalmente através de fundos de pensão;
• Fixação de uma idade mínima para as aposentadorias com compensações para aqueles que começarem a trabalhar e contribuir muito cedo. Dessa forma, os trabalhadores que ingressarem no regime geral de previdência com idade muito baixa não necessitarão aguardar a idade mínima para se aposentar, desde que atinjam o número de anos de contribuição exigido;
• Introdução do conceito do tempo de contribuição em substituição ao do tempo de serviço, restaurando o equilíbrio atuarial e financeiro do sistema; e
• Eliminação de todos os tipos de isenção de contribuições.

Fonte: MPO, PPA1996-99, Brasília, 1995.

Finalmente, com relação à geração do emprego e a qualificação da mão de obra, as políticas propostas davam ênfase ao ensino fundamental, de responsabilidade de Estados e Municípios, bem como sobre a modernização da gestão das universidades. O Plano também salientou que estas políticas também exigiriam a reformulação dos dispositivos constitucionais que interferem sobre as relações entre a União, os Estados e os Municípios e a autonomia das Universidades Federais. Propõe a definição mais clara da repartição de responsabilidades entre as três esferas

258

de governo, atribuindo atuação prioritária aos Municípios no ensino fundamental e pré-escolar, e dos Estados nos ensinos fundamental e médio. À União foi proposta uma função redistributiva e supletiva, bem como a definição de diretrizes e bases para a educação nacional. Com relação às Universidades Federais, foram sugeridas a flexibilização das regras sobre remuneração de seus servidores, e a adoção de regime jurídico próprio, mais apropriado à natureza das atividades por elas exercidas.

Avaliação dos Resultados

Uns dos resultados bem-sucedidos das políticas econômicas do Plano Real, e que repercutiram consideravelmente no período imediatamente posterior, foi o resgate da capacidade de planejamento advindo do controle das taxas de inflação. A estabilização do movimento inflacionário, em 1996, rompeu com o círculo vicioso do mecanismo de indexação automática de preços e do aumento "preventivo" de preços que transferiam para os consumidores as expectativas da inflação futura através de *mark-ups* arbitrários e superdimensionados. As altas taxas de inflação, além de incrementarem o temor de uma hiperinflação, mascaravam os preços relativos da economia, destruindo a capacidade da valoração adequada dos bens e serviços e impedindo a possibilidade de qualquer planejamento de receitas e gastos, tanto pelo setor público quanto privado. O Plano deu transparência às contas públicas – pois a inflação encobria o tamanho do déficit público das contas nacionais e o peso de seus componentes – e possibilitou o planejamento da reforma do Estado, do controle das despesas e da destinação dos recursos para investimentos prioritários.

Como impacto favorável, a ruptura com o processo inflacionário acelerado possibilitou a transição para um novo modelo econômico, que concedia ao Estado um novo papel, de menor intervenção e maior emancipação do setor privado através da abertura comercial e financeira (Reis e Urani, 2004, p. 5).

No entanto, paralelamente a isto, dois problemas macroeconômicos que continuaram a se agravar passaram a ser os principais obstáculos para a implementação adequada dos objetivos expostos no PPA 1996-1999: o desequilíbrio externo e a crise fiscal. Para contrabalançar o desequilíbrio externo, o Governo tomou uma série de medidas visando enfrentar estes fortes bloqueios, que foram sintetizadas como (MPOG, 2002):

a) ampliação dos prazos dos Adiantamentos de Contratos de Câmbio (ACCs), para permitir aos exportadores um maior ganho financeiro entre o momento da troca de divisas por reais em decorrência do adiantamento recebido e o momento da transação comercial efetiva;
b) flexibilização da política cambial, inclusive com a implantação do sistema de bandas;
c) instituição do crédito presumido de IPI como ressarcimento do PIS/COFINS incidente sobre as exportações;
d) entrada em vigor do "FAT cambial", que permite que 20% dos recursos ordinários do Fundo de Amparo ao Trabalhador (FAT) repassados ao BNDES sejam aplicados em operações de financiamento a empreendimentos destinados à produção e comercialização de bens com reconhecida inserção internacional, com custo vinculado à variação cambial, acrescida da *libor* e de um *spread* fixado pelo BNDES;
e) aumento temporário das tarifas sobre importações de alguns setores;
f) adoção de uma política de defesa efetiva contra práticas desleais de comércio;
g) negociações com os organismos multilaterais, com o objetivo de inverter o déficit dos seus fluxos financeiros (captações menos amortizações e juros).

O aumento elevado das importações consequente ao Plano Real (21,8% a.a.) no período 1995-1997, não seguido pelo desempenho das exportações (apenas 6,8% a.a.), resultou em piora considerável do déficit da Balança Comercial, que já vinha ocorrendo na década de 1990, realimentando o desequilíbrio. Como consequência do financiamento deste desequilíbrio através de novos endividamentos externos, a dívida externa líquida aumentou rapidamente em 1996-1997 e a crise internacional de 1998, ao reduzir as exportações, agravou mais ainda esta situação. A entrada de investimentos diretos estrangeiros (IDE) ampliou o estoque de passivos externos (estoque de capital do país), que juntamente com a dívida incrementou o pagamento de juros, lucros e dividendos[1].

Durante os primeiros anos de implantação do Real, os mercados internacionais de capitais se encontravam em um estado de grande disponibilidade, o que possibilitou implementar uma política cambial propícia à estabilização, num regime de flutuação cambial que conduziu às bandas cambiais, que foram adequadas até meados de 1998. Já no final de 1997, uma violenta mudança conjuntural internacional foi configurada na crise financeira da Ásia, que se tornaria ainda mais clara e dramática com a crise da Rússia, em meados de 1998. A crise financeira asiática, que atingiu de maneira mais contundente a Tailândia primeiramente e se difundiu para a Coreia do Sul, Indonésia e Malásia, afetou consideravelmente o Brasil, devido à redução de empréstimos mundiais aos países em desenvolvimento, o que levou o país a enfrentar a necessidade de rolagem da dívida interna a taxas de juros consideravelmente elevadas. Estas circunstâncias não previstas demandaram uma maior velocidade no ritmo das reformas propostas no planejamento, bem como de resultados consideráveis no plano fiscal e no regime cambial (Giambiagi, 2005, p. 178).

Os desequilíbrios fiscais no período foram se agravando devido ao amplo déficit nominal do setor público, que atingiu em média 7% do PIB (Produto Interno Bruto), entre 1995-1998, associado a uma dívida pública[2] (interna e externa)

---

1. Para maiores detalhes sobre a política macroeconômica do período ver Baer (1996); Franco (1995 e 2000); Amann e Baer (2000); Garcia (2000); Giambiagi (2005), Reis, Giambiagi e Urani (2004) entre outros.

2. A dívida pública total do Brasil era de 30% do PIB em 1994 e no ano de 1998 atingiu 41,7%. Por sua vez, a dívida interna no mesmo período aumentou de 21,5% do PIB para 35,5% (Banco Central do Brasil).

261

crescente. Por outro lado, a necessidade de atrair capitais externos, para garantir o equilíbrio da conta corrente do Balanço de Pagamentos, conduziu à política de altas taxas de juros, que pressionavam ainda mais o déficit público.

No que se refere ao regime do câmbio, uma desvalorização cambial foi adiada desde 1995 devido ao temor de que uma desvalorização cambial resultasse em perda do controle da inflação; a isso se associaram razões de ordem política em 1997, período em que foi proposta e aceita a emenda para a reeleição à Presidência da República, efetivada nas eleições de 1998. Por outro lado, a âncora cambial como instrumento básico de política, tinha como base a premissa de que o câmbio sobrevalorizado favoreceria a continuidade de financiamentos vindos do resto do mundo e a entrada de IDEs. A situação de apreciação do câmbio foi se agravando e no final de 1998 já atingia mais de 20% em relação ao início do Plano Real. Em 1997, investiu-se pouco no Brasil, porém um quinto de todo o investimento feito no país era alimentado por recursos estrangeiros porque a poupança nacional estava muito comprometida com a rolagem da dívida interna do governo.

A política de altas taxas de juros e de déficits em conta corrente sustentou a ampliação do endividamento, até o ponto em que, com a moratória da Rússia em 1998, a situação se deteriorou após os três ataques especulativos contra o Real, resultantes destas crises externas (1995, 1997 e 1998) e o governo não teve outra opção a não ser implementar a desvalorização cambial em janeiro de 1999 (Barros, Barbosa e Giambiagi, 2004, p. 129).

No final de 1998, diante da dimensão da crise externa, e das dificuldades da continuidade dos financiamentos mundiais que lidassem com os déficits em conta corrente do país, o governo brasileiro iniciou negociações com o FMI (Fundo Monetário Internacional), que lhe permitissem contemporizar os desequilíbrios, através de um pacote de ajuda externa com recursos do próprio FMI e de outras instituições internacionais, incluindo governos de países avançados, totalizando US$ 42 bilhões. Este acordo previa um aperto fiscal relevante, em que o superávit primário passaria de 0% do PIB em 1998 para 2,6% do PIB em 1999, continuando nos dois anos seguintes (Giambiagi, 2005, p. 177). O aquecimento da economia e a elevação do preço do barril do petróleo foram os principais responsáveis pela manutenção do patamar inflacionário, superior a 10%, verificado no ano de 1999 (11,34%) em função da desvalorização cambial.

Essa conjuntura macroeconômica brasileira do período serviu de pano de fundo para o PPA 1996-1999, impedindo resultados mais eficazes na execução anual das ações previstas, desde que o contexto era de contenção de despesas na busca de ajuste fiscal. Os projetos e atividades programados tiveram graus de execução diversos, de acordo com a dotação orçamentário-financeira possível, como é visualizado na Tabela 2. Observa-se que a maior parte dos programas cumpriu um grau de execução anual crescente e acima de 50%.

Tabela 2
PPA 1996-1999 – Execução Orçamentário-Financeira,
por Subprogramas – 1996/1998

EXERCÍCIO FISCAL	NÚMERO DE SUBPROGRAMAS	GRAU DE EXECUÇÃO*					
		MENOS DE 50%		ENTRE 50% E 90%		MAIS DE 90%	
		nº	(%)	nº	(%)	nº	(%)
1996	152	49	32,2	71	46,7	32	21,1
1997	144	38	26,4	84	58,3	22	15,3
1998	142	20	14,1	87	61,3	35	24,6

* Relação entre empenho liquidado e despesa autorizada (dotação inicial mais créditos adicionais e remanejamento).

Fonte: Garcia (2000:16)

Como mostrado pela pesquisa de Garcia (2000), no período de 1996 a 1998, a média anual de execução global dos orçamentos foi de 84,8% e apenas 20% dos programas atingiram mais de 90% de execução financeira. Além das questões críticas macroeconômicas, o autor salienta que o lançamento do Programa Brasil em Ação, em agosto de 2006, mostrou a falta de comprometimento dos gestores com o PPA. Este Programa selecionou 42 programas, projetos e atividades orçamentárias que deveriam ser priorizados e implementados através do novo modelo de gerenciamento anteriormente descrito. A partir de 1999, o Brasil em Ação foi ampliado para 58 empreendimentos.

Os investimentos públicos e privados efetivados no período deste Plano absorveram cerca de R$ 70,1 bilhões, dos quais R$ 22,1 bilhões aplicados em infraestrutura e R$ 43,6 bilhões na área social, o que, em relação aos objetivos e projetos selecionados, consistiu em resultados consideráveis, embora não completamente suficientes para a redução mais efetiva dos custos de produção e comercialização, bem como de eliminação dos gargalos diagnosticados. Na prática, são projetos que impulsionam a realização de novos investimentos, gerando efeito multiplicador sobre o desenvolvimento, ao permitir a ampliação de novos investimentos e a implantação de novos projetos, a partir da infraestrutura instalada. No final do Plano, a participação de capitais privados atingiu 21,5%, resultado inusitado no país.

Tabela 3
PPA 1996-1999 - Grau de execução física e financeira
segundo setores selecionados

SETOR	PROPOSTA PARA 1999	EXECUTADO EM 1999	GRAU DE EXECUÇÃO
Educação	Aplicação de recursos de R$ 12 bilhões	R$ 11.663.854.508 aplicados	96%
Energético	Atingir a produção de petróleo de 84,1 mil barris/dia através da Braspetro	Produção de 74.688 barris/dia	89%
Agricultura	Assentamento de 280 mil famílias	85.226 famílias assentadas	30%
Ciência e Tecnologia	Investimentos e Dispêndios totais de R$ 14,4 bilhões	R$ 4.186.679.014 aplicados	29%
Telecomunicações	Ampliar a telefonia fixa e 10,2 milhões de acessos	Ampliação de 2.083.979 de acessos	20%

Fonte: MPOG (2002).

Das metas estabelecidas para os investimentos em setores estratégicos selecionados, o grau de execução das propostas também teve resultados diversos de acordo com as condições conjunturais que definiram a disponibilidade de financiamentos vinculados e a defasagem temporal entre as medidas específicas colocadas em ação e os impactos efetivos resultantes destas. Dos 42 empreendimentos escolhidos inicialmente, 25 estavam concluídos ou com metas atingidas ou superadas até 1999. Na área social, alguns projetos como o Carta de Crédito, Reforma Agrária, Ação Social em Saneamento (PASS), Dinheiro Direto na Escola e Programa Nacional de Qualificação e Requalificação (Planfor) conseguiram superar as metas originais previstas em agosto de 1996. A Tabela 3 retrata o grau de execução em alguns setores estratégicos que não tiveram suas metas totalmente cumpridas.

Observe-se que o contexto econômico do período, que levava à contenção de despesas em busca do ajuste fiscal, impediu maiores dotações orçamentárias para o cumprimento total das metas. No entanto, desde que a escolha dos projetos se relacionou à lógica dos Eixos Nacionais de Integração e Desenvolvimento, foram geradas oportunidades de investimentos em todas as regiões, o que contribui para a maior integração regional e desconcentração do desenvolvimento. Alguns exemplos de projetos com resultados satisfatórios neste sentido podem ser citados, como:

a) construção da rodovia BR-174, ligando Manaus a Caracas, na Venezuela, que impulsionou o crescimento das exportações do Pólo Industrial de Manaus e da região Norte;

b) investimentos na melhoria da infraestrutura no Nordeste, viabilizados pelo Prodetur;

c) construção da linha de transmissão Norte-Sul e da Hidrovia Araguaia-Tocantins no Centro-Oeste, que propiciaram a expansão do agronegócio na região;

d) na área de transportes, a duplicação da Fernão Dias e da Rodovia do Mercosul (Mercado Comum do Cone Sul), que permitiu melhoria na redistribuição da indústria automobilística de Porto Alegre até Salvador.

No que se refere à nova forma de gerenciamento do Estado, em que para cada empreendimento foi designado um gerente responsável pela consecução das metas definidas, os resultados foram amplamente satisfatórios na condução do trabalho. Como apoio ao planejamento, a criação do Sistema de Informações Gerenciais, constituído por uma rede informatizada em tempo real interligando todos os gerentes, parceiros e gestores públicos envolvidos nos projetos, permitiu o acesso a informações atualizadas sobre cada empreendimento pelo governo e seus parceiros.

O novo modelo de gerenciamento constituiu uma experiência bem sucedida, que foi ampliada para todo o setor público federal e constituiu a base da nova estrutura do Plano Plurianual 2000-2003, o Avança Brasil. No entanto, apesar das mudanças ocorridas no período 1996-1998, permaneceram ainda desafios econômicos consideráveis, como a continuidade da estabilização, a manutenção do crescimento e a consolidação da abertura externa, que foram delineados como questões a serem enfrentadas no PPA seguinte.

O Plano Plurianual (PPA) 2000-2003.

Considerações Iniciais

O Plano Plurianual para o período 2000-2003, elaborado pela nova gestão governamental de Fernando Henrique Cardoso iniciada em 1999, tendo como ministro do Planejamento Martus Tavares, foi instituído através da Lei nº 9.989, de 21 de julho de 2000, recebendo o nome de Avança Brasil. Trouxe uma série de mudanças na prática de planejamento até então utilizada, desde que foi adotado um novo conceito de modelo gerencial e de programa, segundo o qual as ações e os recursos do Governo são organizados de acordo com os objetivos a serem atingidos.

O Plano introduziu a gestão por resultados na administração pública federal, cuja base legal foi instituída pelo Decreto nº 2829 de outubro de 1998. Como instrumento de melhoria, os elementos fundamentais consistiam primeiramente em que todas as ações fossem organizadas em programa tendo cada programa um gerente. Seriam elaborados indicadores de resultados para cada programa e o conjunto de programas seria limitado pela previsão e recursos fiscais, associados a um cenário macroeconômico, para garantir a seletividade de programas de cada ministério. A orientação estratégica seria do presidente e foi estabelecida a obrigatoriedade de avaliação dos programas e do Plano, para estimular o aperfeiçoamento contínuo (MPOG, 2002, p. 22).

Uma mudança essencial para a implementação eficaz da nova ótica de gestão se efetivou a partir de uma nova classificação do gasto público, que foi introduzida através da Portaria nº 117/98 do Ministério do Planejamento e Orçamento[3], e fixou normas para a classificação de contas públicas, para a gestão dos programas. No modelo anterior, a classificação dos gastos públicos[4] era efetuada por meio de tabelas rígidas organizadas por funções do governo (Educação, Saúde, Transporte, e outras), e subdivididas por programas, subprogramas, projetos e atividades padronizadas, sem relação com o problema a ser resolvido. No novo modelo os programas e ações passariam a ser organizados visando a solução dos problemas detectados ou de atendimento de demandas específicas da sociedade. Dessa forma, os programas se transformavam em unidades de gestão, com estruturas idênticas no Plano e no Orçamento. A nova tabela de classificação utilizaria apenas o conceito de função e subfunção, como base para a consolidação das Contas Nacionais. Nesse sentido, programas e ações se originariam do planejamento e seriam referência comum para a execução orçamentária e financeira, bem como para as atividades de controle (MPGO, 2002, p. 28).

3. Alterada pela Portaria n. 42 de 14 de abril de 1999.
4. A classificação anterior era denominada funcional-programática e foi utilizada nos 25 anos anteriores ao PPA 2000-2003, pelas três esferas de governo: federal, estadual e municipal.

Ainda para efetivação da reorganização administrativa no governo federal, os Ministérios do Planejamento e Orçamento e da Administração e Reforma do Estado foram fundidos, com a criação do novo Ministério do Planejamento, Orçamento e Gestão. Dessa forma, o planejamento e o orçamento passaram a atuar conjuntamente nas funções de administração de pessoal, administração do patrimônio, logística, tecnologia da informação, desburocratização e organização administrativa.

Diagnóstico e Premissas Básicas

O Plano Plurianual e os Orçamentos da União foram elaborados a partir do diagnóstico das necessidades, formulado levando em conta um cenário macroeconômico ainda desequilibrado, de restrições fiscais e demandas sociais críticas, visando que os recursos públicos fossem alocados para os setores essenciais à retomada do crescimento. As metas quantificadas dos programas e suas ações foram estabelecidas com base na previsão de recursos fiscais para o período, de acordo com o Plano de Estabilização Fiscal, e para cada programa foi atribuído um valor a ser aplicado nos próximos quatro anos.

Baseado no diagnóstico da necessidade de melhorar a eficiência e a eficácia do gasto público, o Plano previa o aperfeiçoamento dos próprios instrumentos de gestão – Plano Plurianual e os Orçamentos da União – como complemento ao ajuste fiscal e para tornar possível a conciliação do crescimento com equilíbrio das contas do Estado. O crescimento sustentável era visto como originado pela eliminação de uma série de bloqueios do "custo Brasil":

O Plano foi concebido para aumentar a competitividade sistêmica da economia. Os investimentos em infraestrutura, bem como na área social, no meio ambiente ou no campo moderno da informação e do conhecimento, vão reduzir o chamado "Custo Brasil". Ao mesmo tempo, servirão para motivar a realização de novos investimentos nacionais e estrangeiros, decisivos para o desenvolvimento sustentável do País. (MPOG, 2000)

Por outro lado, a consciência da continuidade das disparidades de renda e dos desequilíbrios regionais foi apontada no diagnóstico como um dos fatores que impediam a consecução de um novo modelo de crescimento que superasse os crônicos ciclos de expansão e retração do passado. Ao lado disso, a continuidade da implementação das reformas macroeconômicas estruturais em andamento também foi apontada como premissa essencial para a efetivação do PPA 2000-2003.

A reforma econômica anterior, que intensificou a privatização e acelerou o fim dos monopólios estatais, foi considerada como essencial para o incremento de novos investimentos e para uma maior eficiência na infraestrutura básica do país, através da ação conjunta do Estado com forte participação do setor privado, nacional e estrangeiro. Para a conclusão desse processo, o novo Plano diagnosticava a necessidade de acelerar o Programa Nacional de Desestatização, responsável pela privatização e concessão de serviços públicos à iniciativa privada. Outros pontos de estrangulamentos apontados se referiam à pequena capacidade de geração de poupança interna e na incipiência de um mercado de capitais incapaz de articular o financiamento de longo prazo, bem como às condições deficitárias do sistema da Previdência Social, que exigiam reformas indispensáveis ao equilíbrio das contas governamentais.

Diretrizes e objetivos propostos

As diretrizes estratégicas estabelecidas, discriminadas no Quadro 6, definiam amplos objetivos setoriais para o quadriênio, visando priorizar: a melhoria da saúde, da educação, da habitação e do saneamento, combate à fome, redução da violência, desenvolvimento integrado do campo, crescimento das exportações, reestruturação do setor produtivo, melhoria da gestão ambiental.

Quadro 6

Diretrizes Estratégicas
• Consolidar a estabilidade econômica com crescimento sustentado.
• Promover o desenvolvimento sustentável voltado para a geração de empregos e oportunidades de renda.
• Combater a pobreza e promover a cidadania e a inclusão social.
• Consolidar a democracia e a defesa dos direitos humanos.
• Reduzir as desigualdades inter-regionais *
• Promover os direitos de minorias vítimas de preconceito e discriminação*

* Agregadas pelo Congresso Nacional e incluídas na Lei de Diretrizes Orçamentárias que orientou a elaboração dos Orçamentos da União para o ano 2000
Fonte: MPOG, PPA 2000-2003, Brasília, 1999.

Garantir a consolidação, a longo prazo, da estabilidade econômica obtida pelo Plano Real consta como objetivo fundamental do PPA, que salienta o caminho do ajuste fiscal efetivo para este fim, através de programas voltados para a melhoria da arrecadação tributária, a Lei de Responsabilidade Fiscal, bem como a gestão integrada do Plano Plurianual e dos Orçamentos.

A parceria entre governo, iniciativa privada e a sociedade organizada para a consecução dos investimentos necessários para a implementação diretriz de promoção do desenvolvimento sustentável foi outro instrumento proposto para aumentar a competitividade da economia, elevar o nível educacional e a qualificação profissional da população e aperfeiçoar a infraestrutura do país.

Os caminhos da inclusão social propostos priorizavam programas de investimentos na universalização do ensino, no atendimento à saúde, no combate à fome, no desenvolvimento do campo, na erradicação do trabalho infantil e na melhoria das condições de moradia, saneamento e transporte da população. Por outro lado, a estratégia de ação do governo proposta no Plano para o fortalecimento da cidadania seria implementada pela promoção da cultura, proteção da mulher e da criança contra a violência doméstica e sexual e pela garantia dos direitos das populações negras e indígenas, paralelamente aos mecanismos de defesa na-

270

cional e a segurança pública, incluindo o combate ao narcotráfico.

Para a implementação da diretriz proposta pelo Congresso Nacional de redução das desigualdades inter-regionais, a estratégia para o período do Plano foi a criação de um portfólio de investimentos públicos e privados dentro dos Eixos Nacionais de Integração e Desenvolvimento, de modo a visar um crescimento integrado de todas as regiões, para diminuir os efeitos da polarização econômica.

Uma série de objetivos prioritários foram definidos no PPA 2000-2003 como linhas de ação a serem contempladas com políticas públicas específicas para atender às diretrizes estabelecidas (Quadro 7). A orientação estratégica definiu ainda cinco agendas que integrariam a ação governamental: Agenda dos Eixos Nacionais de Integração e Desenvolvimento, Agenda de Gestão do Estado, Agenda Ambiental, Agenda de Emprego e Oportunidade de Renda, e Agenda de Informação e Conhecimento.

Quadro 7

Macroobjetivos Prioritários
1. Criar um ambiente macroeconômico favorável ao crescimento sustentável;
2. Sanear as finanças públicas;
3. Elevar o nível educacional da população e ampliar a capacitação profissional;
4. Atingir US$ 100 bilhões de exportação até 2002;
5. Aumentar a competitividade do agronegócio;
6. Desenvolver a indústria do turismo;
7. Desenvolver a indústria cultural;
8. Promover a modernização da infraestrutra e a melhoria dos serviços de telecomunicações, energia e transportes;
9. Promover a reestruturação produtiva com vistas a estimular a competição no mercado interno;
10. Ampliar o acesso aos postos de trabalho e melhorar a qualidade do emprego;
11. Melhorar a gestão ambiental;
12. Ampliar a capacidade de inovação;
13. Fortalecer a participação do país nas relações econômicas internacionais;
14. Ofertar escola de qualidade para todos;

15. Assegurar o acesso e a humanização do atendimento na saúde
16. Combater a fome;
17. Reduzir a mortalidade infantil;
18. Erradicar o trabalho infantil degradante e proteger o trabalhador adolescente;
19. Assegurar os serviços de proteção à população mais vulnerável à exclusão social;
20. Promover o Desenvolvimento Integrado do Campo;
21. Melhorar a qualidade de vida nas aglomerações urbanas e regiões metropolitanas;
22. Ampliar a oferta de habitações e estimular a melhoria das moradias existentes;
23. Ampliar os serviços de saneamento básico e de saneamento ambiental das cidades;
24. Melhorar a qualidade do transporte e do trânsito urbanos;
25. Promover a cultura para fortalecer a cidadania;
26. Promover a garantia dos direitos humanos;
27. Garantir a defesa nacional como fator de consolidação da democracia e do desenvolvimento;
28. Mobilizar governo e sociedade para a redução da violência;

Fonte: MPOG, PPA 2000-2003, Brasília, 1999.

Especificamente com relação aos Eixos de Desenvolvimentos, foi desenvolvido um estudo para subsidiar a elaboração do PPA 2000-2003, cujo produto final definiu um *portfolio* de oportunidades de investimentos públicos e privados para o período 2000-2007. Este portfólio incluiu 952 projetos de investimento, que previam a aplicação de R$ 317 bilhões, distribuídos conforme o Gráfico 2:

Portfólio de Investimentos Públicos e Privados
(R$ bilhões)

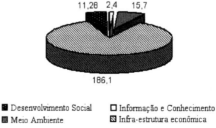

Fonte: MPOG, PPA 2000-2003, Brasília, 1999. Elaboração da autora.

Em 2001, foram selecionadas prioridades para implementação de projetos através dos Programas Estratégicos de Abrangência Nacional, como retratado no Quadro 8:

Programas Estratégicos de Abrangência
DESENVOLVIMENTO SOCIAL
• Toda Criança na Escola
• Escola de Qualidade para Todos
• Desenvolvimento do Ensino Médio
• Desenvolvimento da Educação Profissional
• Educação de Jovens e Adultos
• Saúde da Família e da Criança
• Valorização do Idoso e da Pessoa Portadora de Deficiência
• Esporte Solidário
• Erradicação do Trabalho Infantil
• Saneamento Básico
• Saneamento é Vida
• Morar Melhor
• Nosso Bairro
• Carta de Crédito
• Desenvolvimento de Micro, Pequenas e Médias Empresas
• Qualificação Profissional do Trabalhador
• Agricultura Familiar- Pronaf
• Reforma Agrária
• Energia para Populações Rurais
• Desenvolvimento da Infraestrutura Turística do Nordeste – Prodetur II
• Monumenta – Preservação do Patrimônio Histórico
• Segurança e Qualidade de Alimentos
• Segurança Pública
• Transporte Ferroviário Urbano de Passageiros
MEIO AMBIENTE
• Prevenção e combate a desmatamentos, Queimadas e Incêndios Florestais
• Pantanal
• Parques do Brasil

INFORMAÇÃO E CONHECIMENTO

- Sociedade da Informação – Internet II
- Biotecnologia e Recursos Genéticos – Genoma

RECURSOS HÍDRICOS

- Transposição de Águas do São Francisco
- Proágua – Infraestrutura
- Irrigação e Drenagem

INFRAESTRUTURA ECONÔMICA

- Manutenção e Restauração de Rodovias
- Oferta de Petróleo e Gás Natural
- Telecomunidades

Fonte: MPOG (2002, p. 47).

Para a efetivação dos investimentos planejados, em novembro de 2000 foi assinado um protocolo de intenções que formou a Rede Brasileira de Promoção e Investimento, que determinou uma parceria público-privada. Foi criada a Investe Brasil em abril de 2001, como entidade civil, de caráter privado[5] e sem fins lucrativos, que poderia receber recursos dos Orçamentos da União para prestar serviços de interesse público, em parceria. Com o objetivo de atrair e promover investimentos diretos estrangeiros e nacionais no país, foi criada para atuar junto ao governo, empresas estatais e agências reguladoras. A atuação se daria por meio da divulgação de oportunidades de investimento e articulação de contatos estratégicos. Em 2002, eram mantenedoras da Investe Brasil 32 entidades representativas da iniciativa privada (MPOG, 2002, p. 13).

Avaliação dos resultados

O contexto macroeconômico em que foi implantado o PPA 2000-2003 apresentava ainda desequilíbrios com relação às

5. Qualificada como OSCIP – Organização da Sociedade Civil de Interesse Público, definida pela Lei nº 9790/99.

contas externas e ao ajuste fiscal necessário para a consolidação da estabilização[6]. O pacote de ajuda externa coordenado pelo FMI, que estipulava um aperto fiscal considerável – estabelecendo metas de superávit primário de 2,6% e 3% do PIB respectivamente para 2000 e 2001 –, não conseguiu resultados satisfatórios, desde que o mercado previa uma maxidesvalorização, e por outro lado, porque foram rejeitadas medidas de ajuste fiscal enviadas para a aprovação do Congresso, instituindo a cobrança de contribuição previdenciária de servidores públicos inativos. Dessa forma, a queda de reservas do país se acelerou como decorrência da perda de divisas originada da má situação da Balança de Pagamentos.

A desvalorização cambial controlada de 10%, instituída em janeiro de 1999 como medida de ajustamento, resultou primeiramente em aumento considerável das incertezas no mercado financeiro e em fuga de divisas. Como consequência, o governo deixou o câmbio flutuar, passando este de um patamar de R$ 1,20 antes da desvalorização para R$ 2,00 em um mês e meio. No período, o mercado estava ainda muito volátil e a política adotada para administrar a volatilidade baseava-se em intervenções no câmbio sempre que o Dólar apresentasse altas ou quedas muito grandes. A partir de 2001, o câmbio voltou novamente a flutuar.

Duas políticas defensivas foram então anunciadas, compostas pela elevação da taxa de juros básica e pela proposta de substituição da ancora cambial pela adoção de um sistema de metas de inflação, que passou a ser implementado em junho do mesmo ano. Este sistema – que estabelecia uma faixa de tolerância acima e abaixo da meta – estabeleceria a base para adequar a política de juros à variação da inflação, de modo que a taxa de juros do Sistema Especial de Liquidação e Custódia (Selic) fosse reduzida ou aumentada à medida que a variação da inflação fosse inferior ou superior à meta esta-

---

6. Maiores detalhes sobre estes aspectos macroeconômicos de ajustamento podem ser encontrados em MPGO, 2000; MPGO, 2002; Franco, 2000; Garcia, 2000; Giambiagi, Reis e Urani, 2004; Giambiagi e Villela, 2005, entre outros autores.

belecida. Nesse contexto, a inflação permaneceu no intervalo previsto no período de 1999 e 2000, porém se elevou consideravelmente acima do teto nos dois anos posteriores.

A desvalorização não causou grandes impactos na inflação e o país reiniciou, em 1999, uma retomada de crescimento que durou até 2001, quando uma forte crise energética interrompeu esta tendência. A esta crise se associaram os fortes impactos sofridos pelo país, originados pelos ataques terroristas aos Estados Unidos em 11 de setembro, que abalaram os mercados mundiais, bem como os problemas econômicos da Argentina, que difundiram para o Brasil a queda da entrada de capitais externos, afetando os juros internos e aumentando externamente o risco-país.

Como visualizado na Tabela 4, algumas metas macroeconômicas previstas não foram atingidas, tendo em vista os desequilíbrio nas contas externas e as dificuldades para a consecução do reajuste fiscal, desde que o PPA 2000-2003 foi elaborado a partir de uma projeção de cenário que conciliava crescimento econômico e estabilidade de preços.

Tabela 4
PPA 2000-2003 – Avaliação das metas macroeconômicas (%)

Ano	Taxa variação do PIB		Taxa de Inflação		Superávit Primário*	
	Previsão	Realizado	Previsão	Realizado	Previsão	Realizado
2000	4,00	4,36	6,00	13,80	2,65	1,86
2001	4,50	1,42	4,30	10,36	2,60	1,83
2002	5,00	1,52	3,45	13,51	2,10	2,42

* Projeção utilizada no Projeto Lei das Diretrizes Orçamentárias 2004 (LDO), Governo Central.
Fonte: MPOG (2003).

Embora em 2000 o crescimento real PIB brasileiro fosse de 4,4%, superando as expectativas previstas no cenário do PPA, o crescimento médio realizado do PIB no período 2000-2002 de 2,4% ficou muito abaixo do previsto (4,5% ao ano) que considerava as necessidades de crescimento do emprego e renda e as taxas de crescimento históricas da economia brasileira entre as décadas de 1950 e 1980. A elevação do investimento (2%) teve um desempenho inferior às expectativas, atribuído a níveis ainda elevados de capacidade ociosa em diversos setores, particularmente pelo baixo dinamismo da construção civil. Os fluxos de comércio exterior revelaram grande dinamismo, resultando em crescimento das exportações e importações de 14,7% e 13,4%, respectivamente, com declínio do déficit da balança comercial em relação a 1999. O déficit em conta corrente declinou ligeiramente, 4,2% do PIB e os IDE atingiram US$ 31 bilhões, valor 25% superior ao déficit em conta corrente e com queda de 28% para 21% na participação dos fluxos associados a privatizações. Apesar das turbulências no mercado financeiro internacional no decorrer do ano, os indicadores do risco-Brasil melhoraram significativamente, registrando-se uma queda de 26,4% em termos médios no diferencial de risco embutido no C-Bond brasileiro relativamente a título de igual maturidade do Tesouro norte-americano (MPOG, 2003).

No ano de 2001 a economia brasileira não conseguiu repetir o bom desempenho do ano anterior e a taxa de crescimento real do PIB ficou em 1,42%, abaixo dos 4% projetados no cenário. Foram responsáveis por este desempenho restrições internas e externas. Internamente, a crise energética teve um papel essencial e do ponto de vista externo, o desaquecimento da economia mundial reduziu as exportações brasileiras, deteriorando a Balança Comercial, apesar da desvalorização cambial realizada.

No início de 2002, apesar de boas perspectivas para o crescimento da economia, a proximidade das eleições para a gestão seguinte geraram instabilidade econômica já no primeiro semestre e, no segundo semestre, ocorreu uma forte depreciação do real e uma elevação da avaliação do risco-Brasil, o que encareceu e reduziu o crédito externo ao país. O resultado de 2002 ficou em 1,52%, bem abaixo do crescimento previsto no PPA de 5%, puxado, principalmente, pelo setor agropecuário, que cresceu 5,79%, enquanto a indústria e o setor de serviços cresceram, respectivamente, 1,52% e 1,49% (MPOG, 2003).

No que se refere às expectativas de inflação, o Plano indicava taxas declinantes, que estabeleciam uma meta de média para o período em torno de 4,1%; no entanto, a variação realizada ainda atingiu valores médios anuais extremamente elevados de 12,6%, o que levou ao governo a necessidade de manter os juros Selic em níveis elevados, embora o plano apontasse para expectativas de taxa de juros também decrescente.

A inflação no ano de 2001 (10,4%) recuou 3,5% em relação ao ano anterior, porém ainda se manteve muito acima à prevista pelo cenário PPA, de 4,3% IGP-DI (Índice Geral de Preços – Disponibilidade Interna) médio. Já em 2002, o resultado do IGP-DI médio confirmou as previsões de elevação de preços e ficou em 13,51%, superando também a meta do Banco Central para o IPCA (Índice de Preços ao Consumidor Amplo) , que era de 6,5%, situando-se em 12,53%. A elevação da cotação do Dólar foi uma das principais causas para a elevação inflacionária no final do ano. No entanto, esta valorização promoveu um aumento na competitividade das exportações brasileiras, ocasionando uma melhora no saldo da balança comercial, que atingiu a cifra de US$ 13,126 bilhões no ano de 2002 e no saldo em transações correntes que apresentou uma melhora significativa e passou de -4,55% do PIB em 2001 para -1,7% em 2002 (MPOG, 2003).

Na área fiscal, o Governo obteve resultados satisfatórios, embora o superávit primário se mantivesse abaixo das metas nos anos de 2000 e 2001. O desempenho do Governo central e das estatais federais – com superávits da ordem de 1,86% e 0,92% do PIB, respectivamente – fez com que o superávit do Governo Federal chegasse aos 2,78% do PIB em 2000. Este resultado foi o primeiro de uma série de expressivos superávits fiscais que o Governo Federal obteve ao longo do período 2000-2002 e contribuiu para o superávit consolidado do setor público de 3,46% naquele período.

O desempenho das contas públicas em 2000 foi novamente excepcional, a exemplo do que já havia ocorrido em 1999. O setor público consolidado obteve superávit primário de 3,6% do PIB, ante 3,2% do PIB em 1999. O desempenho dos estados e municípios evoluiu positivamente no ano com o superávit primário passando de 0,2% para 0,6% do PIB, o mesmo ocorrendo com as estatais em decorrência do excelente resultado da Petrobrás. No Governo Central (exclui as estatais federais), houve redução do superávit primário, de 2,3% para 1,9% do PIB, como reflexo de um menor volume de receitas extraordinárias relativamente ao ano anterior: menores receitas de concessões, conta-petróleo e desistências de ações judiciais. Dessa forma, foi possível reduzir ligeiramente a dívida pública como proporção do PIB, de 49,7% para 49,5%. A continuidade do esforço de ajuste fiscal tende a consolidar-se nos próximos anos com a aprovação, em maio de 2000, da Lei de Responsabilidade Fiscal e das penalidades decorrentes de seu descumprimento.

Em 2001, manteve-se o ajuste fiscal iniciado no ano anterior, obtendo-se o superávit de 3,64% do PIB para o setor público consolidado, do qual o governo central contribuiu com 1,83% do PIB, desempenho inferior ao previsto pelo cenário do PPA, que era de 2,6% do PIB, porém o resultado consolidado do setor público alcançou as metas previstas junto ao Fundo Monetário Internacional (MPOG, 2003).

No que se refere às metas de superávit primário do Governo Central (Tabela 4), apesar destas não terem sido atingidas nos primeiros dois anos do plano, a meta para o setor público consolidado foi alcançada. Já no ano de 2002, as metas previstas no PPA de superávit primário de 2,10% do PIB foram superadas (em 0,32%), tendo o governo federal obtido um resultado primário de 2,42% do PIB, o que confirmou as perspectivas de um bom desempenho na área fiscal e ajudou a amenizar os impactos das elevações das taxas de câmbio e de juros sobre a relação dívida/PIB.

Em suma, apesar dos desvios observados entre o cenário construído para o PPA e as taxas efetivas de crescimento real do PIB e de inflação, houve superação do previsto no que se refere ao ajuste fiscal realizado pelo Governo. Salienta-se que as projeções de crescimento da economia e inflação à época da elaboração do PPA estavam de acordo com o cenário macroeconômico daquele momento, ou seja, sem grandes restrições internas e externas e este cenário veio se alterando no período de implantação do Plano. A expectativa era de que, nos anos seguintes a 2000, a economia brasileira se comportasse como naquele ano, em que o crescimento foi de 4,5% ao ano, confirmando a possibilidade de obtenção de taxas médias de crescimento na casa dos 4% no médio e longo prazo. Estes desvios em relação às projeções realizadas no âmbito do PPA 2000-2003, na sua maior parte, tiveram origem em fatores externos não previstos, como as crises financeiras do final dos anos de 1990, o atentado de 11 de setembro de 2001 e a crise na Argentina, como mencionado anteriormente. No entanto, tiveram também peso considerável questões internas como a crise energética e as expectativas relacionadas às eleições de 2002.

Os macroobjetivos prioritários constantes do Plano (Quadro 7) foram parcialmente atingidos no final da gestão em curso. Com respeito à criação de um ambiente macroeconômico favorável ao crescimento sustentável, observa-se a consecução de melhor equilíbrio nas variáveis macroeconômicas e nas questões relacionadas ao saneamento das finanças públicas, que prepararam a base para a continuidade da estabilização e para as políticas de desenvolvimento para a gestão seguinte. Os problemas externos dificultaram a formação de parcerias, de IDE e de outras formas de financiamento para a implantação completa dos projetos estratégicos definidos, embora tenham sido elaboradas políticas específicas e tenha sido iniciada a implantação dos programas estratégicos de abrangência nacional definidos (Quadro 8).

No mercado de trabalho, a taxa média de desemprego no período situou-se em 7,6% da População Economicamente Ativa (PEA) no meio caminho da meta do PPA, que era reduzir a taxa de desemprego para cerca de 6% da PEA. A população ocupada aumentou 4,2% nas seis regiões metropolitanas pesquisadas pelo IBGE – revertendo o período de queda anterior –, o que resultou na criação de cerca de 2,5 milhões de postos de trabalho, embora o maior crescimento tenha sido entre os trabalhadores sem carteira de trabalho assinada (8,7%). Na média total do período 1999-2002, a geração de emprego foi de 2% ao ano. Porém, os efeitos da implementação do Plano sobre o emprego e a renda dos trabalhadores não foram satisfatórios no final do período, embora o desemprego tenha diminuído.

Alguns encaminhamentos de reformas setoriais bem-sucedidos no período, que mudaram efetiva e positivamente o perfil setorial anterior, se referiram primeiramente à reformulação e modernização do sistema gerencial da esfera pública e ao início de mudanças na Previdência Social (em continuidade às propostas de 1995). Com relação às novas medidas dirigidas aos setores dedicados ao atendimento social, como saúde, educação, saneamento básico, renda familiar, entre outros, os indicadores de desempenho retrataram uma melhora considerável no período, que pode ser sintetizada em indicadores como o Índice de Desenvolvimento Humano e o nível de pobreza[7].

Considerações Finais

O Plano Real foi idealizado para acabar com a inflação e teve resultados muito satisfatórios já em 1996, sem colocar o peso no assalariado. As questões relacionadas à eliminação de outros desequilíbrios estruturais e conjunturais, macroeconômicos e sociais foram designadas para serem

---

7. Síntese de informações estatísticas a partir de fontes de dados fornecidas por organismos públicos setoriais pode ser encontrada em Feres (2002), Giambiagi, Reis e Urani, (2004), Giambiagi e Villela (2005), entre outras fontes.

contempladas nos Planos Plurianuais do governo federal de 1996-1999 e 2000-2003.

O período de planejamento pós-Plano Real aqui analisado se caracterizou pelo temor de que determinadas políticas de desenvolvimento pudessem colocar em perigo a continuidade da estabilização atingida até então, e o governo federal acabou por priorizar a estabilidade monetária em detrimento de políticas industriais mais efetivas. Esta conduta, reforçada pela dificuldade de acesso a recursos externos, acabou por impedir maiores taxas de crescimento do produto e a impossibilidade de complementação de algumas metas estratégicas essenciais.

Os dois PPAS estavam lastrados em várias "âncoras", sendo a inicial estabelecida como a nova política cambial, em que o Real foi artificialmente valorizado no sentido de baratear as despesas em moeda estrangeira. Esta política, complementada pela ampliação da abertura comercial através de diminuição ou eliminação de tarifas de importação, por um lado, impediram que os produtores nacionais remarcassem seus preços, estimulando a busca pela modernização e reorganização dos processos produtivos. Por outro lado, as dificuldades de acesso a crédito interno e externo no período e a retração da demanda originada pelas políticas estabilizadoras estagnantes ocasionaram a quebra de muitas empresas, a eliminação de algumas linhas de produção ou tiveram o efeito de transformarem os comerciantes em importadores. A estas dificuldades se juntou a expansão muito significativa da dívida pública interna, face à política de juros extremamente elevados então vigente, com objetivo de atrair capitais externos e internos para cobrir o rombo do balanço de pagamentos. Além disso, a elevada taxa de juros e a incerteza sobre os rumos futuros da economia inibiram os empresários privados do país e internacionais, que adicionalmente passaram a não mais contar com os investimentos públicos, drasticamente cortados pela tentativa de ajustamento fiscal. Dessa forma, se estabeleceu o dilema entre a continuidade da política de estabilização –

que levava à recessão – e a necessidade de desenvolvimento econômico e social do país, que bloqueou o cumprimento efetivo dos objetivos propostos pelo planejamento.

Entre as críticas sobre o desempenho da economia no período, a diversidade de combinações de políticas econômicas nos vários subperíodos é considerada como empecilho à concretização das metas, tendo em vista que dado à defasagem de tempo decorrida entre a implementação de medidas de ação e os resultados alcançados, a falta de continuidade de determinadas políticas acarretou em mudanças nos caminhos em andamento, antes que os efeitos pudessem ser sentidos.

Constata-se efetivamente que as mudanças frequentes nas políticas cambial, fiscal e tributária no período corresponderam às dificuldades advindas de pressões externas de acontecimentos não previsíveis, que repercutiram fortemente na situação de equilíbrio macroeconômico ainda precário do Brasil. Após um período de contenção significativa da atividade econômica e cristalização do processo macroeconômico de estabilização de preços, os caminhos de reformas percorridos no período prepararam a economia para a implementação de políticas voltadas ao crescimento da produção, apesar dos resultados incompletos na consecução dos objetivos iniciais.

Para isso contribuíram – além da continuidade da estabilização de preços – resultados bem-sucedidos na concretização propostas de mudanças dos PPAS relacionadas à: continuidade das privatizações iniciadas no período da gestão Collor, modernização do aparelho administrativo estatal associado à criação de agências reguladoras de serviços públicos, mudanças no tratamento do capital estrangeiro, implementação da reforma da Previdência Social, eliminação dos monopólios estatais nos setores de petróleo e telecomunicações, saneamento do sistema financeiro e, particularmente, a implementação da Lei de Responsabilidade Fiscal. Esta última, paralelamente à renegociação das dívidas estaduais para com o governo federal, obrigou à busca do ajustamento fiscal dos Estados e municípios, o que contribuiu para melhor ajustamento consolidado das finanças públicas do país.

As análises empreendidas deixam claro que as características da globalização econômica mundial intensificaram e difundiram, com grande velocidade, os efeitos de crises pelas quais passavam alguns países mais avançados no período analisado, afetando sobremaneira as economias menos avançadas, entre as quais as latino-americanas e as nações europeias em transição, bloqueando possibilidades de resultados mais satisfatórios do planejamento brasileiro no período.

Anita Kon

Referências Bibliográficas

AMANN, E. e BAER, W. (2000) The illusion of stability: the Brazilian economy under Cardoso. In: *World Development,* vol. 28, n. 10, October.

BAER, W. (1996) *A Economia Brasileira.* São Paulo: Nobel.

BARROS, O. de; BARBOSA, F. H. e GIAMBIAGI, F. (2004) O Regime Cambial e o Ajuste Externo. In: GIAMBIAGI, F., REIS, J. G. e URANI, A. (orgs.). *Reformas no Brasil: Balanço e Agenda.*

FERES, F. L. C. (2002) A Questão Regional nos Planos Plurianuais Recentes. In: KON, A. (org.) *Unidade e Fragmentação. A questão Regional no Brasil.* São Paulo: Perspectiva.

FRANCO, G. H. B. (1995) *O Plano Real e Outros Ensaios.* Rio de Janeiro: Francisco Alves.

_____. (2000) *O Desafio Brasileiro: Ensaios sobre Desenvolvimento, Globalização e Moeda.* São Paulo: Editora 34.

GARCIA, R. C. (2000). *A Reorganização do Processo de Planejamento do Governo Federal: o PPA 2000-2003.* Brasília: Ipea. (Texto para Discussão n. 729).

GIAMBIAGI, F. e VILLELA, A. (orgs.). (2005) *Economia Brasileira Contemporânea.* Rio de Janeiro: Campus.

GIAMBIAGI, F., REIS, J. G. e URANI, A. (orgs.). (2004) *Reformas no Brasil: Balanço e Agenda,* Rio de Janeiro: Nova Fronteira.

LACERDA, A. C. (1999) Plano Real: Entre a Estabilização Duradoura e a Vulnerabilidade Externa. In KON, Anita (org). *Planejamento no Brasil II,* São Paulo: Perspectiva.

MPOG – Ministério do Planejamento, Orçamento e Gestão. (1999) *Plano Plurianual 1996-1999,* Brasília: MPOG.

_____. (1999) *Plano Plurianual 2000-2003*, Brasília: MPOG.

_____. (2000) *Conhecendo mais sobre o Avança Brasil*, Brasília: MPOG.

_____. (2002), *O Desafio do Planejamento governamental*, Brasília: MPOG.

_____. (2003) PPA *2000-2003. Relatório Anual de Avaliação*, Brasília: MPOG.

REIS, J. G. e URANI, A. (2004) Uma visão abrangente das transformações recentes no Brasil. In: GIAMBIAGI, F., REIS, J. G. e URANI, A. (orgs.). *Reformas no Brasil: Balanço e Agenda.*

O PLANO BRASIL DE TODOS:
PPA 2004-2007

Considerações Iniciais

O Plano Plurianual (ppa) de 2004-2007 começou a ser dese-nhado no início do ano de 2003, quando teve início a gestão do novo governo brasileiro eleito, presidido por Luiz Inácio Lula da Silva. O ano de 2003 correspondeu ao último ano de implementação do ppa elaborado pela gestão anterior.

Os objetivos do novo governo na condução das políticas econômicas foram se delineando ao longo de 2003, à medida que o combate bem-sucedido à inflação na gestão anterior, através da revalorização do Real e da contenção dos preços administrados, poderia comprometer o aumento da receita e dificultar o ajuste fiscal. A prioridade para a continuidade da estabilização foi adotada como compromisso. E o governo anunciou logo no início do mês de janeiro que, para o combate à inflação, não iria mudar a forma de cálculo dos preços sob administração do governo (energia elétrica, combustíveis e gasolina), cujos custos, calculados em dólar, são pressionados pelo aumento da cotação desta moeda.

O rumo dos ativos financeiros, o comportamento do câmbio e dos títulos da dívida pública foram temas de discussões na primeira reunião do Comitê de Política Monetário (Copom) no novo governo, paralelamente ao encaminhamento de reformas ao Congresso Nacional (particularmente da Previdência) e à revisão do acordo com o Fundo Monetário Internacional que se realizaria em fevereiro de 2003.

Já no início de janeiro, com essa definição dos rumos da política pública voltada para a manutenção do equilíbrio macroeconômico, os mercados nacionais e internacionais mostraram maior confiança e otimismo apoiados pelo BID, que anunciou o envio de US$ 12 bilhões para o Brasil nos quatro anos seguintes, entre projetos já aprovados e novos projetos, que complementariam os recursos adicionais prometidos pelo Banco Mundial que deveriam ser gastos sem criar problema fiscal. O governo iniciou uma discussão visando propor ao FMI a inclusão de uma meta social que daria mais folga para as despesas governamentais, preservando a meta de superávit fiscal.

No âmbito internacional, a ameaça de uma guerra no Oriente Médio, com o conflito dos Estados Unidos contra o Iraque, trouxe a perspectiva do aumento dos preços do petróleo e da aversão mundial ao risco, com tendências ao retardamento do retorno da entrada dos fluxos de recursos externos, o que afetou o mercado brasileiro. Como consequência, o dólar, que havia mostrado uma tendência à baixa, retornou ao movimento ascendente e, paralelamente, a Bolsa de Valores de São Paulo apresentou constantes quedas, ao mesmo tempo em que o risco-país subiu paulatinamente.

Internamente o governo federal passou a sofrer pressões dos governadores dos estados para a obtenção de novos recursos que aliviassem o caixa, porém o Tesouro Nacional não abriu mão do cumprimento da Lei de Responsabilidade Fiscal, que obriga ao equilíbrio das contas fiscais estaduais, bem como dos antigos contratos de refinanciamento das dívidas estaduais pelo governo central. Para a obtenção de outras formas de arrecadação, o novo governo convidou os governadores a discutir a realização da reforma tributária, cuja necessidade já havia sido reafirmada no governo anterior, porém cuja efetivação foi bloqueada pelos oposicionistas daquela gestão, agora no poder. As discussões incluíram a manutenção pelo novo governo da alíquota da Contribuição Provisória sobre Movimentação Financeira (CPMF); a correção da tabela do Imposto de Renda Pessoa Física (IRPF); a unificação no nível estadual das alíquotas do Imposto sobre Circulação de Mercadorias e Serviços (ICMS) no combate à guerra fiscal; e a mudança para um Imposto sobre Valor Adicionado (IVA).

No final de janeiro de 2003, os 27 governadores estaduais e o presidente divulgaram um documento batizado de Carta de Brasília, em que são relacionados como compromissos prioritários as reformas previdenciária e tributária, com propostas a serem encaminhadas ao Congresso no primeiro semestre do ano. Alguns pontos concordantes referiam-se à unificação do ICMS, a ser substituído pelo IVA, e à necessidade de cobrança da contribuição dos trabalhadores governamentais inativos, tendo em vista que "os regimes próprios dos servidores têm um elevado grau de desequilíbrio na União, estados e nos municípios, comprometendo a gestão orçamentária de políticas sociais e de investimentos" (Carta de Brasília).

A nova gestão governamental revelou em seu início um caráter complexo e muitas vezes contraditório, caracterizado por conflitos entre ministros e secretários de Estado pela definição de políticas públicas e pela distribuição do poder a ser adotada. Ocorreu uma série de conflitos políticos a respeito da indicação dos ministros, que deveria obedecer a critérios políticos além dos técnicos, bem como a respeito dos rumos da política governamental. Foram previstos para os demais anos cortes no Orçamento da União, em todas as secretarias e ministérios, selecionados através de critérios de prioridade. A previsão para o período seguinte, em que seria publicado o PPA 2004-2007, seria de aperto tanto no âmbito da política fiscal, quanto monetária e cambial.

O Cenário Econômico Anterior à Divulgação do PPA 2004-2007

No primeiro ano do governo do presidente Luiz Inácio Lula da Silva, a conjuntura da economia brasileira apresentava uma série de condições favoráveis, porém permaneciam aspectos estruturais bloqueadores do desenvolvimento. Houve forte recuperação dos indicadores financeiros e reconquista de credibilidade perante os mercados, mas também uma das menores taxas de crescimento na última década (0,3% no ano), queda na renda do trabalhador e do poder aquisitivo, que acumularam respectivamente 11% e 15%.

Na primeira reunião do Copom do novo governo, em 22 de janeiro, os juros básicos (taxa Selic) foram elevados de 25% para 25,5% ao ano, o nível mais alto desde maio de 1999, tendo em vista que a queda da inflação vinha sendo mais lenta do que o previsto, com piora das expectativas do mercado e também pela pressão do câmbio nos dias antecedentes. Esta atitude sinalizou a tendência à continuação da austeridade do governo central na nova gestão, no que se refere aos aspectos macroeconômicos.

Paralelamente, o Banco Central do Brasil (BC) reformulou as metas de inflação alongando seus prazos de cumprimento, saindo do nível de 12,5% ao ano de dezembro de 2002, para 8,5% no final de 2003 e 5,5% em dezembro de 2004. No entanto, o BC salientava que a meta poderia "ser alterada, à medida que ocorram novas estimativas para o efeito primário do choque dos preços administrados por contrato e monitorados" (Banco Central, 2003).

No segundo momento, a taxa Selic de juros veio decrescendo ao longo do ano e, em meados de dezembro de 2003, o Banco Central, através do Comitê de Política Monetária, reduziu os juros em 1%, para 16,5% ao ano, ou 10% em termos reais, devido à convergência da inflação para a trajetória das metas e as perspectivas favoráveis para a evolução da atividade econômica. Nesse momento, as perspectivas para 2004 eram de pequenas variações na taxa de juros (Banco Central, 2003). O Conselho Monetário Nacional também decidiu, no final de dezembro, reduzir a Taxa de Juros de Longo Prazo (TJLP) de 11% ao ano para 10% , pois o componente de risco havia caído nos últimos três meses do ano, uma vez que esta taxa serve de referência aos empréstimos concedidos pelo Banco Nacional de Desenvolvimento Econômico e Social (BNDES) e é formada por dois componentes: a expectativa de inflação e o fator de risco.

O estrangulamento da economia em 2003 teve duas origens principais. Primeiramente, o governo elevou a meta de superávit primário (para pagamento de juros da dívida pública) de 3,75% do PIB (Produto Interno Bruto) para 4,25%. Esta elevação foi feita pelo lado das despesas, resultando em menos recursos para estimular a economia. Em segundo lugar, o Banco Central aumentou os juros básicos da economia (em janeiro e fevereiro), elevando a alta taxa de 25% ao ano para 26,5% e a mantendo nesse nível até junho. O aumento do custo do crédito fez com que os consumidores reduzissem suas compras e a indústria, sua produção. As vendas no comércio aumentaram em novembro, mas abaixo da média histórica do setor para a época. Esta retomada nas vendas natalinas não evitou que alguns setores do comércio fechassem no vermelho em 2003.

Do lado dos indicadores, o risco-Brasil – que representa o termômetro da desconfiança estrangeira nos títulos da dívida do país – que havia se elevado em 65%, para o patamar consideravelmente alto de 2.426 pontos em 2002, no período anterior de tensão pré-eleitoral, devido à incerteza sobre as ações do governo eleito, fechou o ano de 2002 no nível de 1.446 pontos, e apresentou em 2003 queda percentual recorde, ao acumular baixa anual de quase 68%, chegando aos 468 pontos, menor nível desde maio de 1998.

Já a inflação, medida pelo IPCA (Índice de Preços ao Consumidor Amplo), ficou em 9,1% em 2003. Com este resultado, pelo terceiro ano consecutivo a meta fixada pelo CMN (Conselho Monetário Nacional) não foi atingida, pois o objetivo era manter a alta dos preços em 4%. Os alimentos e combustíveis tiveram um aumento menor de preços, mas algumas tarifas públicas foram responsáveis pelas altas nos índices de preços. Porém o país conseguiu controlar a inflação, embora tenha comprometido a evolução industrial e o emprego com a política de juros elevados. As empresas, no final do ano, procuraram se desfazer de estoques e, ao contrário das previsões, alguns produtos tiveram seus preços em queda, demonstrando que a demanda não estava acelerada.

O saldo da balança comercial fechou o ano com recorde histórico de US$ 24,8 bilhões. Especialistas afirmam, no entanto, que saldos deste porte não seriam sustentáveis no Brasil, pois um dos fatores excepcionais que levaram ao saldo recorde foi a recessão econômica. O Brasil deixou de importar máquinas e insumos necessários para a modernização da indústria. As importações que chegaram quase a US$ 60 bilhões em 1997, em 2003 foram inferiores a US$ 50 bilhões. Outra situação que favoreceu o Brasil foi a recuperação dos preços dos produtos agrícolas, como a soja. A maior parte do saldo brasileiro depende justamente do comportamento volátil das cotações de produtos agrícolas nos mercados internacionais. Para 2004 as estimativas eram de que, com crescimento econômico previsto de 3,5%, as importações iriam aumentar em torno de 13%. As exportações chegaram a US$ 73 bilhões no final de 2003, com perspectivas de crescer apenas 5% em 2004.

O governo, fazendo concessões, conseguiu passar no Congresso as reformas tributária e previdenciária discutidas durante o ano. Com relação à Previdência Social, foi aprovada emenda constitucional que estabeleceu a contribuição de servidores inativos e pensionistas e tornou mais duras as regras para a aposentadoria do funcionalismo, bem como criou um teto para os salários e aposentadorias do governo federal. Para os trabalhadores da iniciativa privada, que se aposentam pelo Instituto Nacional de Seguridade Social (INSS), a reforma elevou o atual teto de benefícios de R$ 1.869,34 para R$ 2.400.

No que se refere à reforma tributária, pelo acordo feito, esta foi dividida em três etapas, sendo que só a primeira seria aprovada e promulgada imediatamente, pois era essencial para o ajuste fiscal da União. Nessa primeira parte foram tratadas as medidas de interesse direto para os caixas de União, estados e municípios. Com sua aprovação, o governo assegurou a prorrogação até 2007 da CPMF e da DRU (Desvinculação de Receitas da União), ambas vitais para suas metas de ajuste fiscal. Esta etapa também assegurou a extensão dos benefícios concedidos pela Zona Franca de Manaus de 2013 para 2023, e dos incentivos da lei de informática de 2009 para 2019. Favorecendo o empresariado, o IPI (Imposto sobre Produtos Industrializados) sobre máquinas e equipamentos e a contribuição previdenciária patronal sobre a folha de pagamentos seriam reduzidos e, complementarmente, as micro e pequenas empresas seriam estimuladas através de um imposto único nacional.

Do ponto de vista social, nesta etapa foi garantida a permissão a estados e municípios para adotarem programas de inclusão social, os chamados programas de renda mínima. A reforma tributária propriamente dita, com a unificação da legislação do ICMS e a redução do número de alíquotas de 44 para cinco, ficou para etapas posteriores e ainda dependia de votação na Câmara. No entanto, aprovadas com votos da oposição, ambas as reformas (tributária e previdenciária) permaneceram incompletas e tiveram pequeno impacto imediato sobre o desempenho econômico.

Os investimentos governamentais, que em 2002 consumiram r$ 10,1 bilhões dos tributos arrecadados pela União, em 2003, atingiram uma cifra em torno de r$ 3 bilhões, com queda de 70,3% em relação ao ano anterior, sem considerar a inflação dos últimos doze meses, o que aumentou ainda mais este valor. Isto se verificou porque o ajuste orçamentário se fez em cima dos investimentos, pois o governo não poderia deixar de pagar despesas obrigatórias, como salários e benefícios previdenciários. Assim, foram contidas obras de infraestrutura, como a recuperação de rodovias federais, e investimentos na área social, como o assentamento de trabalhadores rurais sem-terra.

Para encerrar o ano com o receituário da ortodoxia econômica, o governo decidiu renovar o acordo com o Fundo Monetário Internacional por mais quinze meses e manter a meta de superávit primário de 4,25% para 2004. Visando a continuação da queda das taxas de juros oficiais, o aperto fiscal deveria continuar até 2007, com metas de superávit primário fixadas para 2005, 2006 e 2007 em, respectivamente, 3,75%, 3,5% e 3,25% do pib.

Em suma, em 2003 as rígidas políticas fiscal e monetária controlaram a inflação e fizeram crescer os mercados financeiros. Os investidores tiveram um retorno de 130% em termos de dólares na Bolsa. Para 2004 a previsão de crescimento do pib havia melhorado e o governo estimava alta de 3,5%. A queda dos juros iniciada em junho de 2003 deveria se manter na próxima reunião do Conselho Monetário em janeiro de 2004, e o mercado esperava queda de 0,5 ponto percentual na taxa.

Os efeitos colaterais da política econômica causaram uma queda do pib de 0,2%, que resultou da diminuição da massa salarial e das altas taxas de juros para crédito, o que prejudicou a demanda interna e principalmente o consumo das famílias. Apesar do avanço das exportações, os investimentos produtivos também se retraíram. Com esta retração da economia e com a taxa de aumento populacional de 1,3%, o pib per capita declinou em cerca de 1,5%.

294

Uma das consequências da contração econômica foi o aumento do desemprego de 10,5% em janeiro para 12,9% em outubro. Em virtude das contratações temporárias para as festas de fim do ano, a taxa de desemprego no final de 2003, se encontrava no mesmo patamar de janeiro, de 10,5%, porém observou-se uma queda da renda dos trabalhadores de 11,6% nos primeiros dez meses do ano. A queda na renda do trabalhador impediu que a indústria brasileira mantivesse a partir de outubro a trajetória de crescimento apresentada, devido à estagnação da categoria de bens semiduráveis e não duráveis. Este "efeito renda" abrangeu principalmente os produtos de consumo mais essenciais (IBGE, dezembro/2003).

Nesse cenário econômico de 2003, foram elaborados as diretrizes, objetivos e metas do PPA 2004-2007. Em que pesem as impressões sobre o caráter recessivo da política econômica, o governo anunciou a intenção de adotar uma política de gastos a partir do ano seguinte, através do PPA para o período de 2004 a 2007, com investimentos planejados de R$ 191,4 bilhões. As áreas definidas como prioritárias foram as de transportes (rodoviário, ferroviário, aeroviário e hidroviário), transporte urbano, energia elétrica, infraestrutura hídrica, habitação e saneamento. Dessa forma, o PPA assumiu explicitamente a intenção do Estado de ter um papel decisivo como condutor do desenvolvimento social e regional e como indutor do crescimento econômico (MPOG, 2003b).

Diretrizes e Objetivos Propostos

A Lei nº 10.933, de 11 de agosto de 2004, dispõe sobre o Plano Plurianual para o período 2004-007. O PPA, que recebeu a denominação de "Plano Brasil de Todos", foi elaborado tendo como proposta um modelo de desenvolvimento de longo prazo, para muito além de 2007, destinado a promover profundas transformações estruturais na sociedade brasileira. O documento sintetizou a orientação estratégica de governo para os programas a serem planejados, visando conferir racionalidade e eficácia às ações do governo federal na direção dessas profundas mudanças (MPOG, 2004b).

Suas diretrizes básicas voltaram-se para a definição, formulação e seleção dos programas prioritários na área social, dos programas de investimentos em infraestrutura em setores geradores das divisas necessárias à sustentação do crescimento com estabilidade macroeconômica e de todos os demais programas e ações do governo. A Orientação Estratégica do Governo, exposta neste documento, também norteou as formas de avaliação de sua execução e consistência no correr do tempo. Por sua vez, as Orientações Estratégicas dos Ministérios definiam os objetivos das políticas setoriais voltados à concretização dos compromissos de governo (MPOG, 2003a, p. 4).

Uma das considerações iniciais expressas foi o direcionamento do planejamento econômico e social, para que fosse feito com a participação tanto da sociedade brasileira quanto das várias esferas de governo, ou seja, apresentava um caráter participativo. Como problemas fundamentais a serem enfrentados foram destacados a concentração da renda e riqueza, a exclusão social, a baixa criação de emprego e as barreiras para a transformação dos ganhos de produtividade em aumento de rendimentos da grande maioria das famílias trabalhadoras. A proposta governamental definia a atividade de planejamento como coordenação e articulação dos interesses públicos e privados no sentido de minorar a pobreza da população, minimizar as desigualdades sociais e regionais, redistribuir renda, reduzir o desemprego, superar a escassez de financiamento, reduzir incertezas e elevar o investimento público e privado (MPOG, 2003 b, p. 14).

As diretrizes do Plano, portanto, estabeleciam uma estratégia macroeconômica que valorizasse a estabilidade como condição inicial e como elemento central de um projeto de desenvolvimento sustentável. A preservação da estabilidade macroeconômica seria focalizada em suas três dimensões – externa, fiscal e de estabilidade de preços. De forma complementar seriam propostas políticas adequadas de estímulo à produtividade e à competitividade, para impedir que a dinâmica de expansão da economia pudesse criar uma série de desequilíbrios que acabariam por revertê-la.

O regime macroeconômico estável baseava-se em três fundamentos:

a) consistência fiscal caracterizada por uma trajetória sustentável para a dívida pública;
b) inflação baixa e estável;
c) contas externas sólidas, ou seja, um saldo em conta corrente que não imponha restrições excessivas à política monetária nem tornasse o país vulnerável a mudanças nos fluxos de capitais internacionais (MPOG, 2003b, p. 15).

No contexto destas diretrizes, a orientação estratégica do governo estabeleceu uma estratégia a longo prazo, expressa no PPA 2004-2007 consistindo em um instrumento de orientação que rege a formulação e a seleção dos programas do Plano, definindo a Estratégia de Desenvolvimento de Longo Prazo representada através de três megaobjetivos: 1) Inclusão Social e Redução das Desigualdades Sociais; 2) Crescimento com Geração de Emprego e Renda, Ambientalmente Sustentável e Redutor das Desigualdades Regionais e 3) Promoção e Expansão da Cidadania e Fortalecimento da Democracia. (MPOG, 2003a, p. 5 e 2003c, p. 19).

As políticas e programas que darão substância a essa estratégia distribuíram-se em cinco dimensões: social, econômica, regional, ambiental e democrática, que representam os megaobjetivos a serem perseguidos. A dimensão democrática não será objeto de detalhamento nesta análise, tendo em vista requerer um exame mais apurado, que foge ao âmbito deste texto. Os principais objetivos declarados no PPA com relação a estas estratégias contemplavam óticas de tratamento diversificadas, porém articuladas em um contexto único mais amplo, como segue.

A Dimensão Social

A dimensão social determinava por objetivos a inclusão social e a redistribuição da renda, estabelecendo o preceito de priorizar os setores mais vulneráveis da população e estipulando o caráter estrutural, como nos casos de políticas de emprego e de educação, o microcrédito e o apoio à agricultura familiar, porém, sempre que necessário, teriam caráter emergencial.

A agenda de políticas sociais seria implementada em diferentes âmbitos complementares, em ações específicas para os diferentes objetivos (MPOG, 2003a, p. 19):

i. ações para fortalecer os direitos do acesso universal e de qualidade aos serviços sociais de previdência, assistência, saúde, educação, capacitação, transporte coletivo, habitação, saneamento, segurança pública, cultura, esporte e lazer;
ii. ações para fortalecer a geração de emprego e renda e melhorar as relações e condições de trabalho, como o apoio à agricultura familiar, à reforma agrária, ao microcrédito e reforma trabalhista;
iii. ações dirigidas à população mais vulnerável, por meio de programas como o Fome Zero, o Bolsa-escola e de Erradicação do Trabalho Infantil;
iv. ações dirigidas à redução de preços dos bens de consumo popular, como remédios e alimentos;
v. políticas de redistribuição de renda, como elevação sistemática no salário mínimo, reformas previdenciária e tributária, reorientação do orçamento público para a viabilização dos gastos sociais essenciais, redução do custo do crédito, especialmente das margens bancárias e subsídios cruzados nas tarifas de energia, água/esgoto e telecomunicações.

A Dimensão Econômica

A dimensão econômica tinha como objetivo a promoção do crescimento estável da renda e a ampliação do emprego, em quantidade e qualidade.

No que concerne à elaboração e implementação dos programas e ações do PPA, na esfera econômica eram distribuídas em sete grupos (MPOG, 2003a, p.21):

i. consolidar o equilíbrio macroeconômico como requisito para o crescimento sustentado e a redistribuição de renda, por meio de ajuste das contas do setor público necessário à evolução favorável da relação dívida/PIB e à capacidade de investimento público e privado, tendo a reforma da previdência como suporte a essa evolução, pelos seus impactos diretos sobre as contas públicas;

ii. coordenação e estímulo governamental aos investimentos em expansão, modernização e agregação de valor aos bens e serviços nacionais. Para isto objetiva-se fomentar pólos ou arranjos produtivos locais, fortalecer as grandes empresas nacionais, apoiar as pequenas e médias empresas e atrair investimento direto estrangeiro;

iii. fortalecimento da infraestrutura econômica por meio de investimentos e modernização dos setores de energia, transporte, telecomunicações, saneamento e recursos hídricos, buscando ampliar a oferta, melhorar sua qualidade e reduzir os custos, de modo a elevar a competitividade sistêmica nacional e reduzir o custo Brasil;

iv. através de um sistema nacional de inovação, fortalecer a educação e capacitação dos trabalhadores e as atividades nacionais de inovação, com uma política de ciência e tecnologia que teria ampla articulação com as demandas de inovação do setor produtivo e com as políticas industriais, buscando-se maior integração entre empresas e universidades e institutos de pesquisa. Isto deveria ocorrer também nas áreas de fronteira, como biotecnologia, química fina, microeletrônica e novos materiais;

   v. fortalecer a capacidade pública e privada de financiar investimentos por meio de fontes internas, como o BNDES, a Caixa Econômica Federal, o Banco do Brasil e os demais bancos estatais;

   vi. diversificar e ampliar a pauta de comércio exterior e dos mercados internacionais;

   vii. priorização das reformas constitucionais: previdenciária, tributária e trabalhista, apoiadas por políticas de concorrência e de controle dos oligopólios e a reavaliação e implementação de marcos regulatórios relativos à infraestrutura econômica.

A Dimensão Regional

Foi estabelecido o objetivo global de substituição do processo assimétrico de desenvolvimento socioeconômico verificado no Brasil, diminuindo as consequências negativas tanto para áreas atrasadas como também para as regiões mais prósperas, desde que estas últimas já estão enfrentando os problemas de aglomeração excessiva, congestionamento de fluxos, pressão sobre o meio ambiente e a saúde pública, e incapacidade de absorver a pressão migratória, com a decorrente ampliação dos bolsões de pobreza em todas as grandes cidades do país (MPGO, 2003 p. 23).

No sentido de conduzir a integração competitiva do território nacional seria buscada a coordenação dos investimentos regionais, de forma seletiva em infraestrutura, buscando dissolver os gargalos em transporte, energia, telecomunicações e recursos hídricos que são obstáculos à valorização das complementaridades inter-regionais. As áreas mais frágeis seriam tratadas numa perspectiva sub-regional diferenciada, no que tange ao gasto social e às políticas de emprego e renda, com a intenção de estimular a convergência das prioridades de gasto da União, Estados e Municípios, num conjunto de políticas estruturantes gerenciadas de forma articulada, visando o desenvolvimento local.

Em especial, a estratégia regional contempla as potencialidades econômicas do Nordeste, da Amazônia e do Centro-Oeste, dando atenção diferenciada às zonas deprimidas. Nesse sentido, seriam fortalecidos os arranjos produtivos locais para a desconcentração espacial da produção e a valorização dos recursos potenciais dispersos no território nacional. Por outro lado, o desenvolvimento regional, numa perspectiva nacional, deveria requerer uma reformulação dos instrumentos então vigentes de atuação regional, como fundos constitucionais, incentivos, agências regionais, todos exclusivamente voltados para as regiões Norte, Nordeste e Centro-Oeste. As questões de desigualdade sociais e econômicas dos espaços seriam equacionadas numa perspectiva que iria abranger o conjunto do território brasileiro, nas diversas escalas: nacional, macrorregional, sub-regional, local. Para isso, o primeiro passo seria a criação do Fundo Nacional de Desenvolvimento Regional, que constava da proposta de reforma tributária em tramitação no Congresso Nacional.

Paralelamente à dimensão nacional, a questão regional abordaria o conjunto da dinâmica internacional, o que implicava uma estratégia de fortalecimento e de integração das logísticas de infraestrutura na América do Sul, na construção progressiva de um destino comum para o Continente (MPOG, 2003a, p. 24).

A Dimensão Ambiental

Esta ótica pressupunha uma estratégia de desenvolvimento sustentável e de longo prazo, que implica uma dimensão ambiental como orientação para as escolhas no campo social e econômico, tendo em vista a pressão que o desenvolvimento econômico impõe sobre os recursos naturais e os serviços ambientais. Os principais problemas que ameaçam os ecossistemas do país demonstravam a estreita relação entre degradação ambiental e degradação social e, dessa forma, a qualidade do ambiente afeto às comunidades foi colocada como uma prioridade e uma urgência a ser enfrentada pelo PPA, assegurando a preservação, a recuperação e a conservação dos recursos naturais. Os programas ambientais deveriam assegurar as condições de:

i. que o crescimento econômico deveria ter uma abordagem qualitativa reestruturando-se ampla e progressivamente, a partir de um novo padrão de produção e consumo, estimulando o manejo sustentável dos recursos naturais e coibindo as ações produtoras de desequilíbrios ecológicos. Nesse sentido, a estratégia seria valorizar as empresas com responsabilidade ambiental, uma exigência cada vez maior da competitividade tanto no mercado interno como externo;

ii. construir pactos que apontassem novos caminhos para minimizar os prejuízos do padrão de produção vigente, reconhecendo os conflitos de interesse e de responsabilidade pelos custos ambientais e sociais decorrentes do crescimento, em especial nas áreas de agricultura, energia e nas cadeias industriais tradicionalmente sensíveis ao risco ambiental, como o petróleo;

iii. repensar o padrão de consumo, estimulando a conservação da natureza como um valor social e a valorização do combate ao desperdício em todo o espectro da intervenção humana, tendo em vista que o consumo de recursos naturais e dos serviços ambientais está se aproximando do limite e, em alguns casos, estes já se encontram em franca degradação (qualidade das águas dos rios, tratamento do lixo urbano e déficit de saneamento básico do país);

iv. fortalecimento das organizações ambientais do setor público pela aplicação imediata das leis e dos mecanismos de controle e regulação da atividade econômica, preservando e fomentando o uso sustentável dos recursos naturais, paralelamente ao estímulo da implementação de projetos intensivos no uso da biodiversidade regional brasileira (MPOG, 2003 a; p. 25).

Neste contexto de transição, o planejamento estratégico das ações de governo teria como função compatibilizar os objetivos de alcançar o máximo crescimento possível, ampliar a inclusão social, reduzir o desemprego e as disparidades regionais e fortalecer a cidadania, ao mesmo tempo que enfrentasse as restrições decorrentes da necessidade de consolidar a estabilidade macroeconômica no país. Dessa forma, o texto estabelecia a premissa de buscar a manutenção do ajuste do balanço de pagamentos e consequente necessidade de harmonizar o ritmo de crescimento da demanda com o da capacidade produtiva doméstica. Paralelamente seria buscada a manutenção de um superávit primário consistente com a necessidade de financiamento público ao longo do tempo. Por fim, entre os programas a serem definidos, teriam prioridades os investimentos expressivos na expansão e recuperação da infraestrutura, como condição para viabilizar um período de crescimento sustentado do país (MPOG, 2003a, p.7 e 2003b, p.16).

A Definição de Prioridades

Para a definição de prioridades o Plano se baseia em um conjunto de princípios, associados a políticas de investimento, do setor externo e do combate às desigualdades regionais e sociais. Foram definidas prioridades nas áreas específicas de: (a) políticas de investimentos e de elevação de produtividade; (b) políticas para o setor externo; (c) política regional; (d) políticas sociais, conforme as premissas apresentadas em sequência (MPOG, 2003b).

Políticas de Investimentos e de Elevação de Produtividade

Com o fim de maximizar o crescimento econômico, as políticas propostas visavam acelerar o ritmo de expansão da capacidade produtiva através de políticas que incentivassem o investimento e o aumento da produtividade. A sinalização de uma estabilidade duradoura foi apontada como essencial para alcançar este objetivo e, neste sentido, a criação de um ambiente favorável ao investimento privado seria buscado através da definição clara de prioridades, para a orientação das decisões do setor privado. Para tanto, seria buscada a coordenação e o impulso aos investimentos em expansão da capacidade e inovações, condutores da elevação da produtividade e da competitividade, e com ênfase na formação de infraestrutura e na eliminação da vulnerabilidade externa. As políticas teriam por prioridade o fortalecimento das exportações e da substituição competitiva de importações e a conquista de mercados internacionais, o que iria requerer o fortalecimento do sistema financeiro e dos mecanismos de financiamento dos investimentos.

Entre outras prioridades destacavam-se as políticas voltadas à redução do custo do investimento, através da diminuição do custo da intermediação financeira e da desoneração dos bens de capital. Nesse sentido estariam sendo construídas as condições para reduzir a taxa básica de juros, com o objetivo de diminuir o *spread* bancário. Isso se daria através do aumento da segurança jurídica dos contratos para evitar o risco de perdas com a inadimplência, de um lado, e, por outro, através do estímulo a uma maior concorrência entre as instituições financeiras, e por meio da reformulação da lei de falências, por exemplo. Outros instrumentos específicos de incentivo ao investimento privado, seriam representados pela concessão de financiamentos por instituições financeiras públicas em condições mais favoráveis que as de mercado (MPOG, 2003b).

O grande desafio governamental seria definir as prioridades sobre a alocação dos limitados recursos disponíveis ao fomento do investimento, considerando também outras fontes de financiamento pelas empresas, que concorriam com outros objetivos do Plano, como a ampliação das exportações, a incorporação de tecnologia, a redução das desigualdades regionais etc.

Para a consecução destes outros objetivos, foi proposto que a política industrial atuaria em dois níveis: horizontal e vertical. As políticas horizontais seriam concentradas na redução do custo Brasil e na busca de isonomia de tratamento das exportações e importações brasileiras de bens e serviços, através da negociação para maior abertura dos mercados europeu e norte-americano às exportações brasileiras, bem como por acordos no âmbito da Organização Mundial do Comércio. Com o objetivo de diminuir a defasagem de competitividade entre o Brasil e seus concorrentes, estes acordos seriam enfocados sobre subsídios à produção de tecnologia, às atividades de pesquisa e desenvolvimento e ao financiamento de investimentos em setores intensivos em tecnologia.

Por sua vez, estas políticas horizontais, não seriam suficientes para aumentar a competitividade e diversificar a produção brasileira, pois as especificidades do país requeriam configurações industriais apropriadas, que se associavam a dinamismos de mercado diferenciados, à diversidade de capacidades de inovação e de produção, que requeriam intervenções específicas de políticas industrial e tecnológica. Nesse sentido seriam posteriormente definidos os critérios de escolha dos setores e das políticas prioritárias voltadas para elevar o investimento daqueles setores exportadores que substituíssem importações e mantivessem elevado nível de utilização da sua capacidade produtiva.

No que se refere ao investimento público, o PPA designava um papel fundamental para a consecução da ampliação da infraestrutura, como elemento básico para a viabilização do crescimento sustentado. Nesse sentido, o desafio a ser ultrapassado se referia ao contexto de restrição fiscal em que o país se encontrava, que diminuía o espaço para a ampliação do investimento público. Para enfrentar este problema seria necessário que no total dos gastos públicos, os investimentos crescessem mais rapidamente que os gastos correntes do governo nos próximos anos. Para tanto, como vimos, já havia sido enviada ao Congresso Nacional a proposta de reforma previdenciária.

O PPA coloca com clareza a visão governamental de que o grau de rigidez estrutural dos gastos seria tal, que se faria necessária uma complementação ao investimento público, para a implementação da infraestrutura necessária. Isto levou a um conjunto de medidas que visavam concentrar os investimentos públicos nas áreas que dificilmente serão atendidas pelo setor privado e, ao mesmo tempo, incentivar o investimento privado nas demais áreas, diretamente ou através de parcerias com o setor público. Para isto, foi prevista a discussão e consolidação de um marco regulatório que estimulasse a oferta de serviços de qualidade e viabilizasse o repasse aos consumidores dos ganhos decorrentes do aumento da produtividade e da redução esperada do custo de capital, sem desestimular as empresas a investir.

Políticas para o Setor Externo

As prioridades das políticas para o setor externo tinham como foco a solidez das contas externas, através de medidas voltadas à promoção da substituição competitiva de importações e ao estímulo às exportações. Por um lado estas medidas objetivavam a redução da dependência da desvalorização cambial, que era usada como forma de compatibilizar um crescimento mais acelerado da economia com a intenção de evitar déficits excessivos em transações correntes do Balanço de Pagamentos. Estas ações sinalizariam para a expansão da capacidade de pagamento futuro dos compromissos externos e para a consecução de efeitos geradores de divisas indispensáveis à redução da vulnerabilidade externa e à sustentação do crescimento. Dessa forma serão enfatizados o turismo, a agricultura, a mineração, e outras atividades de exportação e produção substitutiva de importações, por meio do adensamento e de estímulos às cadeias produtivas industriais.

Estas medidas exigiriam intensa diplomacia comercial, sendo dada prioridade ao Mercosul e à integração econômica do continente sul-americano, bem como ao papel proeminente da Organização Mundial do Comércio. Seria também enfatizada a busca de equilíbrio na Área de Livre Comércio das Américas e nas negociações Mercosul – União Europeia, ao mesmo tempo que nas relações bilaterais com países de importância regional, como Índia, China e Rússia. Isto requer apoio à construção de uma nova arquitetura financeira, no que se refere às finanças internacionais, para reduzir a volatilidade dos fluxos de capitais e seus efeitos.

Por outro lado, o crescimento das exportações abriria espaço para uma expansão das importações, contribuindo assim para a ampliação do grau de competição no mercado doméstico e para acelerar a absorção de tecnologia através da importação de bens de capital.

Uma série de instrumentos complementares foram planejados em apoio a estas políticas, tais como:

i. mudanças institucionais para a consecução destas prioridades, como o fim da acumulação dos tributos, prevista na reforma tributária, e medidas voltadas à redução do custo da intermediação financeira, que visavam possibilitar a redução do preço dos produtos nacionais com relação aos concorrentes estrangeiros, ampliando a competitividade nacional;

ii. investimentos na redução dos custos de logística e transporte, associados à recuperação e melhoria da infraestrutura de transporte e da redução dos custos portuários;

iii. mudanças na estrutura de incentivos e no controle do comércio exterior;

iv. definição de uma estratégia de promoção de exportações, como estímulo a uma inserção mais estável nos mercados externos, através de uma política industrial e de desenvolvimento tecnológico com incentivos financeiros à substituição competitiva de importações e à promoção de exportações

Política Regional

A ideia básica destas políticas tinha como premissa que o mercado não pode ser o único determinante do ordenamento territorial, desde que estimula a concentração econômica e alavanca as desigualdades sociais. Dessa forma, o aspecto regional do projeto nacional deveria combinar as medidas regionais com as prioridades sociais e de realização de investimentos em infraestrutura de modo a reduzir as desigualdades entre regiões e também as disparidades dentro das regiões. Assim esse critério permitirá dotar as regiões menos favorecidas de prioridades para o aumento da produtividade da força de trabalho, ao mesmo tempo que políticas de infraestrutura objetivam reter poupança e recursos nas mesmas regiões, elevando emprego e renda.

Políticas Sociais

O PPA previa que nos primeiros anos de implementação, haveria a necessidade de conservar a consistência do modelo proposto, tendo em vista que a elevação necessária do investimento (sem aumento do déficit em conta corrente em proporção do PIB) tenderia resultar na redução do consumo total em proporção do PIB. A consistência seria determinada pelos instrumentos que determinassem que a taxa de crescimento do consumo total teria que ser algo inferior à taxa de expansão do PIB, porém sem limitar o consumo das classes de menor renda, cuja taxa poderá crescer num nível superior às classes mais abastadas.

No que se refere aos determinantes da melhora da distribuição de renda no longo prazo, o Plano indica a instrução e o grau de qualificação dos trabalhadores como prioridade máxima e ainda uma série de outros instrumentos disponíveis no curto e médio prazos, tais como:

i. ampliação de programas de transferência de renda para a parcela mais pobre da população;
ii. aumento da progressividade da estrutura tributária;
iii. redução dos preços de bens e serviços essenciais, através de medidas tributárias e da diferenciação das tarifas de serviços públicos;
iv. medidas de estímulo à concorrência, voltadas à repressão de atitudes monopolistas e ao repasse dos benefícios aos consumidores;
v. estímulos à desconcentração da propriedade, em particular através da reforma agrária e do acesso dos mais pobres à moradia de qualidade;
vi. medidas voltadas à ampliação da poupança da parcela mais abastada da população através, por exemplo, do estímulo à formação de fundos de pensão;
vii. medidas voltadas à absorção de trabalhadores menos qualificados, no campo e na cidade, reduzindo a pressão sobre o mercado de trabalho do contingente excessivo de trabalhadores de baixa qualificação e viabilizando uma maior expansão dos salários desses trabalhadores no mercado. (MPOG, 2003: p.14)

Principais Resultados da Dimensão Econômica

Crescimento Econômico

Como salientado anteriormente, entre as diretrizes do Plano Brasil de Todos, a estratégia macroeconômica visava a valorização da estabilidade como condição inicial e como elemento central do desenvolvimento sustentável. O regime macroeconômico estável baseava-se em três fundamentos: a) consistência fiscal caracterizada por uma trajetória sustentável para a dívida pública; b) inflação baixa e estável; e

c) contas externas sólidas, ou seja, um saldo em conta corrente que não imponha restrições excessivas à política monetária nem torne o país vulnerável a mudanças nos fluxos de capitais internacionais (MPOG, 2003b, p. 15).

As medidas estratégicas observadas na dimensão econômica do Plano, tinham como objetivo mais amplo a promoção do crescimento estável da produção e da renda, que resultasse na ampliação do emprego, em quantidade e qualidade. Nesse sentido, a economia brasileira apresentou durante o período de implementação do PPA 2004-2007 uma expansão média anual de 4,6% no PIB, que representa um atendimento médio compatível com o planejado, pois, como observado na Quadro 1, este resultado superou ligeiramente a meta prevista do Plano, de 4,3% como média anula do período (MPOG, 2003b; MF/SPE e IBGE/Contas Nacionais).

Quadro 1
Crescimento Real do PIB 2004-2007,
segundo a Ótica da Demanda Agregada (%)

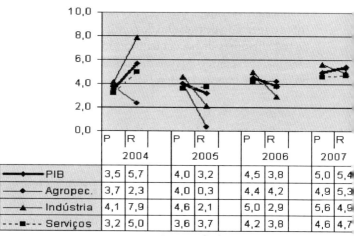

P = previsto; R = realizado

Fontes: MPOG, 2003b; MF/SPE e IBGE/Contas Nacionais.
Elaboração da autora.

No entanto, o desempenho anual realizado, mostrou maiores variações em relação às metas estabelecidas, com resultados superiores à previsão nos anos de 2004 (62,9%) e 2007 (8%) e inferiores em 2005 (-20%) e 2006 (-15,6%). Em 2003, a economia havia atingido uma situação de relativa estabilidade monetária e financeira, com a continuação da política definida desde o final a década de 1990, quando o impacto favorável da ruptura com o processo inflacionário acelerado possibilitou a transição para um novo modelo econômico de maior estabilidade.

No ano de 2004 os bons resultado da economia brasileira foram, de um modo geral, originados pelas expectativas motivadas pela melhora das condições de ajuste macroeconômico, pela diminuição do risco-Brasil, avaliado pelos investidores externos e pelos resultados positivos no crescimento das atividades industriais e de serviços particularmente, embora a agropecuária tenha atingido produção abaixo da meta prevista. No entanto persistiam graves bloqueios estruturais que ameaçaram a continuidade do crescimento econômico (Kon, 2005).

As políticas monetárias contencionistas para o ajuste macroeconômico, no ano de 2004 tiveram seus impactos sobre o crescimento da economia adiados e as expectativas para 2005 eram de que começassem a mostrar seus efeitos negativos. Os resultados expressivos da produção industrial (Tabela e Gráfico 1) foram devidos ao desempenho no segundo semestre de 2004, num patamar consideravelmente superior à do ano anterior, já que após dois anos consecutivos de queda, a indústria de São Paulo cresceu 8,5% em 2004. Uma série de fatores, internos e externos, ajudou este resultado. No âmbito internacional, muito contribuiu o dinamismo das principais economias do mundo, que acelerou a demanda por importações. No aspecto interno, foi o processo de queda das taxas de juros até setembro do ano anterior que ajudou a retomada do ciclo de investimentos, especialmente nos setores ligados à exportação.

311

Por outro lado, um gargalo importante foi constatado no ano quando as empresas de infraestrutura (saneamento, telefonia, energia elétrica, transportes, entre outras) que vinham observando queda nos investimentos em seus negócios, atingiram o nível de investimentos mais baixo da década em 2004.

Em 2005 o resultado realizado no produto setorial se deu muito abaixo das metas estabelecidas para a agropecuária e a indústria, e a economia brasileira cresceu de forma lenta e desigual. O arrocho monetário e o câmbio valorizado desfavorável às exportações, no final de 2005, seguraram a atividade econômica e o crescimento do PIB, pois a economia brasileira encolheu 1,2% no terceiro trimestre em relação ao trimestre anterior. No entanto, os analistas consideram que o maior responsável pela queda do nível de atividade, foi o nível elevado da taxa de juros, que gerou os resultados ruins da indústria, da agropecuária e dos investimentos (Kon, 2006).

Os resultados para o ano de 2006 mostram que as metas de crescimento ainda não haviam sido atingidas mantendo-se a diferença entre o planejado e o realizado, devida à manutenção dos juros (Selic) extremamente elevados, visando a contenção da inflação, entre outras causas, tais como as altas taxas de *spread* dos bancos privado.

O fraco desempenho do setor industrial teve várias razões, dependendo do tamanho das empresas. Para as grandes, o problema foi o câmbio e a consequente dificuldade para exportar ou redirecionar a produção para o mercado interno, sem contar que a queda nas vendas foi superior à capacidade dessas empresas em reduzir custos e compensar as perdas. Para as pequenas e médias empresas as dificuldades foram menores, graças à capacidade de redução de custos que observaram em 2006. No entanto, o cenário de crescimento baixo do PIB se refletiu numa geração insuficiente de postos de trabalho (Kon, 2007).

O ano de 2007 mostrou uma forte recuperação da atividade econômica, particularmente devido ao crescimento considerável do produto do setor agropecuário e de serviços que ficou acima das metas planejadas, mas também da indústria, embora esta ainda não atingisse a previsão de crescimento tendo em vista o mau desempenho do ano anterior. As causas da recuperação estavam ligadas à consecução de maior estabilidade monetária, à queda do risco-Brasil, ao aumento do consumo varejista com a queda da inflação e ampliação do crédito com prazos mais longos, e à ainda maior entrada de investimentos diretos estrangeiros diante das perspectivas mais favoráveis. Por outro lado, o câmbio que se valorizou, apesar de influenciar negativamente o saldo da balança comercial, permitiu que as importações das empresas para a produção e investimentos se tornassem mais acessíveis, gerando aumento de produtividade (Kon, 2008).

A Consistência Fiscal

Como visto, o regime macroeconômico estável deveria se basear também na consistência fiscal, caracterizada por uma trajetória sustentável para a dívida pública. Nesse sentido, os resultados mostrados foram controversos em alguns aspectos relevantes. No ano de 2004, o déficit público foi reduzido para o seu nível mais baixo desde 1991, como resultado do aperto fiscal recorde e da queda do dólar. Esse aperto fiscal foi conseguido pelo superávit primário que correspondeu a 4,61% do PIB, superior ao combinado com o Fundo Monetário Internacional (4,25%). A maior economia do setor público pode ser explicada tanto pela redução nos investimentos por parte do governo quanto pelo aumento na arrecadação de tributos. O superávit mostrou que o setor público optou por continuar pagando sua dívida em dia, ainda que com o aperto em outras áreas (Tabela e Gráfico 2). Por outro lado, a arrecadação de tributos federais teve um aumento considerável em 2004, situando-se acima de 24% do PIB, apesar das promessas contrárias do governo (IBGE, 2005; Banco Central , 2005).

Quadro 2
Dívida Líquida do Setor Público

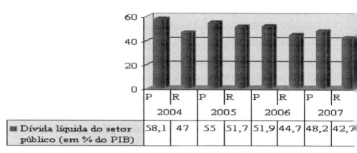

p = previsto; r = realizado

Fontes: MPOG, 2003 b; MF/SPE. Elaboração da autora.

Em 2005, os gastos totais com juros somaram r$ 157,1 bilhões e o governo federal, os estados e municípios empregaram r$ 93 bilhões para pagar dívidas, o que equivalia a 4,84% do PIB, ultrapassando a meta inicial de 4,25%. O aperto fiscal promovido pelo setor público no ano ultrapassou em cerca de r$ 11 bilhões a meta estabelecida pelo governo para o período e a dívida pública bateu recorde, ultrapassando a casa do r$ 1 trilhão por causa da elevação dos juros. Quando comparado com o PIB, o superávit primário de 2005 foi o maior já registrado no país desde 1994. Alguns fatores colaboraram para que se chegasse a essa folga, como o ritmo lento de aplicação dos investimentos feitos pelo governo federal e o forte aperto promovido por prefeituras e estatais.

A demora na liberação de verbas para projetos do governo foi vista como estratégia intencional da equipe econômica que atrasou o repasse de recursos para forçar o superávit primário a ultrapassar a meta. Porém, o resultado da relação dívida/PIB em 2005 não foi condizente, situando-se acima dos 50%, em 51,7%. Em dezembro daquele ano, a pressão por gastos, com o pagamento do 13º salário a servidores públicos e com uma intensa liberação de despesas que estavam sendo contidas em meses anteriores, fez com que a União (incluindo o Tesouro

Nacional, Previdência e Banco Central) tivesse um déficit de R$ 4,4 bilhões.

O aumento da carga tributária federal ajudou o governo a manter um ajuste fiscal, em 2005, superior à meta fixada para o ano e a economia para pagar juros da dívida pública ficou R$ 6,2 bilhões acima do previsto. O total arrecadado com impostos e contribuições pelo governo central representou 25,26% do PIB, superior ao de 2004, que foi de 23,75%. A elevação na receita em 2005, se deveu principalmente ao inesperado crescimento na arrecadação da Contribuição Social sobre o Lucro Líquido (CSLL) e do Imposto de Renda da Pessoa Jurídica, tributos que incidem sobre o lucro das empresas. O superávit primário esperado para 2005 era de 2,38% do PIB, porém o resultado superou a expectativa e alcançou 2,72%.

A política de juros altos do governo elevou a dívida mobiliária em R$ 140,9 bilhões, valor recorde em termos nominais. O aumento foi fruto principalmente do impacto dos juros sobre o estoque da dívida. Além dos juros, contribuiu para o crescimento da dívida em títulos federais a emissão líquida de R$ 28,5 bilhões. Isso significa que em 2005 o governo foi ao mercado e captou recursos além do montante suficiente para rolar sua dívida, fazendo uma reserva adicional para momentos de nervosismo do mercado, política adotada pelo Tesouro Nacional desde 2002. A estratégia do governo foi alongar o prazo da dívida e alterar a sua composição, reduzindo a parcela de papéis corrigidos pelo câmbio e pela taxa de juros oficial Selic – pós-fixados (IBGE, 2006; Banco Central, 2006).

A arrecadação do governo federal no final do ano de 2006 acumulou R$ 392,542 bilhões em impostos, com crescimento de 4,48% das receitas, já descontada a inflação. A carga tributária do país, com estes resultados se situou nos níveis consideravelmente altos e inusitados de 38, 75% do PIB, sendo as pessoas físicas ou os consumidores, as empresas importadoras e as prestadoras de serviços os mais afetados. Todos os setores da economia foram, em maior

315

ou em menor grau, punidos com taxação mais elevada e a carga tributária ficou muito centralizada no governo federal, prejudicando os investimentos e o crescimento no ano (Kon, 2007).

O crescimento constante do déficit nas contas da Previdência Social mostrou um aumento de 11,9% em 2006 e relação ao ano anterior, resultando na necessidade de reforma do modelo de Previdência do Brasil que havia sido formulado na década de 1970.

Por sua vez, a dívida contraída pelo governo com a emissão de títulos públicos cresceu 75% nos últimos quatro anos anteriores, o que se explica pelos elevados juros oficiais praticados no país e pela estratégia do Tesouro Nacional de substituir parte de seu endividamento externo por mais dívida interna. Estimou-se que a relação entre títulos públicos e PIB tenha subido para cerca de 51% no final de 2006 (IBGE, 2007; Banco Central, 2007).

Apesar do perfil do endividamento governamental ter melhorado ao longo do ano de 2007, a dívida pública federal teve um aumento de 8% em relação ao endividamento de 2006. Porém o estoque da dívida ainda ficou abaixo da meta estipulada pelo Tesouro Nacional no início de 2007. O fim da CPMF, em dezembro de 2007, resultou na elevação das alíquotas da Contribuição Social sobre o Lucro Líquido pagas por instituições financeiras e do Imposto sobre Operações Financeiras (IOF), que passou a incidir também sobre empréstimos bancários para as empresas, visando compensar a perda de arrecadação. A exemplo do que ocorreu nos anos anteriores, o conjunto formado por União, estados, municípios e estatais realizou um aperto fiscal para pagar os juros de suas dívidas, com uma folga de mais de R$ 10 bilhões em relação à meta para esse ano de 2007. Por outro lado, a arrecadação do governo federal mostrou um crescimento real de 11% em relação ao ano anterior e era de se esperar que a arrecadação mantivesse o mesmo ritmo de crescimento em 2008 (IBGE, 2008, Banco Central, 2008 e Kon, 2008).

316

O déficit público foi reduzido para o seu nível mais baixo desde a década de 1990, como resultado do aperto fiscal recorde e da queda do dólar. A maior economia do setor público pode ser explicada tanto pela redução nos investimentos por parte do governo como pelo aumento na arrecadação de tributos. Por outro lado, a alta dos juros teve impactos sobre o endividamento interno do país, aumentando a dívida pública, porque o governo passou a remunerar mais o dinheiro que capta no mercado financeiro por meio da emissão de títulos públicos.

Em suma, como decorrência de cortes de gastos operacionais, setores essenciais da máquina pública continuaram a funcionar precariamente. Por outro lado, os investimentos públicos não priorizaram a infraestrutura de transporte e de energia por exemplo, não alocando volumes e prazos adequados. A carga tributária permaneceu muito elevada, sufocando o investimento do setor privado e reduzindo a competitividade internacional das empresas brasileiras. A restrição fiscal contribuiu para que a demanda interna crescesse de forma modesta em relação às necessidades do desenvolvimento econômico, afetando negativamente o nível de atividade e a geração de empregos.

O Comportamento da Inflação

A estratégia macroeconômica visava, para a consecução de um regime macroeconômico estável, manter a inflação em níveis baixos e estáveis. Como observado na Tabela e Gráfico 3, o Plano Real havia derrubado o crescimento dos preços medido pelo índice oficial IPCA, de acima de 22% em 1995 para 1,7% em 1998. As pressões de crises mundiais e de problemas estruturais internos levaram a elevação das taxas até 2002, quando atingiram a taxa anual de 12,5%. No período de implementação do PPA 2004-2007, observa-se queda gradual até 2006 e nova retomada de crescimento em 2007, com diferentes focos de pressão.

317

Em 2004 a elevação registrada dos preços de alguns produtos, como combustíveis, resinas plásticas e aço, foi de 12,14%, porém as maiores altas ocorreram nos preços do atacado que se elevaram 14,67%. A queda da inflação no ano foi atenuada pela menor variação do Índice de Preços ao Consumidor devido aos alimentos (como arroz e derivados de soja). A política monetária do governo não foi o maior fator para a redução da taxa inflação dos alimentos no ano, mas sim a pressão menor dos choques de ofertas que, em geral, vêm de fora, como, por exemplo, crises externas e elevação de *commodities*. Porém os reajustes das tarifas públicas ainda pesaram para impedir menor queda, pois os preços administrados foram os itens que impediram maior queda das taxas de inflação, elevando o custo de vida: os preços de luz, água, telefone, gasolina, educação e planos de saúde, que representaram 35% da alta geral.

Quadro 3
Taxas Anuais de Inflação Brasileira – INPC e IPCA

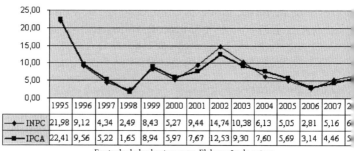

Fonte de dados brutos: IBGE. Elaboração da autora.

No final de 2005 a inflação se situou em torno de 5,7%, pois pressionado novamente pelos preços administrados de tarifas públicas, o Índice de Preços ao Consumidor Amplo – IPCA permanece no limite máximo da meta oficial de inflação (7,6%), mas distante do objetivo central do governo (5,1%). Bons resultados foram também conseguidos com relação à contenção da inflação em 2006, cuja posição no último trimestre do ano se situou abaixo da meta do governo, de 4,5%, fechando o índice oficial em 3,14%. Isto resultou de uma combinação de juros altos, dólar em queda, preços dos alimentos contidos e reajustes menores de serviços públicos (alguns até com deflação), que fizeram o índice recuar.

A retomada do crescimento da inflação foi um dos fatores que preocuparam os agentes econômicos em 2007. A taxa de inflação medida pelo Índice de Preços ao Consumidor Amplo (IPCA) fechou o ano em 4,46%, ou seja, 1,32 pontos acima do índice de 2006 (3,14%). Dessa forma, observou-se a inversão da tendência de queda registrada nos cinco anos anteriores. A responsabilidade desses aumentos recaiu nos itens de Alimentos e Bebidas, que foram responsáveis por cerca de metade do IPCA de 2007, que teve alta de 10,79%. As altas dos alimentos foram generalizadas, motivadas pelo crescimento do consumo devido à renda maior, pelas exportações em alta, o aumento dos preços das *commodities* e o clima desfavorável, que provocou especialmente a quebra de safra do feijão. Já o Índice Geral de Preços – Mercado (IGP-M) fechou 2007 em 7,75%, consistindo na maior taxa desde 2004 (12,41%), devido ao pico de crescimento no mercado atacadista em dezembro.

O Índice Geral de Preços – Disponibilidade Interna (IGP-DI), que é usado como indexador das dívidas dos Estados com a União, encerrou 2007 com alta de 7,89%, e, em dezembro, a alta foi de 1,47%, a maior variação mensal desde março de 2003. Os produtos agrícolas representaram 40% da inflação e foram os que mais influenciaram a alta dos preços no atacado, devido à estiagem, à quebra de safra e à alta de preços como a dos laticínios e da carne bovina, assim como também influenciaram a inflação no varejo (4,60%).

Além da inflação e da redução do crescimento mundial no período, os impactos do câmbio também causaram preocupações ao governo, primeiramente porque a economia brasileira veio crescendo acima da sua capacidade estrutural e uma freada poderia até ajudar a acomodar o ritmo de crescimento. O menor crescimento via inflação seria mais complicado, porque obrigaria a equipe econômica a tomar medidas mais drásticas, como a continuidade da alta dos juros, o que teria como consequência um freio no crescimento e o impacto negativo que uma elevação de juros tem sobre a expectativa dos empresários.

Política de Juros:
Impactos no Consumo, Poupança e Investimentos

Em todo o período do Plano persistiu a elevação de juros básicos da economia (taxa Selic), que em dezembro de 2004 se situavam em 17,23% ao ano, nível mais alto desde novembro de 2003. O aumento esperado no mês final do ano correspondeu ao quarto mês seguido de alta nos juros. O Brasil agiu de forma exatamente contrária à de outros países que, tendo em vista a valorização de suas moedas em relação ao dólar, decidiram adiar a decisão de elevação dos juros e até cortar suas taxas. A consequência foi a continuada alta do real puxada por investimentos especulativos de curto prazo, pois a taxa de juros reais do Brasil se situava em 10,6,%, a segunda mais alta do mundo (Quadro 4). O governo considerava ser necessário elevar a taxa de juros como medida congruente com a política monetária baseada no sistema de metas de inflação e, para mantê-la sob controle, aumentava a taxa sempre que o aquecimento da economia sinalizava que a inflação poderia ultrapassar a meta anual .

Em decorrência disso, nos meses finais de 2004, as taxas de Formação Bruta de Capital Fixo mostraram-se negativas em 3,9%, o que revelou a dificuldade que haveria para que as exportações continuassem a crescer com a mesma intensidade.

Quadro 4
Taxas Nominais e Reais de Juros

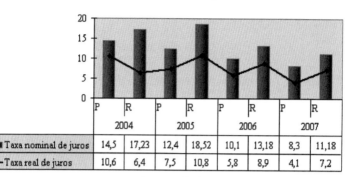

	P	R	P	R	P	R	P	R
	2004		2005		2006		2007	
Taxa nominal de juros	14,5	17,23	12,4	18,52	10,1	13,18	8,3	11,18
Taxa real de juros	10,6	6,4	7,5	10,8	5,8	8,9	4,1	7,2

P = previsto; R = realizado
Fonte: Bacen. Elaboração da autora.

No ano de 2005, apesar de queda na inflação, o Banco Central decidiu manter os juros básicos da economia altos e em julho, situavam-se em 19,75% ao ano. O comportamento favorável da inflação, juntamente com o fato de que a manutenção dos juros altos resulta em maior gasto com juros da dívida pública, foram fatores que contribuíram para a redução gradual da taxa de juros pelo Banco Central e, a partir de setembro e no mês de dezembro, a taxa (Selic) ficou em 18,5%. O Conselho de Política Monetária do Banco Central (Copom) continuou em 2006 a política de redução gradual dos juros anuais. Em agosto a taxa se mantinha em 14,25% e no final do ano a taxa oficial Selic estava em 13,2%. Apesar desta queda, os juros brasileiro ainda estavam entre os maiores do mundo, pois a taxa real estava em quase 9% anuais Depois de reduzir os juros seguidamente durante um ano e três meses, os membros do Copom deram como certa a necessidade de começar a baixar a taxa de forma mais lenta.

Em meados de julho de 2007, o Banco Central promoveu o 17º corte seguido nos juros básicos da economia, levando a taxa oficial para 11,2% ao ano. Em dezembro, o Banco Central manteve a Selic em 11,25%, como resultado da avaliação da conjuntura econômica e do cenário prospectivo para a inflação. A manutenção dos juros foi ainda motivada pelo receio de que a economia pudesse estar crescendo num ritmo muito acelerado, o que causaria um aumento da inflação no futuro.

Os altos níveis das taxas de juros de 2004 a 2007, afetaram negativamente a indústria e a expectativa dos consumidores. O impacto foi mais visível no consumo de bens duráveis, como veículos, eletrodomésticos e móveis, que dependem mais do crédito pessoal. O elevado volume de crédito fornecido pelos bancos e pelos vendedores ao consumo foi resultado da queda da renda real da população, configurando um desvio considerável do crédito para estes usos, em detrimento do crédito para novos investimentos (Quadro 5). Este direcionamento contribuiu também para a queda dos resultados realizados das metas de poupança interna (Quadro 6) enquanto que a formação de déficit em conta corrente da poupança vinda do exterior foi devida ao ambiente ainda de incerteza sobre a estabilidade da economia.

Outro efeito considerável dos juros muito altos se verificou na cotação do dólar, pois a alta remuneração dos papéis brasileiros atraiu capital estrangeiro, aumentando a disponibilidade de dólares no mercado interno e, portanto, o preço da moeda americana caiu devido ao excesso de oferta.

Quadro 5
Metas de Consumo e Investimento

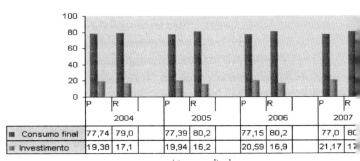

P = previsto; R = realizado

Fontes: MPOG, 2003 b; MF/SPE. Elaboração da autora.

Quadro 6
Metas de Evolução da Poupança (% do PIB)

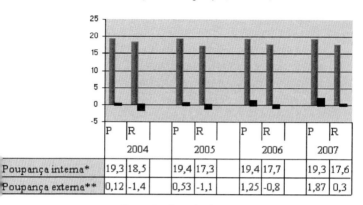

P = previsto; R = realizado
* % do PIB mais rendas e transferências unilaterais correntes menos consumo.
** Déficit em conta corrente.

Fontes: MPOG, 2003 b; MF/SPE. Elaboração da autora.

Por outro lado, o forte crescimento do consumo governamental e das famílias, além do crédito mais acessível, foi explicado também pelos juros relativamente mais baixos no período em relação ao período do PPA anterior, bem como pelo controle cambial. O consumo das famílias tem um peso maior no PIB do que o investimento. No entanto, o crescimento do consumo das famílias se deu em um ritmo superior ao da massa salarial e é um movimento de curto prazo, desde que baseado no aumento do endividamento.

As taxas de investimento em Formação Bruta do Capital realizadas ficaram em todo o período abaixo das metas planejadas, em virtude dos altos juros (Quadro 5). Um gargalo importante se refere ao fato de que as empresas de infraestrutura (saneamento, telefonia, energia elétrica, transportes, entre outras) já vinham observando anteriormente a este PPA, queda nos investimentos em seus negócios por quatro anos consecutivos. Os investimentos continuaram muito aquém das necessidades do país também por causa da desvalorização do dólar, particularmente na indústria de máquinas e equipamentos e na de construção, dois setores cuja movimentação é mais representativa do que ocorre com os investimentos.

A indústria como um todo deixou de investir mais intensamente devido ao clima de incerteza interna e ante a percepção de que as vendas externas não deveriam continuar com o desempenho favorável porque, além do movimento do câmbio, os preços internacionais estavam em queda e a tendência era a de desaceleração da economia mundial. Dessa forma, as esperanças estavam no mercado interno, através do crescimento do emprego e da renda.

As menores taxas de investimento e de poupança interna foram observadas em 2005, quando as taxas de crescimento do consumo final se elevaram mais do que o PIB, porém nos dois anos posteriores as inversões cresceram gradativamente, mas não de modo significativo. Isto se verificou como resultado de juros mais baixos, crédito em expansão para empresas, retomada da construção civil e câmbio favorável à importação de máquinas e equipamentos. No entanto, até o final do período os investimentos ainda foram insuficientes para sustentar um crescimento econômico vigoroso no longo prazo, uma vez que para que o país crescesse a 5% ao ano, a taxa de investimentos deveria chegar a um patamar de 23% a 25% do PIB.

A entrada de capital externo no país de 2004 a 2006 foi negativa, porém ela se intensificou em 2007 motivada por fusões e aquisições de grandes grupos empresariais no mercado internacional, que afetaram as filiais do país, o que reflete um aumento da confiança das multinacionais na economia brasileira. O volume de investimentos diretos estrangeiros recebidos pelo Brasil no ano foi liderado pela atuação das indústrias de metalurgia e mineração, bem como pelos bancos (Banco Central, 2008; IBGE, 2008).

As Contas Externas

Os resultados do ajuste macroeconômico estabelecidos pelo Plano mostravam a situação de contas externas sólidas, ou seja, um saldo em conta corrente que não imponha restrições excessivas à política monetária nem torne o país vulnerável a mudanças nos fluxos de capitais internacionais.

Quadro 7
Balança de Pagamentos:
Saldo de Bens e Serviços, Rendas e Transferências Unilaterais
Correntes e Saldo em Conta Corrente (em % do PIB)

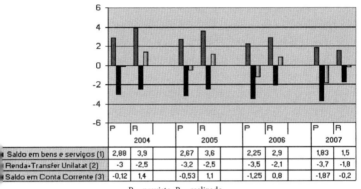

P = previsto; R = realizado
(1) Total - [Consumo final + Investimento]. (2) Correntes. (3) = (1) + (2).

Fontes: MPOG, 2003 b; MF/SPE. Elaboração da autora.

Como apresenta o Quadro 7, os saldos líquidos em conta corrente da Balança de Pagamentos foram superiores às metas previstas em todos os anos do período e, com exceção do ano de 2007, foram positivos ao contrário do que era previsto.

Com relação aos saldos nas contas de bens e serviços nos três primeiros anos do período os resultados realizados superaram as metas em 32% em média, enquanto que no ano de 2007, situaram-se em 17% abaixo da previsão. O dólar veio se valorizando no período também devido a questões externas e no Brasil o valor da moeda acumulou valorização no período, o que obrigou ao Banco Central a comprar a divisa para repor as reservas. A desvalorização do real tornou os produtos brasileiros mais caros no mercado externo e as importações mais baratas, o que tendia a reduzir o saldo comercial do Brasil. Consequentemente, a taxa de câmbio também afetou consideravelmente o desempenho das contas externas brasileiras (BC/DEPEC).

Desde setembro de 2004, pela primeira vez desde o período de flutuação cambial, iniciado em janeiro de 1999, a cotação do real diante de uma cesta de moedas internacionais se manteve valorizada. O setor exportador temeu que o real mais forte pudesse ameaçar a competitividade das exportações brasileiras. Entretanto, esse movimento de apreciação da moeda brasileira não atingiu o desempenho das vendas externas brasileiras e o aumento das exportações verificado em 2004, favorecido pela situação mundial, amorteceu os impactos da elevação persistente das taxas de juros que vinha ocorrendo. No ano seguinte, o arrocho monetário e o câmbio valorizado continuaram desfavoráveis às exportações, embora concorressem para importações recordes de máquinas e insumos industriais.

A manutenção de um patamar baixo de inflação foi também consequência do comportamento do câmbio em 2005, pois com o dólar baixo os produtos no atacado, responsáveis por cerca de 60% da formação dos indicadores, mostraram preços sob controle. A baixa taxa ocorreu ainda devido à simultaneidade da valorização do real e da queda na cotação de certos produtos no mercado internacional. Mesmo com a desvalorização do dólar e o recorde das importações a balança comercial brasileira encerrou o ano com o saldo de R$ 44,7 bilhões e o registro de vários recordes resultantes das exportações, valor superior ao estimado pelo governo para o ano. Os fatores fundamentais para estes resultados foram a diversificação de produtos e a variedade de países compradores, principalmente China e Índia.

No final de 2005, o governo brasileiro decidiu antecipar em dois anos o pagamento de toda a sua dívida com o Fundo Monetário Internacional, com o pagamento de US$ 15,5 bilhões que, originalmente, seriam quitados em várias parcelas até 2007. Esta medida teve repercussão no mercado como uma medida eleitoreira, desde que o ano seguinte, de

2006, houve eleição para a presidência do país. Em 2007, apesar do câmbio valorizado ter sido grandemente responsável pelo represamento da produção industrial, o saldo da balança comercial acumulou US$ 46,1 bilhões no ano, novo recorde e que representa expansão de 2,9% em relação ao desempenho em igual período de 2005. No ano, as exportações cresceram 16,6% e as importações avançaram em um ritmo mais acelerado – 25,6% (Kon, 2008).

As exportações só cresceram devido aos bons preços de *commodities*, pois as quantidades exportadas em si cresceram muito pouco e num ritmo menor do que a média mundial. O elevado aumento das importações em 2007 (ainda motivado pelo dólar desvalorizado) interrompeu uma década seguida de crescimento do saldo comercial, representando uma mudança estrutural no comércio exterior brasileiro. As importações encerraram o ano em US$ 120,6 bilhões, 32% maiores em comparação a 2006, sustentadas pelo aumento de encomendas ao exterior de máquinas, matérias-primas, bens intermediários e bens de consumo e verificou-se um superávit na Balança de US$ 40 bilhões, menor que o registrado nos anos anteriores. No entanto, a queda do superávit não impediu o Brasil de registrar um alto nível de saldo comercial em comparação à maioria dos países: com a exceção dos países exportadores de petróleo, somente a Argentina e a Indonésia registram percentuais superiores a 25%.

O câmbio que reduziu o saldo comercial em 2007, também estimulou as remessas de lucro de multinacionais ao exterior e que ficaram entre os principais motivos da piora no resultado das contas externas do Brasil em 2007. Segundo dados do Banco Central, empresas instaladas no país enviaram US$ 21,2 bilhões para suas matrizes em 2007 e em relação a 2006, o aumento das remessas foi de 30%. Neste ano a conta de transações correntes do Brasil no Balanço de Pagamentos ficou positiva em US$ 3,555 bilhões, mas registrando queda de 74% em relação a 2006. No entanto, verificou-se também forte ingresso de investimentos estrangeiros que, associados ao saldo positivo da balança comercial, fizeram com que o fluxo de dólares para o Brasil batesse recorde pelo segundo ano consecutivo em 2007.

O resultado recorde alcançado pela Balança Comercial e pelo fluxo de capital externo para o Brasil repercutiu na elevação do saldo em conta corrente e permitiu que o Banco Central reforçasse as reservas em moeda estrangeira do país.

Emprego, Trabalho e Renda

A dimensão econômica do PPA 2004-2007 tinha ainda como objetivo para a evolução do mercado de trabalho, a promoção do crescimento estável da renda e a ampliação do emprego, em quantidade e qualidade. O Plano definiu a implementação de uma série de ações para fortalecer a geração de emprego e renda e melhorar as relações e condições de trabalho. Entre estas, seriam instituídas medidas como o apoio à agricultura familiar, à reforma agrária, ao microcrédito e à reforma trabalhista.

Com exceção da ampliação do microcrédito, estas medidas foram timidamente implementadas, particularmente a reforma trabalhista, que permaneceu apenas do âmbito dos debates, tendo em vista que as prioridades governamentais foram direcionadas para a continuidade da estabilidade macroeconômica. Por outro lado, os níveis extremamente altos da taxa de juros, como visto, desestimularam a elevação dos investimentos produtivos empresariais, em detrimento da capacidade de aumento considerável da geração de empregos. Da mesma forma, a restrição de investimentos em infraestrutura planejados pelo governo também inibiu o crescimento da geração de empregos.

O Quadro 8 permite observar elevadas taxas de desemprego no período, que chegaram a atingir mais de 10% em 2005, porém embora decrescessem nos anos posteriores, não evidenciaram melhora em relação às condições globais.

Quadro 8
População Economicamente Ativa
segundo Grau de Ocupação (em %)

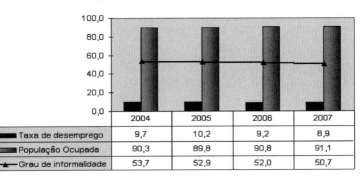

Fonte: IBGE/PNADS; Ipea. Elaboração da autora.

Como contrapartida da taxa de desemprego no período, o grau de informalidade da população ocupada também se manteve superior à metade destes trabalhadores, embora mostrasse queda pouco significativa de 3% em 2007, ano de grande crescimento da atividade econômica, porém que não se configurou em desenvolvimento considerável das oportunidades de trabalho. Em suma, o aumento do emprego formal nas empresas e no governo, não modificou a condição do trabalho informal nos anos analisados.

Como retratado no Quadro 9, a taxa de evolução da População Economicamente Ativa (PEA) veio decrescendo de 4,5% no primeiro ano de implementação do Plano para 1,1% no último ano, não como resultado de decréscimo demográfico, mas tendo em vista a retração de pessoas que procuraram colocação no mercado de trabalho. Apenas no ano de 2005 a evolução da PEA superou a da população ocupada. Neste ano o crescimento do emprego formal sofreu forte desaceleração e demissões expressivas na indústria e no setor agropecuário foram o motivo para o fraco desempenho do mercado de trabalho formal.

O cenário de crescimento baixo do PIB em 2006 se refletiu numa geração insuficiente de postos de trabalho, porém em termos qualitativos, foi um ano bom para o mercado de trabalho porque o rendimento subiu e foram gerados mais postos formais de trabalho, embora em montante que não conseguiu alterar significativamente a informalidade, como visto. Os juros menores, o crédito em expansão, a inflação dentro da meta, a demanda aquecida, entre outros indicadores, foram determinantes no recuo do desemprego no final do ano de 2007, surpreendendo as expectativas.

Quadro 9
Taxa de Evolução da População Economicamente Ativa e da População Ocupada(%)

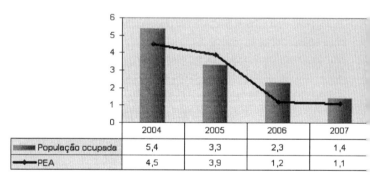

Fonte: ibge/pnads; Ipea. Elaboração da autora.

Por outro lado, a evolução da população ocupada também mostrou decréscimo gradual entre os dois anos extremos do período, que tendo em vista a queda do ritmo de atividades da economia, associada à elevação do desemprego, levou um número maior de pessoas à procura de trabalho para a complementação da renda familiar.

Quadro 10
Evolução da Remuneração Média
dos Ocupados (%)

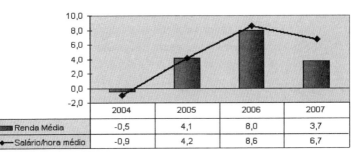

Fonte: IBGE; Ipea. Elaboração da autora.

Como é possível verificar-se na Quadro 10, em 2004, tanto a remuneração média dos trabalhadores quanto o salário/hora médio dos trabalhadores formais decresceram em relação ao ano anterior. Os especialistas explicaram esta queda como devida ao fato de que a economia ainda não havia entrado em um ciclo sustentado de expansão capaz de aquecer o mercado de trabalho e promover uma melhora da renda e a reação ainda estava restrita ao aumento do emprego. Uma outra explicação para o recuo da renda é que os setores que lideravam a geração de vagas eram os que pagam salários baixos, como o da construção civil.

Porém, os dois anos seguintes mostraram recuperação da renda, constatando-se maiores taxas para os salários dos trabalhadores formais. No último ano do período, a evolução das remunerações, embora com diminuição do ritmo, teve continuidade e a diferença considerável entre as duas variáveis indica que a remuneração média dos trabalhadores formais suplantou a dos demais. Finalmente, observou-se que a massa real de rendimento dos trabalhadores, apesar de ter se elevado em 3%, ainda não havia atingido o patamar verificado em 2002.

De um modo geral, entre 2004 e 2007, observou-se a elevação da massa salarial, o aumento do salário mínimo e a ampliação do crédito a pessoa física e baixa inflação. Estes fatores levaram o consumo das famílias a crescer ininterruptamente com repercussões no aquecimento da demanda e sobre as taxas de crescimento da economia em 2007, com maior ênfase no setor agropecuário voltado para o consumo interno de bens de primeira necessidade.

O Programa de Aceleração do Crescimento

Em virtude dos resultados aquém das metas do PPA, verificados nas taxas de investimentos da economia e de outros indicadores sociais no período 2004-2006, o governo lançou, no início de 2007, o Programa de Aceleração do Crescimento (PAC), que tem como objetivo o apoio para a consecução das metas de investimentos em infraestrutura e para o desenvolvimento econômico e social (MPOG, 2007).

O PAC tem como objetivo aplicar em quatro anos, de 2007 a 2010, um total de investimentos em infraestrutura da ordem de R$ 503,9 bilhões, nas áreas de transporte, energia, saneamento, habitação e recursos hídricos. Quanto à *origem do dinheiro*, 43,5% (R$ 219,20 bilhões) foram previstos para investimentos feitos por empresas estatais (dos quais 67,8% seriam investidos pela Petrobrás, empresa de economia mista). Os recursos investidos com recursos do orçamento fiscal da União e da seguridade somariam 13,5% (R$ 67,80 bilhões), enquanto que 43% (R$ 216,9 bilhões) deverão ser investidos pela iniciativa privada, induzida pelos investimentos públicos anunciados (MPOG, 2007).

O conjunto de investimentos foi organizado em três eixos decisivos: (a) Infraestrutura Logística, envolvendo a construção e ampliação de rodovias, ferrovias, portos, aeroportos e hidrovias; (b) Infraestrutura Energética, correspondendo à geração e transmissão de energia elétrica, produção, exploração e transporte de petróleo, gás natural e combustíveis renováveis; e (c) Infraestrutura Social e Urbana, englobando saneamento, habitação, metrôs, trens urbanos, universalização do programa Luz para Todos e recursos hídricos (MPOG, 2007).

As medidas econômicas planejadas foram organizadas em cinco blocos, a saber: estímulo ao crédito e ao financiamento; investimentos em infraestrutura; melhora do ambiente de investimentos; desoneração e aperfeiçoamento do sistema tributário; medidas fiscais de longo prazo e consistência fiscal. A desoneração de tributos, principalmente, foi concebida como um dos caminhos mais relevantes para incentivo dos investimentos no país. Particularmente, o PAC previu a redução de tributos para os setores de semicondutores, de equipamentos aplicados à TV digital, de microcomputadores, de insumos e serviços usados em obras de infraestrutura, e de perfis de aço. O plano contempla também medidas fiscais de longo prazo, como é caso do controle das despesas com a folha de pagamentos e a modernização dos processos de licitação, para garantir o equilíbrio dos gastos públicos (MPOG, 2007).

No último ano de andamento do PPA 2004-2007, o PAC abrangeu nos três eixos estratégicos mais de 2.126 projetos e um montante de R$ 16 bilhões, e as medidas de desoneração tributária foram previstas como representando uma renúncia fiscal de R$ 6,6 bilhões. Porém, um ano após seu lançamento, o conjunto de obras mostrou poucos avanços visíveis à população, tendo em vista a lentidão da máquina pública. Dos R$ 16,5 bilhões destinados no ano ao projeto no Orçamento, 46% (R$ 7,3 bilhões) foram gastos, o que significa que menos da metade dos investimentos programados para o ano foram concluídos.

Neste primeiro ano apenas 32% dos projetos do PAC na área de infraestrutura social e urbana mostraram andamento nas obras, pois parte considerável (44%) não ultrapassou a fase de licitação e 24% a de licenciamento, o que significou que o ano de 2007 ficou reservado para a resolução dos problemas legais, tais como licenciamentos e licitações. Na área do Ministério das Cidades, por sua vez, o PAC incorporou uma série de projetos urbanos que já estavam engatilhados e o ritmo também foi lento neste ano, quando dos R$ 32 bilhões reservados para obras de saneamento, habitação e urbanização, apenas R$ 17 bilhões foram empenhados (MPOG, 2008).

Em 2007, o ambiente econômico internacional e doméstico em que se desenvolveu o PPA 2004-2007, bem como o primeiro ano do PAC, foi consideravelmente favorável à aceleração da atividade econômica e do emprego. Porém, a crise econômica mundial que se fez sentir no Brasil particularmente desde setembro de 2008, e com maior intensidade a partir de dezembro, estabeleceu uma situação de restrição mundial ao crédito, queda da renda e da demanda nacional e internacional, que obrigou o país a rever suas prioridades com relação à possibilidade de continuidade dos investimentos previstos pelo PAC até 2010.

Nos diferentes estados do país, parte considerável dos projetos sequer teve desembolsos e a maioria dos contratos assinados com os governos estaduais e municipais foi executada apenas parcialmente, mesmo quando tinham recursos empenhados. Do montante financeiro que seria investido através do pacote de obras com recursos federais, 11% foi efetivamente realizado até o final de 2007 (Siafi). A expectativa dos analistas era de que, vencida a etapa puramente técnica percorrida no primeiro ano de implementação, muitas das obras do PAC poderiam deslanchar em 2008, tendo recursos de 2007 para serem gastos. No entanto, no encerramento de seu segundo ano de vigência, o plano atingiu 15% da meta global de investimentos públicos e privados previstos até 2010, ou seja, nos dois primeiros anos do programa, os investimentos privados e públicos (inclui desembolsos da União e das estatais) foram de R$ 98,2 bilhões.

Segundo o Balanço do PAC para o período 2007-2009, publicado em fevereiro de 2010, a execução orçamentária e financeira mostra que os investimentos financeiros totais destes anos corresponderam a 63,3% do previsto no orçamento. As ações concluídas representaram 40,3% (R$ 256,9 bilhões) do valor previsto pelo PAC até 2010 (R$ 638 bilhões). Destas ações concluídas o maior percentual foi observado no grupo Habitação e Saneamento, que realizou 66,4% (R$ 138,2 bilhões) do previsto para esta área, ao passo que os eixos de Logística, Energia e Social-Urbano concluíram 27,8% do previsto (MPOG, 2010).

Em suma, os resultados muito aquém das metas previstas para o PAC, devem-se à lentidão com que sua implementação se verificou, devido a uma série de questões que retardaram o ritmo de efetivação dos investimentos. Em parte, como consequência de barreiras burocráticas pelas quais os diversos estados passavam para a adaptação dos projetos às exigências contratuais. Do ponto de vista legal, Medidas Provisórias e projetos de lei foram encaminhados ao Congresso Nacional, que apresenta um passo lento na decisão sobre estas questões, ao priorizarem resoluções políticas para discussão. Além disso, a máquina administrativa governamental apresenta uma deficiência estrutural sistemática no fluxo de informações e de comunicações, que vem emperrando a operacionalização das tomadas de decisão e do controle sobre o andamento das obras empreendidas.

No que se refere ao governo federal, a política de aceleração de investimentos em infraestrutura entra em conflito com as políticas de contenção de gastos em capital fixo, tendo em vista o compromisso com o superávit anual do balanço governamental, previsto para o pagamento da dívida pública. A proposta do PAC de elevação do percentual do Programa Piloto de Investimentos (PPI), de 0,2% do PIB para 0,5% ao ano, incluiu projetos considerados prioritários e com retorno econômico, cujas despesas são incluídas no cálculo do superávit primário, o que, na prática, reduz a quantidade de recursos destinada ao pagamento de juros da dívida.

Considerações Finais

De certo modo, as políticas macroeconômicas seguidas pelo Plano Brasil de Todos foram bem-sucedidas, chegando-se, em 2007, a uma situação de relativa estabilidade monetária e financeira. Para isso contribuiu grandemente o cenário econômico mundial no período, favorável ao crescimento econômico. No entanto, persistiram uma série de debates divergentes e dúvidas sobre a solidez da estabilidade alcançada, já que a política econômica implementada priorizando os aspectos macroeconômicos, não foi compatível com a retomada do crescimento em ritmo necessário e satisfatório para a melhora das condições sociais do país. A avaliação final mostra lenta melhora dos benefícios sociais, com desigualdades persistentes na economia e na sociedade, taxas elevadas de desemprego e continuidade de forte sujeição às turbulências dos mercados financeiros do exterior.

A elaboração e implementação dos programas e ações do PPA na esfera econômica tiveram êxito numa maior consecução do equilíbrio macroeconômico. No entanto embora tenha melhorado o ajuste das contas do setor público necessário à evolução favorável da relação dívida/PIB, este ajuste se verificou em detrimento da capacidade de investimento público e privado, e à custa do crescimento considerável da arrecadação tributária. Nesse sentido, o governo passou a buscar um superávit primário ainda mais elevado nas contas públicas. A decisão de fixar ao superávit primário uma meta superior impôs um sacrifício adicional, pois as políticas fiscais acabaram constituindo importante obstáculo ao desenvolvimento, na medida em que imobilizaram o setor público, limitaram sua capacidade de investir e sobrecarregaram o setor privado de impostos.

Embora a situação macroeconômica mais equilibrada tenha levado o país a melhores possibilidades de reação à pressão exterior, *a vulnerabilidade externa ainda persistiu e a economia continuou sujeita a surtos de instabilidade financeira provocados por choques internacionais e pela gestão muitas vezes equivocada das contas externas.* O planejamento de coordenação e estímulo governamental aos investimentos em expansão, modernização e agregação de valor aos bens e serviços nacionais, foi bloqueado pelos altos níveis das taxas oficiais de juros (Selic) e pela valorização cambial, que desestimulou exportações e aumentou mais que proporcionalmente as importações. Por estes mesmos motivos, as grandes empresas nacionais não conseguiram uma dinâmica de investimentos modernizantes e nem houve a atração de investimentos estrangeiros à altura das necessidades do país, enquanto do lado das pequenas e médias empresas, além desses obstáculos, persistiu a carência de políticas mais efetivas de apoio.

A política monetária do governo deu continuidade ao modelo instituído anteriormente, desde o final da década de 1990, e não foi o único fator para a redução da taxa de inflação no período, tendo ocorrido também a pressão menor dos choques de ofertas vindos de fora, seja em decorrência de crises externas, seja de elevação de preços de *commodities*. O próprio crescimento da economia, a demanda por crédito e o aquecimento do consumo pressionaram os preços.

A infraestrutura econômica terminou o período com investimentos aquém dos previstos e necessários, configurando ameaças de restrições no fornecimento dos setores de energia, transporte, telecomunicações, saneamento e recursos hídricos, devido à falta de possibilidades de ampliar consideravelmente a oferta, melhorar sua qualidade e reduzir os custos, de modo a elevar a competitividade sistêmica nacional.

Por sua vez, a educação e capacitação dos trabalhadores foram incrementadas muito lentamente, causando dificuldades para a articulação da força de trabalho com as demandas de inovação do setor produtivo e com as políticas industriais, bem como dificultando a diversificação e ampliação da pauta de comércio exterior e dos mercados internacionais.

As políticas básicas de apoio institucional ao crescimento econômico, por meio da priorização das reformas constitucionais tributárias e trabalhistas, acabaram se restringindo à esfera dos debates, embora a reforma previdenciária tenha sido iniciada e implementada em alguns aspectos significativos que tenderão a amenizar o déficit destas contas.

Em suma, embora a economia do país tenha revelado aumento das atividades, a continuidade da política contencionista resultou, no fim do período do PPA, em expectativas de que o movimento de "circulo virtuoso" do crescimento fosse contido. Esta perspectiva se originava de uma opção das autoridades econômicas que privilegiaram a manutenção do atendimento das metas anuais de inflação, através da manutenção de alto nível das taxas de juros, com decréscimo demasiadamente lento em relação às necessidades de crescimento da atividade econômica. Se, por um lado, a gestão fiscal e monetária brasileira pode ser considerada bem sucedida, paradoxalmente, a vulnerabilidade ainda existente da economia brasileira coloca o país na condição de que a reativação da produção e do emprego tende a ter fôlego curto.

Anita Kon

Referências Bibliográficas

BANCO CENTRAL DO BRASIL. *Indicadores de Conjuntura.* Brasília, vários anos. Disponível em: <http://www.bcb.gov.br>.

BC/DEPEC – DEPARTAMENTO ECONÔMICO DO BANCO CENTRAL DO BRASIL. *Indicadores Econômicos.* Rio de Janeiro. Disponível em: <http://www.bcb.gov.br>.

BC/DEPIN – Departamento de Reservas de Operações Internacionais do Banco Central do Brasil. *Reservas Internacionais.* Rio de Janeiro, vários anos. Disponível em: <http://www.bcb.gov.br.>.

IBGE. *Contas Nacionais*, Rio de Janeiro, vários anos. Disponível em: <http://www.ibge.gov.br>.

IBGE. *Pesquisa Mensal de Emprego.* Rio de Janeiro, vários anos. Disponível em: <http://www.ibge.gov.br/>.

IBGE. *Pesquisa Nacional por Amostra de Domicílios-PNADs.* Rio de Janeiro, vários anos. Disponível em: <http://www.ibge.gov.br>

IBGE. *Sistema Nacional de Índice de Preços ao Consumidor,* Rio de Janeiro, vários anos. Disponível em: <http://www.ibge.gov.br/>.

IPEADATA – INDICADORES ECONÔMICOS. *Séries Históricas*. Brasília. Disponível em: <www.ipeadata.gov.br>.

KON, Anita. (2008). Diagnóstico da Economia Brasileira em 2007. *Economia y Sociedad en Latinoamérica y España*. Universidad Autónoma de Madrid/Red Econolatin,

_____. (2007). Diagnóstico da economia brasileira em 2006. *Economia y Sociedad en Latinoamérica y España*. Universidad Autónoma de Madrid/Red Econolatin, .

_____. (2006). Diagnóstico da Economia Brasileira em 2005. *Economia y Sociedad en Latinoamérica y España*. Universidad Autónoma de Madrid/Red Econolatin, 2006.

_____. (2005). Diagnóstico da Economia Brasileira em 2004. *Economia y Sociedad en Latinoamérica y España*. Universidad Autónoma de Madrid/Red Econolatin, .

MPOG – Ministério do Planejamento, Orçamento e Gestão (2003a). *Plano Plurianual 2004-2007. Orientação Estratégica de Governo. Um Brasil de Todos: Crescimento Sustentável, Emprego e Inclusão Social*. Brasília: MPOG. Disponível em: <http://www.planobrasil.gov.br>.

_____. (2003b). *Plano Plurianual 2004-2007: Mensagem Presidencial*. Brasília: MPOG. Disponível em: <http://www.planobrasil.gov.br/biblio teca.asp>.

_____. (2003c). *Plano Plurianual 2004-2007*: Orientação Estratégica do Governo. V. 1, anexo I. Brasília: MPOG. Disponível em: <http://www. planejamento.gov.br>. Acesso em: 9/04/2009.

_____. (2007). *Programa de Aceleração do Crescimento* – PAC. Brasília: MPOG. Disponível em: <http://www.planejamento.gov.br>.

_____. (2008). *Programa de Aceleração do Crescimento* – PAC. *3º Balanço*. Brasília: MPOG. Disponível em: <http://www.planejamento.gov. br>, em 9/04/2009.

MPOG (2010). *Programa de Aceleração do Crescimento* – PAC. Brasília: MPOG. Disponível em: <http://www.planejamento.gov.br>. Acesso em: 19/03/2010.

SIAFI. (2008). *Execução Orçamentária e Financeira*. Brasília: Sistema Integrado de Administração Financeira do Governo. Disponível em: <http://www.tesouro.fazenda.gov.br/SIAFI>.

O PLANEJAMENTO REGIONAL NO NORDESTE: NOTAS PARA UMA AVALIAÇÃO

Introdução

O que se pretende a seguir é apresentar uma interpretação da experiência de planejamento regional do Nordeste. Esta experiência, como é sabido, teve, no decorrer de algumas décadas, muita influência não só no destino econômico da região que constituía objeto da sua intervenção, como uma importância política administrativa em todo país, em razão das discussões que provocou, do movimento político ao qual esteve associada e do surgimento, em praticamente todas as regiões brasileiras, de formas de planejamento regional pensadas e criadas a partir da experiência da Sudene, que foi a entidade coordenadora das ações voltadas para o desenvolvimento econômico e social do Nordeste[1].

---

1. O Nordeste, de acordo com definição da lei que criou a Sudene, compreendia os estados do Maranhão, Piauí, Ceará, Rio Grande do Norte, Paraíba, Pernambuco, Alagoas, Sergipe, Bahia e parte do "polígono das secas" localizada

A primeira parte do trabalho está centrada em algumas informações relevantes sobre o surgimento do sistema de planejamento regional. A segunda parte apresenta os traços mais marcantes daquilo que foi designado como o sistema de planejamento. A terceira parte trata dos aspectos mais gerais da sua evolução recente, inclusive da sua crise atual. Finalmente, em distintas partes são apresentados, a título de uma avaliação sumária, alguns resultados da ação governamental na região, notadamente a evolução dos agregados econômicos, as ações voltadas para a implantação de uma economia industrial, capaz de dinamizar a região, e indicadores sociais considerados relevantes para um pequeno balanço da experiência regional. O texto é complementado com uma parte final que registra algumas conclusões.

Parte relevante das constatações e informações aqui apresentadas foi extraída do estudo recente do Instituto Interamericano de Cooperação para a Agricultura (IICA): *Planejando o Desenvolvimento Sustentável: a Experiência Recente do Nordeste do Brasil*[2], trabalho coletivo que contou com a participação de Tânia Bacelar Araújo, Sérgio Cavalcanti Buarque, Carlos Miranda, Otamar de Carvalho, Jair Amaral e Leonardo Guimarães Neto. Além disso, foram utilizados, amplamente, estudos realizados por diversos autores e constantes das coletâneas organizadas por Tânia Bacelar de Araújo (Araújo et al., 1994), Guimarães Neto e Galindo (1992), sobre o processo recente de diversificação industrial no Nordeste e o controle da nova indústria regional; de Otamar de Carvalho (1988, 1994a e 1994b) sobre os problemas do desenvolvimento rural e a respeito das ações

---

em Minas Gerais. Mais recentemente (1998) foi incluído o Espírito Santo como parte integrante da área da Sudene. Na análise que segue, os dados referem-se aos estados incluídos no Nordeste definido pelo IBGE (do Maranhão à Bahia), cuja população, em 1996, era de 44,6 milhões de pessoas, que vivia numa área de 1.561,2 mil km² e que registrava, segundo PNUD (Programa das Nações Unidas para o Desenvolvimento) e IPEA (Instituto de Pesquisa Econômica Aplicada), uma renda anual por habitante de US\$ 3.085, do que decorre um produto interno bruto total da ordem de US\$ 138,2 bilhões.

2. Brasília: IICA, 1998.

governamentais na agricultura; e de Guimarães Neto (1989) sobre a história econômica recente do Nordeste.

Algumas questões metodológicas não são aqui enfrentadas na análise que se faz do planejamento regional, nesta experiência nordestina. Uma das mais relevantes diz respeito ao estabelecimento de limites precisos entre o que é resultante de uma ação específica deste sistema e o que decorre da ação de outras entidades e agentes que atuaram e atuam na região, independentemente da influência do planejamento regional. É sabido que, independente da ação, das políticas e das medidas adotadas no Nordeste a partir do planejamento regional, muitos e importantes programas e projetos foram implantados por agentes públicos (ministérios, governos estaduais e municipais, empresas estatais) e privados, que podem ser ou não coerentes com as diretrizes e políticas regionais de desenvolvimento. É muito difícil, se não impossível, neste caso, definir limites entre os impactos decorrentes das políticas regionais de desenvolvimento e das demais políticas macroeconômicas ou setoriais que estão presentes, também, na região, mas que não integram os planos ou as estratégias regionais.

Não se teve a preocupação, neste trabalho, de medir os resultados diretos dos múltiplos programas e projetos de desenvolvimento regional que foram implantados nas quase quatro décadas no Nordeste, de diferentes durações e abrangendo tanto a área econômica como a social. Programas e projetos que surgiram foram fundidos, reformulados e desapareceram com o decorrer do tempo. Optou-se, de um lado, pela apresentação de aspectos mais globais, sobretudo agregados econômicos, indicadores sociais e outros aspectos das mudanças ocorridas na época e, de outro, por uma revisão da literatura a respeito do tema.

O Contexto

É importante recordar alguns traços gerais do contexto econômico, social e político no qual surge e se consolida a experiência nordestina de planejamento a partir dos anos de 1960. Trata-se de uma questão bem documentada nos estudos sobre a questão regional nordestina e brasileira e que aqui é retomada em suas linhas mais gerais, com base em alguns trabalhos considerados relevantes[3].

Embora bastante presente na história econômica e social brasileira, a questão das desigualdades regionais no país ressurge com intensidade, no Nordeste e em outras regiões brasileiras, após a consolidação da indústria pesada na segunda metade dos anos de 1950. O surto industrial ocorrido na referida década, notadamente na sua segunda metade, sob a administração de Juscelino Kubitschek, concentra-ra no Sudeste, em particular em São Paulo, parte significativa da produção industrial, do produto interno do país e dos melhores empregos. Concluída a fase expansiva do ciclo, na qual os segmentos mais importantes da indústria nacional haviam sido implantados, tem início uma etapa de desaceleração econômica e de intensificação do processo inflacionário, na qual emerge uma intensa mobilização política que tem como bandeira as chamadas reformas de base (agrária, urbana, bancária, educacional etc). A questão regional, no caso nordestino, vem associada, principalmente, à luta pela reforma agrária e tem como agentes principais as ligas camponesas, a ala progressista da Igreja Católica e os partidos políticos de esquerda, notadamente o partido comunista.

É importante ressaltar que o planejamento regional que surge da mobilização política antes referida constitui uma das primeiras experiências de ação coordenada no âmbito de uma grande região brasileira e, certamente, a mais abran-

---

3. Entre os estudos relevantes podem ser referidos os de Celso Furtado (1989; 1960 e 1962), do GTDN (1967), Manuel Correia de Andrade (1973), Amélia Cohn (1976), Francisco de Oliveira (1977), Albert Hirshman (1965), Raimundo Moreira (1967), Octávio Ianni (1984), Joseph Page (1972), Inaiá de Carvalho (1987), PIMES-UFPE (1984), Aspásia de Alcântara Camargo (1981) e Otamar de Carvalho (1988). Muitos outros trabalhos, tão importantes quanto os anteriores, poderiam ser citados a respeito.

gente quando se considera a amplitude das transformações propostas no conjunto de ações da estratégia de desenvolvimento do Nordeste. O planejamento regional do Nordeste, nesta forma, surge, quase que simultaneamente, com a experiência de maior sucesso do planejamento nacional, que foi a constituída pelo Plano de Metas, na segunda metade dos anos de 1950, quando se dá a consolidação da indústria pesada no país.

Trata-se, no entanto, de uma experiência muito complexa em seus vários aspectos. Tanto quando se consideram as causas que determinaram o surgimento e a consolidação do planejamento regional, quanto às que estão associadas às mudanças pelas quais ele passou, e ainda, mais recentemente, às causas que determinaram o seu esgotamento ou esvaziamento.

Deve-se considerar que o Nordeste constituía, à época, uma região de reduzido dinamismo, baseado na exportação de produtos primários (açúcar, algodão, cacau), com um produto por habitante que representava cerca de 42% do produto interno por habitante do país, diferença que se refletia em praticamente todos os indicadores sociais. Este reduzido dinamismo contrastava com o intenso processo de crescimento que vinha ocorrendo em São Paulo, em particular, e na região Sudeste, em geral, por conta do processo de desenvolvimento industrial que ali se concentrara e dos investimentos públicos realizados, também, na referida região, como precondição para o processo de industrialização, então, em curso. O reconhecimento dessas diferenças, a mobilização política dos camponeses associada à luta contra a pobreza e pela reforma agrária e a resposta das lideranças mais esclarecidas na busca de solução para a questão regional nordestina constituem, sem dúvida, os elementos mais importantes que favoreceram o surgimento das ideias e das práticas que deram lugar à montagem do sistema de planejamento regional.

Gênese e Estrutura do Planejamento Regional

No que se refere ao surgimento do planejamento regional, ao lado de uma mobilização social e política no país, em particular no Nordeste, antes mencionada, e ao desgaste político da administração federal que tinha no Plano de Metas e no desenvolvimentismo seu principal apelo político[4], bem como em razão da consciência cada vez maior da grande heterogeneidade econômica e social do país, com uma região industrializada e moderna e outras atrasadas e que não se beneficiaram do processo de industrialização ocorrido, vários acontecimentos criaram condições para novas formas de intervenção do Estado brasileiro no Nordeste. Em primeiro lugar, a ocorrência de uma grande seca em 1958 que exigiu, como condição de sobrevivência de famílias residentes no semiárido nordestino, a criação de frentes de trabalhos que mobilizaram mais de quinhentas mil pessoas, mostrando a falência das soluções tradicionais baseadas na expansão da oferta de água através da construção de barragens e açudes, existentes desde o início do século e sempre dissociadas de propostas de reestruturação fundiária e de mudanças nas relações de trabalho. Em segundo lugar, o acirramento da luta de classes que se traduziu, sobretudo, na ação das ligas camponesas e na exigência crescente de acesso às terras dos grandes proprietários, notadamente os da Zona da Mata, que corresponde à faixa úmida litorânea que vai do Rio Grande do Norte à Bahia. Finalmente, a repercussão da Revolução Cubana no país e o temor crescente na região (da parte dos grandes proprietários de terras e

---

4. A administração de Juscelino Kubitschek prometia avançar cinquenta anos em cinco e tinha como plataforma o Plano de Metas no qual mereciam destaque o desenvolvimento industrial, a construção de grandes eixos rodoviários, a interiorização do desenvolvimento nacional, dentro do qual a construção da nova capital (Brasília) constituiu a base de articulação da economia litorânea com as regiões e sub-regiões de fronteira e de vazio demográfico. O desgaste político da administração federal pôde ser percebido de imediato com a eleição, no Nordeste, de vários governadores saídos de partidos de oposição.

suas representações políticas), no país (por parte dos partidos conservadores) e no nível internacional (do governo dos Estados Unidos) de uma repetição, na América Latina, do movimento revolucionário de Cuba[5].

A grande seca de 1958 e a dimensão dos seus impactos sociais constituíam uma prova irrefutável da fragilidade da política de construção de grandes açudes e barragens no interior do semiárido nordestino, sob a responsabilidade do governo federal, que centrava a sua ação na percepção de que a questão central das estiagens residiam no grande déficit da oferta de água. É a partir de uma crítica severa à ação governamental na região – episódica e limitada – que vai ser construída uma nova percepção da problemática regional, superando o que ficou conhecido, posteriormente, como a fase "hidráulica" da atuação governamental no Nordeste, então voltada no encaminhamento dos problemas econômicos e sociais da região para o combate às secas.

É neste contexto que começa a ser divulgada e discutida, sob o patrocínio do governo federal e sob a liderança de Celso Furtado, a proposta do Grupo de Trabalho para o Desenvolvimento do Nordeste (GTDN) – tanto em seminários realizados no Nordeste quanto em estados de outras regiões brasileiras – denominada *Uma Política para o Desenvolvimento Econômico do Nordeste*[6]. Tal proposta apresenta, ao lado de uma vertente do desenvolvimento econômico regional que deveria ser sustentada na industrialização e na modernização e ampliação da infraestrutura da região, a vertente das reformas que pretendia a ampliação da intervenção do Estado nas formas de organização social da produção, com a reestruturação das áreas agrícolas das zonas úmidas da região e do semiárido nordestino. Além disso, a questão das secas toma uma dimensão econômica e social bastante distinta da concepção anterior. Neste par-

---

5. Ver a respeito os livros de Joseph Page (1972), Francisco de Oliveira (1977) e Guimarães Neto (1989), além da análise de Camargo (1981).

6. O documento do GTDN teve sua primeira edição em 1959, através da Imprensa Oficial.

ticular, a miséria e a pobreza da região passam a ter uma explicação bem mais complexa, não se limitando à questão climática e à disponibilidade dos recursos naturais.

Eram fundamentalmente três as soluções que a proposta do GTDN pretendia encaminhar. A primeira consistia na criação de um centro dinâmico capaz de substituir a função de impulsionar o crescimento econômico que, historicamente, no Nordeste, havia sido desempenhada pelo setor exportador que, baseado em produtos primários com demanda externa pouco dinâmica, não mais poderia desempenhá-la. A segunda, na redução da vulnerabilidade da economia agrícola regional, sobretudo a do semiárido, às estiagens. E, finalmente, a terceira consistia na promoção de mudanças nas formas tradicionais e arcaicas de organização social da produção (as malformações, segundo expressão posteriormente usada por Celso Furtado), através das quais não só ocorria a subutilização de escassos recursos econômicos, principalmente a terra com base na presença dos grande latifúndios, como estavam presentes formas de expropriação da força de trabalho e do pequeno produtor agrícola sem terra, que constituíam obstáculos ao desenvolvimento econômico e social da região.

O estudo do GTDN, como ficou conhecida essa proposta de planejamento e desenvolvimento regional, concebe a sua estratégia ao estabelecer uma hierarquia bem definida entre os grandes objetivos de sua formulação original[7]. De fato, o objetivo (a), de organização da economia do semiárido (tema muito

---

7. Entre os objetivos básicos das propostas do GTDN destacam-se: " a) a intensificação dos investimentos industriais visando criar no Nordeste um centro autônomo de produção manufatureira; b) transformação da economia agrícola da faixa úmida, com vista a proporcionar uma oferta adequada de alimentos nos centros urbanos, cuja industrialização deverá ser intensificada; c) transformação progressiva da economia das zonas semiáridas no sentido de elevar sua produtividade e torná-la mais resistente ao impacto das secas; d) deslocamento da fronteira agrícola do Nordeste, visando incorporar à economia da região as terras úmidas do *hinterland* maranhense, que estão em condições de receber os excedentes populacionais criados pela reorganização da economia da faixa semiárida" (GTDN, 1967, 2. ed.).

presente, na época, tendo em vista a grande seca ocorrida um ano antes da divulgação do estudo), e (b), da implantação de um centro autônomo de produção manufatureira, se constituíam os objetivos-fim. Já o objetivo de (c), reformulação da economia das áreas úmidas, e (d), o da colonização dirigida na áreas da fronteira agrícola regional, são os objetivos-meio, imprescindíveis à realização dos anteriores, principalmente em função da necessidade de aumento da oferta de alimentos e da geração dos empregos produtivos necessários sobretudo à população excedente do semiárido, sub-região que deveria passar por profundas transformações nos seus processos de trabalho, inclusive com a substituição da produção tradicional de alimentos, extremamente vulnerável aos fenômenos climáticos, nas formas como era praticada.

Constituindo-se uma espécie de terceira via – em confronto com as duas propostas políticas em discussão: a do *status quo* dos grupos conservadores e a de mudanças radicais dos grupos reformistas –, a proposta do GTDN resumia a estratégia de atuação da Sudene, criada de imediato, com atuação efetiva nos primeiros anos da década de 1960[8]. Sua criação representou uma grande inovação em termos da forma de atuação do Estado brasileiro na economia regional. Possuía um Conselho Deliberativo, no qual estavam presentes os governadores da região e os representantes dos ministérios e agências federais de maior importância no Nordeste. Sua Secretaria Executiva estava constituída de um amplo aparato técnico, desenvolvendo projetos ligados aos setores econômicos (agropecuária, indústria e comércio), à infraestrutura social e econômica (saneamento básico, energia, transporte e comunicações), aos recursos humanos (educação e saúde) e aos recursos naturais (pesquisas de solos, recursos hídricos, subsolo, cobertura vegetal). Seus objetivos eram definidos a partir de planos diretores, concebidos na sua Secretaria Executiva, discutidos no Conselho Delibe-

---

8. "A discussão política em termos do projeto Sudene muito contribuiu para consolidar, em termos de centro, amplas áreas de consenso reformista" (Camargo, 1981, p. 167).

349

rativo e levados para discussão no Congresso Nacional, no qual eram aprovadas as leis, as normas (isenções, incentivos fiscais e financeiros e legislação específica) e os destaques de despesas que definiam o tratamento especial para a região. Além disso, a Sudene possuía uma vinculação direta com a Presidência da República, na sua fase inicial.

É importante ressaltar o significado que esta experiência representou em termos de descentralização da ação federal, com o envolvimento dos governos estaduais, introduzindo novas formas de racionalização dos gastos e de participação conjunta das esferas governamentais em programas e projetos comuns. Ademais, foram desenvolvidas ações de capacitação técnica e administrativa dos governos estaduais, notadamente nas áreas de planejamento, consolidando uma articulação entre a Sudene e as secretarias estaduais imprescindível à concepção e implantação dos projetos considerados prioritários na estratégia de desenvolvimento regional. Um aspecto relevante é o fato de que, atuando numa espécie de vazio institucional no Nordeste, a Sudene foi induzida a criar entidades e empresas públicas que foram responsáveis pela implantação de vários dos projetos imprescindíveis à sua estratégia.

Ao lado dos recursos orçamentários, importantes na orientação dos investimentos públicos na sua fase inicial e na constituição de parcerias entre o governo federal e os governos estaduais e entre a Sudene e os ministérios no âmbito do governo federal, o sistema de planejamento regional contava com os estímulos fiscais decorrentes de normas legais que permitiam isenção parcial de impostos de renda dos contribuintes que optassem por investir em empresas localizadas no Nordeste e consideradas, pelo sistema de planejamento, como relevantes para o desenvolvimento regional. Foram importantes também os recursos externos que, a partir de projetos elaborados pela Sudene, foram aplicados em projetos públicos na região. A criação de instituições de fomento, o reforço ao planejamento dos governos estaduais, bem como a formação de quadro de profissionais voltados para o desenvolvimento de programas regionais constituem importantes contribuições do sistema de planejamento. Deve-se ressaltar ainda a articulação da Sudene e do Banco do Nordeste não só na administração dos incentivos fiscais e financeiros, constituindo-se, este último, a fonte mais importante do financiamento do desenvolvimento regional, como na realização de estudos e pesquisas sobre a realidade nordestina.

As Mudanças no Planejamento

Múltiplas, também, foram as causas que provocaram alterações significativas no planejamento regional e, especialmente, na sua concepção inicial. O ambicioso projeto do GTDN – modernizante, industrializante e reformista – vai ter um trajetória sinuosa e vai encontrar obstáculos intransponíveis para sua concretização. Terá que passar por vários filtros, até se ajustar ao bloco político hegemônico que o encampa como de seu interesse e vai garantir sua viabilidade. Um primeiro ajustamento está relacionado com a luta política no interior dos próprios grupos políticos e econômicos que estavam unidos quando da elaboração da estratégia do desenvolvimento regional e da criação da Sudene, mas que revelam suas contradições quando da implementação dos programas estratégicos, notadamente aqueles voltados para as mudanças nas formas de organização dos processos produtivos na sub-região de predomínio da economia açucareira. Diante das contradições que se explicitam no Conselho Deliberativo e que se repetem no Congresso, a ação da Sudene vai procurando os caminhos de menor resistência, com prioridade para os estímulos governamentais à industrialização e à realização dos investimentos voltados para a modernização da infraestrutura econômica (sobretudo transporte e energia elétrica) e, além disso, no desenvolvimento de pesquisas dos recursos naturais da região. Neste particular, as críticas dos segmentos reformistas começaram a marcar presença nas discussões da política de desenvolvimento regional e a se tornar mais acirradas à medida que se definiam, nas administrações federais subsequentes, as dificuldades para concretizar as propostas reformistas contempladas na estratégia do GTDN.

A intensificação da luta política, em todo país, com a crescente radicalização das posições dos grupos e partidos políticos de esquerda e direita desde o início dos anos de 1960, deságua no golpe militar de 1964, ano a partir do qual o projeto de desenvolvimento regional coordenado pela Sudene e a própria Sudene vão passar por profundas alterações, em suas várias dimensões. A parte da estratégia voltada para reformas é posta de lado. O plano diretor deixa de ser enviado ao Congresso e perde a legitimidade definida por lei no que se refere a normas e legislação específica para a região e no tocante a recursos financeiros reservados a esta parte do país. Perde representatividade o Conselho Deliberativo no momento em que os governadores deixam de ser eleitos pela população e passam a ser escolhidos pelos governos militares. Ocorre a centralização de recursos na esfera federal e o fortalecimento dos órgãos setoriais, que passam a definir sua atuação independentemente de uma visão articulada e situada num quadro mais geral de uma estratégia regional de desenvolvimento. As relações entre a esfera estadual e a esfera federal se fazem, cada vez mais, sem a mediação do planejamento regional. O fortalecimento do planejamento nacional, que em vários governos militares administrava fundos de grande significação para o financiamento de obras de infraestrutura e fomento à atividade produtiva, ocorre com a fragmentação e a desarticulação do planejamento regional, nos moldes anteriormente definidos, com o qual jamais se articulou como parte relevante que este poderia ser no marco mais geral do planejamento nacional. A centralização das ações federais, com o planejamento nacional, anula o esboço de descentralização que a atuação da Sudene, junto aos governos estaduais, havia dado início. As propostas regionais passam a constituir um capítulo do plano nacional que, ademais, no contexto do regime militar não se torna objeto de discussão mais ampla.

Da estratégia regional de desenvolvimento, permanecem os programas e projetos voltados para a modernização da infraestrutura e para o fomento à atividade produtiva através dos incentivos fiscais e financeiros. Estes últimos passam a ser estendidos a outras regiões brasileiras, seguindo o modelo iniciado pela Sudene e Banco do Nordeste, na região.

Com a consolidação do regime militar, passada a fase de transição e de mudanças institucionais – que abrangeram o sistema tributário, o sistema financeiro, o setor produtivo estatal, entre outros –, a economia nacional retoma o seu crescimento que repercute, positivamente, na dinâmica econômica do Nordeste. A economia regional diversifica sua atividade produtiva, consolida áreas dinâmicas em função da divisão inter-regional de trabalho, que passa a existir no interior de uma estrutura mais complexa da economia nacional. No entanto, esse dinamismo regional, estimulado pelos incentivos regionais e pela melhor oferta de infraestrutura, é seletivo em termos de setores produtivos e em termos de sub-regiões no interior do espaço regional, e não repercutiu positivamente na economia e nas relações de trabalho do semiárido, que permaneceram tão vulneráveis quanto antes, nem resultou na modernização ou diversificação produtiva da sub-região produtora de cana-de-açúcar. A vulnerabilidade e a malformação, antes referidas, passaram a coexistir com um dinamismo regional que se verificou até o início dos anos de 1980, a partir dos quais todo país passa a viver a crise e a instabilidade das décadas que se seguiram.

A Crise do Planejamento

Com base na trajetória anterior, ficaram evidentes vários aspectos que pouco a pouco foram definindo a crise e o processo de esvaziamento do planejamento regional, reduzindo suas funções e importância na dinâmica social e econômica do Nordeste. No sentido de resumir os pontos mais relevantes que influíram neste particular, podem ser ressaltados os seguintes aspectos:

a) a perda de representatividade política que está associada à grande concentração de poderes, no regime militar, que praticamente eliminou o debate sobre a questão regional nordestina, no nível do Conselho Deliberativo e do Congresso, do que resultou a eliminação, também, do papel de mediação entre o nível estadual e federal que a Sudene e outras entidades regionais buscavam exercer, de modo coordenado, através de uma estratégia regional e de planos diretores periódicos;

b) simultaneamente, e associado ao anterior, a perda de recursos que estavam sob o controle do planejamento regional, a partir dos quais era exercida uma coordenação de parcela importante dos gastos públicos na região, envolvendo as ações de ministérios públicos setoriais e governos estaduais[9];

c) perda menor, mas significativa, dos incentivos fiscais e financeiros de apoio ao setor privado, que passam a ser disseminados em várias regiões brasileiras, juntamente com a criação das superintendências regionais, pós-1964;

d) surgimento e disseminação, a partir do sistema de planejamento nacional, de programas específicos (setoriais, sub-regionais) que, com frequência, eram concebidos independentemente do planejamento regional e articulavam os governos estaduais diretamente com outros segmentos do governo federal.

---

9. É difícil medir a importância dos recursos que a Sudene dispunha, à época, no seu papel indutor de outras fontes de recursos, sobretudo dos ministérios setoriais e dos governos estaduais, e na racionalização que representava esta forma de articulação, desde que se vinculavam a obras consideradas prioritárias da perspectiva da região em seu conjunto.

A respeito dessa última questão, é importante ressaltar a multiplicidade de programas e projetos surgidos, sobretudo a partir dos anos de 1970, principalmente voltados para o desenvolvimento rural, com apoio claro aos pequenos produtores. Vale o destaque para o Polonordeste (associativismo, crédito, infraestrutura, educação, saúde, aspectos fundiários e recursos hídricos) e o Projeto Nordeste (já nos anos de 1980), que embora validasse a estratégia do programa anteriormente mencionado, reduziu, através de limitação dos seus componentes, o seu grau de abrangência. Com o Programa de Apoio ao Pequeno Produtor (PAPP) partiu-se para o seu desdobramento em vários programas estaduais, que possuíam seis componentes (acesso à água, à terra, ao crédito, à tecnologia apropriada, à extensão rural e o desenvolvimento da comercialização e do associativismo local) e que contava com apoio do Banco Mundial. Antes de sua efetiva implantação foram criados outros programas entre os quais o São Vicente (destinado a apoiar projetos comunitários) e o Programa Padre Cícero, cujo objetivo era o financiamento da infraestrutura de recursos hídricos. Alguns dos componentes dos programas mencionados evoluíram para programas setoriais, que passaram para a responsabilidade direta de ministérios específicos[10].

No entanto, embora todos esses fatores tenham relevância no processo de esvaziamento dessa experiência, a crise fiscal e financeira do Estado brasileiro a partir dos anos de 1980 reduz, significativamente, as formas de intervenção governamental na região, tanto através do planejamento regional, quanto do nacional ou das entidades setoriais que atuavam no Nordeste. É evidente que isto aconteceu em todo país, no entanto, no caso nordestino isto tem um significado especial, dado o fato de que a dinâmica econômica regional, provavelmente mais que a nacional em seu conjunto, depende dos investimentos públicos e da ação governamental. Para que se tenha uma ideia

10. Para mais detalhes sobre esta fase do planejamento ver Magalhães, Bezerra Neto, Panagides, Miranda e Bressan (1994) e Otamar de Carvalho (1994a e 1994b).

355

do impacto dessa crise é suficiente afirmar-se que os investimentos públicos totais que, em 1970-1980, se expandiram a 9,6% ao ano, em 1980-1990 passaram a crescer apenas a 3,1%. Já nos anos 1990-1993, os investimentos públicos registraram um decréscimo de 9,9% ao ano. Grande parte desse decréscimo se deve ao declínio dos investimentos da esfera federal cujos investimentos representavam, do total dos investimentos públicos, cerca de 58% em média nos anos 1970-1980, 54,9% nos anos 1980-1990 e em 1990-1993 cerca de 46,9%.

As várias tentativas que ocorreram mais recentemente, no sentido de recuperar o planejamento regional, já na fase de redemocratização, tiveram pouco êxito, inclusive aquela ocorrida durante a elaboração da Constituição de 1988, na qual foram definidas normas relacionadas com a montagem de sistemas de planejamento regional e de elaboração e discussão de planos regionais. A maior parte do que foi estabelecido na Constituição não foi regulamentada até o presente. Além disso, a partir da nova Constituição, ocorreu um processo de descentralização da receita pública, com os governos municipais e estaduais ganhando participação maior, em detrimento da esfera federal. Isto significou uma reversão da tendência que a reforma tributária ocorrida no regime militar implantou: o de uma grande centralização de recursos na União. Embora se trate de uma desconcentração ainda inconclusa, na qual, com frequência, verificam-se tentativas de reconcentração das receitas governamentais, não se pode minimizar a influência deste fato nas novas experiências de planejamento que se vão consolidar, com o decorrer do tempo, nas quais, em várias partes do país, os governos estaduais e municipais passam a adotar formas de atuação até então desconhecidas nas áreas econômica e social.

No início da abertura democrática, ocorreu uma grande mobilização política que teve como uma de suas resultantes um esforço no sentido de restauração do planejamento regional, com a participação de um grande número de segmentos sociais de todos os estados que, apesar de sua grande amplitude, se restringiu, na definição de uma nova proposta de desenvolvimento, à montagem do documento de estratégia, sem continuidade nas fases que deveriam se seguir à sua operacionalização e à busca de meios para implementá-la. Tal mobilização, disseminada nos sindicatos e associações dos trabalhadores rurais, nos sindicatos urbanos, nas associações de bairros, entre os profissionais liberais e através de várias organizações não governamentais, teve sua convergência no movimento que ficou conhecido como "Muda Nordeste", do qual resultou a elaboração do I Plano de Desenvolvimento Regional (I PDR). Não obstante seus limites, representou uma importante tentativa no sentido de reversão da abordagem restrita e tecnocrática que caracterizou, nas décadas que antecederam, as decisões voltadas para o desenvolvimento regional.

Cabe ainda ressaltar um aspecto que, seguramente, teve importância para o planejamento regional, na experiência que se está analisando. As mudanças ocorreram na região em razão da expansão econômica associada a grandes transformações na estrutura produtiva, nas relações econômicas inter-regionais, no surgimento de áreas dinâmicas que passaram a coexistir com áreas e sub-regiões estagnadas no interior do Nordeste. Essa produção de novos espaços regionais que se articulam, inclusive, com outras regiões brasileiras, provocou mudanças profundas no Nordeste, constituindo uma nova região que pouco tem a ver com o Nordeste de três décadas passadas[11]. Novos atores econômicos e políticos surgiram no decorrer dessas mudanças, com interesses diferentes que não repetem, como nos anos anteriores, uma articulação regional capaz de definir interesses comuns numa estratégia similar à que foi estabelecida no início da experiência de planejamento e que mobilizou amplos setores da população nordestina, sobretudo na fase inicial.

Não se deve deixar de ressaltar que a estratégia de planejamento regional estava constituída a partir de objetivos muito ambiciosos, que tinham como finalidade primordial

---

11. Ver Nordeste, Nordestes, que Nordeste?, de Tânia Bacelar de Araújo (Araújo, 1995).

357

a geração de emprego e renda e novas formas de organização social da produção e, em decorrência, novas relações de produção. Como se assinalou, o amplo projeto de desenvolvimento regional, na sua trajetória, foi sendo modificado em função da estrutura política e dos centros de decisão que se definiram nas diferentes fases da história recente: na administração Kubitschek, nas administrações vigentes na fase da crise política que antecede os governos militares (Jânio Quadros e Jango) e no regime militar. Perde o caráter reformista, consolida a proposta de modernização e ampliação da infraestrutura econômica e viabiliza um elenco de estímulos fiscais e financeiros que privilegiam os empreendimentos de médio e grande porte que se implantam na região. É evidente que os resultados finais foram distintos daqueles que haviam sido estabelecidos e tiveram uma repercussão social bem menor que a proposta inicial previa. Os resultados foram, em síntese, mais tímidos que os propostos e o desgaste do planejamento significou, neste contexto, uma perda do apoio político mais amplo do que tivera quando de sua criação e início de implantação. Houve, como se fará referência adiante, melhoria de muitos dos indicadores sociais, mas os níveis de pobreza, de concentração de renda e de subemprego são significativos, inclusive em termos comparativos com outras regiões brasileiras e a média nacional.

Transformações e Alguns Resultados Macroeconômicos

Como se assinalou anteriormente, ocorreram mudanças relevantes na economia nordestina a partir dos anos 1960, que acompanhou e integrou-se significativamente às demais economias regionais do país, notadamente o Sudeste mais industrializado. Para que se tenha uma ideia do dinamismo econômico recente, o exame de alguns agregados macroeconômicos ajuda a entender o que já se afirmou.

Os dados da Tabela 1 mostram que o processo de integração ocorrido – tanto uma integração da perspectiva comercial

358

como uma integração produtiva, na qual filiais e empresas comandadas por grupos econômicos de fora da região passaram a marcar presença no Nordeste[12] – significou, pelo menos neste período recente, uma evolução do Nordeste que acompanhou de perto a dinâmica da economia nacional em seu conjunto. A região se expandiu quando o Brasil o fez e reduziu seu ritmo quando a economia nacional se desacelerou. Vale o destaque para o crescimento acelerado dos anos de 1970, quando o Nordeste, dado o seu crescimento demográfico menor, registra uma expansão do produto por habitante maior que o referido crescimento para o Brasil em seu conjunto.

Tabela 1

Brasil e Nordeste: Taxas de Crescimento do Produto Interno Bruto (PIB) nas Décadas Recentes

Região e Períodos	PIB Total	PIB por Habitante
Nordeste		
1970-1980	8,7	6,5
1980-1990	3,3	1,3
1990-1996	2,8	1,4
Brasil		
1970-1980	8,6	6,0
1980-1990	1,6	- 0,4
1990-1996	2,7	1,3

Fonte: Sudene – Boletim Conjuntural – Novembro de 1997.

Neste particular, cabe a referência para o fato de que na fase de desaceleração da economia nacional, sobretudo após o ciclo expansivo de 1967-1973 (do milagre econômico), a economia nordestina, através de um crescimento maior (ou menor desaceleração), registra uma maior participação no produto nacional, até pelo menos a primeira

---

12. Para maiores detalhes sobre o processo de integração comercial e produtiva do Nordeste com o restante do país ver Guimarães Neto (1989).

metade dos anos 80, conforme vários estudos a respeito[13]. Para que se tenha uma ideia do processo de desconcentração recente que favoreceu o Nordeste – além de outras regiões periféricas como o Norte e o Centro-Oeste –, é suficiente afirmar-se que, de acordo com estimativas da Sudene, se em 1960 a participação do produto interno bruto *per capita* do Nordeste no produto interno bruto por habitante do país era de 41,9%, ele passa para 40,9% em 1970, 44,7% em 1980, 59,1% em 1990 e 54,1% em 1996[14]. Relativamente à relação do produto interno bruto total do Nordeste com o produto interno bruto do Brasil, a média da participação dos anos 1965-1970 era de 12,4%, a de 1970-1980 alcançava 12,5%, a de 1980-1990 era de 15,7% e a de 1990-1996 era de 15,9%, ainda de acordo com estimativas da Sudene. A partir de 1985, as informações mais recentes sobre os agregados econômicos para as regiões brasileiras estimadas pelo IPEA sugerem o esgotamento do processo de desconcentração espacial e a continuidade das mesmas posições relativas das grandes regiões no produto interno do país.

Nestas décadas, sobretudo nas fases mais dinâmicas dos anos de 1960 e 1970, a estrutura produtiva da região se altera substancialmente, não só quando se considera o peso relativo que tiveram os três setores clássicos na sua economia (primário, secundário e terciário), com as atividades agropecuárias perdendo importância relativa para os demais, como através de mudanças no interior de cada um dos referidos segmentos produtivos. Na agropecuária, começa a registrar maior significação a moderna agricultura irrigada, em grande parte voltada para a exportação de

13. Neste caso cabe o registro para os trabalhos de Clélio Campolina Diniz (1995), Wilson Cano (1995), Gomes e Vergulino (1995), Pacheco (1996) e Guimarães Neto (1997).

14. Esses percentuais diferem, embora mostrem uma tendência aproximada, das estimativas feitas pelo PNUD e IPEA, adotando metodologia diferente. De acordo com esses órgãos, a participação do produto *per capita* do Nordeste sobre o produto por habitante do Brasil teria sido de 37% em 1970, 41% em 1980, 47% dez anos depois (1990), 49% em 1991, voltando a 47% em 1996, como se verá mais adiante.

frutas tropicais e a produção de grãos no oeste da região, envolvendo parte do território da Bahia, Piauí e Maranhão. No setor secundário, as atividades de produção de bens de consumo não duráveis perdem importância relativa em favor da produção de bens intermediários, em geral voltados para a petroquímica além de outros segmentos. No terciário, ao lado do grande peso que passa a ter o informal, sobretudo a partir dos anos de menor crescimento das décadas de 1980 e 1990, surgem serviços modernos vinculados aos pólos médicos concentrados, principalmente nas três regiões metropolitanas, novos pólos de comércio, turismo e hospedagem e centros educacionais de maior peso, principalmente nos grandes centros urbanos do litoral.

Simultaneamente ao crescimento e à diversificação registrada na economia nordestina, deve-se chamar a atenção para mudanças na nova estruturação do espaço regional, associadas ao dinamismo e à expansão econômica verificada em fases das últimas décadas. Novos setores foram implantados, novos agentes econômicos surgiram, notadamente a partir dos estímulos fiscais e financeiros oferecidos e, a partir deles, apareceram e se consolidaram espaços econômicos muito dinâmicos, que passaram a coexistir com amplas e estagnadas sub-regiões que praticamente não receberam qualquer impacto capaz de mudar a antiga estrutura produtiva e as arcaicas relações de produção. Entre as áreas dinâmicas e que se modernizaram, vários estudos têm feito referência ao pólo petroquímico de Camaçari (Bahia), ao pólo têxtil e de confecções de Fortaleza (Ceará), ao complexo mínero-metalúrgico do Maranhão, ao complexo agroindustrial de Petrolina-Juazeiro (Pernambuco e Bahia), às áreas da moderna agricultura de grãos (oeste da Bahia, oeste do Piauí e sul do Maranhão) e ao pólo de fruticultura do Vale do Açu (Rio Grande do Norte)[15]. Decorreu dessas mudanças a presença de novos interesses, de novos atores sociais, de novas articulações políticas e, principalmente, a produção

15. Ver trabalhos de Lima (1993), Lima e Katz (1993) e Araújo (1995).

de novos espaços. Tudo isto define uma grande heterogeneidade para a região, diferentemente das características que possuía nos anos de 1940 e 1950.

Os Incentivos Fiscais e Financeiros

As transformações ocorridas no Nordeste nas últimas décadas decorreram, em grande parte, das novas formas de atuação do Estado, como se fez referência[16]. Entre tais formas desponta o conjunto de incentivos fiscais e financeiros que foram criados especificamente para o cumprimento de um dos objetivos da estratégia de desenvolvimento regional elaborada pelo GTDN: o de criação de um centro autônomo de produção industrial, que deveria constituir-se o elemento dinâmico da economia regional.

Iniciado com estímulos voltados para a isenção de impostos e taxas para a importação de máquinas e equipamentos para a indústria nordestina, sobretudo para a chamada indústria de base e a de produção de alimentos (Lei n. 3692, de 15 de dezembro de 1959), o sistema de incentivos foi ampliado com a dedução nas declarações do Imposto de Renda, referente à importância que viesse a ser destinada a investimento ou aplicação na indústria considerada, pela Sudene, de interesse para o desenvolvimento do Nordeste (Lei n. 3995, de 14 de dezembro de 1961).

Em seus traços gerais, o sistema 34/18, como ficou conhecido por conta dos artigos 34 da Lei n. 3995 antes referida e do artigo 18 da Lei n. 4239 de 17 de junho de 1963, caracterizava-se:

a) pela possibilidade de a pessoa jurídica descontar, na sua declaração de rendimento, parcela do Imposto de

---

16. A quase totalidade das considerações que seguem sobre a nova indústria do Nordeste são feitas a partir do estudo de Leonardo Guimarães Neto e Osmil Galindo (1992). Algumas de suas partes consistem na transcrição literal do referido trabalho.

Renda para aplicação em projetos que fossem considerados de interesse para o desenvolvimento regional;

b) pela obrigatoriedade de contrapartida de recursos próprios;

c) pela obrigatoriedade de vincular tais recursos a projetos submetidos à Sudene, dentro de prazos determinados.

Muitas modificações foram feitas posteriormente, tanto no sentido do aperfeiçoamento, como visando sua extensão para novos segmentos produtivos ou regiões, como a Amazônia, tendo em vista sobretudo os êxitos alcançados, decorridos alguns anos. Neste particular, vale lembrar o decreto-lei, de 16 de junho de 1970, que criava o Programa de Integração Nacional, e o Decreto-Lei n. 1179, de 6 de junho de 1971, que instituía o Programa de Redistribuição de Terra e Estímulo à Agroindústria do Norte e do Nordeste.

Alterações significativas ocorreram, também, em 1974, com a criação do sistema FINOR – Decreto-Lei n. 1374, de 12 de dezembro de 1974, que cria o Fundo de Desenvolvimento do Nordeste (Finor), o da Amazônia (Finam) e os Fundos Setoriais (Fiset) –, que visava corrigir distorções, entre as quais as altas taxas de captação cobradas, diante da escassez de recursos face à demanda existente. A diferença básica entre o sistema 34/18 e o sistema Finor consistia na eliminação da captação feita por cada investidor. Com a criação do Finor, é a Sudene que determina a alocação dos recursos em cada projeto. O optante aposta na rentabilidade média do fundo. Algumas alterações foram feitas posteriormente mas que não mudaram, em essência, a natureza e os objetivos do sistema de incentivos.

Desde a criação deste conjunto de incentivos, a Sudene e o BNB (Banco do Nordeste do Brasil) aprovaram, visando os distintos tipos de estímulos, até o início da década de 1990, cerca de 2.820 projetos para a instalação e a ampliação de empreendimentos em diversos setores: 1.505 na área industrial (53,4%), 1.056 na agropecuária (37,4%),

101 vinculados ao desenvolvimento do turismo (3,6%), 73 no segmento agroindustrial (2,6%) e o restante, equivalente a 3%, vinculados à pesca, telecomunicações, serviços e extração mineral. Os incentivos concedidos por conta do sistemas 34/18 e Finor envolveram recursos, nas três primeiras décadas de sua existência, da ordem de US$ 6,2 bilhões, sendo US$ 2,8 bilhões associados ao 34/18 e US$ 3,4 bilhões ao sistema Finor[17].

O Significado da Nova Indústria Regional

A importância da indústria incentivada regional pode ser medida através de diversos parâmetros, dentre os quais os referentes ao valor da produção e ao emprego da indústria nordestina, comparados com variáveis semelhantes da indústria que foi beneficiada com recursos dos incentivos do sistema Finor. Tais parâmetros dão uma ideia da sua importância relativa[18]. Embora com defasagem de mais de dez anos, a última avaliação feita pela Sudene e Banco do Nordeste a respeito do impacto e significação da nova indústria que recebeu recurso do sistema FINOR dá uma ideia do significado que este programa teve para a atividade de transformação industrial da região.

No que se refere ao emprego diretamente gerado pela atividade industrial, pode-se ter uma noção da importância relativa da indústria incentivada na região, nos últimos trinta anos, através dos dados do censo industrial do IBGE para 1985, e dos levantamentos da Relação Anual de Indicadores Sociais (RAIS), de 1986, elaborados pelo Ministério do Trabalho.

No que diz respeito aos dados do IBGE, referentes ao último censo industrial realizado, observa-se uma expressiva participação do valor da produção da indústria incentivada

---

17. As informações referidas nesta parte foram extraídas de Brasil (1978, 1990 e 1991).

18. Informações constantes do trabalho Brasil. Sudene/BNB (1991).

no cômputo geral da indústria nordestina (Tabela 2), uma vez que alcança mais da metade no conjunto da indústria regional. É importante, no entanto, considerar alguns aspectos metodológicos. Primeiro: o fato de que estão sendo comparadas informações do censo industrial do IBGE referentes a 1985 com dados da pesquisa industrial da Sudene e do BNB. Em seguida, o fato de que para se realizar tal comparação tornou-se necessária a utilização de um índice de preços – índice de preços por atacado, referente a produtos industriais –, o que pode trazer distorções. Finalmente, o fato de que ocorreu entre 1985 e 1986 um crescimento real do setor industrial da região, que não foi considerado quando foram trazidos os valores de 1985 para 1986, visando fazer o confronto do valor da produção do setor industrial com a indústria incentivada.

A comparação das informações revela que a indústria incentivada, apesar de representar um número de estabelecimentos muito pequeno em relação ao conjunto da indústria regional, próximo a 2%, ocupa o equivalente a um terço dos empregos gerados no setor e uma participação de 51% no valor da produção da indústria nordestina como um todo. No que se refere ao emprego, convém observar que embora o emprego da indústria incentivada represente 33,9% no total dos empregos levantados pelo IBGE, esta cifra alcança 38,9% quando se considera o grupo de indústria produtora de bens intermediários. Uma outra alternativa de examinar-se a importância do emprego industrial direto gerado pela indústria incentivada foi através do confronto dos dados do projeto com os que integram o levantamento da RAIS, realizado através do Ministério do Trabalho. Tais informações, referentes a 1986 (Tabela 2), cujos valores aproximam-se bastante daqueles apresentados pelo censo industrial de 1985 do IBGE, confirmam a importância dos empreendimentos industriais incentivados no emprego industrial total da região. Quanto aos levantamentos administrativos da RAIS, cujas estatísticas podem ser consideradas como referentes ao emprego industrial formal ou do setor industrial organizado da economia, observa-se que o total do emprego gerado pela indústria incentivada representava, em 1986, aproximadamente, um terço (33,5%) do total dos 612,2 mil empregos da indústria nordestina.

Tabela 2
Nordeste: % do Valor da Produção edo Emprego da Indústria Incentivada na Indústria do Nordeste,
Segundo Grupos de Indústrias

GRUPOS INDUSTRIAIS	VALOR DA PRODUÇÃO (%)	PESSOAL Censo	OCUPADO (%) RAIS
Total da Indústria	51,2	33,9	33,5
Bens de Consumo			
Não Duráveis	39,2	32,6	28,4
Bens Intermediários	59,5	38,9	46,1
Bens de Consumo			
Duráveis e de Capital	47,8	33,0	46,3

Fonte: IBGE – Censo Industrial de 1985; Sudene-BNB – Pesquisa Industrial – 1988.

Em suma, a indústria incentivada, apesar de corresponder a um número relativamente pequeno de estabelecimentos no quadro do setor industrial da região, representa uma parcela significativa do emprego gerado e uma fração ainda mais importante do valor da produção. Não é exagero afirmar que se trata de um novo e relevante segmento ou, como comumente se denomina, de uma nova indústria que se somou à indústria tradicional, anteriormente existente, e que decorreu fundamentalmente da nova forma de atuação do Estado nacional na economia nordestina. Parte relevante dos pólos, complexos e áreas dinâmicas anteriormente consideradas e que tiveram um papel relevante na transformação da economia regional, bem como na contribuição a uma heterogeneidade espacial do Nordeste, se deve aos estímulos antes referidos. No entanto, as transformações operadas a partir da indústria incentivada não se limitam a mudanças na estrutura produtiva e na realidade espacial da região, elas se referem à modificação na propriedade do capital industrial e no seu controle[19]. Este é um dos aspectos do processo que se denominou de integração produtiva do Nordeste às regiões mais industrializadas no país (Guimarães Neto, 1989).

A Origem do Controle da Indústria

O que chamou a atenção dos que estudaram a expansão recente ocorrida no Nordeste foi, sobretudo, o fato de que se passa a registrar, na nova indústria, a presença marcante do capital extrarregional. O processo de desregionalização, ou de quebra do exclusivo regional, como prefere chamar Francisco de Oliveira, está bem presente nos dados da pesquisa recente e da anterior realizadas pela Sudene e Banco do Nordeste.

De fato, o levantamento, de 1988, confirma o que já havia sido assinalado na pesquisa realizada no final da década de 1970. Nessa investigação de 1988, as informações permitem que se examine o controle do capital da indústria incentivada da perspectiva do número de empresas cujos acionistas, em cada empresa específica, são majoritariamente do Nordeste ou não (do Sudeste, Sul, Norte e Centro-Oeste, ou do exterior) ou da perspectiva da participação do valor do capital integralizado, no total de cada segmento produtivo (gênero ou grupo industrial). O ponto de partida para a distinção da origem do acionista foi a participação – em cada empresa, no gênero ou grupo industrial – no valor das ações ordinárias, daqueles residentes em distintas regiões brasileiras ou no exterior. A diferenciação está, pois, associada à origem das parcelas do capital que influi no processo decisório do empreendimento.

---

19. Para uma análise não só das mudanças na propriedade e controle do capital da indústria regional, mas do papel que teve o Estado nessa diversificação industrial do Nordeste, ver o trabalho de Francisco de Oliveira (1990), publicado pelo Cebrap. Ver também, a respeito, duas análises sobre a política industrial do Nordeste e seus impactos, a de Galvão (1987) e de Magalhães (1983).

Da perspectiva do número de empresas controladas pelas distintas frações do capital, o que se observa é que das quase seiscentas empresas (mais exatamente 581) que responderam às indagações necessárias à investigação sobre o controle do capital, cerca de 63% delas, ou seja, 368, eram controladas por acionistas nordestinos. O controle da empresa pelos investidores originários do Sudeste era exercido em 178 empresas, que representavam pouco menos de um terço (31%) do seu número total. No que se refere ao Sul (4%) e ao exterior (1%) os percentuais são pouco significativos.

De outra perspectiva, a da participação no segmento produtivo (gênero ou grupo industrial), no valor do capital social sob a forma de ações ordinárias, o que se observa é um aspecto bem distinto do que se assinalou anteriormente. De fato, deste ângulo os acionistas nordestinos exerciam o controle, apenas, sobre 39% do total do capital social. Já os acionistas residentes no Sudeste detêm a posse de metade do capital na nova indústria nordestina. Das empresas incentivadas, cerca de 50% eram controladas pelos acionistas do Sudeste, cerca de 43% desse total do Sudeste, ou seja, pouco mais de 20% do capital total, estavam nas mãos de acionistas paulistas.

Examinando-se esta questão a partir dessas duas perspectivas, o que se conclui é que a posse e o controle de um significativo percentual do número de empresas por parte dos grupos econômicos nordestinos, e de uma bem menor participação desses mesmos grupos econômicos no total do valor do capital integralizado, sugerem que os grupos extrarregionais dirigem e controlam, no Nordeste, os empreendimentos de maior porte da indústria incentivada. Em outras palavras, na nova indústria regional implantada nas três últimas décadas, os industriais nordestinos mantiveram sob sua direção um número de empresas próximo a dois terços do total, mas seu controle sobre o valor total do capital social está próximo de dois quintos do total.

O que se afirmou anteriormente a respeito das transformações não pode ser entendido como apenas resultado de mudanças promovidas pelo grande capital pertencente a grupos nacionais ou internacionais privados. O Estado brasileiro, tanto a partir dos investimentos diretos em infraestrutura, sobretudo nos anos de 1960 e 1970, dos incentivos fiscais e financeiros a partir de 1960 e das empresas estatais, deixou marcas profundas na estrutura produtiva e espacial do Nordeste.

No que se refere às regiões para as quais existiam um bem definido conjunto de objetivos e de instrumentos de política de desenvolvimento regional, como o Nordeste (e a Amazônia), não se pode deixar de considerar a capacidade de atração de investimentos das referidas políticas e o seu papel sobre o processo de desconcentração econômica, como se assinalou. Este foi, sem dúvida, muito seletivo na abrangência que teve em termos setoriais (reduzidas atividades produtivas) e espaciais (alguns estados e, nestes, algumas sub-regiões específicas). No entanto, é importante considerar, para estas mesmas regiões (o Nordeste e a Amazônia), o papel desempenhado por algumas políticas setoriais que não estavam inscritas nas propostas regionais, ou não foram financiadas, em sua totalidade, pelos estímulos fiscais e financeiros regionais. O pólo petroquímico da Bahia e o projeto Grande Carajás do Pará, com sua extensão para o Maranhão, eram parte integrante de políticas mais gerais que não se limitavam ao âmbito restrito das respectivas regiões. Ou seja, a política de produção de insumos básicos e de substituição de suas importações contempladas pelo II PND, no primeiro caso, e a política de inserção no mercado internacional e de articulação com capitais multinacionais a partir da extração e exportação de minérios e seu beneficiamento eventual, no segundo caso. No caso específico do pólo petroquímico da Bahia, pode-se, não obstante o caráter nacional da política à qual estava vinculada – a substituição de importações –, estabelecer vínculos com a política regional de desenvolvimento para o Nordeste, que a partir de determinado momento passou a enfatizar a constituição de pólos como forma de operacionalização do seu programa de industrialização; um desses pólos estava voltado para a indústria química baiana. Neste particular, a presença da Petrobrás na Bahia, em Sergipe e no Rio Grande do Norte foi importante na dinamização dessas economias estaduais, bem como o papel da Vale do Rio Doce no Maranhão na dotação de infraestrutura portuária, na exportação e beneficiamento de minérios. O Estado até a crise foi o grande investidor (administração central e estatais), a grande fonte de financiamento (incentivos e bancos oficiais) e o responsável pela articulação que se fez necessária na montagem dos pólos e complexos econômicos na região.

Os Impactos Sociais

No Nordeste (como na Amazônia), as estratégias de desenvolvimento regional nas quais, sob diferentes formas, os responsáveis pelas suas concepções buscavam, em última instância, a promoção do desenvolvimento social de ampla parcela da população, foram condicionadas por um movimento bem mais amplo da economia nacional, no qual os grandes grupos econômicos, nacionais e regionais influíram na condução do processo através de suas estratégias particulares, que pouco tinham de coincidentes com as estratégias regionais mais amplas de desenvolvimento, notadamente no que se refere ao desenvolvimento social e à geração de empregos que, no caso particular do Nordeste, aparece com um peso importante, definindo prioridades e diretrizes tanto no processo de industrialização (a indústria deveria ter uma função relevante na absorção de parte considerável da força de trabalho que nos centros urbanos, segundo o GTDN, se encontrava em situação de subemprego), como na ocupação e colonização dos vales úmidos, notadamente a fronteira agrícola maranhense.

As estratégias e políticas de desenvolvimento regional, sobretudo na experiência nordestina, atuaram, em última instância (e em momentos estratégicos), como elementos de aglutinação de forças sociais e políticas que, com o passar dos anos, e inseridas no jogo político mais amplo, foram direcionadas para rumos distintos daqueles previstos inicialmente.

A integração regional, à qual se fez referência anteriormente, além de sua dimensão estritamente econômica, mais estudada, possui também uma dimensão político-econômica que se traduz no interesse crescente de grandes frações de capitais nas regiões periféricas e que diz respeito, também, à sua capacidade de influir e decidir a respeito dos rumos das propostas e das ações governamentais de desenvolvimento.

Neste particular cabe, no momento, o exame de alguns indicadores sociais que possam qualificar melhor o desenvolvimento ocorrido no Nordeste, até pelo menos a primeira metade dos anos de 1980, quando se esgotou o processo de desconcentração espacial iniciado na segunda metade dos anos de 1970, que beneficiou algumas das regiões periféricas, inclusive o Nordeste.

A bateria de indicadores que acompanha o relatório recente sobre o desenvolvimento humano e condições de vida, de 1996, de responsabilidade do PNUD e do IPEA, permite que se tenha uma ideia mais clara dos resultados associados às mudanças ocorridas recentemente na região. Na Tabela 3 são apresentados alguns dados considerados relevantes sobre a realidade social do Nordeste, comparada com a do Sudeste, região mais industrializada do país, e com a média do país.

Este dados permitem que sejam feitas, a partir deles, algumas constatações sobre a trajetória do Nordeste relativamente à do país e à de sua região mais industrializada:

a) em primeiro lugar, cabe enfatizar a constatação de que o Nordeste registrou melhoria contínua nos seus indicadores mais usuais, acompanhando a trajetória similar que ocorria no país e no Sudeste (bem como nas demais regiões brasileiras); registre-se que, para alguns dos indicadores, principalmente esses que constituem as dimensões a partir das quais é definido o IDH (Índice de Desenvolvimento Humano), revelava uma melhoria um pouco mais intensa no Nordeste que na média nacional;

b) embora isto signifique aspectos relevantes que confirmam o que têm apresentado alguns estudos que exami-

Tabela 3
Brasil, Nordeste e Sudeste:
Indicadores Sociais Selecionados – 1970-1996

INDICADORES	1970	1980	1991	1995	1996
Índice de Desenvolvimento Humano (IDH)					
Nordeste	0,299	0,483	0,557	0,596	0,608
Sudeste	0,620	0,795	0,832	0,853	0,857
Brasil	0,494	0,734	0,787	0,817	0,848
Esperança de Vida ao Nascer (Anos)					
Nordeste	44,38	57,67	62,71	64,10	64,46
Sudeste	56,89	64,26	67,71	68,59	68,82
Brasil	52,67	61,76	66,13	67,28	67,58
Taxa de Alfabetização de Adultos (%)					
Nordeste	46,1	54,1	63,5	69,5	71,3
Sudeste	77,1	83,5	88,2	90,7	91,1
Brasil	67,0	74,4	80,6	84,4	85,3
PIB *per capita* (US$ PPC)					
Nordeste	868	2.021	2.360	2.905	3.085
Sudeste	3.472	6.981	6.972	7.956	8.843
Brasil	2.315	4.882	5.023	5.986	6.491

Fonte: PNUD e IPEA.

nam as tendências das economias regionais brasileiras a respeito da convergência dos estados e regiões brasileiras no que se refere à renda, as distâncias entre os níveis obtidos pelo Nordeste, a média do país e sobretudo do Sudeste (e Sul) são, ainda, gritantes;

c) neste particular, não obstante o fato de que todos os estados nordestinos, sem exceção, tenham superado, em termos médios, de acordo com os critérios adotados pelo PNUD, a barreira da situação considerada de baixo desenvolvimento humano (índice de 0 a 0,5), cerca de quatro estados, entre os nove da região, em 1996, encontravam-se próximos do intervalo superior desse patamar: Maranhão (0,547), Piauí (0,534), Paraíba (0,557) e Alagoas (0,538); diferentemente do Ceará (0,59), Rio Grande do Norte (0,668), Pernambuco (0,615), Sergipe (0,731) e Bahia (0,655);

d) com relação a outros indicadores, as diferenças são marcantes quando se compara o Nordeste com outras situações; relativamente à taxa de alfabetização de adulto, por exemplo, a média regional, em 1996, é de 71,3%, enquanto a do país é de 85,3%, e a de estados como São Paulo (92,6%), Rio de Janeiro (93,7%) e Rio Grande do Sul (92,8%) é bem mais alta; a média nordestina já era superada pelo Sudeste em 1970 (77,1%);

e) relativamente à mortalidade infantil, enquanto a média brasileira era de 49,9 mortes em mil crianças de menos de um ano nascidas vivas, no Nordeste este número alcançava, em 1991, cerca de 82,5; neste mesmo ano, a mortalidade infantil do Sudeste era de 32,2 e a do Sul de 29; o que os dados produzidos recentemente pelo PNUD e pelo IPEA chamam a atenção, também, é para as diferenças regionais na intensidade da redução da mortalidade infantil, entre 1970 e 1991: o Nordeste conseguiu reduzir esta mortalidade para metade do que fora registrado no primeiro ano (179,2 por mil), enquanto o Sul, que registrara 83,9, e o Sudeste, aproximadamente 93,9, reduziram a cerca de um terço a mortalidade infantil neste intervalo de pouco mais de duas décadas;

f) relativamente ao abastecimento de água e instalações de esgotos, as diferenças são, ainda, muito significativas, de acordo com os dados do *Atlas de Desenvolvimento Humano do Brasil*, elaborado pelo PNUD e IPEA: enquanto o Nordeste registra como adequados, em 1991, 66,5% dos domicílios no tocante a abastecimento de água, a média brasileira é de 83,9% e a do Sudeste é de 93,6%; com relação a instalações de esgotos, o Nordeste registra 34,2%, o Brasil, em seu conjunto, 58,9% e o Sudeste cerca de 75,6%.

Houve avanços mas as distâncias permanecem. E, em alguns aspectos, se ampliaram. Neste particular é importante considerar que, não obstante o fato de que os baixos níveis de renda média possam explicar parte do que ocorre no Nordeste, eles não explicam tudo. É o que se constata quando se compara o nível do produto por habitante do Nordeste com o de países que possuem produto *per capita* menor, mas registram indicadores de condições de vida sensivelmente melhores no tocante a educação, saúde e condições de domicílios. Ou seja, existem seguramente outros determinantes que devem ser considerados quando se pretende explicar o atraso regional em muitos desses aspectos.

Na experiência nordestina recente, não se pode deixar de considerar fatos como o da marginalização nas ações governamentais, que passaram a ser efetivamente executadas com o propósito declarado de desenvolvimento regional, de programas e projetos que visavam transformações importantes nas formas de organização da produção – e em decorrência das relações de trabalho – em áreas estratégicas para a melhoria das condições de vida da população, como as que concentram a agricultura de subsistência do semiárido nordestino e a atividade canavieira na Zona da Mata, no litoral da região. Como se fez referências, essas áreas deveriam, na proposta inicial da estratégia de desenvolvimento da região, ser consideradas prioritárias tanto no sentido de tornar a atividade mais resistente às condições climáticas, como visando o aumento da produtividade da agricultura de sequeiro e a difusão da moderna agricultura irrigada, caso do semiárido; como de diversificar a produção, redefinir a localização da cultura da cana e modernizar os processos produtivos, caso da Zona da Mata. Enfim, as ações voltadas para a reestruturação e reconversão da agricultura de importantes sub-regiões foram postas de lado e poderiam ter impacto significativo nas condições de vida das populações envolvidas nessas atividades. Em decorrência, o semiárido e suas populações, que dependem da atividade agropecuária, continuam tão vulneráveis quanto a quarenta ou cinquenta anos antes, e, nas últimas grandes secas ocorridas, aproximadamente dois a 2,5 milhões de pessoas tiveram que ser alistadas em frente de trabalho, como alternativa de sobrevivência[20]. A atividade sucroalcooleira da Zona da Mata, com produtividade baixa comparativamente à produção de outras regiões brasileiras, vive uma grande crise atual e tenta se sustentar a partir de subsídios e tratamento preferencial[21].

Além disso, a política de desenvolvimento regional, na prática, terminou sendo sobretudo uma política estritamente econômica, sem uma correspondente ação governamental na dimensão social. À ênfase nos estímulos fiscais e financeiros, na ampliação e modernização da infraestrutura de transporte e energia elétrica – que significou, sem dúvida, um tratamento prioritário ao Nordeste –, não correspondeu um tratamento diferencial para a região com relação à educação, saúde, saneamento básico e habitação.

Um terceiro elemento a ser considerado é a desigual distribuição de renda no Nordeste – no quadro mais geral de uma região com nível de renda que ainda pode ser considerado baixo –, ao lado da presença de mecanismos concentradores de renda que alcançam parte relevante dos pequenos produtores diretos, sobretudo no meio rural. No que se refere ao primeiro aspecto, os dados disponíveis revelam que nenhuma das regiões brasileiras possuía, em 1991, um grau de desigualdades igual ou maior que o do Nordeste[22]. Além disso, as informações mostram um crescimento significativo da concentração de renda nessas décadas recentes, mais intenso que o da maior parte das demais regiões brasileiras:

20. Na grande seca de 1958, ano de elaboração da proposta de estratégia de desenvolvimento regional pelo GTDN, foram alistadas nas frentes de trabalho cerca de 550 mil pessoas. Na seca de 1981 cerca de 1,2 milhão, em 1983 aproximadamente 2,8 milhões e em 1993 cerca de 1,9 milhão (Carvalho, 1994b).

21. Ver diagnóstico de trabalho recente editado pela Sudene: Lins et al. (1996).

22. Ver *Atlas do Desenvolvimento Humano do Brasil*, do PNUD e Ipea. O grau de desigualdade (Theil) registrado para o Nordeste foi de 0,78, maior que o do Centro-Oeste (0,70), do Norte (0,72), do Sul (0,63) e do Sudeste (0,67) e igual ao do Brasil, em seu conjunto (0,78).

o grau de desigualdade da região passa de 0,57 (1970), para 0,65 (1980) e, finalmente, para 0,78 (1991), de acordo com o *Altas de Desenvolvimento Humano do Brasil.*

Com respeito aos mecanismos de concentração, ao lado da reconhecida concentração da propriedade rural da região – da qual decorre uma gama muito diversificada de relações de trabalho no campo, associada a formas de arrendamento, de parcerias ou de contratos de trabalho, que tem como resultante principal a transferência da quase totalidade do excedente produzido pelo produtor direto sem-terra para o grande proprietário rural – deve-se acrescentar o sistema de comercialização e de intermediação da produção agrícola regional, sobretudo a do pequeno produtor. Neste particular, a literatura regional sobre o tema assinala o papel perverso que o capital comercial tem exercido na agropecuária regional, notadamente no semiárido, na extração do excedente produzido pelo pequeno produtor não organizado e, por isto mesmo, presa fácil do sistema de intermediação[23]. Cabe lembrar, neste caso, que aproximadamente metade da população rural do Brasil se encontra no Nordeste e que os programas de desenvolvimento rural, muitos dos quais referidos anteriormente e que se desdobraram em várias frentes, não alteraram as bases sobre as quais se sustenta uma agricultura de baixa produtividade. Referindo-se aos resultados concretos desses programas, em seu conjunto, Otamar de Carvalho (1994, p. 26-27) constata:

> As conclusões sugerem que os programas e iniciativas estudados foram importantes pelos objetivos e estratégias de desenvolvimento concebidos. Os programas não puderam ser mais efetivos porque as condições históricas foram desfavoráveis à efetiva participação da sociedade nordestina e dos beneficiários diretos dos programas, especialmente os submetidos às condições de pobreza e

23. Entre os autores que tratam dessa questão cabe fazer referência, entre muitos, a Andrade (1973), Carvalho (1988), Figueroa (1977), Jatobá (1993), Melo (1980) e Pessoa (1990).

miséria. [...] A implementação dos programas e iniciativas estudados não eliminaram a pobreza, mas impediram que esta se ampliasse. Não foram mais eficazes, repita-se, porque as medidas destinadas à democratização do uso da terra foram frágeis ou nulas, mais uma vez pelas dificuldades para que o Estado pudesse estabelecer mecanismos de regulação nesse domínio.

Muitos outros aspectos poderiam ser considerados, além desses. Mas o que se deve reter é que o avanço econômico ocorrido foi seletivo em termos espaciais e setoriais e não eliminou, nem amenizou, os mecanismos de concentração da renda e da propriedade que tradicionalmente a região possuía e que explica parte importante do baixo nível dos seus indicadores sociais. No meio rural, o sucesso da agricultura irrigada em perímetros de irrigação de Pernambuco, Bahia, Rio Grande do Norte e Ceará, embora significativo para o desenvolvimento das economias locais ou de sub-regiões onde se localizam, não tiveram a dimensão capaz de influir na organização da produção e das relações de trabalho no semi árido nordestino, em seu conjunto.

Crise, Globalização, Mudanças Recentes
e Novas Formas de Planejamento

Além das mudanças já mencionadas e que trouxeram implicações relevantes para o sistema de planejamento regional, na forma que havia sido concebido há décadas, outros aspectos em curso estão a exigir novas formas de planejar a ação governamental. A crise econômica, a crise fiscal e financeira do Estado brasileiro e as tentativas de sua reestruturação, a globalização econômica e as novas formas de inserção do país na economia internacional, o processo de descentralização entre as diferentes esferas governamentais, a incorporação de novas questões como da sustentabilidade do desenvolvimento, são temas que terão que ser incorporados nas novas formas de pensar o planejamento em geral e o planejamento regional em particular.

Com relação à crise fiscal e financeira do Estado brasileiro, vale destacar que ele foi obrigado a um ajustamento do qual resultou o surgimento de uma grande dívida interna e a prática de cortes permanentes dos seus gastos, notadamente os voltados para a formação de capital, diante do grande endividamento externo no início dos anos de 1980 e a impossibilidade de continuar a rolagem da dívida junto aos bancos credores. Acrescente-se a isto o grande endividamento público decorrente de algumas das políticas de estabilização, nas quais as altas taxas de juros dos títulos públicos acabaram de comprometer a frágil saúde financeira do setor público, em suas três esferas. Este encolhimento do setor público nacional começou pela esfera federal, a partir dos acordos com os bancos credores, e teve continuidade com o ajustamento das demais esferas. Os cortes permanentes dos gastos, contrapartida para o crescente serviço da dívida pública, implicaram a gradativa retirada do Estado da economia nacional e regional, sobretudo nas regiões menos desenvolvidas, nas quais atuava como o agente econômico indutor de grande parte do seu dinamismo e das transformações e mudanças que ocorreram.

Simultaneamente com a crise fiscal e financeira do setor público (e no contexto de redução dos investimentos públicos), ocorre um processo de descentralização que passa a beneficiar, em termos da distribuição da receita pública, a esfera estadual e municipal, em detrimento da parcela federal. Sobretudo a partir da Constituição de 1988, no contexto da referida crise, os governos municipais passam a ter um peso mais importante no total das receitas e despesas públicas. Isto implica um mudança de rumo, quando se considera que da última reforma tributária, ocorrida nos anos de 1960, sob o regime militar, resultou uma centralização do que, no fundo, significou uma dependência dos governos estaduais e municipais às decisões, recursos e apoio do governo federal. Embora ainda tímida, essa participação dos municípios mostra o surgimento de um "novo" agente na definição e implantação de políticas e programas governamentais, abrindo possibilidade de novos arranjos institucionais no planejamento regional e sub-regional.

Outro tema a ser considerado diz respeito à globalização ou mundialização das economias, inclusive dos países menos industrializados e de suas regiões, num contexto de competitividade extremamente acirrada. A abertura econômica, que passa a fazer parte da pauta de discussão das novas formas de desenvolvimento, de industrialização e de convivência entre os mais diversos e heterogêneos espaços regionais, modifica, significativamente, as perspectivas do desenvolvimento regional e das novas formas de atuação da sociedade e dos governos, neste particular (Boisier, 1996). A necessidade de considerar a questão da competição e a dimensão científica e tecnológica com mais ênfase no planejamento regional torna-se cada vez mais evidente, à medida que a formação dos blocos econômicos, sobretudo o Mercosul (Mercado Comum do Cone Sul), as pressões crescentes para abertura das economias e as propostas de desregulamentação e de ênfase nos mercados tornam-se hegemônicas. Some-se à globalização e à integração internacional das economias, a presença simultânea dos novos paradigmas tecnológicos, que alteram os padrões locacionais e redefinem as formas de articulação dos espaços nacionais.

Para países de dimensão continental e extremamente heterogêneos e desiguais, como o Brasil – e em decorrência para o Nordeste –, a questão da globalização simultânea com o surgimento de novo paradigma tecnológico tem um significado que por vezes escapa a alguns observadores. A inserção do Brasil na economia internacional, num contexto crescente de mundialização dos fluxos de mercadorias e capitais, significa uma mudança extremamente radical na sua estrutura econômica, que é percebida quando se assinala que este país registrou, entre os países subdesenvolvidos (em desenvolvimento ou do Terceiro Mundo), um avanço significativo na sua industrialização, a partir do processo de substituição de importações. Isto significa dizer que, protegendo sua atividade produtiva, o Brasil conseguiu montar uma estrutura industrial muito complexa, na qual estão presentes importantes segmentos voltados para a produção de bens de consumo não duráveis e de bens intermediários, mas, igualmente, de bens de consumo duráveis e de bens de capital. No próprio Nordeste, o seu pequeno avanço na diversificação industrial ocorre a partir da complementação da estrutura produtiva do país, no contexto da substituição de importações vigente na economia nacional, em alguns segmentos industriais restritos, entre eles o de bens de consumo não duráveis e de bens intermediários.

Isto quer dizer, ainda, que a globalização e a abertura econômica, neste quadro de inovações do que decorre o acirramento da competição internacional, significam uma mudança radical na estratégia de desenvolvimento nacional, na qual a exposição maior da sua estrutura produtiva a esta competição e a busca de especialização e de eficiência, neste contexto, passam a ter maior significado. O impacto negativo de uma tal experiência poderá ser tanto maior quanto mais passivas e induzidas, relativamente aos agentes globais, venham a ser as políticas que definem as formas de inserção ou de articulação crescente do país na economia mundial. É neste quadro que se assiste uma redefinição das estratégias de planejamento, tanto nacional quando regional ou sub-regional.

O grande desafio consiste, neste caso, em conceber, estruturar e implantar estratégias e políticas que não somente possibilitem a inserção, com impactos positivos, da economia nacional e regional na economia mundial a partir de novas atividades produtivas, mas em conceber formas e estratégias adequadas de reestruturação das atividades produtivas existentes, tornando-as competitivas e capazes de gerar emprego e renda num contexto de reduzida proteção do mercado interno. O que não pode, evidentemente, ser realizado sem uma política ativa de articulação com o exterior, na qual um projeto nacional de desenvolvimento e de inserção internacional seja absolutamente prioritário. As novas formas de planejamento devem, pois, dar respostas adequadas a questões relativas à elaboração e implantação de estratégias e políticas que permitam aos espaços regionais e sub-regionais articularem-se com a economia mundial, sem contribuir para uma fragmentação da economia nacional e, ademais, de modo vantajoso, através da criação de empregos e do surgimento e consolidação de atividades capazes de competir no mercado internacional e no mercado interno aberto às novas formas de competição.

Cabe fazer referências, também, às novas exigências que emergiram na discussão do planejamento e da gestão pública. Neste particular, deve ser lembrada a crescente exigência de participação no planejamento em seus vários níveis em substituição ao planejamento centralizado, técnico ou tecnocrático, no qual o Estado definia tanto os objetivos como as formas de intervenção e os instrumentos que deveriam ser adotados. No caso nordestino, é conveniente ressaltar que após uma experiência democrática – restringida, é verdade, ao Conselho Deliberativo da Sudene e ao Congresso Nacional – o planejamento não só deixou de contar com a participação de segmentos políticos mais amplos mas passou a ser centralizado, com a redução da participação e da importância das entidades regionais, inclusive da própria Sudene. E isto significou uma experiência de centralização e de ausência de participação de quase vinte anos.

Estreitamente relacionado com estas exigências, não se pode omitir o papel que nas discussões dos temas relevantes da sociedade, no Brasil em seu conjunto e no Nordeste em particular, passam a ter as organizações não governamentais, pressionando não só para a ampliação da discussão do debate mais geral sobre os destinos da sociedade, mas ampliando ainda mais esse debate com a consideração de temas anteriormente desconsiderados ou marginalizados. Esse fato representou um acréscimo importante à presença de sindicatos, associações e partidos políticos que com a redemocratização passam a discutir temas e questões praticamente ausentes durante a vigência do regime militar. De fato, ao lado da ampliação da discussão sobre a problemática social do Nordeste, através da influência das organizações não governamentais, passam a estar presentes discussões sobre o meio ambiente e sobre os impactos do crescimento econômico sobre os ecossistemas. A questão da sustentabilidade do desenvolvimento ou do planejamento sustentável começou a ser incorporada a algumas das experiências relevantes na região. Os movimentos ambientalistas e a mobilização crescente da sociedade em relação à prática predatória no uso da natureza, no desenvolvimento das atividades econômicas, reforçaram a consciência de que novas formas de atuação e novas práticas voltadas para o desenvolvimento econômico e social deveriam ser postas em prática. Assim a dimensão ambiental passa a fazer parte da nova pauta de intervenção governamental e mesmo da sociedade, em seu conjunto.

É neste quadro anteriormente descrito que surgem experiências de planejamento bastante inovadoras, sobretudo na esfera estadual, sub-regional e municipal. Não cabe aqui fazer referência a todas nem a grande parte delas. O importante, no caso, é mencionar a montagem de planos e propostas de estratégias de desenvolvimento sustentável nos estados do Ceará, Rio Grande do Norte, Paraíba, Pernambuco e Bahia[24], nos quais há um destaque para a questão ambiental – que na maioria dos casos surge como política capaz de condicionar todas as ações previstas no plano e na estratégia –, para a questão tecnológica, estreitamente inter-relacionada com a competição e a inserção das economias estaduais na economia nacional e internacional e, em particular, para a dimensão social na qual as condições de vida e o exercício da cidadania estão presentes. Alguns desses planos se desdobraram em programas e projetos sub-regionais, voltados para a diversificação da atividade produtiva, de recuperação ou reconversão da agri-

---

24. O texto antes referido – *Planejando o Desenvolvimento Sustentável: a Experiência Recente do Nordeste do Brasil*, Brasília, IICA, 1998 – faz um balanço dessas experiências, ressalta os procedimentos metodológicos seguidos e registra algumas de suas limitações.

cultura tradicional ou de subsistência, ou ainda para o desenvolvimento da agricultura irrigada, sempre tendo como dimensões relevantes a questão ambiental, social e tecnológica, num quadro de grande competitividade. Estão presentes também, nessas experiências ainda em processo, a necessidade de parcerias entre as diferentes esferas governamentais e com a iniciativa privada e a busca de fontes de financiamento para os programas, levando-se em conta as grandes restrições das fontes governamentais e a crise fiscal e financeira do Estado.

Longe, ainda, de conduzir para uma nova articulação que implique a restauração do planejamento regional, essas experiências, influenciadas em grande parte pelo IICA, por alguns governos estaduais e pelos estudos do Projeto Áridas, que realizou um grande balanço sobre a economia regional, inclusive da perspectiva da sustentabilidade, podem abrir, no futuro, novas formas de condução da questão regional, repensando as omissões e distorções que a experiência anterior, pelas razões apontadas, não pôde corrigir. Não se pode deixar de registrar, neste final, a grande dependência que num quadro de abertura econômica, de globalização, de intensa inovação tecnológica, em uma economia e sociedade desigual e heterogênea como a brasileira, tem (e terá) o planejamento regional relativamente à existência de um projeto nacional de desenvolvimento, que estabeleça e articule as ações parciais e defina prioridades e limites para essa inserção internacional. Uma inserção internacional fragmentada e passiva, na ausência de um projeto nacional que articule e considere as especificidades regionais e sub-regionais, poderá dar lugar ao acirramento das desigualdades espaciais e pessoais e à quebra de significativas cadeias produtivas que foram consolidadas durante décadas em toda economia nacional, no processo recente de integração produtiva inter-regional.

Leonardo Guimarães Neto

Referências Bibliográficas

ALBUQUERQUE, R. C. de. (1997) O Progresso Social do Nordeste: um Balanço de Quase Meio Século. *Revista Econômica do Nordeste*, vol. 28, n. 4, Fortaleza.

ANDRADE, M. C. de. (1973) *A Terra e o Homem no Nordeste*. São Paulo: Brasiliense.

ARAÚJO, T. B. de. (1995) Nordeste, Nordestes, que Nordeste? In: AFFONSO, R. B. A. & SILVA, P. L. B.. *Federalismo no Brasil – Desigualdades Regionais e Desenvolvimento*. São Paulo: Fundap-Unesp.

ARAÚJO, T. B. de et al. (orgs.). (1994) *O GTDN – Da Proposta à Realidade – Ensaios sobre a Questão Regional*. Recife: Ipesp.

BOISIER, S. (1996) La Política Regional en América Latina bajo el Signo de la Globalización. In: *A Política Regional na Era da Globalização*. São Paulo, Debate, Ipea e Fundação Konrad Adenauer.

BRASIL. (1991) Sudene – BNB. *Pesquisa sobre Empresas Incentivadas pelo Sistema 34/18 e/ou Finor (1988)*. Recife: Sudene.

_____. (1990) Sudene – BNB. Nordeste. *Incentivos Fiscais do Nordeste: Avaliação e Sugestões de Aprimoramento*. Recife: Comissão Sudene – BNB.

_____. (1978) Ministério do Interior. Sudene. *Legislação Básica*. Recife:Sudene.

CAMARGO, A. de A. (1981) A Questão Agrária. Crise de Poder e Reforma de Base – 1930-1964. In: *História Geral da Civilização Brasileira*. São Paulo: Difel, tomo III.

CANO, W. (1995) Auge e Inflexão da Desconcentração Econômica Regional. In: AFFONSO, R. de B. Á. & SILVA, P. L. B. S. (orgs.). *A Federação em Perspectivas*. São Paulo: Fundap.

CARVALHO, I. de. (1987) *O Nordeste e o Regime Autoritário – Discurso e Prática do Planejamento Regional*, São Paulo: Hucitec/Sudene.

CARVALHO, O. de. (1994a) *Avaliação dos Programas Regionais*. Brasília: Seplan-PR e IICA. (Versão Preliminar.)

_____. (coord.) (1994b). *Variabilidade Climática e Planejamento da Ação Governamental no Nordeste Semi-árido – Avaliação da Seca de 1993*. Brasília: Seplan – IICA.

_____. (1988) *A Economia Política do Nordeste – Secas, Irrigação e Desenvolvimento*. Rio de Janeiro: Campus.

COHN, A. (1976) *Crise Regional e Planejamento*. São Paulo: Perspectiva.

DINIZ, C. C. (1995) *A Dinâmica Regional Recente da Economia Brasileira e suas Perspectivas*. Brasília: Ipea. (Texto para Discussão n. 375)

FIGUEROA, M. (1977) *O Problema Agrário no Nordeste do Brasil*. Recife: Hucitec/Sudene.

FURTADO, C. (1989) *A Fantasia Desfeita*. Rio de Janeiro: Paz e Terra.

_____. (1962) *A Pré-Revolução Brasileira*. Rio de Janeiro: Fundo de Cultura.

_____. (1960) *Operação Nordeste*. Rio de Janeiro: Iseb.

GALVÃO, A. C. (1987) *O Capital Oligopólico em Marcha sobre a Periferia Nordestina*. São Paulo: USP (Tese de Mestrado).

GOMES, G. M. & VERGULINO, J. R. (1995) *A Macroeconomia do Desenvolvimento Nordestino: 1960/1994*. Brasília: Ipea. (Texto para Discussão n. 372)

GTDN – Grupo de Trabalho para o Desenvolvimento do Nordeste. (1967) *Uma Política de Desenvolvimento Econômico para o Nordeste*. 2. ed. Recife: Sudene. (A primeira edição, publicada pela Imprensa Oficial, é de 1959.)

GUIMARÃES NETO, L. (1997) Desigualdades e Políticas Regionais no Brasil: Caminhos e Descaminhos. *Planejamento e Políticas Públicas*, n. 15.

_____. (1989) *Introdução à Formação Econômica do Nordeste*. Recife: Fundaj/Massangana.

GUIMARÃES NETO, L. & GALINDO, O. (1992) Quem Controla o que na Indústria Incentivada no Nordeste? In: Anpec, Anais do XX Encontro Nacional de Economia, Campos de Jordão: Anpec.

HIRSHMAN, A. O. (1965) *Política Econômica na América Latina*. Rio de Janeiro: Fundo de Cultura.

IANNI, O. (1984) As Ligas Camponesas e a Criação da Sudene. *Origens Agrárias do Estado Brasileiro*. São Paulo: Brasiliense.

JATOBÁ, J. (1993) *Rural Poverty in Brazil's Northeast. A Report for the World Bank*. Recife. (mimeo.)

LIMA, P. (1993) Economia do Nordeste: Tendências Recentes das Áreas Dinâmicas. In: ANPEC. *Anais do XXI Encontro Nacional de Economia*. Belo Horizonte.

LIMA, P. & KATZ, Fred. (1993) Inovações Tecnológicas e Desenvolvimento na Periferia: Estudos de Casos no Nordeste Brasileiro. *Revista Pernambucana de Desenvolvimento*, vol. 14, n. 1/2, Recife.

LINS, C. J. C. et al. (1996) *Programa de Ação para o Desenvolvimento da Zona da Mata do Nordeste*. Recife: Sudene-DPG-SER.

MAGALHÃES, A. R. (1983) *Industrialização e Desenvolvimento Regional: a Nova Indústria do Nordeste*. Brasília: Ipea/Iplan.

MAGALHÃES, A. R.; BEZERRA NETO, E.; PANAGIDES, S.; MIRANDA, C. & BRESSAN, S. R. (1994) *Uma Estratégia para o Desenvolvimento Sustentável do Nordeste. Documento Final de Trabalho*. Brasília: Áridas.

MELO, M. L. de. (1980) *Os Agrestes: Estudo dos Espaços Nordestinos do Sistema Gado-Policultura de Uso dos Recursos*. Recife: Sudene.

MOREIRA, R. (1967) *Una Política de Industrialización. El Nordeste Brasileño*. Buenos Aires: Siap-Planteos.

OLIVEIRA, F. de. (1990) A Metamorfose da Arribação – Fundo Público e Regulação Autoritária na Expansão Econômica do Nordeste. *Novos Estudos Cebrap*. São Paulo.

_____. (1977) *Elegia para uma Re(li)gião*. São Paulo: Paz e Terra.

PACHECO, C. A. (1996) Desconcentração Econômica e Fragmentação da Economia Nacional. *Economia e Sociedade*. Campinas: IE/Unicamp.

PAGE, J. (1972) *A Revolução que Nunca Houve – O Nordeste do Brasil 1955-1964*. Rio de Janeiro: Record.

PESSOA, D. (1990) *Espaço Rural e Pobreza no Nordeste do Brasil*. Recife: Massangana/Fundaj.

PIMES-UFPE. (1984) *Desigualdades Regionais no Desenvolvimento Brasileiro.* 4 volumes. Recife: Sudene.

SOARES, A. (org.). (1998) *Orçamento dos Municípios no Nordeste Brasileiro.* Brasília: Centro Josué de Castro/Paralelo 15.

PLANEJAMENTO E POLÍTICAS PÚBLICAS NA AMAZÔNIA: AS EXPERIÊNCIAS DA SUDAM E SUFRAMA

Introdução

Após a Crise da Borracha em 1912, a Amazônia atravessa um longo período de estagnação econômica. Somente com a Constituição de 1946, através do Artigo n. 199, é destinado 3% da Renda Tributária Nacional para investimentos na região Norte. O papel do Estado se fazia mais do que necessário, em se tratando de região pouco povoada, com menos de um habitante por quilômetro quadrado, com grandes distâncias territoriais, além de baixa participação (4,2%) no PIB (Produto Interno Bruto) brasileiro e outros dados alarmantes no que tange à qualidade de vida da população. Pouquíssimas cidades possuem serviços de abastecimento de água em funcionamento, visto que o saneamento básico é precário em quase todas as capitais, à exceção de Macapá, além de grandes endemias como varíola, febre tifoide, leishmaniose, entre outras. Urgia, pois, a ação governamental na reversão desse quadro. Assim, as mudanças que fossem processadas visando diminuir as disparidades regionais só surtiriam o efeito desejado a partir do papel indutor do Estado, criando organismos regionais, liberando recursos e interferindo no livre jogo do mercado, minimizando a situação existente, a exemplo da Superintendência do Plano de Valorização Econômica da Amazônia (SPVEA), posteriormente Superintendência de Desenvolvimento da Amazônia (Sudam), e de seu planejamento para a Amazônia e da Superintendência da Zona Franca de Manaus (Suframa) em relação à Zona Franca de Manaus.

A Primeira Experiência de Planejamento Público na Amazônia – SPVEA

Em 6 de janeiro de 1953, a Lei n. 1804 cria a Superintendência do Plano de Valorização Econômica da Amazônia, gerando novas perspectivas para a região. A União passa a intervir diretamente através de um instrumento desenvolvimentista, dando condições objetivas para o soerguimento socioeconômico de forma duradoura e eficaz, atendendo aos pleitos regionais e fazendo justiça a uma região que em muito havia contribuído com o país no período áureo do extrativismo da borracha e também da Segunda Guerra Mundial, fornecendo matéria-prima estratégica às nações aliadas. A SPVEA, que atua em nove unidades da federação[1], abrangendo uma área de 1.451 mil km^2, buscou, através de suas estratégias de planejamento contidas inicialmente no Plano

---

1. As unidades que compõem a SPVEA são: estados do Amazonas e Pará, Goiás (grande parte dos vales do Tocantins e Araguaia), do Mato Grosso (vale dos rios Guaporé, Paraguai, Teles Pires, Juruena e Xingu) e Maranhão (vertente do Tocantins), além dos territórios do Acre, Amapá, Guaporé (atual estado de Rondônia) e Rio Branco (atual estado de Roraima).

de Emergência (1954) e, posteriormente, no Primeiro Plano Quinquenal (1955-1960), aplicar recursos em setores considerados prioritários, de saúde a transportes e comunicações, propiciando novas condições infraestruturais para a região, colocando bases para um crescimento duradouro, autossustentável no longo prazo, compatível com a necessidade e realidade amazônica.

> Com objetivos gerais de assegurar à ocupação da Amazônia um sentido brasileiro, construir na Amazônia uma sociedade economicamente estável e progressista capaz de, com seus próprios recursos, prover a execução de suas tarefas sociais e desenvolver a Amazônia num sentido paralelo e complementar ao da economia brasileira (SPVEA, 1954, p.7),

nasce a SPVEA, abrindo um novo horizonte na perspectiva de um planejamento regional, cuja Política de Valorização Econômica da Amazônia no contexto da economia nacional visa os seguintes objetivos:

a) criar na Amazônia uma produção de alimentos pelo menos equivalente às suas necessidades de consumo;
b) completar a economia brasileira, produzindo na Amazônia, no limite de suas possibilidades, matérias-primas e produtos alimentares importados pelo país;
c) promover a exploração das riquezas energéticas e minerais da região;
d) desenvolver a exploração de matérias-primas regionais;
e) converter, gradualmente, a economia extrativa, praticada na floresta, e comercial, praticada nas cidades, em economia agrícola e industrial;
f) estimular a criação da riqueza e a sua movimentação através de sistemas de crédito e transportes adequados;
g) elevar o nível de vida e de cultura técnica e política de sua população (idem, p. 8).

As premissas que norteavam a valorização econômica da Amazônia em relação ao Brasil surgiam da necessidade de uma política nacional de desenvolvimento econômico. Como acentua Myrdal (1965, p. 125),

todos admitem que cabe ao Estado a responsabilidade não só de iniciar o plano global, como de controlar-lhe a execução. De certo modo, o plano é um programa estratégico do Governo Nacional para a aplicação de um sistema de interferências estatais no jogo das forças do mercado, condicionando-as de tal modo que exerçam pressão ascendente sobre o processo social.

O Programa de Emergência (1954)

O Programa de Emergência, que vigora durante o ano de 1954, tem por objetivos:

a) continuação das obras e serviços que forem partes necessariamente integrantes do plano, iniciados e mantidos com verbas da Valorização Econômica da Amazônia;
b) os projetos e empreendimentos de natureza urgente e os estudos preparatórios para a organização definitiva do Plano de Valorização Econômica da Amazônia.

Abrangendo as áreas de desenvolvimento agropecuário, transportes, comunicações e energia, desenvolvimento cultural, recursos naturais e saúde, a programação orçamentária ficou assim organizada:

Tabela 1
Amazônia
Programa de Emergência e Sua Aplicação por Setores – 1954

SETORES	VALOR Cr$ 1.000	%
Investimentos	40.000	12,2
(Despesas Administrativas)	- -	- -
Desenvolv. Agropecuário	65.820	19,9
Transp. Comunic. e Energia	85.760	25,9
Desenvolvimento Cultural	20.000	6,1
Recursos Naturais	33.460	10,2
Saúde		
TOTAL GERAL	330.000	100,0

Fonte: Programa de Emergência (1954, p. 9).

Conforme a Tabela 1, os setores mais beneficiados com o plano de emergência foram transportes, comunicação, energia e saúde, utilizando 50% do montante destinado, demonstrando uma preocupação dos planejadores regionais em dar melhor condição de vida ao homem amazônico com investimentos na saúde e propiciar a alavancagem da região com investimentos na infraestrutura básica nos setores como transportes, comunicação e energia.

Para uma programação de emergência, que compreende os trabalhos a serem executados em 1954, o Congresso Nacional, ao organizar o orçamento da Superintendência do Plano de Valorização Econômica da Amazônia, reservou a importância de Cr$ 1.134.121.000,00, da qual distribuiu em consignações diversas um total de Cr$ 834.121.000,00, reservando a importância de Cr$ 300.000.000,00 para ser aplicada pela Superintendência em um programa de Emergência a ser elaborado pela Comissão de Planejamento. A essa importância soma-se a quantia de Cr$ 30.000.000,00, resultante da contribuição de estados e municípios da área amazônica na proporção de 3% sobre o valor de sua renda tributária, conforme levantamentos feitos, resultando num total de Cr$ 330.000.000,00 [...] (SPVEA, 1954, p.7),

ou R$ 22,3 milhões. No seu primeiro ano de funcionamento, a SPVEA já começa a padecer de ingerências externas como o interesse político na liberação dos recursos, que afetam a credibilidade do órgão enquanto gestor e executor de uma política global para a região, comprometendo o primeiro grande passo da SPVEA na busca da retomada do desenvolvimento socioeconômico da Amazônia. Além disso, transformar a realidade existente exige contar com o fator tempo, condição necessária para a implantação do planejamento de longo alcance. O Programa de Emergência foi uma providência preliminar e de pequena envergadura, pois ficou caracterizado como elemento de transição entre o regime de obras e serviços que vinham se realizando dentro dos parcos recursos do orçamento regular da União que não atendiam os reclamos regionais.

O i Plano Quinquenal (1955-1960)

A spvea, ao executar o Programa de Emergência, direciona seus esforços na elaboração do i Plano Quinquenal, concluído num prazo pouco superior a cinco meses, dificultando um planejamento racional, admitindo-se ajustes no plano à medida que fosse executado, aplicando-lhe mecanismos de revisão periódica, que seriam desenvolvidos em programas determinados, com embasamento técnico e econômico, utilizando-se de dotações anuais. A premissa inicial repousava na modalidade de ocupação territorial que a Amazônia registrava, correspondente a 59,44% da superfície do Brasil, com uma densidade demográfica de apenas 0,7 hab./km^2 em 1950. A indústria extrativa se caracterizava como uma atividade temporária, não determinante da fixação do homem na região, dispersando a população, com profundos reflexos negativos no padrão de vida e na produtividade da mão de obra.

Não haveria possibilidade, com os recursos previstos, de organizar programas que abrangessem o território total compreendido na área de atuação da spvea, sendo o mais factível reforçar a centralização do povoamento, utilizando-se como fator o sistema hidrográfico e as vias naturais de comunicação, restringindo-se a quantidade de áreas que por suas condições permitissem em tempo hábil o retorno para os volumes de investimentos feitos, ou por exigência de política nacional, e merecessem especial atenção no esforço de recuperação, não significando o abandono de áreas não selecionadas. Os núcleos pioneiros realizariam a longo prazo a recuperação das áreas não desenvolvidas. À medida que forem conhecidas as peculiaridades do interior amazônico, os planos quinquenais sucessivos irão incorporando novas áreas às anteriormente selecionadas (spvea, 1960, p. 29).

Contudo, a limitação não era exclusivamente financeira. A Amazônia possuía um meio físico conhecido imperfeitamente e os estudos efetuados não possuíam um caráter sistemático. Sua heterogeneidade fisiográfica e o desconhecimento científico da região, além da escassez de pessoal qualificado, dificultam a atuação global da spvea, sendo escolhidas inicialmente 28 áreas de desenvolvimento prioritário na região.

A escolha dessas áreas se constituiu a partir de dois critérios básicos, o econômico e o político, tendo ambos uma relação de complementaridade, ficando assim caracterizado:

a) *Econômico*: zonas com população densa; zonas circunjacentes a núcleos urbanos importantes; zonas onde existam dificuldades especiais de transporte; zonas com bons ou medianos solos agrícolas; zonas onde as condições naturais permitam uma evolução industrial; zonas marginais de estradas de ferro; zonas em condições particularmente favoráveis à criação de gado;

b) *Político*: zonas de fronteira onde termina a navegação de primeira linha, com populações ativas a montante; zonas limítrofes com o Sul e o Nordeste do Brasil e por onde avança uma penetração pioneira (idem, p. 31).

Foi estabelecida a aplicação de recursos por setores prioritários: agricultura, recursos naturais, transportes, comunicação, crédito e comércio, saúde, desenvolvimento cultural e administração. Para execução global da política orçamentária prevista, a spvea, no período 1955-1960, apresentou o dispêndio global visualizado na Tabela 2.

A Tabela 2, relativa às correlações entre previsão e execução orçamentária, demonstra que a spvea, em todos os setores, com o não recebimento dos valores previstos, é extremamente prejudicada, sendo mais atingidas, com grandes defasagens, as áreas de desenvolvimento cultural (49,6%), prodção agrícola (40,5%) e recursos naturais (39,9%), sendo que os demais setores também sofrem restrições como o de créditos e participações (36%), energia (34,5%), saúde (33,2%) e transportes (28%). O setor de transportes é o que apresenta menor percentual de não repasses, face à construção da rodovia Belém-Brasília que,

Tabela 2
Amazônia
SPVEA – Dispêndio Global por Setores
Correlação entre Previsão e Execução Orçamentária
1955-1960

Cr$ milhões

PREVISÃO ORÇAMENTÁRIA						
– SETORES –	1955	1956	1957	1958	1959	1960
Desenv. Cultural	131,5	114,7	140,9	225,2	227,6	260,9
Prod. Agrícola	175,2	274,1	321,6	368,5	300,3	352,3
Rec. Naturais	79,9	99,6	171,0	120,4	64,3	126,7
Cred./Particip.	187,9	444,6	788,4	804,9	754,2	1.310,7
Energia	334,7	87,8	226,8	200,1	278,8	334,5
Saúde	305,2	357,1	559,0	604,6	558,3	577,3
Transp./Comum.*	239,2	391,3	666,0	898,0	1.700,7	146,2
EXECUÇÃO ORÇAMENTÁRIA						
Desenv. Cultural	79,2	65,7	74,9	141,6	74,6	120,3
Prod. Agrícola	143,5	183,8	170,6	205,3	121,8	241,9
Rec. Naturais	71,9	74,1	76,7	81,6	23,2	70,7
Cred./Particip.	150,5	367,3	520,3	563,9	418,8	721,3
Energia	241,7	69,5	132,1	107,7	119,1	209,7
Saúde	247,5	278,0	341,1	432,3	266,4	414,2
Transp./Comum.*	146,2	287,0	423,4	562,7	567,1	853,6

* Se computados os serviços na BR-14.
Fonte: Política de Desenvolvimento da Amazônia, SPVEA (1954 e 1960, vol. I, p. 71-83).

estando inserida dentro do Plano de Metas do Governo Juscelino Kubitschek, recebe considerável volume de recursos. Muitos dos programas foram prejudicados pela limitação e atrasos no recebimento de recursos, deixando a SPVEA de receber Cr$ 4.098,7 milhões, que lhe são constitucionalmente destinados, no período 1955-1960, representando perdas de 22% sobre o valor total a ser recebido. Apesar de todas as dificuldades e atropelos, é inegável o impacto da aplicação do Fundo de Valorização Econômica da Amazônia, com recursos da ordem de Cr$ 13,8 bilhões em seis anos, alterando em muito os seus traços essenciais na perspectiva de corrigir os problemas antigos e crônicos. Dentro dessa programação, o Amazonas absorve Cr$ 597,1 milhões em créditos e participações (13%), Cr$ 475,1 milhões para saúde, (31%) e Cr$ 449,1 milhões em energia elétrica (30%), situando-se estes entre os setores que utilizam maior volume de recursos.

As Modalidades de Créditos do Plano Quinquenal

Uma das principais metas do Plano Quinquenal foi a implantação de novos sistemas de crédito, permitindo acesso ao financiamento por todos aqueles que pudessem dispor, pois até então somente os "aviadores"[2] eram beneficiados. A nova Política de Crédito e Investimento do Plano Quinquenal estabelecia os seguintes critérios:

a) a aplicação dos fundos teria que obedecer rigorosamente à seletividade, em termos de produtividade econômica e social do empréstimo;
b) rigorosa previsão do resgate do empréstimo;
c) cobertura bancária normal, expressa em garantias razoáveis do crédito tomado;
d) a taxa de juros seria sempre reduzida, oscilando entre o máximo de 4% e o mínimo de 2%, e os prazos de resgates fixados conforme a natureza do crédito.

---

2. Intermediários que abasteciam os seringalistas e outros extratores com gêneros alimentícios, ferramentas, utensílios e, em escala complementar, com dinheiro, mediante o compromisso de entrega da produção, lucrando no superfaturamento dos gêneros necessários e no subfaturamento na recepção dos produtos. As casas aviadoras só terminam efetivamente com o declínio irremediável do extrativismo. Mesmo existindo várias "casas aviadoras", em função da escassez de capital e da dificuldade de abastecimento dos distantes seringais e do encarecimento da produção, funcionaram na prática, em relação a seus "aviados", como monopsonistas e monopolistas.

Esse critério levou em conta que o capital da SPVEA é estatal, não sujeito às exigências da remuneração especulativa, e que seu emprego responde pela criação de novas fontes de riqueza (SPVEA, 1960, p. 89). Todo esse esforço teve por finalidade desenvolver o incipiente sistema de crédito bancário e estimular o capital privado a investir em atividades produtivas. Para tanto, teve como referência os setores considerados prioritários no Plano Quinquenal, além de criar duas modalidades de crédito: a interna e a externa. Na modalidade interna, existiam duas sistemáticas. A primeira é caracterizada pela aplicação na forma de financiamento direto e abrangeu

operações de crédito às indústrias de manifesta utilidade regional, inclusive artesanato; ao aproveitamento dos recursos naturais com vistas à industrialização local; à melhoria dos meios de transporte fluvial e aéreo na região e entre esta e o resto do país; à aquisição de utensílios, ferramentas e equipamentos destinados à melhoria e ao aumento da produção em geral; à construção de silos e armazéns, cômodos de expurgo e frigoríficos destinados à guarda, classificação, escoamento regular e armazenagem dos produtos regionais de consumo e exportação. Alguns financiamentos se destinaram às atividades na lavoura e na pecuária (idem, p. 90).

A segunda modalidade de crédito interno caracteriza-se pela participação no capital das empresas, independente de sua natureza pública ou privada. A modalidade externa caracterizava-se por financiamentos que eram viabilizados através do Fundo de Fomento à Produção, cuja operacionalização é executada pelo Banco de Crédito da Amazônia. Os financiamentos concedidos pela SPVEA durante o I Plano Quinquenal ficaram alocados conforme a Tabela 3.

Tabela 3
Amazônia
Financiamentos concedidos pela SPVEA
1955-1960

SETORES	MONTANTE DE CRÉDITO (CR$ MILHÕES)	PARTICIPAÇÃO RELATIVA %
Pecuária	15,9	1,3
Agricultura	15,0	1,3
Ind. não Especificados	74,8	6,3
Ind. de Cimento	107,0	9,0
Ind. de Ref. de Petróleo	48,0	4,0
Ind. de Papel	8,8	1,0
Ind. de Pesca e Frigorif.	148,8	12,6
Ind. Têxtil	105,5	8,9
Melhoramento Transp.	83,7	7,0
Energia Elétrica	577,7	48,6
TOTAL	1.185,2	100,0

Fonte: Política de Desenvolvimento da Amazônia, SPVEA (1954 e 1960, vol. VI, p. 90).

Dentre os recursos aplicados, o setor elétrico aparece como o maior, absorvendo 48,6% dos recursos, seguido da indústria de pesca e frigoríficos, que retém 12,6%. Em menor grau aparece a indústria de cimento, têxteis e o setor de transportes, e com diminuta participação aparecem as indústrias de papel, os setores de lavoura e pecuária e a indústria de refinação de petróleo, que isoladamente possui grande significação no estado do Amazonas.

*A Zona Franca de Manaus (ZFM)
e sua Fase Preliminar – 1957-1966*

Dando prosseguimento aos esforços de Valorização Econômica da Amazônia, surge a Zona Franca de Manaus neste período. Com a entrada em funcionamento da Refinaria de Manaus, em 1956, que movimentava Cr$ 1,5 bilhão por ano, além de empregar seiscentas pessoas, evidenciou-se a carência na oferta de produtos de consumo e matérias-primas industriais, principalmente por fatores econômicos, como o elevado custo dos transportes, que desestimulavam o comércio regular. Visando amenizar esse problema, o deputado federal pelo Amazonas, Francisco Pereira da Silva, apresenta o Projeto n. 1310/51, que posteriormente se transforma na Lei n. 3173, de 6 de julho de 1957, que cria a Zona Franca de Manaus (ZFM), com objetivo de

armazenamento ou depósito, guarda, conservação, beneficiamento e retirada de mercadorias, artigos e produtos de qualquer natureza, provenientes do estrangeiro e destinados ao consumo interno da Amazônia, como dos países interessados, limítrofes do Brasil ou que sejam banhados por águas tributárias do rio Amazonas (D'Almeida, 1982, p. 59).

A lei visa tornar a ZFM um instrumento de melhor circulação de bens, com vantagens cambiais, isto é, retenção de moeda pelo exportador, e eliminar o fluxo de contrabando que existia na região amazônica.

Na realidade a criação da Zona Franca de Manaus procurou corrigir uma situação impossível de se sustentar: a Amazônia brasileira está atualmente rodeada de portos livres ou de legislação especial protetora, destacando-se a posição dos portos de Pajamarioba (Guiana Holandesa), Iquitos (Peru) e Letícia (Colômbia), cujas áreas se desenvolveram mais às expensas do Brasil do que de seus próprios recursos. A Zona Franca de Manaus tem uma posição geográfica ideal para anular essa repercussão negativa dos portos livres estrangeiros e colocar o Brasil como centro das atenções comerciais dos países amazônicos, pois as perspectivas são amplas no setor de petróleo bruto e refinado, sobretudo quanto à Bolívia e ao Peru (Capes, 1959, p. 109).

Mesmo se constituindo uma iniciativa arrojada para a época (1957), a ZFM só veio a ser regulamentada pelo Decreto n. 47757, de 2 de fevereiro de 1960, após três anos.

Contudo, providências como a demarcação de sua área não foram realizadas, reduzindo a ZFM, até 1967, a um armazém do cais do Porto de Manaus, sendo mero entreposto comercial e não surtindo os efeitos desejados.

O Fim da SPVEA

Após o I Plano Quinquenal, a SPVEA inicia a década de 1960 com uma estimativa orçamentária para o quinquênio de Cr$ 45,5 bilhões. Em termos nominais, a programação orçamentária da SPVEA no período 1961-1965 apresenta crescimento, o que não acontece em termos reais, com gradativa redução de recursos, trazendo prejuízos à atuação do órgão na região e sinalizando o esgotamento do modelo. A Lei n. 4216, de 6 de maio de 1963, estende à Amazônia os benefícios da Lei n. 3995, de 14 de dezembro de 1961, que concedia incentivos fiscais à Sudene, permitindo a empresas nacionais deduções do Imposto de Renda e adicionais de até 50% para aplicação em projetos industriais aprovados para a região. Tal modelo é baseado na experiência da política de desenvolvimento regional no sul da Itália (Castro, 1971). Esse reordenamento representa o início do "Ciclo dos Incentivos" na Amazônia, baseado na Política de Incentivos Fiscais na região, e desperta o entusiasmo do setor privado

pois, antes disso, os financiamentos da SPVEA a empresas privadas eram processados mediante pagamento de juros (taxa oficial) e garantias reais, com Escritura Pública de Confissão de Dívida em Cartório (Ferreira, 1989, p. 45),

o que limita a ação do empreendedor na região. Ainda em 1963, a Lei n. 4239, de 27 de junho de 1963, estendia igual direito a todas as pessoas jurídicas para inversão em projetos industriais e agrícolas.

Essa sistemática, que passou a vigorar no Nordeste, conduzia anteriormente a perdas consideráveis para a Amazônia, pois, tolhidas pela legislação, as empresas de capital estrangeiro ou mistas instaladas na Amazônia Legal eram forçadas a aplicar as suas deduções do Imposto de Renda na área da Sudene, ou abrir mão do benefício fiscal em favor do governo (idem, p. 45).

As mudanças políticas, econômicas e institucionais ocorridas após 1964 conduzem a um novo redirecionamento da política voltada para a Amazônia. A Emenda Constitucional n. 18, de 1º de dezembro 1965, estende para a Amazônia todas as vantagens e benefícios utilizados pelo Nordeste, propiciando a ambas as regiões as mesmas vantagens comparativas. Nesse período, a SPVEA continua a apresentar problemas na execução orçamentária, conforme a Tabela 4.

A desfiguração entre previsão e execução orçamentária constitui-se em enorme obstáculo à consecução dos objetivos previstos. Todavia, a SPVEA não consegue realizar suas metas face também a outros problemas como: dificuldade de engajar pessoal técnico experimentado, conflitos com o Dasp (Departamento Administrativo do Serviço Público), que interferia alterando a orçamentação elaborada à revelia da SPVEA, e desacordos com o Congresso Nacional, que substituía os critérios técnicos por políticos na alocação dos recursos. Por outro lado,

na Amazônia, especialmente, a acumulação se realiza precária e lentamente, porque o fator capital é o mais escasso dos fatores produtivos (como, de resto, embora em escala menor, nas outras áreas do país) (SPVEA, 1960, p. 225).

A renda territorial anual é baixa porque as atividades produtivas têm bases materiais e institucionais anacrônicas, e a poupança regional para investimentos sofre influência negativa de dois fenômenos:

a) parcela substancial da produção e do consumo ocorre fora do mercado, com a renda em regime não monetário;

Tabela 4
Amazônia
Previsão x Execução Orçamentária da SPVEA
1960-1967

Cr$ 1.000

ANO	Prev. Fundo Const.	Execução Orçam.	Dif. Orçam. e Exec.	Exec./ Prev. %
1960	4.889,4	4.205,4	689,0	86,0
1961	4.457,7	3.885,4	1.572,3	71,2
1962	7.599,9	4.349,4	3.250,5	57,2
1963	12.174,5	7.604,0	4.570,5	62,4
1964	26.470,9	18.534,6	7.936,3	70,0
1965	26.359,4	21.047,5	5.311,9	79,5
1966	56.300,0	45.585,8	7.714,2	80,9
1967	81.627,5	23.823,3	57.804,2	29,2

Fonte: *Problemática da Amazônia*, Rio de Janeiro, p. 75.

b) o balanço de contas entre a região e o resto do país é negativo, exprimindo a tendência de saída líquida de capitais, o que limita o esforço cumulativo.

A Reformulação das Políticas Públicas na Amazônia

Em julho de 1965, quando da visita do presidente Castelo Branco a Manaus, o governo do estado do Amazonas encaminha reivindicações ao governo federal para que a ZFM seja dotada de três requisitos essenciais:

a) concessão urgente de uma base física para este órgão federal poder cumprir com eficácia sua finalidade em Manaus, abandonando o seu acanhado depósito, alugado à Manaus Harbour Limited;

b) desvinculação parcial da Zona Franca de Manaus do orçamento da SPVEA, nesta fase de implantação, passando a receber seus recursos do Ministério da Fazenda, no tocante às despesas de custeio, ficando essa superintendência com a responsabilidade das despesas de capital;

c) reformulação da legislação da Zona Franca pois, nos moldes atuais, esta instituição nada mais representa do que mero depósito de mercadorias (Codeama, 1966, p. 7).

As três solicitações versam sobre a ZFM que, mesmo apresentando problemas na sua operacionalização, representa uma alternativa potencialmente viável para alavancar a economia que padecia pela ausência de um modelo de crescimento econômico diretamente relacionado à realidade amazonense. É criado, em 15 de julho de 1965, um Grupo de Trabalho encarregado de elaborar os anteprojetos de lei de reformulação da política de valorização econômica da Amazônia, o qual visita os estados amazônicos em busca de sugestões. Manaus apresenta duas reivindicações: a reformulação da Lei n. 1806 que cria a SPVEA, transformando-a numa empresa estatal, e a reformulação da Zona Franca de Manaus, tendo como base as sugestões apresentadas ao presidente da República em julho de 1965.

Sob essa nova ótica, a

principal finalidade da ZFM, do ponto de vista nacional, completa-se com a execução de uma política econômica pan-amazônica, enquanto que, olhada pelo ângulo do interesse local, proporcionaria o desenvolvimento industrial pela soma de incentivos que poderá receber, devendo, portanto, ser reformulada, também como empresa estatal e não como órgão público (idem, p. 22),

permitindo maior autonomia na execução da política regional. A Operação Amazônia foi lançada em 1º de fevereiro de 1966, em Macapá, com a presença de governadores e ministros. Na ocasião, o presidente Castelo Branco assim se pronunciava:

Daí estar colocado no primeiro plano das preocupações do governo o fortalecimento econômico da região, a sua ocupação racional, o fortalecimento das suas áreas de fronteira e a integração do espaço amazônico no todo nacional. Com esse propósito, estuda-se completa reformulação da política nacional até agora seguida e que deverá ser mudada de acordo com a experiência dolorosamente acumulada (Sudam, 1966, p. 22).

A solidificação da política de incentivos fiscais, além de ser embasada no campo econômico, também orienta-se no aspecto geopolítico na perspectiva de atrair as correntes migratórias do Nordeste e também investimentos nacionais e estrangeiros, além de visar incrementar o mercado regional, oferecendo solução conjunta aos problemas da Amazônia e do Centro-Sul. No bojo da nova política regional, a primeira mudança ocorre com a Lei n. 5122, de 28 de agosto de 1966, que transforma o Banco de Crédito da Amazônia s.a. (bca) em Banco da Amazônia s.a. (basa), cujas atribuições são: efetivar operações bancárias em todas as modalidades, executar a política do governo federal relativa ao crédito na região, exercer função de agente financeiro da spvea para aplicação de recursos mobilizados interna ou externamente, de acordo com a legislação em vigor.

A segunda mudança ocorre logo após, com a Lei n. 5173, de 27 de outubro de 1966, que dispõe sobre o Plano de Valorização Econômica da Amazônia, extinguindo a spvea e criando a Sudam. A Lei n. 5174, de 22 de outubro de 1966, dispõe sobre a concessão de incentivos fiscais em favor da região amazônica. Por essa nova sistemática, as pessoas jurídicas que tivessem empreendimentos instalados e em operação em 31 de outubro de 1966 teriam isenção de 100% no Imposto de Renda, e as pessoas jurídicas situadas em qualquer ponto do país poderiam deduzir 50% do valor do imposto devido, caso destinassem esses recursos para projetos aprovados pela Sudam. Além disso, permitia-se a isenção total no Imposto de Importação, na aquisição de máquinas e equipamentos, excetuando-se quando da existência de similar nacional. Como instrumento de concessão dos incentivos fiscais, criou-se o Fundo para Investimentos Privados no Desenvolvimento da Amazônia (Fidam).

O governo federal convoca o setor privado a participar de uma conferência conjunta para discussão de princípios na busca de um reordenamento da política de desenvolvimento da Amazônia. De 3 a 6 dezembro de 1966, a bordo do navio "Rosa da Fonseca", ocorre a I Reunião de Incentivos ao Desenvolvimento da Amazônia (Rida), presentes governadores de estados e territórios da Amazônia Legal, entidades públicas e privadas, técnicos e empresários. São debatidos e encaminhados os problemas da região e, ao final da reunião, é elaborada a Declaração da Amazônia que recomenda:

a) adesão às recomendações emanadas da I Reunião de Incentivo ao Desenvolvimento da Amazônia;
b) determinação de conjugar esforços, recursos e atividades de trabalho no sentido de promover a completa integração socioeconômica da Amazônia ao Brasil;
c) convicção de que a Operação Amazônia, ora iniciada, prosseguirá no tempo e com os meios necessários até conseguir a completa consecução de seus objetivos;
d) compromisso de mobilizar todas as forças da nação visando atrair para a Amazônia empreendimentos de toda natureza, indispensáveis à sua valorização;
e) aceitação, enfim, do desafio lançado e a resposta de sua presença para que a Amazônia contribua, através de sua perfeita e adequada incorporação à sociedade brasileira, sob a sua soberania inalienável, para a solução dos grandes problemas da humanidade (idem, p. 66).

O Descompasso entre as Duas Amazônias

Após um ano da implantação efetiva dos incentivos fiscais para o desenvolvimento, a área ocidental já se ressentia da maneira diferenciada como as inversões vinham acontecendo, não gerando estímulos suficientes para a dinamização dos setores primário, secundário e terciário, assim como não proporcionando a integração econômica entre as áreas oriental e ocidental. Até 1966 a situação em Manaus era bastante difícil, sendo que 27% de sua população potencialmente ativa se encontrava em desemprego aberto, sem contar as formas mais difíceis de quantificar, como é o caso do desemprego disfarçado. A marginalização econômica do lado ocidental era agravada pelo isolamento terrestre e elevado preço das tarifas aéreas e marítimas em relação aos centros dinâmicos do país, além da dificuldade de comunicação.

Entre os principais indicadores do descompasso entre as duas áreas, na época, temos:

a) a região amazônica tem uma população equivalente a 3,4% da população brasileira, sendo que a Amazônia Ocidental participa com 33% da população amazônica total;

b) a participação da Amazônia na formação da renda interna do país, em 1966, era de 2,04%, sendo que a Amazônia Ocidental participava com 33% do total, que correspondia a 0,6% da renda interna nacional;

c) em 1967, a renda *per capita* da Amazônia Ocidental correspondia a 76% da renda *per capita* da área oriental;

d) baixa densidade demográfica da área ocidental que, em 1960, era de 0,44 hab./km², enquanto que, na área oriental, alcançava 1,17 hab./km².

Em 1967, o panorama econômico da região indicava uma tendência regressiva, agravando não só a desigualdade econômica entre as duas Amazônias, mas também a queda acentuada da participação da região na formação do produto interno bruto brasileiro. Segundo dados da Fundação Getúlio Vargas, era acentuadamente decrescente a participação da Amazônia nessa composição, embora registrando oscilações, conforme Tabela 5:

Tabela 5

Participação da Região Norte na Renda Interna Brasileira –
1939-1967

(%)

ANO	REGIÃO NORTE
1939	2,64
1947	2,35
1948	2,03
1949	1,77
1950	1,71
1951	1,83
1952	1,80
1953	1,67
1954	1,67
1955	1,68
1956	2,06
1957	2,41
1958	2,19
1959	1,99
1960	2,23
1961	2,48
1962	2,05
1963	2,00
1964	1,95
1965	2,05
1966	2,04
1967	1,93

Fonte: Fundação Getúlio Vargas – Conjuntura Econômica, vol. 24, n. 6, 1970.

Em todo o período abrangido, a participação alcançou as mais elevadas porcentagens em 1957 (2,41%), devido aos efeitos multiplicadores da atuação da SPVEA e, em 1961 (2,48%), devido aos efeitos da integração Norte/Centro--Sul, mobilizada pela construção da rodovia Belém-Brasília. A partir de 1965 essa taxa vem se reduzindo, tendo apresentado, em 1967, uma participação de 1,93%, significando que as estratégias de desenvolvimento regional aplicadas até 1967 não eram suficientes para que pelo menos se mantivesse o nível socioeconômico da região amazônica em relação ao todo brasileiro. A redução apontada tem relação direta com a menor participação da Amazônia Ocidental na renda interna regional, conforme Tabela 6.

Tabela 6
Amazônia
Distribuição de Renda Interna por Área
1947-1967

AMAZÔNIA		
ANO	OCIDENTAL (%)	ORIENTAL (%)
1947	43	57
1950	41	59
1955	38	62
1960	38	62
1965	35	65
1967	31	69

Fonte: FGV – Conjuntura Econômica, vol. 24, n. 6, 1970.

Essa redução foi ocasionada, em parte, pelo menor crescimento da renda interna na área ocidental, cujo crescimento se fazia com a mesma intensidade. Refletido no valor *per capita*, em função do aumento da população, tal fato começava a apontar grande inferioridade da Amazônia Ocidental. Urgia uma nova política do governo federal para a Amazônia, em especial no lado ocidental. A política de incentivos fiscais não trouxe benefícios efetivos para a Amazônia Ocidental, pois

esses novos projetos optaram por se localizar onde já havia um maior adensamento socioeconômico, uma certa infraestrutura e maiores vantagens locacionais e, nesta perspectiva, o estado do Pará foi o grande beneficiado, por possuir uma infraestrutura econômica mais sólida e economia exterior, já disponíveis (Lima, 1988, p. 61).

A Suframa e o Desenvolvimento Amazonense

Encerrando a década de 60, implanta-se o Plano Estratégico de Desenvolvimento (PED), que abrange o período 1968-1970, e estabelece para a Amazônia duas políticas de desenvolvimento regional: o I Plano Quinquenal de Desenvolvimento da Sudam, que abrangia toda a área da Amazônia Legal, e a Zona Franca de Manaus, com objetivo de desenvolvimento específico da Amazônia Ocidental (idem, p. 44).

Dentre as premissas do PED, estavam previstas políticas de crescimento acelerado e autossustentado por meio da substituição de produtos importados.

O ponto culminante da Operação Amazônia foi a legislação aprovada no começo de 1967, que propiciou incentivos tributários especiais às empresas privadas que se estabelecessem nos estados e territórios da Amazônia Ocidental. Essa legislação representou em parte um esforço para implementar os objetivos de criação dos "pólos de desenvolvimento" e de ocupação das zonas fronteiriças duramente despovoadas (idem, p. 45).

Todos esses fatos conduzem o governo federal a reorientar sua política para a Amazônia Ocidental com a edição do Decreto-Lei n. 288, de 28 de fevereiro de 1967, que reformula a ZFM e cria a Suframa, como entidade autárquica responsável pela administração da ZFM, com o objetivo de soerguer a economia amazonense, bem como desenvolver toda a área da Amazônia Ocidental. O artigo 1º do Decreto--Lei n. 288 preceitua:

A Zona Franca de Manaus é uma área de livre comércio de importação e exportação e de incentivos fiscais especiais, estabelecida com a finalidade de criar, no interior da Amazônia, um centro industrial, comercial e agropecuário dotado de condições econômicas que permitam seu desenvolvimento, em face dos fatores locais e da grande distância em que se encontra dos centros consumidores de seus produtos (Brasil, 1974, p.17).

No âmbito dos incentivos fiscais foram concedidos:

a) isenção de IPI (Imposto sobre Produtos Industrializados) sobre as mercadorias de origem nacional enviadas para a Zona Franca;

b) isenção de ICM (Imposto sobre Circulação de Mercadorias) e IPI e Imposto de Exportação sobre as mercadorias da Zona Franca para o exterior.

As isenções fiscais não se aplicam a armas e munições, perfumes, fumo, bebidas alcoólicas e automóveis de passageiros.

Mais especificamente, as empresas industriais aprovadas pela agência supervisora da ZFM, a Suframa, ficam isentas dos impostos de importação sobre componentes estrangeiros, bem como do IPI, relativos aos componentes nele montados. Quando os produtos que empregam insumos estrangeiros são exportados para a venda em outras partes do Brasil, o fabricante paga um imposto de importação reduzido em proporção ao valor adicionado na ZFM. Os artigos acabados que deixam a ZFM são totalmente isentos do IPI, embora as compras "livres de direito" no condomínio local sejam limitadas a US$ 150 (FOB) por pessoa (Mahar, 1978, p. 171).

O Decreto-Lei n. 291 de 28 de fevereiro de 1967 cria institucionalmente e caracteriza as Amazônias Ocidental (Amazonas, Acre, Rondônia e Roraima) e Oriental (Pará, Amapá, partes do Maranhão, Goiás e Mato Grosso). O Decreto-Lei n. 356, de 15 de agosto de1967, estende alguns dos benefícios fiscais da ZFM a outras partes da Amazônia Ocidental. O Decreto n. 63871, de 20 de dezembro de 1967, cria entrepostos da ZFM nas cidades de Porto Velho, Boa Vista e Rio Branco. Complementando a ação do governo federal, o governo do estado do Amazonas institui os seguintes benefícios fiscais:

a) concessão de crédito fiscal às mercadorias entradas na ZFM, para efeito de pagamento do ICM, garantido através da Lei Estadual n. 569, de 7 de abril de 1967;
b) incentivos fiscais às empresas industriais e agropecuárias que se instalarem no estado do Amazonas, através da restituição de até 95% do ICM sessenta dias após a data de seu recolhimento, por um prazo superior a cinco anos, não podendo ultrapassar 31 de dezembro de 1982, sendo a

concessão destes incentivos assegurada pela Lei Estadual n. 958, de 9 de setembro de 1970 (Brasil, 1974, p. 193).

No âmbito municipal, a Prefeitura de Manaus, através do Decreto n. 25, de 17 de março de 1967, concede às empresas ou profissionais autônomos, prestadores de serviços, com ou sem estabelecimento fixo, a isenção do Imposto sobre Serviços, de qualquer natureza.

A criação da ZFM representou, assim como a anterior transferência da capital para Brasília, um artifício geopolítico visando acelerar o processo de interiorização do território, a responder aos apelos da política de continentalidade. Brasília foi destinada a ser o grande pólo de conquista do interior e irradiação do progresso ao Brasil Continental. A Zona Franca de Manaus, em proporções regionais, deveria ser o pólo acelerador do desenvolvimento da Amazônia Ocidental (Mattos, 1980, p. 98).

Estas alterações decorrem de fortes componentes políticos, como: no plano geopolítico, a Doutrina de Segurança Nacional, onde a Amazônia era vista com grande preocupação, principalmente no lado ocidental, por apresentar baixa densidade demográfica, conter inúmeras riquezas minerais, possuir onze mil quilômetros de fronteiras, e o desejo unificado do segmento empresarial amazonense manifestado na Rida quanto à reformulação da ZFM. Além disso, existia o interesse de empresas privadas nacionais e estrangeiras que precisavam de áreas com disponibilidade de mão de obra e vantagens fiscais, reduzindo custos e procurando maximizar seu retorno sobre possíveis investimentos. Porém, as condições físicas e institucionais para infraestruturar o Distrito Industrial de Manaus podem ser explicadas pelos pressupostos teóricos sobre "Localização Industrial", preconizada por Alfred Weber e que ultimamente desenvolveu-se analisando o desenvolvimento industrial, onde

a localização de uma fábrica tem sido também um "projeto" governamental, além de um risco exclusivo das empresas privadas. Essas preocupações, da parte do setor público, estão ligadas aos efeitos multiplicativos ou externos sobre o desenvolvimento regional e nacional, advindos da localização industrial (Kon, 1994, p. 157).

Dentre os fatores econômicos e técnicos que condicionam a escolha da localização industrial, Kon analisa como os mais relevantes:

a) custos e eficiência dos transportes;
b) áreas de mercado;
c) disponibilidade e custos de mão de obra;
d) custo da terra,
e) disponibilidade de energia e de água;
f) suprimento de matérias-primas;
g) eliminação de resíduos;
h) economias de aglomeração;
i) elementos intangíveis;
j) dispositivos fiscais e financeiros.

Vale ressaltar que de todos os itens elencados, apenas os itens a) e h) não foram observados de maneira plena. Em relação ao item a) custos e eficiência dos transportes, não houve interferência eficiente do governo, a exemplo das rodovias federais não asfaltadas como a BR-319, que liga Manaus a Porto Velho, o que eleva sobremaneira os custos de transporte. Quanto ao item h) economias de aglomeração, manifestou-se de forma parcial, principalmente no pólo eletroeletrônico a partir de 1975 com a exigência dos índices de nacionalização. O Distrito Agropecuário representa o esforço de criar, no interior da Amazônia, um centro agropecuário, implantado em bases técnicas adequadas, tendo a Suframa o papel de orientar o empreendedor na escolha do tipo de atividade a ser desenvolvida. Com a Lei n. 878, de 25 de outubro de 1969, o governo do Amazonas doou à Suframa uma gleba de 560 mil hectares para a implantação do Distrito Agropecuário, sendo efetuados investimentos de Cr$ 1.507.420,00 no período de setembro de 1969 a setembro de 1971.

A aglomeração de projetos agropecuários em determinada área traz benefícios, uma vez que se distribuirão a todos os agricultores, através da mais ampla utilização de capital fixo e o seu rateio dentre maior número de empréstimos (Suframa, 1971, p. 32).

Num sentido amplo, podemos dizer que a "macrolocalização" da ZFM foi decisão geopolítica e a "microlocalização" do Distrito Industrial e Agropecuário, decisão empresarial.

As atividades da ZFM expandiram a demanda por mão de obra, estimulando a migração do interior amazonense e de estados vizinhos, tendo como resultado a reinserção parcial da mão de obra ociosa do setor agrícola com reflexos produtivos na renda interna do Estado (Bentes, 1983, p. 32).

Esse movimento de atração provocado pela ZFM teve enormes reflexos na participação do interior no ICM, que começa a cair acentuadamente. Em 1972, o interior participa com 10,45% do total arrecadado e, em 1990, com apenas 1,43%, o que demonstra o esvaziamento econômico do interior. O pólo eletroeletrônico já se constitui o pólo mais importante da ZFM, tendo o maior número de empresas e, consequentemente, o maior número de empregados por setor, produzindo mais de cem produtos distintos, gerando grande demanda dos bens intermediários. Como parte do esforço nacional para o ajustamento do balanço de pagamentos do Brasil, a partir de 1976, as importações da ZFM passaram a ser contingenciadas, através do estabelecimento de Quotas Globais de Importação, determinadas anualmente por decretos federais, impondo limites às importações. Porém estes perdem sua função com a nova política industrial brasileira implementada em 1990, que liberalizou a entrada de produtos estrangeiros em todo território nacional, ficando o produto fabricado na ZFM sem poder de competitividade, obrigando à aquisição de componentes importados. Além disso, no caso da ZFM, os dispositivos fiscais e financeiros constituíam-se importante elemento na atração de investimentos para o recente parque industrial amazonense, no sentido de minimizar os custos de situar empresas distantes dos grandes centros consumidores.

A Sudam e o BASA e os Planos de Desenvolvimento da Amazônia

O Decreto n. 60079, de 16 de janeiro de 1967, ao aprovar o Plano de Valorização Econômica da Amazônia, traça como objetivos: promover o desenvolvimento autossustentado da economia e o bem-estar social da região amazônica de forma harmônica e integrada na economia nacional. Sob a égide do I Plano Quinquenal de Desenvolvimento (1967-1971), os organismos de planejamento global, Sudam e BASA, passam a atuar não apenas como repassadores de recursos, mas também como orientadores dos investimentos, recomendando programações setoriais que deveriam ser executadas pela iniciativa privada, o que demonstra a necessidade de planejamento nas atividades econômicas, não permitindo ações aleatórias.

A alteração da Sudam no setor público, refletida a sua participação técnica e financeira no esquema de trabalhos dos órgãos federais e estaduais que atuam na área, tem por grande objetivo a criação de uma sólida infraestrutura econômico-social, com fim de gerar economias externas, e propiciar a implantação de uma economia autossustentável na Amazônia. Essa infraestrutura possibilitará a absorção dos recursos postos à disposição da região pela legislação de incentivos, através da implantação de projetos agroindustriais do setor privado (Bonfim, 1969, p. 87).

No período 1967-1971, vigorava o I Plano Quinquenal de Desenvolvimento da Amazônia, com objetivo específico de desenvolver a Amazônia Ocidental, cujos reflexos são sentidos na operacionalização da atuação institucional da Suframa, com a vinda de várias empresas para o Distrito Industrial de Manaus. A implantação da ZFM constituiu-se um enorme atrativo para a população, dada a expansão do mercado de trabalho, gerada pelas atividades que começaram a se desenvolver principalmente no setor industrial e comercial, apontando um crescimento relativo na população total, entre 1970 e 1980, de 103%. Esse plano definia seis pólos de irradiação centrados em: Bacabal, Belém, São Luís, Cuiabá, Miracema e Rio Branco; e sete pólos de atração: Cuiabá, Tocantinópolis, Santarém, Manaus, Macapá, Porto Velho e Boa Vista.

Como consequência da Política de Integração Nacional, o Decreto-Lei n. 1106, de 16 de junho de 1970, cria o PIN (Programa de Integração Nacional), que procurava financiar e implantar a rodovia Transamazônica, visando interligar a Amazônia ao Nordeste, bem como a rodovia Santarém--Cuiabá, ligando Norte e Sul. Em complemento à política de ocupação realizada através do PIN, foi criado o Proterra, pelo Decreto-Lei n. 1178, de 1º de junho de 1971, que procurava facilitar a aquisição de terras aos produtores que se deslocassem para a Amazônia. Os dois programas em referência absorviam 25% do Imposto de Renda das pessoas jurídicas arrecadados pelo governo. Com a aprovação dos projetos agropecuários através da Sudam, o governo federal promove mudanças no sistema de incentivos fiscais, onde o PIN passa a receber 30% do volume de recursos, e o Proterra fica com 20%, consumindo metade dos recursos. Além disso, a maioria das empresas instaladas não possui experiência na região, instalando projetos agropecuários que comprometem o equilíbrio ecológico, além de agudizar a problemática fundiária. A implantação do PIN, com a construção de rodovias como a Transamazônica (BR-230), Cuiabá-Santarém (BR-165), Manaus-Caracaraí (BR-174), Cuiabá-Porto Velho (BR-364), Manaus-Porto Velho (BR-319), facilitou a vinda de migrantes do Nordeste e Centro-Sul, que eram alocados ao longo das rodovias, iniciando-se experiências de colonização através da "colonização planejada". A construção das rodovias alterou o processo de ocupação regional, deslocando o eixo da penetração, que deixou de acompanhar o curso dos rios para acompanhar a margem das estradas, deslocando a fronteira agrícola da região. Os resultados esperados, principalmente no que se referia a tentativas de colonização agrícola por parte de pequenos produtores rurais, não lograram êxitos face à insuficiência de recursos do PIN e do Proterra, e no tocante à inadequação dos projetos às condições ambientais da Amazônia. Esse fracasso serve de pretexto para que se aponte o modelo de colonização por pequenos produtores como inviável para a região.

Em 1972, é lançado o I PND, que vigora até 1974 com os objetivos de:

a) colocar o Brasil, no período de uma geração, na categoria das nações desenvolvidas;
b) duplicar, até 1980, a renda *per capita* do Brasil (em comparação com 1969), devendo verificar-se, para isso, crescimento anual do PIB equivalente a 8% e 10%, no período.

A estratégia de desenvolvimento regional, contida no I PND, dar-se-ia através do estabelecimento de "pólos regionais" no Sul e Nordeste (essencialmente de caráter agroindustrial), assim como no Planalto Central e na Amazônia (de caráter agromineral), complementando a industrialização do Sudeste e permitindo uma maior integração do Nordeste com a Amazônia e o Planalto Central (Lima, 1988, p. 50). Paralelamente aos objetivos e estratégias nacionais é lançado o I Plano de Desenvolvimento da Amazônia (1972-1974), procurando adequar o planejamento regional ao planejamento global nacional, inserindo objetivos específicos para o desenvolvimento regional tais como: a promoção do conhecimento exato das potencialidades dos recursos naturais, o desenvolvimento da economia, a formação de recursos humanos e econômicos compatíveis com as necessidades da região e com as metas propostas pelo governo. O Programa de Pólos Agropecuários e Agrominerais da Amazônia (Polamazônia), instituído pelo Decreto n. 74067, de 29 de outubro de 1974, dispõe sobre a criação de quinze pólos de crescimento, selecionados com base em vantagens comparativas, analisando os diversos setores produtivos, tendo como fontes de financiamento recursos do PIN e Proterra e outras fontes no valor de Cr$ 4 bilhões, no período 1975-1979.

O II PND (1975-1979), com a mesma filosofia de integração nacional, propõe-se a manter altos níveis de formação de capital e o crescimento acelerado, estimando que a Formação Bruta de Capital Fixo deveria atingir, no período 1975-1979, os 25% do PIB do Nordeste e da Amazônia. Reconhece-se que a capacidade regional para a formação dessas poupanças não seria suficiente para financiar 50% desses investimentos, para a consolidação do processo de industrialização e a complementação da infraestrutura. Com o abalo na economia mundial face ao primeiro "choque do petróleo", o Brasil viu-se obrigado a reorientar a produção para atender um mercado mais ampliado, expandir o mercado interno e proibir a importação de bens supérfluos, bem como restringir ao máximo o consumo de derivados de petróleo. Nesse contexto, o II Plano de Desenvolvimento da Amazônia (1975-1979) teve como linhas:

a) seletividade dos setores ou produtos com base em vantagens comparativas reais;
b) aproveitamento do potencial de recursos que, mesmo aquém de evidentes vantagens comparativas, tivesse a possibilidade de mobilização em escala regional e até local;
c) ação deliberadora no sentido de reter parte dos frutos do progresso técnico gerado na região.

A partir do II PND, evidencia-se a preocupação com a "fronteira de recursos", o que propiciou que o capitalismo se expandisse mais na região, e o seu desenvolvimento fosse direcionado pela grande empresa privada. No estado do Pará, com a instalação dos grandes projetos – como o

Projeto Jari, o Projeto Grande Carajás, que revelou a maior província de ferro e de cobre do país, a exploração do ouro em Serra Pelada, a exportação da bauxita em Trombetas, a construção da hidrelétrica de Tucuruí e os projetos de colonização ao longo da Transamazônica. A política de apoio ao pequeno colono é substituída pela grande fazenda latifundiária, que além de trazer danos irreversíveis no aspecto ecológico e ambiental, estimulou os conflitos, tensões, disputas e especulação fundiária, que ainda persiste sem uma solução concreta para o problema. O II PND não consegue alcançar seus objetivos, tendo como consequência a crise no final de 1979 e início dos anos de 1980, levando o governo a decretar uma maxidesvalorização de 30% do Cruzeiro em relação ao Dólar, com estímulos aos exportadores e sanções aos devedores e importadores. Em 1980, o governo apresenta um programa de austeridade a ser imposto ao setor privado e, sobretudo, ao setor público. Diante dessas dificuldades, implanta-se o III Plano Nacional de Desenvolvimento, cujas intenções não eram tão diferentes dos outros PND's: acelerar o crescimento da renda e do emprego, reduzir as disparidades regionais, equilíbrio do balanço de pagamentos, entre outros. Ao mesmo tempo, o III Plano de Desenvolvimento da Amazônia confirmava as premissas do Plano Global, com os seguintes objetivos:

a) manutenção do equilíbrio ecológico e redução das desigualdades sociais;
b) contribuição para o aumento e diversificação das exportações dos mercados interno e externo;
c) aumento da participação da região no processo de desenvolvimento nacional e reorientação do processo de ocupação da Amazônia.

Todos esses planos tiveram como consequência a integração do espaço econômico nacional, com a inclusão da Amazônia, incorrendo na transformação e substituição das economias regionais para uma economia nacional integrada (Lima, 1988, p. 58).

No lado ocidental, as rodovias Cuiabá-Porto Velho, Porto Velho-Manaus e Manaus-Boa Vista rompem o isolamento com grandes alterações no panorama demográfico desses estados. O estado de Roraima, com enormes jazidas minerais, atrai correntes migratórias especialmente do Maranhão, onde provém colonos que se dedicam à cultura de arroz, e do Rio Grande do Sul, de onde desloca-se grande parte dos empresários rurais que adquirem terras para a implantação de estabelecimentos agropecuários, face à existência de quatro milhões de hectares de campos naturais conhecidos como lavrados. O estado do Acre tem sua economia ligada à produção extrativa, baseada na exploração da borracha, coleta da castanha, extração da madeira e caça de animais silvestres; com a Cuiabá-Porto Velho, fluxos migratórios que haviam chegado a Porto Velho deslocaram-se ao Acre à procura de terras, que já eram ocupadas por posseiros, seringueiros, seringalistas, índios e extratores, agravando o conflito na área. No estado de Rondônia, sendo possuidor de enormes jazidas de estanho descobertas no início da década de 1960, com sua interligação com o Centro-Sul através da rodovia Cuiabá-Porto Velho, intensificou-se a chegada de garimpeiros na busca do novo "El Dorado" que, utilizando-se de técnicas rudimentares e sem controle, provocam poluição nos rios com graves prejuízos ao ecossistema regional. Após a abertura da Cuiabá-Porto Velho descobriu-se a existência de grandes extensões de terra roxa, propícias para a agricultura, o que motivou programas de colonização para produtores de pequeno e médio porte, com assentamento de 27 mil famílias em lotes de no máximo 100 hectares. Os dois principais fluxos migratórios são de nordestinos em direção ao Sudeste, Centro-Oeste e Amazônia e de sulistas rumo ao Centro-Oeste e Amazônia. A Amazônia passa a ser muito procurada devido à expansão de fronteiras agrícolas, à abertura de garimpos que, explorados sem tecnologias adequadas, consomem enorme contingente de trabalhadores, e à instalação de enormes sistemas de engenharia, tais como usinas hidrelétricas e rodovias. Durante a década de 1980 diminui o fluxo migratório da região Sul rumo à Amazônia, mas a região continua a apresentar as maiores taxas de crescimento demográficos do país.

De acordo com o censo demográfico de 1991, o ritmo de crescimento médio anual da população brasileira diminui de 2,48%, entre 1971 e 1980, para 1,93% no período de 1980 a 1991, devido a uma queda na taxa de natalidade. Os estados da região Norte, e em especial Rondônia e Roraima, apresentam taxas elevadíssimas, onde Rondônia aparece com 16,03% de 1971 a 1980, e 7,88% de 1980 a 1991, e Roraima com 6,83% e 9,55% para o mesmo período. Em Rondônia a taxa cai em mais de 50% em uma década, causada pela diminuição de terras cultiváveis e áreas de garimpo, e cresce em Roraima, para onde um grande número de migrantes se dirige, em busca de garimpos de ouro e de diamantes (além do estado ser rico em cassiterita, cobre e bauxita). Apesar disso, o estado ainda é a unidade de menor densidade demográfica, com 0,96 hab./km^2 em 1991, sendo que em 1980 esse índice não passava de 0,34 hab./km^2.

A Nova República e a Constituição de 1988

Em 1985, com o início da Nova República, que marca o fim do período militar, ocorreu uma mudança no rumo da Política Econômica caracterizada pela gradual recuperação da demanda interna. A Política Econômica foi caracterizada pelo ecletismo, onde são combinados um diagnóstico conservador sobre as origens do déficit público e seus efeitos sobre a inflação e uma política salarial menos ortodoxa, fruto do compromisso social do novo governo. Contudo, num contexto inflacionário que continuamente se agravava, optou-se por uma forma drástica através do choque heterodoxo denominado Plano Cruzado, que consistiu num congelamento total e generalizado dos preços, propondo-se a alterar o processo inflacionário sem alterar significativamente a distribuição de renda. No âmbito industrial, a expansão do produto industrial esteve centrada no mercado interno, impulsionada pela expansão do consumo e pela retomada dos investimentos. Nesse período foi nítida a liderança dos bens de consumo duráveis seguida dos bens de capital, mas também tiveram impacto importante o setor de bens de consumo não duráveis. No período 1985-1989, a política industrial foi tema de constante debate, mas quando de sua implantação com a NPI (Nova Política Industrial), não havia concordância entre a burocracia e as forças políticas dentro do governo, ficando assim muito claro os limites da política industrial brasileira dentro de uma economia mundial em reestruturação. Com a redemocratização e o advento da Nova República, é elaborado o I Plano de Desenvolvimento da Amazônia da Nova República (I PDA/NR 1985-1989), que aponta como principal objetivo a redução das desigualdades regionais. Também deve-se salientar a criação do Provam (Programa de Estudos e Pesquisas nos Vales Amazônicos), com objetivo de descortinar as potencialidades geoeconômicas, bem como estabelecer formas de ocupação de áreas potenciais ou alteração nas formas de ocupação inadequada. Dentro dessa perspectiva foram elaborados os Planos de Desenvolvimento Integrado do Vale do Guamá-Acará, no Pará; do Vale do Araguari, no Amapá; e do Vale do Rio Branco, em Roraima.

A Constituição de 1988 apresenta fatos importantes para a Amazônia. Primeiro a Lei Complementar que estende até 2013 todos os incentivos fiscais existentes, fato esse recebido como grande vitória da Zona Franca de Manaus. O Fundo Constitucional de Financiamento do Norte foi criado pela Constituição Federal de 1988 e regulamentado pelas Leis n. 7827, de 27 de setembro de 1989, e n. 9126, de 10 de novembro de 1995, e constitui um instrumento de relevante importância para o desenvolvimento econômico e social da região Norte, com financiamentos aos setores produtivos tanto na área rural quanto industrial e agroindustrial. São os mais variados programas no setor rural, incluindo os de desenvolvimento da pecuária, da agricultura e do extrativismo e de apoio ao meio ambiente, à pequena produção familiar rural organizada e à reforma agrária. Também no setor industrial são muitas as opções de financiamentos: de apoio às microempresas agroindustriais e industriais e de desenvolvimento industrial, da agroindústria e do desenvolvimento do turismo ecológico. Os prazos de financiamento são de até doze anos, com até seis anos de carência, no setor rural, e de até dez anos com até dois anos de carência, no setor industrial.

A Década de 1990

A abertura do mercado brasileiro em 1990, no caso específico da ZFM, eliminou as barreiras não tarifárias, reduziu as alíquotas *ad-valorem* sobre vários produtos ainda não produzidos internamente e introduziu um cronograma de reduções adicionais das referidas alíquotas para o período 1991-1993, situando a alíquota média para 17% com a queda das alíquotas de importação. A abertura sem critérios, associada a uma ausência de políticas setoriais compensatórias, lançou o estado do Amazonas na mais profunda crise de sua história, desde o *débacle* da borracha no começo do século. A proposta de "modernização" industrial e comercial, com base na crescente capacitação tecnológica, teve como alicerce o Programa Brasileiro de Qualidade e Produtividade (PBQP). No aspecto da capacitação tecnológica, propunha o fortalecimento de segmentos potencialmente competitivos e de desenvolvimento de novos setores, através de maior especialização produtiva e do apoio à difusão das inovações tecnológicas nos demais setores da economia. O governo pretendia ampliar a participação do setor privado – tradicionalmente muito parcimonioso em investimentos desse tipo – nos dispêndios em Pesquisa e Desenvolvimento (P&D) no país (ECIB, 1994, p. 76).

Com a publicação da Lei 8.387 de 30 de dezembro de 1991, ocorre uma flexibilização na sistemática de concessão de incentivos fiscais à produção industrial, considerando a não exigência de índices mínimos numéricos de racionalização de produtos. A nova modalidade de fruição de incentivos foi estabelecida pelo Processo Produtivo Básico (PPB), representado por um "conjunto mínimo de operações no estabelecimento fabril, que caracteriza a efetiva industrialização de determinado produto" (Suframa, 1994, p. 34).

É possível destacar várias grandes lacunas na referida estratégia, em alguma medida explicáveis pelo momento histórico na qual ela foi estruturada. Em primeiro lugar, a eficiência produtiva do parque industrial não recebeu maior atenção, seja do ponto de vista das ações que favorecessem a capacitação tecnológica da indústria, seja mediante uma ação mais cautelosa da proteção aduaneira e dos incentivos fiscais, com prejuízos evidentes sobre sua capacidade de exportar para o estrangeiro. Em segundo, faltou uma maior preocupação com a integração regional do parque industrial, fator fundamental para a dinamização da renda e do emprego regionais. Em terceiro lugar, na seleção dos instrumentos não foram considerados adequadamente seus efeitos colaterais sobre a reserva de mercado regional para a produção na Zona Franca de Manaus. Finalmente, evidencia-se a carência de melhor dotação no campo da gestão de política industrial, em que praticamente inexistiam mecanismos de planejamento, controle e avaliação (Lira, 1995, p. 16).

No início de 1994, o governo do estado do Amazonas propõe o Plano Estratégico de Desenvolvimento do Amazonas (Planamazonas), que situa o estado no contexto amplo do desenvolvimento brasileiro e mundial, definindo as prováveis tendências de sua evolução até o ano de 2010, prevendo para o Brasil um cenário de estabilização com a retomada do desenvolvimento econômico a partir de 1995. Os dados demonstram que, com relação ao PIB brasileiro,

o PIB médio por habitante do estado manter-se-ia em níveis comparáveis durante a presente década, em parte como consequência da crise que se abateu sobre a indústria manauara entre 1990 e 1992 (há sinais claros de recuperação, embora estável, desde o início de 1993), em parte pelo ainda elevado crescimento demográfico projetado para os anos da década de 90. No ano 2010, contudo, o PIB *per capita* do estado superaria o brasileiro (em mais de 10%), o que somente teria ocorrido no auge do período da borracha (Planamazonas, 1994, p. 137).

O atual PDA, já na sua versão atualizada para o período 1994-1997, define, em sua política espacial, 29 áreas-programa, incluindo-se, nesse total, as chamadas áreas de fronteira. Os 29 espaços sub-regionais englobam um total de 340 municípios – cerca de 50% dos municípios que compõem a Amazônia Legal – e atingem mais de 2,7 milhões de quilômetros quadrados – aproximadamente 61% do território da Amazônia. Em consonância com as diretrizes do pré-zoneamento econômico-ecológico, a política espacial do PDA busca integrar e articular o subespaço funcional intrarregional com a vinculação econômica e social das diferentes sub-regiões, dispersas e fragmentadas, interiorizando o desenvolvimento e a integração socioeconômica do espaço rural-urbano. O PDA assenta-se em quatro macropolíticas – ambiental, socioantropológica, espacial e institucional – e em sete programas prioritários, como blocos convergentes dos investimentos: desenvolvimento científico e tecnológico; infraestrutura econômica; infraestrutura social; educação; indústria, agroindústria e extrativismo mineral; agricultura, pecuária e extrativismo vegetal; e turismo.

Sua meta principal é superar as deficiências estruturais apresentadas pela região, de forma a promover a sua competitividade nos pontos centrais do novo paradigma tecnológico mundial, baseado na informação e na qualidade, tais como:

a) maciços investimentos na educação e formação de recursos humanos;
b) esforço concentrado no desenvolvimento científico e tecnológico para reestruturação da base produtiva;
c) ampliação da oferta e melhoria da infraestrutura econômica;

d) iniciativas para a conservação, recuperação e aproveitamento econômico dos recursos naturais.

Buscando dar continuidade às políticas públicas para a Amazônia até o final da década de 1990, a Sudam apresentou o Programa de Ações Estratégicas (1998-1999), constituído de dezessete projetos, destacando-se o prosseguimento da elaboração do estudo de Macrocenários Amazônia 2010, que fundamentou a formulação do último Plano de Desenvolvimento da Amazônia e do Plano Plurianual de Investimentos da Amazônia Legal, para o período 1996-1999. Dentre os dezessete projetos são contemplados seis blocos temáticos, quais sejam: Ações de Macroplanejamento; Aperfeiçoamento dos Instrumentos de Desenvolvimento Regional; Desenvolvimento Científico e Tecnológico; Desenvolvimento Social; Reorientação da Base Produtiva; e Modernização Administrativa e Desenvolvimento Organizacional da Sudam. A implementação do programa envolve recursos orçamentários da Sudam e dos Acordos de Cooperação Internacional celebrados com o Programa das Nações Unidas para o Desenvolvimento, a Organização dos Estados Americanos e a Organização das Nações Unidas para a Agricultura e a Alimentação (FAO).

Desde 1996 a Amazônia tem sido contemplada em nove projetos do Programa Brasil em Ação do Governo Federal, sendo na Amazônia Oriental: a Hidrovia Araguaia-Tocantins (rodoviário/ferroviário/hidroviário), que liga o Centro-Oeste aos portos do Pará; a Linha de Transmissão de Tucuruí, levando energia ao oeste do Pará; e a Interligação do Sistema Elétrico conectando Norte e Nordeste com Sul, Sudeste e Centro-Oeste, com 1.276 quilômetros de linhas de transmissão de 500 Kv. Na Amazônia Ocidental destacam-se: Recuperação da BR-364 e BR-163, escoando grãos do Centro-Oeste para Manaus; Gás Natural de Urucu, explorando quatro milhões de metros cúbicos de gás natural; asfaltamento da BR-174 que interliga Manaus a Roraima e a Venezuela; e a Hidrovia do Rio Madeira, que escoa a produção de grãos do Centro-Oeste para Itacoatiara (AM).

Conclusão

É inegável o papel do Estado brasileiro como articulador e dinamizador das políticas públicas que alteraram por completo o panorama socioeconômico da Amazônia.

Tomando-se como base de comparação o indicador mais geral, o produto interno bruto, pode-se afirmar que a região Norte, no período 1960-1994, para o qual se dispõe dos dados mais detalhados, teve um comportamento macroeconômico sensivelmente melhor que a do Brasil como um todo. Na verdade, a economia do Norte cresceu a uma taxa média anual excepcionalmente elevada de 8,4%, contra apenas 5,2% da economia brasileira em seu conjunto. Como a população do Norte vem crescendo a taxas bem superiores à do Brasil como um todo, uma parte do crescimento do PIB teve de ser distribuída por uma população que também cresceu rapidamente, resultando em ganhos menores por habitante. De qualquer forma, o desempenho macroeconômico agregado da região Norte, desde a década de 1960, tem sido notável (Sudam/Fade, 1997, p. 32).

Contudo, a integração econômica não proporcionou os mesmos resultados no âmbito social face a uma crescente concentração de renda, além de graves impactos ecológicos na execução de projetos agroindustriais, principalmente na Amazônia Oriental. Conclui-se que

as políticas de intervenção do poder público em qualquer setor ligado ao aproveitamento econômico da área amazônica será tanto mais racional quanto for capaz de considerar os conflitos já existentes ou latentes. Isto equivale a dizer que a ocupação do espaço físico da Amazônia pressupõe necessariamente uma cuidadosa análise do problema básico: o problema humano (Fundação Universidade do Amazonas, 1979, p. 24).

Sylvio Mário Puga Ferreira

Referências Bibliográficas

BENTES, R. M. (1983) *A Zona Franca de Manaus e o Processo Migratório para Manaus*. Belém: UFPA/NAEA. (Dissertação de Mestrado.)

BONFIM, R. (1969) A Infraestrutura da Amazônia e seu Desenvolvimento Econômico. In: *Problemática da Amazônia*. Rio de Janeiro: Livraria Casa do Estudante do Brasil.

BRASIL. (1974) *Leis, Decretos. Incentivos Fiscais para o Desenvolvimento* (Legislação Federal, Estadual e Municipal). Manaus: Codeama.

CAPES. (1959) *Estudos de Desenvolvimento Regional* (Amazonas). Séries Levantamentos e Estudos. Rio de Janeiro.

CASTRO, A. B. de. (1971) *Sete Ensaios de Economia Brasileira*. Rio de Janeiro: Forense.

CODEAMA. (1966) *Estudos Específicos*. Manaus 1(12): 1-22, dezembro.

D'ALMEIDA, C. G. (1982) *Zona Franca: De Onde para Onde*. Manaus: Imprensa Oficial.

ECIB. (1994) Estudo da Competitividade da Indústria Brasileira. *Notas Técnicas Setoriais*. Campinas: Ecib/Unicamp.

FERREIRA, R. N. (1989) *Amazônia: Realidade Cheia de Perspectivas*. Belém: Sudam.

FUNDAÇÃO UNIVERSIDADE DO AMAZONAS. (1979) *Proposta de Política Florestal para a Amazônia Brasileira*. Manaus: Metro Cúbico.

KON, Anita. (1994) *Economia Industrial*. São Paulo: Nobel.

LIMA, S. R. B. de. (1988) *A ZFM e a Transformação Industrial do Estado do Amazonas*. Belém: UFPA/ NAEA. (Dissertação de Mestrado.)

LIRA, F. T. (1995) *Os Incentivos Fiscais à Indústria da Zona Franca de Manaus: Uma Avaliação* (Relatório Final). Brasília: Ipea/Inpes. (Texto para Discussão, n. 371).

MAHAR, D. J. (1978) *Desenvolvimento Econômico da Amazônia: Uma Análise das Políticas Governamentais*. Rio de Janeiro: Ipea/Inpes. (Relatório de Pesquisa, n. 39).

MATTOS, C. de M. (1980) *Uma Geopolítica Pan-Amazônica*. Rio de Janeiro: Biblioteca do Exército.

MYRDAL, G. (1965) *Teoria Econômica e Regiões Subdesenvolvidas*. Rio de Janeiro: Saga.

PLANAMAZONAS. (1994) *Planejamento Estratégico de Desenvolvimento do Amazonas*. Manaus: Imprensa Oficial.

PUGA FERREIRA, S. M. (1994) *A Dinâmica da Economia Amazonense no Período 1950-1990*. São Paulo, PUC/SP. (Dissertação de Mestrado).

SPVEA. (1954) *Programa de Emergência*. Belém.

_____. (1960) *Política de Desenvolvimento da Amazônia*. Belém, 2 vols.

SUDAM. (1966) *Amazônia: Desenvolvimento e Ocupação*. Belém: Farângola.

SUDAM/FADE. (1997) *Trinta e Cinco Anos de Crescimento Econômico na Amazônia: 1960-1995*. Belém.

SUFRAMA. (1971) *Repercussões Socioeconômicas da Zona Franca de Manaus*. Manaus.

_____. (1994) *Legislação Federal*. Manaus.

SOBRE OS AUTORES

AMAURY PATRICK GREMAUD Economista pela FEA/USP (Faculdade de Economia e Administração da Universidade de São Paulo), mestre e doutor em economia pela FEA/USP, Professor doutor do Departamento de Economia da FEA/USP (campus de Ribeirão Preto), professor de pós-graduação em Economia Institucional e Desenvolvimento da FEA/USP. Coautor dos livros: *Economia Brasileira Contemporânea* e *Formação Econômica do Brasil* e autor de artigos em revistas especializadas em Economia. Pesquisador da Fundace – Ribeirão Preto.

ANITA KON Economista pela FEA/USP, mestre e doutora pela FEA/USP, *Visiting Scholar* no *Department of Economics/University of Illinois at Urbana-Champaign*. Professora e pesquisadora do Departamento de Economia e do Programa de Estudos Pós-Graduados em Economia Política (PEPGEP) da PUC/SP (Pontifícia Universidade Católica de São Paulo) e da Escola de Administração de Empresas de São Paulo da FGV (Fundação Getúlio Vargas). Coordenadora do PEPGEP da PUC/SP. Coordenadora do Núcleo de Pesquisas EITT (Economia Industrial, Trabalho e Tecnologia) do PEPGEP da PUC/SP. Autora dos livros: *O Problema Ocupacional: Implicações Regionais e Urbanas* (Perspectiva), *A Produção Terciária* (Nobel), *Economia Industrial* (Nobel), *A Estruturação Ocupacional Brasileira: uma Abordagem Regional* (SESI), *Desenvolvimento Regional e Trabalho no Brasil* (ABET), coautora do livro: *Desafios da Globalização* e autora de artigos em revistas especializadas.

ANTÔNIO CARLOS DE MORAES Economista pela FEA/USP, mestre em economia pela FEA/USP, doutor em ciências sociais – sociologia política pela PUC/SP. Professor e pesquisador do Departamento de Economia e do PEPGEP da PUC/SP. Coordenador do Núcleo de Pesquisas EPP (Estado e Políticas Públicas) do PEPGEP da PUC/SP. Diretor do Grupo Técnico II – Estudos Econômicos e Tarifários da Secretaria de Estado dos Transportes Metropolitanos. Foi chefe do Departamento de Planejamento Operacional e Tarifas da Companhia do Metropolitano de São Paulo e assessor da gerência de Planejamento da Empresa Metropolitana de Transportes Urbanos (EMTU/SP). Autor de artigos em revistas especializadas.

ANTÔNIO CORRÊA DE LACERDA Economista pela PUC/SP, mestre em economia política pela PUC/SP. Professor do Departamento de Economia da PUC/SP. Presidente do Conselho Federal de Economia (COFECON). Vice-presidente da Sociedade Brasileira de Estudos de Empresas Transnacionais e Globalização (SOBEET). Foi Presidente do Conselho Regional de Economia de São Paulo (CORECON-SP), de 1995 a 1997. Autor do livro *O Impacto da Globalização na Economia Brasileira* (Contexto) e de artigos publicados na imprensa e em revistas especializadas.

JULIO MANUEL PIRES Economista pela FEA/USP, mestre e doutor em economia pela FEA/USP. Professor e pesquisador da FEA/USP, do Departamento de Economia e do PEPGE da PUC/SP. Coordenador do Grupo Temático – Empregabilidade e Seguridade Social do LES (Laboratório de Economia Social) do PEPGEP da PUC/SP. Foi Coordenador do Núcleo EPP do PEPGEP da PUC/SP. Autor do livro: *A Política Social no Período Populista* (IPE/USP), coautor dos livros *Manual de Economia: Equipe de Professores da USP* (IPE/USP) e *O Trabalho no Brasil no Limiar do Século XXI* (LTR) e autor de artigos em revistas especializadas.

LEONARDO GUIMARÃES NETO   Economista pela Universidade Católica de Pernambuco, Doutor em Economia pelo Instituto de Economia da Unicamp (Universidade Estadual de Campinas). Professor Adjunto do Mestrado e do Departamento de Economia da Universidade Federal da Paraíba. Diretor da Ceplan (Consultoria Econômica e Planejamento). Consultor do IICA/OEA (Instituto Interamericano de Cooperação para a Agricultura/Organização dos Estados Americanos), do PNUD/ONU (Programa das Nações Unidas para o Desenvolvimento/Organização das Nações Unidas), da Fundap/IESP e do Centro Josué de Castro de Estudos e Pesquisa. Foi economista da Sudene (Superintendência do Desenvolvimento do Nordeste) e da Fundaj (Fundação Joaquim Nabuco). Coautor dos livros *Introdução à Formação Econômica do Nordeste* (Massangana), *Desigualdades Regionais e Desenvolvimento – Federalismo no Brasil* (Fundap) e *O GTDN – da Proposta à Realidade – Ensaios sobre a Questão Regional* (Ipesp).

NELSON CARVALHEIRO   Economista pela FEA/USP, Mestre e doutor em economia pela FEA/USP. Professor do Departamento de Economia da FEA/USP e da PUC/SP. Pesquisador do Núcleo de Pesquisas EITT do PEPGEP da PUC/SP. Analista da Consultoria de Estudos e Pesquisas Econômicas do Banco Central do Brasil. Autor de artigos em revistas especializadas.

SYLVIO MÁRIO PUGA FERREIRA   Economista pela Universidade do Amazonas, Mestre em Economia Política pela PUC/SP e Doutorando no Instituto de Economia (IE) da UNICAMP. Professor do Departamento de Economia e Análise da Faculdade de Estudos Sociais da Universidade do Amazonas. Autor de *A Dinâmica da Economia Amazonense no Período 1950-1990* e de artigos em revistas especializadas.

Este livro foi impresso em São Paulo,
na Orgrafic Grafica e Editora Ltda., em maio de 2010,
para a Editora Perspectiva S.A.